O ESPIÃO E O TRAIDOR

BEN MACINTYRE
O ESPIÃO
E O
TRAIDOR

SEXTANTE

Título original: *The Spy and the Traitor*

Copyright © 2018, 2019 por Ben Macintyre Books Ltd.
Copyright da tradução © 2021 por GMT Editores Ltda.

Todos os direitos reservados. Nenhuma parte deste livro pode ser utilizada ou reproduzida sob quaisquer meios existentes sem autorização por escrito dos editores.

tradução: Simone Reisner
preparo de originais: Emanoelle Veloso
revisão: Luis Américo Costa e Midori Hatai
diagramação: Valéria Teixeira
capa: Gray318
adaptação de capa: Ana Paula Daudt Brandão
imagens de capa: TopFoto | AGB Photo Library (silhueta); scaliger | iStock (Kremlin); dimbar76 | Shutterstock (Catedral de São Basílio)
impressão e acabamento: Pancrom Indústria Gráfica Ltda.

CIP-BRASIL. CATALOGAÇÃO NA PUBLICAÇÃO
SINDICATO NACIONAL DOS EDITORES DE LIVROS, RJ

M14e

Macintyre, Ben, 1963-
   O espião e o traidor / Ben Macintyre ; [tradução Simone Reisner]. - 1. ed. - Rio de Janeiro : Sextante, 2021.
   384 p. : il. ; 23 cm.

   Tradução de: The spy and the traitor
   Inclui bibliografia
   ISBN 978-65-5564-217-9

   1. Gordievsky, Oleg Antonovich, 1938-. 2. Espiões – União Soviética – Biografia. 3. Serviço de inteligência – União Soviética – História. 4. Guerra Fria. I. Reisner, Simone. II. Título.

21-73060   CDD: 920.9327120947
                  CDU: 929:327.84(47)

Camila Donis Hartmann - Bibliotecária - CRB-7/6472

Todos os direitos reservados, no Brasil, por
GMT Editores Ltda.
Rua Voluntários da Pátria, 45 – Gr. 1.404 – Botafogo
22270-000 – Rio de Janeiro – RJ
Tel.: (21) 2538-4100 – Fax: (21) 2286-9244
E-mail: atendimento@sextante.com.br
www.sextante.com.br

EM MEMÓRIA DE
JOANNA MACINTYRE
(1934 – 2015)

Ele tinha duas vidas: uma aparente, vista e conhecida por todos que se interessavam em saber sobre ela, e outra que transcorria em segredo.

ANTON CHEKHOV – *A dama do cachorrinho*

SUMÁRIO

Introdução   9

PRIMEIRA PARTE

    1 A KGB   14
    2 TIO GORMSSON   31
    3 SUNBEAM   48
    4 TINTA VERDE E MICROFILME   67
    5 UMA SACOLA DE PLÁSTICO E UMA BARRA
       DE CHOCOLATE MARS   90
    6 O AGENTE BOOT   111

SEGUNDA PARTE

    7 O ESCONDERIJO   126
    8 A OPERAÇÃO RYAN   144
    9 KOBA   162
  10 SR. COLLINS E SRA. THATCHER   177
  11 ROLETA-RUSSA   201

TERCEIRA PARTE

  12 GATO E RATO   224
  13 *PROVERKA*   248
  14 SEXTA-FEIRA, 19 DE JULHO   271
  15 FINLÂNDIA   294

Epílogo	313
Posfácio	332
Codinomes	337
Agradecimentos	339
Bibliografia	341
Referências	344
Créditos dos cadernos de fotos	351

Introdução
19 DE MAIO DE 1985

Para a Diretoria K, o setor de contrainteligência da KGB, aquele era um trabalho de escuta rotineiro.

Demorou menos de um minuto para destravarem as fechaduras da porta da frente de um apartamento no oitavo andar do número 103 da Leninsky Prospekt, um edifício de Moscou ocupado por oficiais da KGB e suas famílias. Enquanto dois homens de luvas e macacões vasculhavam metodicamente o lugar, dois técnicos instalaram dispositivos de escuta de modo ágil e discreto, ocultando grampos atrás do papel de parede e dos rodapés e inserindo um microfone no bocal do telefone e câmeras de vídeo nas luminárias da sala de estar, do quarto e da cozinha. Uma hora depois, quando terminaram a operação, a KGB tinha olhos e ouvidos em praticamente todos os cantos do apartamento. Por fim, colocaram máscaras e espalharam pó radioativo nas roupas e nos sapatos que estavam no armário, em uma concentração suficientemente baixa para evitar envenenamento, mas o bastante para permitir que os contadores Geiger da KGB rastreassem os movimentos de quem os usasse. Em seguida, saíram e, com muito cuidado, trancaram a porta da frente outra vez.

Algumas horas depois, um alto funcionário da inteligência russa pousou no aeroporto de Moscou, em um voo da Aeroflot vindo de Londres.

O coronel Oleg Antonyevich Gordievsky estava no auge de sua carreira. Um prodígio do serviço de inteligência soviético, ele tinha subido diligentemente pela hierarquia, servindo na Escandinávia, em Moscou e na Grã-Bretanha sem nenhuma mancha em sua trajetória. E agora, aos 46 anos, fora promovido a chefe da estação da KGB em Londres, um posto bastante desejado, e convidado a voltar a Moscou para ser formalmente investido no cargo pelo diretor da organização. Espião de carreira, Gordievsky era o favorito para ascender ao alto escalão daquela vasta e implacável rede de segurança e inteligência que controlava a União Soviética.

Uma figura robusta e atlética, ele caminhava de forma confiante em meio à aglomeração do aeroporto. Por dentro, porém, sentia um leve terror borbulhar. Isso porque Oleg Gordievsky, veterano da KGB, fiel servo secreto da União Soviética, era um espião.

Recrutado doze anos antes pelo MI6 – o serviço de inteligência estrangeira da Grã-Bretanha –, o agente usava o codinome Nocton e provara ser um dos espiões mais valiosos da história. A imensa quantidade de informações que ele entregara a seus controladores britânicos mudou o curso da Guerra Fria, expondo redes de espionagem soviéticas, ajudando a evitar uma guerra nuclear e fornecendo ao Ocidente uma visão única do pensamento do Kremlin durante um período criticamente perigoso no cenário mundial. Tanto Ronald Reagan quanto Margaret Thatcher haviam sido informados sobre os extraordinários segredos fornecidos pelo espião russo, embora nem o presidente americano nem a primeira-ministra britânica tivessem conhecimento de sua real identidade. Nem mesmo a jovem esposa de Gordievsky sabia de sua vida dupla.

A nomeação de Gordievsky para *rezident* (o termo russo para um chefe de estação da KGB, conhecida como *rezidentura*) provocara grande contentamento no pequeno círculo de oficiais do MI6 que estava a par do caso. Como principal agente da inteligência soviética atuando na Grã-Bretanha, Gordievsky teria, a partir de então, acesso aos segredos mais íntimos da espionagem russa: seria capaz de informar ao Ocidente o que a KGB planejava fazer; a KGB na Grã-Bretanha seria neutralizada. Porém, a convocação abrupta para voltar a Moscou deixara a equipe Nocton preocupada. Alguns suspeitaram de uma armadilha. Em uma reunião convocada às pressas com seus supervisores do MI6 em um esconderijo em Londres, Gordievsky recebera a proposta de desertar e permanecer na Grã-Bretanha com sua família. Todos na reunião entendiam os riscos: se ele retornasse como oficial *rezident* da KGB, então o MI6, a CIA e seus aliados ocidentais atingiriam o cerne da inteligência russa; por outro lado, se estivesse se dirigindo para uma armadilha, ele perderia tudo, inclusive a própria vida. Gordievsky havia refletido muito antes de tomar uma decisão:

– Eu vou voltar.

Mais uma vez, os oficiais do MI6 reviram o plano de fuga de emergência do coronel, denominado Pimlico, elaborado sete anos antes, na esperança de que não precisasse ser ativado. O MI6 nunca tinha extraído ninguém da União Soviética, muito menos um oficial da KGB. Complexo e perigoso, o plano só poderia ser acionado como último recurso.

Gordievsky fora treinado para detectar o perigo. Enquanto caminhava pelo aeroporto de Moscou, com os nervos em frangalhos pelo estresse, ele via sinais de ameaça em todos os lugares. O agente da imigração pareceu estudar seus documentos por tempo demais antes de mandá-lo seguir em frente. Onde estava o oficial que deveria encontrá-lo, uma cortesia básica para um coronel da KGB que chegava do exterior? O aeroporto era sempre rígido em relação à vigilância, mas naquele dia homens e mulheres comuns, aparentemente ociosos, pareciam ainda mais numerosos do que o normal. Ele entrou em um táxi, dizendo a si mesmo que, se a KGB soubesse a verdade, teria sido preso no instante em que pisara em solo soviético e já estaria a caminho da prisão, onde enfrentaria interrogatório e tortura, seguidos de execução.

Até onde podia perceber, ninguém o havia seguido quando entrou no familiar bloco de apartamentos na Leninsky Prospekt e pegou o elevador para o oitavo andar. Ele não entrava naquele apartamento desde janeiro.

A primeira fechadura abriu com facilidade, assim como a segunda. Mas a porta da frente não se movia. A terceira, um ferrolho à moda antiga que datava da construção do edifício, tinha sido trancada.

Gordievsky, porém, nunca usava a terceira fechadura. Na verdade, ele não tinha a chave. Isso só podia significar que alguém com uma chave mestra estivera lá e, ao sair, trancara as três fechaduras da porta por engano. Esse alguém devia ser integrante da KGB.

Ele sentiu um frio na espinha ao ter a percepção paralisante e assustadora de que seu apartamento havia sido invadido, revistado e provavelmente grampeado. Ele estava sob suspeita. Alguém o traíra. A KGB o vigiava. O espião estava sendo espionado.

PRIMEIRA PARTE

1
A KGB

Oleg Gordievsky nasceu na KGB e foi moldado, amado, ferido e quase destruído por ela. O serviço de espionagem soviético estava em seu coração e em seu sangue. O pai trabalhara para o serviço de inteligência durante toda a vida e usava o uniforme todos os dias, inclusive nos fins de semana. Os Gordievsky viviam em meio a uma fraternidade de espiões em um bloco de apartamentos específico, comiam as refeições especiais reservadas para os oficiais e passavam o tempo livre socializando com outras famílias de agentes. Gordievsky era filho da KGB.

A KGB – o *Komitet Gosudarstvennoy Bezopasnosti*, ou Comitê de Segurança do Estado – era a agência de inteligência mais complexa e ampla já criada. Sucessora direta da rede de espionagem de Stalin, coletava informações estrangeiras e domésticas e implementava a segurança interna, assim como tinha função de polícia estatal. Opressiva, misteriosa e onipresente, a KGB alcançava e controlava todos os aspectos da vida soviética. A organização erradicou a dissidência interna, protegeu a liderança comunista, montou operações de espionagem e contrainteligência tendo como alvo os poderes inimigos e intimidou os povos da URSS a lhe prestarem uma obediência abjeta. Recrutou agentes e plantou espiões no mundo inteiro, reunindo, comprando e roubando segredos militares, políticos e científicos de todo lugar. No auge do poder, quando contava com mais de um milhão de oficiais, agentes e informantes, a KGB moldou a sociedade soviética de forma mais profunda do que qualquer outra instituição.

Para o Ocidente, a sigla era sinônimo de terror interno, agressão externa e subversão, resumindo toda a crueldade de um regime totalitário dirigido por uma máfia oficial sem rosto. Mas a KGB não era vista dessa forma por quem vivia sob o seu inflexível governo. Apesar de inspirar medo e obediência, era venerada como uma guarda pretoriana, um baluarte contra a agressão imperialista e capitalista ocidental e uma guardiã do comunismo. A adesão a essa privilegiada força de elite era fonte de admiração e orgulho. Aqueles que aderiam ao serviço tomavam uma decisão para toda a vida. "Não existem ex-membros da KGB", disse certa vez Vladimir Putin, anteriormente oficial da agência. Tratava-se de um clube exclusivo, do qual era impossível sair. Entrar nas fileiras da KGB era uma honra e um dever para quem tivesse talento e ambição suficientes para fazê-lo.

Oleg Gordievsky jamais cogitara fazer outra coisa.

Seu pai, Anton Lavrentyevich Gordievsky, filho de um trabalhador ferroviário, tinha sido professor antes que a Revolução de 1917 o transformasse em um comunista dedicado e incondicional, um rígido executor da ortodoxia ideológica. "O Partido era Deus", escreveu seu filho mais tarde, e Gordievsky pai jamais vacilou em sua devoção, mesmo quando sua fé exigia que ele cometesse crimes inomináveis. Em 1932, ajudou a impor a "sovietização" do Cazaquistão, organizando a expropriação de alimentos dos camponeses para alimentar as cidades e os exércitos soviéticos. Por causa disso, cerca de 1,5 milhão de pessoas morreram de fome. Anton viu de perto a fome induzida pelo Estado. Naquele ano, ele se juntou ao Gabinete de Segurança, depois à NKVD – o Comissariado do Povo para Assuntos Internos, que era a polícia secreta de Stalin e viria a se tornar a KGB. Como oficial da Diretoria Política, ele era responsável pela disciplina e pela doutrinação dessa área. Anton casou-se com Olga Nikolayevna Gornova, uma estatística de 24 anos, e os dois se mudaram para um edifício de Moscou reservado para a elite da inteligência. O primeiro filho, Vasili, nasceu em 1932. Os Gordievsky prosperaram sob o regime stalinista.

Quando o camarada Stalin anunciou que a Revolução estava enfrentando uma ameaça letal vinda de dentro, Anton Gordievsky logo se prontificou a ajudar a eliminar os traidores. O Grande Expurgo de 1936 a 1938 testemunhou a liquidação por atacado de "inimigos do Estado": suspeitos de serem membros da quinta-coluna, trotskistas disfarçados, terroristas e sabotadores, espiões contrarrevolucionários, oficiais do Partido e do governo, camponeses, judeus, professores, generais, membros da inteligência, poloneses, soldados do Exército Vermelho e muitos outros. A maioria era totalmente inocente. Na paranoica polícia de Estado de Stalin, a maneira mais segura de garantir a sobrevivência era denunciar alguém. "É melhor que dez pessoas inocentes sofram do que um espião escape", dizia Nikolai Yezhov, chefe da NKVD. "Quando você corta madeira, lascas se soltam." Os informantes sussurravam, os torturadores e carrascos começavam a trabalhar, os gulags siberianos quase transbordavam. Mas, como em toda revolução, os próprios executores inevitavelmente se tornavam suspeitos. A NKVD começou a investigar a si mesma e a expurgar os próprios integrantes. No auge da sangria, o bloco de apartamentos dos Gordievsky foi invadido mais de uma dúzia de vezes em um período de seis meses. As prisões ocorriam à noite: o chefe da família era levado primeiro, depois o restante.

É provável que alguns desses inimigos do Estado tivessem sido identificados por Anton Gordievsky. "A NKVD está sempre certa", dizia ele – uma conclusão completamente sensata e, ao mesmo tempo, equivocada.

O segundo filho de Anton, Oleg Antonyevich, nasceu em 10 de outubro de 1938, quando o Grande Terror estava quase no fim e a guerra já era iminente. Para amigos e vizinhos, os Gordievsky pareciam cidadãos soviéticos perfeitos, ideologicamente puros, leais ao Partido e ao Estado, e agora pais de dois robustos meninos. Marina, a única menina, nasceu sete anos depois de Oleg. Os Gordievsky eram bem alimentados e privilegiados e viviam em segurança.

Um exame mais aprofundado, porém, revelaria fissuras na fachada da família e camadas de mentiras sob a superfície. Anton nunca falava sobre o que tinha feito durante a fome, os expurgos e o terror. Ele era um exemplo da espécie *Homo sovieticus*, um servo obediente do Estado forjado pela repressão comunista. Mas, na verdade, tinha medo e se sentia horrorizado e talvez consumido pela culpa. Mais tarde, Oleg passaria a ver o pai como "um homem assustado".

Olga, a mãe de Oleg, era feita de um material menos maleável. Ela nunca se juntou ao Partido e não acreditava que a NKVD fosse infalível. O moinho d'água de seu pai havia sido desapropriado pelos comunistas; seu irmão fora enviado para o gulag da Sibéria Oriental por criticar a agricultura coletiva; ela vira muitos amigos serem arrastados de suas casas e levados embora durante a noite. Com o senso comum arraigado dos camponeses, ela percebia todo o arbítrio e o espírito vingativo do terror estatal, mas mantinha a boca fechada.

Oleg e Vasili, que tinham seis anos de diferença, cresceram em tempos de guerra. Uma das primeiras lembranças de Oleg eram as filas de prisioneiros alemães enlameados sendo exibidos pelas ruas de Moscou, "presos, vigiados e conduzidos como animais". Anton costumava se ausentar por longos períodos, dando palestras sobre a ideologia do Partido para as tropas.

Obedientemente, Oleg aprendeu os princípios da ortodoxia comunista: estudou no Liceu 130, onde demonstrou uma aptidão inicial para história e línguas; conheceu os heróis do comunismo em seu país e no exterior. Apesar do véu espesso de desinformação que cercava o Ocidente, os países estrangeiros o fascinavam. Aos 6 anos, começou a ler o *British Ally*, um jornal de propaganda publicado em russo pela embaixada britânica para encorajar o entendimento anglo-russo. Estudou alemão. Como esperado de todos os adolescentes, juntou-se ao Komsomol, a Liga da Juventude Comunista.

Seu pai trazia para casa três jornais oficiais e recitava a propaganda comunista que eles veiculavam. A NKVD se transformou na KGB e Anton Gordievsky acompanhou a mudança, submisso. A mãe de Oleg exalava uma resistência silenciosa, que se revelava ocasionalmente sob a forma de uma insolência sussurrada. A adoração religiosa era ilegal no regime comunista, portanto os meninos eram criados como ateus, mas sua avó materna fez com que Vasili fosse secretamente batizado na Igreja Ortodoxa Russa, e teria batizado Oleg também se Anton, horrorizado, não tivesse descoberto o plano e proibido.

Oleg cresceu em uma família unida e amorosa, embora repleta de falsidades. Anton venerava o Partido e se considerava um destemido defensor do comunismo, mas, na verdade, era um homem pequenino e aterrorizado que fora testemunha de eventos terríveis. Olga, a esposa ideal da KGB, alimentava um desdém secreto pelo sistema. A avó de Oleg adorava um deus ilegal e proscrito. Nenhum dos adultos da família revelava o que de fato sentia – nem uns aos outros, nem a qualquer outra pessoa. Em meio à sufocante conformidade da Rússia de Stalin, era possível acreditar em ideias diferentes, mas muito perigoso expressá-las, mesmo aos familiares. Desde a infância, Oleg viu que podia levar uma vida dupla, amar aqueles ao redor enquanto ocultava o verdadeiro eu, ser uma pessoa e parecer outra.

Oleg saiu da escola com uma medalha de prata e o título de chefe do Komsomol, um competente, inteligente, atlético, inquestionável e extraordinário produto do sistema soviético. Mas ele também tinha aprendido a separar as coisas. De diferentes maneiras, o pai, a mãe e a avó eram pessoas que viviam disfarçadas. O jovem Gordievsky cresceu rodeado de segredos.

Stalin morreu em 1953. Três anos depois, no XX Congresso do Partido, ele foi denunciado por seu sucessor, Nikita Khrushchev. Anton ficou chocado. Seu filho acreditava que a condenação oficial de Stalin "percorreu um longo caminho para destruir os fundamentos ideológicos e filosóficos da vida do pai". Anton não gostava da maneira como a Rússia estava mudando. Mas Oleg, sim.

O "Degelo de Khrushchev" foi breve e restrito, mas também um período de genuína liberalização, que testemunhou o relaxamento da censura e a libertação de milhares de presos políticos. Eram tempos empolgantes para quem era jovem, russo e esperançoso.

Aos 17 anos, Oleg se matriculou no prestigiado Instituto Estatal de Relações Internacionais de Moscou. Lá, entusiasmado com a nova atmosfera, envolveu-se em sérias discussões com colegas sobre como criar um "socialismo humano". Mas foi longe demais. Algumas das inconformações da mãe estavam entranhadas em sua mente. Um dia, Oleg escreveu um discurso ingênuo em defesa da liberdade e da democracia, conceitos que ele mal entendia. Ele gravou o texto no laboratório de idiomas e o reproduziu para alguns colegas. Todos ficaram perplexos. "É melhor você destruir isso agora mesmo, Oleg, e jamais mencionar essas ideias novamente." Com um medo repentino, ele se perguntou se algum de seus colegas teria informado as autoridades sobre suas opiniões "radicais". A KGB mantinha espiões dentro do instituto.

Os limites do reformismo de Khrushchev foram brutalmente demonstrados em 1956, quando os tanques soviéticos entraram na Hungria com o intuito de reprimir uma revolta nacional contra o governo soviético. Apesar da censura e da propaganda soviéticas abrangentes, as notícias da rebelião esmagada chegaram à Rússia. "Todo o entusiasmo desapareceu", lembrou Oleg sobre a repressão que se seguiu. "Um vento gelado fustigou a todos."

O Instituto Estatal de Relações Internacionais era a universidade mais elitista da União Soviética, descrita por Henry Kissinger como "a Harvard russa". Administrado pelo Ministério das Relações Exteriores, era o principal campo de treinamento de diplomatas, cientistas, economistas, políticos... e espiões. Gordievsky estudou história, geografia, economia e relações internacionais, tudo sob o prisma distorcido da ideologia comunista. O instituto ensinava 56 idiomas, mais do que qualquer outra universidade no mundo. As habilidades linguísticas ofereciam um caminho claro para a KGB e as viagens internacionais que ele tanto almejava. Já fluente em alemão, Oleg se inscreveu para estudar inglês, mas os cursos estavam lotados. "Aprenda sueco", sugeriu o irmão mais velho, que já havia se juntado à KGB. "É a porta de entrada para a Escandinávia." Gordievsky seguiu o conselho.

A biblioteca do instituto guardava alguns periódicos estrangeiros que, embora fortemente censurados, proporcionavam um vislumbre do resto do mundo. Ele começou a lê-los de forma discreta, pois mostrar um interesse declarado pelo Ocidente era, por si só, motivo para suspeita. Às vezes, à noite, ouvia secretamente o Serviço Mundial da BBC ou a Voz da América, apesar do sistema de interferência de rádio imposto pelos censores soviéticos. Dessa maneira, captou "o primeiro aroma suave da verdade".

Como todas as pessoas, quando ficou mais velho, Gordievsky tendia a ver seu passado através das lentes da experiência, imaginando que sempre havia guardado dentro de si as sementes da insubordinação e acreditando que seu destino estava de alguma forma ligado ao seu caráter. Porém, não era verdade. Como estudante, ele era um comunista convicto, ansioso para servir ao Estado soviético na KGB como o pai e o irmão. A Revolução Húngara atraíra a sua imaginação juvenil, só que ele não era um revolucionário. "Eu ainda pertencia ao sistema, mas minha desilusão começava a crescer." Nisso ele não era diferente de muitos dos colegas daquela época.

Aos 19 anos, Gordievsky começou a se dedicar à corrida cross country. Havia algo que o atraía no esforço intenso que precisava fazer durante um longo período, em uma competição particular consigo mesmo, testando os próprios limites. Oleg sabia ser sociável, atraente e galanteador. Era um homem bonito, com o cabelo penteado para trás e traços suaves. Sua expressão parecia severa, mas, quando os olhos brilhavam com humor, seu rosto se iluminava. Quando estava em meio a outras pessoas, ele era muitas vezes comunicativo e amistoso, mas escondia algo duro dentro de si. Oleg não era um solitário, mas sentia-se confortável na própria companhia. Raramente revelava seus sentimentos. Sempre em busca de autoaperfeiçoamento, acreditava que a corrida cross country contribuía para a "construção do caráter". Durante horas, corria por ruas e parques de Moscou, sozinho com seus pensamentos.

Um dos poucos alunos de quem se tornou amigo foi Stanislaw Kaplan, um colega corredor da equipe de atletismo da universidade. "Standa" Kaplan era tchecoslovaco e já tinha um diploma da Universidade Carolina de Praga quando chegou ao Instituto Estatal, mais um entre centenas de estudantes talentosos do bloco soviético. Assim como acontecera com alunos de outros países recentemente subjugados ao comunismo, a "personalidade de Kaplan não havia sido sufocada", como escreveu Gordievsky anos mais tarde. Um ano mais velho, ele estava estudando para ser tradutor militar. Os dois jovens descobriram que compartilhavam ambições e ideias semelhantes. "Ele era liberal e tinha uma visão fortemente cética sobre o comunismo", acrescentou Oleg, que achava empolgantes e ligeiramente alarmantes as opiniões francas de Kaplan. Com sua beleza morena, Standa atraía as mulheres como um ímã. Os dois estudantes tornaram-se grandes amigos, correndo juntos, indo atrás de garotas e comendo em um restaurante tchecoslovaco nas redondezas do Parque Gorky.

Uma influência igualmente importante foi Vasili, seu idolatrado irmão mais velho, que agora estava treinando para se tornar um "ilegal", ou seja, membro de um dos amplos exércitos globais de agentes infiltrados da União Soviética.

A KGB dirigia duas espécies distintas de espionagem em países estrangeiros. A primeira trabalhava sob cobertura formal, como um membro da equipe diplomática ou consular soviética, adido cultural ou militar, jornalista credenciado ou representante comercial. A proteção diplomática significava que esses espiões "legais" não podiam ser processados por espionagem caso suas atividades fossem descobertas, mas apenas declarados *persona non grata* e expulsos do país. Por outro lado, um espião "ilegal" (*nelegal*, em russo) não tinha nenhuma função oficial, geralmente viajava sob nome falso, com documentos falsos, e se misturava de maneira invisível aos habitantes de qualquer país para onde fosse enviado. (No Ocidente, tais espiões são conhecidos como NOCs, de *Non-Official Cover*, ou infiltrado não oficial.) A KGB plantou ilegais no mundo inteiro, fingindo serem cidadãos comuns, submersos e subversivos. Como os espiões legais, eles reuniam informações, recrutavam agentes e conduziam várias formas de espionagem. Às vezes permaneciam à sombra por longos períodos antes de serem ativados. Também serviam como potenciais quinta-colunistas, prontos para entrar em batalha caso a guerra eclodisse entre o Oriente e o Ocidente. Os ilegais operavam fora do radar oficial, portanto não podiam ser financiados de maneiras rastreáveis nem se comunicar por meio de canais diplomáticos seguros. Ao contrário dos espiões credenciados em uma embaixada, deixavam poucas evidências para os investigadores da contrainteligência seguirem. Todas as embaixadas soviéticas continham um departamento permanente da KGB, ou *rezidentura*, com oficiais da KGB em vários disfarces oficiais, todos sob o comando de um *rezident*. Assim, a contrainteligência ocidental precisava descobrir quais oficiais soviéticos eram diplomatas genuínos e quais eram realmente espiões. Rastrear os ilegais era muito mais difícil.

A Primeira Diretoria-Geral (PDG) era o departamento da KGB responsável pela inteligência estrangeira. Dentro dela, a Diretoria S (de *special*, ou especial) treinava, implantava e gerenciava os ilegais, e foi a que recrutou Vasili Gordievsky em 1960.

A KGB mantinha um escritório dentro do Instituto Estatal de Relações Internacionais, onde dois oficiais sempre procuravam potenciais recrutas. Vasili mencionou aos chefes da Diretoria S que o irmão mais novo, proficiente em línguas, poderia estar interessado na mesma linha de trabalho.

No início de 1961, Oleg foi convidado para uma conversa. Ordenaram-lhe que fosse a um prédio perto da sede da KGB, na praça Dzerzhinsky, onde foi educadamente entrevistado em alemão por uma mulher de meia-idade, que o elogiou por sua fluência. Dali em diante, ele passou a fazer parte do sistema. Não foi Gordievsky quem procurou se juntar à KGB; a organização não era um clube no qual você se inscrevia. Era a agência que o escolhia.

Oleg estava concluindo a universidade quando foi enviado a Berlim Oriental para passar seis meses como tradutor na embaixada russa. Ele já estava entusiasmado com a perspectiva de viajar pela primeira vez ao exterior, e sua empolgação aumentou quando foi chamado à Diretoria S para uma reunião sobre a Alemanha Oriental. A República Democrática Alemã, governada pelos comunistas, era um satélite soviético, mas isso não a tornava imune às atenções da KGB. Vasili já vivia lá como ilegal. Oleg prontamente concordou em fazer contato com o irmão e realizar algumas "pequenas tarefas" para seu novo empregador não oficial. Chegou a Berlim Oriental em 12 de agosto de 1961, instalando-se em um albergue estudantil dentro do enclave da KGB, no subúrbio de Karlshorst.

Nos meses anteriores, o fluxo de alemães orientais que fugiam para o Ocidente através de Berlim Ocidental atingira o ápice. Em 1961, em torno de 3,5 milhões de alemães orientais, cerca de vinte por cento de toda a população, haviam aderido ao êxodo em massa do regime comunista.

Na manhã seguinte, Gordievsky descobriu que Berlim Oriental tinha sido invadida por escavadeiras. A pedido de Moscou, o governo da Alemanha Oriental tomava medidas radicais para conter o fluxo: iniciara a construção do Muro de Berlim, uma barreira para separar os dois lados de Berlim e cercar a Alemanha Oriental. O "muro de proteção antifascista" era, na realidade, um perímetro prisional, erguido pela Alemanha Oriental para manter presos os próprios cidadãos. Com mais de 240 quilômetros de concreto e arame farpado, com bunkers e trincheiras antiveículos, o Muro de Berlim era a manifestação física da Cortina de Ferro e uma das estruturas mais repugnantes que o homem já construiu.

Oleg assistiu horrorizado quando trabalhadores da Alemanha Oriental quebraram as ruas ao longo da fronteira para torná-las intransitáveis para veículos, enquanto tropas desenrolavam quilômetros de arame farpado. Alguns alemães orientais, desesperados, percebendo que sua rota de fuga estava se fechando rapidamente, tentaram escalar as barricadas ou nadar pelos canais que faziam parte da fronteira. Guardas foram alinhados ao longo da divisa com ordens para atirar em quem se arriscasse a atravessar do Leste para o Oeste. O novo muro causou uma impressão poderosa naquele Oleg de 22 anos: "Só mesmo uma barreira física, reforçada por guardas armados em suas torres de vigilância, poderia manter os alemães orientais em seu paraíso socialista e impedi-los de fugir para o Ocidente."

Seu choque em relação à construção repentina do Muro de Berlim não o impediu de cumprir fielmente as ordens da KGB. O medo da autoridade era instintivo, o hábito da obediência, arraigado. A Diretoria S fornecera o nome de uma mulher alemã, uma antiga informante da KGB, para que Oleg a sondasse e avaliasse se estava preparada para continuar repassando informações. Ele descobriu o endereço dela por meio de uma delegacia local. A mulher de meia-idade que atendeu a porta parecia inquieta com a visita do jovem com um buquê de flores. Durante uma xícara de chá, ela deixou claro que estava preparada para continuar a cooperar. Ansioso, Gordievsky escreveu seu primeiro relatório para a KGB. Poucos meses depois, percebeu o que realmente havia acontecido: "Era eu, e não ela, que estava sendo testado."

Naquele Natal, Oleg se comunicou com Vasili, que vivia sob identidade falsa em Leipzig. Ele não revelou ao irmão seu horror com a construção do Muro de Berlim. O outro já era um oficial profissional da KGB e não teria aprovado tal hesitação ideológica. Assim como a mãe escondia do marido seus verdadeiros sentimentos, os dois irmãos guardavam seus segredos um do outro: Oleg não tinha ideia do que Vasili estava fazendo na Alemanha Oriental e Vasili não podia nem imaginar como Oleg de fato se sentia. Eles assistiram a uma apresentação do *Oratório de Natal*, que deixou Oleg "intensamente comovido". Em comparação, a Rússia parecia "um deserto espiritual", onde apenas compositores aprovados podiam ser ouvidos e a música sacra, como a de Bach, era considerada "hostil às classes", vista como decadente e burguesa, por isso fora banida.

Os poucos meses que passou na Alemanha Oriental o afetaram profundamente: ele testemunhou a divisão física e simbólica da Europa em ideologias rivais e provou frutos culturais proibidos a ele em Moscou. E começou a espionar. "Era emocionante ter um gostinho do que eu talvez fizesse se me juntasse à KGB."

Na realidade, ele já havia se juntado à agência.

De volta a Moscou, Oleg foi instruído a se apresentar à KGB em 31 de julho de 1962. Por que ele resolvera ingressar em uma organização que impunha uma ideologia que já havia começado a questionar? O trabalho da KGB era glamouroso, oferecendo a promessa de viagens ao exterior. O sigilo se mostrava sedutor. Ele também era ambicioso. A KGB poderia mudar. Ele poderia mudar. A Rússia poderia mudar. E o salário e os privilégios eram bons.

Olga ficou consternada ao saber que seu filho mais novo seguiria os passos do pai e do irmão no serviço de inteligência. Pela primeira vez, expressou abertamente sua raiva contra o regime e o aparato de opressão que o sustentava. Oleg ressaltou que não trabalharia para a KGB interna, mas na divisão estrangeira, a PDG, uma organização de elite composta por intelectuais que falavam vários idiomas, fazendo um trabalho sofisticado que exigia habilidade e conhecimento. "Não é como ser um agente da KGB de verdade", explicou ele. "É realmente inteligência e trabalho diplomático." Olga virou-se e saiu da sala. Anton não disse nada. Oleg não detectara orgulho no comportamento do pai. Anos mais tarde, quando passou a entender a verdadeira escala da repressão stalinista, Oleg se perguntou se o pai, agora se aproximando da aposentadoria, sentia-se "envergonhado de todos os crimes e atrocidades cometidos pela KGB e simplesmente temia discutir o trabalho da organização com o próprio filho". Ou talvez Anton estivesse lutando para manter sua vida dupla, um pilar da KGB aterrorizado demais para alertar o filho quanto ao lugar em que estava se metendo.

Em seu último verão como civil, Oleg se juntou a Standa Kaplan no acampamento de férias do Instituto de Relações Internacionais, na costa do mar Negro. Kaplan decidira ficar por mais um mês antes de voltar para se juntar ao StB, o grandioso serviço de inteligência da Tchecoslováquia. Os dois amigos logo seriam colegas, aliados na espionagem em nome do bloco soviético. Por um mês, acamparam sob os pinheiros, correram todos os dias, nadaram, tomaram sol e conversaram sobre mulheres, música e política. Kaplan se tornava cada vez mais um crítico do sistema comunista. Gordievsky se sentia lisonjeado por ser o ouvinte de tantas confidências perigosas: "Havia um entendimento entre nós, uma confiança."

Logo após seu retorno à Tchecoslováquia, Kaplan escreveu uma carta para Oleg. Entre os mexericos sobre as meninas que conhecera e o bom tempo que teriam juntos se o amigo fosse lhe fazer uma visita ("Vamos esvaziar todos os bares e adegas de Praga"), Kaplan fez um pedido altamente significativo: "Você teria um exemplar do *Pravda* com o poema de Yevgeny Yevtushenko sobre Stalin?" O poema em questão era "Os herdeiros de Stalin", um ataque direto ao stalinismo feito por um dos poetas mais independentes e influentes da Rússia. Tratava-se de uma exigência para que o governo soviético garantisse que Stalin "nunca mais se levantaria" e um aviso de que alguns na liderança ainda ansiavam pelo brutal passado stalinista: "Quando digo passado, não me refiro ao passado grandioso [...] é o passado do descaso com o povo, das intrigas, dos réus sem crime [...] 'Por que se importar?', perguntam alguns, mas eu não posso me omitir. Enquanto houver herdeiros de Stalin neste mundo." O poema causou sensação ao ser publicado no jornal oficial do Partido Comunista, sendo também reimpresso na Tchecoslováquia. "Ele provocou um efeito poderoso em alguns de nosso povo, com certo descontentamento", escreveu Kaplan a Gordievsky. Ele disse que queria comparar a tradução tcheca com o original russo. Mas, na realidade, Kaplan estava enviando a seu amigo uma mensagem codificada de cumplicidade, reconhecendo que compartilhavam os sentimentos expressos por Yevtushenko e, como o poeta, não se omitiriam diante do legado de Stalin.

A academia de treinamento de elite "Red Banner" da KGB, nas profundezas de uma floresta 80 quilômetros ao norte de Moscou, tinha o codinome Escola 101, um eco irônico e totalmente inconsciente do Quarto 101 de George Orwell em sua obra *1984*, a câmara de tortura do porão onde o Partido quebrava a resistência de um prisioneiro submetendo-o ao seu pior pesadelo.

Ali, Gordievsky e outros 120 estagiários da KGB seriam apresentados aos segredos mais profundos da espionagem soviética: inteligência e contrainteligência, recrutamento e execução de espiões, legais e ilegais, agentes comuns e agentes duplos, armas, combate e vigilância desarmados, ciências ocultas e a linguagem daquele estranho ofício. Algumas das instruções mais importantes eram voltadas para detecção de vigilância e evasão, processo conhecido como "lavagem a seco", ou *proverka*, no jargão da KGB: como detectar quando estiver sendo seguido e se esquivar da vigilância de uma maneira que pareça acidental em vez de intencional, pois um alvo que tem consciência de que está sendo vigiado é provavelmente um agente de inteligência bem treinado. "O comportamento do oficial de inteligência não deve provocar suspeitas", declaravam os instrutores da KGB. "Se uma equipe de vigilância perceber que alguém claramente verifica se está sendo seguido, ela será estimulada a trabalhar de maneira ainda mais secreta, tenaz e astuciosa."

Ser capaz de fazer contato com um agente sem ser observado – ou mesmo enquanto estiver sob vigilância – é crucial para todas as operações clandestinas. Na linguagem da espionagem ocidental, um oficial ou agente passa a agir "na sombra" quando opera sem ser detectado. Em inúmeros testes, os alunos da KGB eram enviados para se conectar com uma pessoa específica em um local preciso, levar ou trazer informações, tentar identificar se e como estavam sendo seguidos, livrar-se de todas as evidências sem parecer que o estavam fazendo e chegar ao lugar designado impecavelmente "lavado a seco". A vigilância era responsabilidade da Sétima Diretoria da KGB. Observadores profissionais altamente treinados na arte de seguir um suspeito participavam dos exercícios e, no fim de cada dia, o aluno-estagiário e a equipe de vigilância comparavam suas anotações. A *proverka* era exaustiva, competitiva, demorada e emocionalmente destrutiva; Gordievsky descobriu que era muito bom nela.

Ele aprendeu a configurar um "local de sinalização", deixar um sinal secreto em algum espaço público – uma marca de giz em um poste de luz, por exemplo – que não significava nada para um observador casual, mas diria a um espião para se encontrar em determinados lugar e hora. Também aprendeu a fazer um "contato de passagem", ou seja, passar uma mensagem ou item para outra pessoa sem ser notado, e a criar um "dead drop", deixando uma mensagem ou dinheiro para ser pego por outra pessoa sem fazer contato direto. Estudou códigos e criptografia, sinais de reconhecimento, escrita secreta, preparação de "microdots" – mensagem escrita ou fotográfica bem reduzida –, fotografia e disfarce. Havia aulas sobre economia e política, bem como preleções ideológicas para reforçar o compromisso dos jovens espiões com o marxismo-leninismo. Como observou um dos colegas de Oleg, "essas fórmulas e conceitos clichês tinham o caráter de encantamentos rituais, algo semelhante a afirmações diárias e constantes de lealdade". Oficiais veteranos que já haviam servido no exterior davam palestras sobre cultura e etiqueta ocidentais, buscando preparar os recrutas para compreender e combater o capitalismo burguês.

Oleg adotou seu primeiro nome de espião. Os serviços soviéticos e ocidentais de inteligência usavam o mesmo método para escolher um pseudônimo: deveria ser parecido com o nome real, com a mesma letra inicial, pois, dessa forma, se uma pessoa se referisse a ele pelo seu nome real, alguém que só o conhecesse pelo nome de espião poderia muito bem assumir que tinha ouvido mal. Gordievsky escolheu o nome "Guardiyetsev".

Como todos os outros estudantes, jurou lealdade eterna à KGB: "Eu me comprometo a defender meu país até a última gota de sangue e a manter os segredos de Estado." Ele o fez sem hesitar. Também se filiou ao Partido Comunista, outro requisito para a admissão. Gordievsky podia ter suas dúvidas – muitos as tinham –, mas isso não o impediu de se juntar à KGB e ao Partido com total compromisso e sinceridade. Além disso, a KGB era empolgante. Longe de ser um pesadelo orwelliano, o treinamento de um ano na Escola 101 foi o período mais agradável de sua juventude, um tempo de animação e expectativas. Seus colegas recrutas haviam sido selecionados pela inteligência e a conformidade ideológica, mas também pelo espírito de aventura comum a todos os serviços de inteligência. "Nós havíamos escolhido carreiras na KGB porque ofereciam uma perspectiva de ação." O sigilo forja laços intensos. Nem os pais de Oleg tinham ideia de onde ele estava ou do que estava fazendo. "Conseguir entrar na Primeira Diretoria-Geral era o sonho da maioria dos jovens oficiais, mas apenas alguns poucos eram dignos de tal honra", escreveu Leonid Shebarshin, que frequentou a Escola 101 na mesma época de Oleg e acabaria como general da KGB. "O trabalho unia oficiais de inteligência em uma camaradagem única, por meio de suas próprias tradições, disciplina, convenções e linguagem especial." No verão de 1963, Oleg tinha sido totalmente aceito na irmandade da KGB. Quando jurou defender a mãe-pátria até o último suspiro e o último segredo, ele o fez de coração.

Vasili estava trabalhando arduamente para a Diretoria S, o departamento de ilegais da PDG. Também começou a beber em excesso – o que não era uma desvantagem em um serviço que valorizava a capacidade de ingerir, sem cair, grandes quantidades de vodca após o trabalho. Especialista em infiltrados ilegais, ele se mudava de um lugar para outro sob diferentes pseudônimos, a serviço da rede clandestina, passando mensagens e dinheiro para outros agentes ocultos. Vasili nunca revelava o que estava fazendo ao irmão mais novo, mas insinuava sua presença em locais exóticos, incluindo Moçambique, Vietnã, Suécia e África do Sul.

Oleg esperava seguir os passos do irmão naquele empolgante mundo secreto no exterior. Em vez disso, foi orientado a se apresentar à Diretoria S em Moscou, onde prepararia a documentação para outros ilegais. Em 20 de agosto de 1963, tentando disfarçar sua decepção, Gordievsky vestiu seu melhor terno e foi trabalhar na sede da KGB, o complexo de edifícios situado perto do Kremlin, parte prisão, parte arquivo, o centro nervoso da inteligência soviética. No coração do complexo ficava a sinistra Lubyanka, um palácio neobarroco originalmente construído para a sede da Companhia Russa de Seguros cujo porão abrigava as células de tortura da KGB. Entre seus oficiais, o centro de controle da KGB era conhecido como "O Mosteiro" ou apenas "O Centro".

Em vez de ser enviado para trabalhar infiltrado em algum glamouroso local estrangeiro, Gordievsky se viu em meio a uma enorme papelada, "um escravo de galera", preenchendo formulários. Cada ilegal exigia uma persona falsa, com uma história convincente, uma nova identidade com biografia completa e documentos falsos. Todos tinham que ser sustentados, instruídos e financiados, exigindo um complexo arranjo de locais de sinalização, "dead drops" e contatos de passagem. A Grã-Bretanha era vista como um terreno particularmente fértil para a infiltração de ilegais, uma vez que não havia nenhum sistema de carteiras de identidade no país e nenhum escritório central de registros. A Alemanha Ocidental, os Estados Unidos, a Austrália, o Canadá e a Nova Zelândia eram os alvos principais. Alocado na seção alemã, Oleg passava os dias inventando pessoas. Durante dois anos habitou um mundo de vidas duplas, enviando espiões para o mundo exterior e conhecendo aqueles que haviam retornado.

O Centro era assombrado por fantasmas vivos, heróis da espionagem soviética em sua velhice. Nos corredores da Diretoria S, Gordievsky foi apresentado a Konon Trofimovich Molody, conhecido como "Gordon

Lonsdale", um dos ilegais mais bem-sucedidos da história. Em 1943, a KGB se apropriou da identidade de uma criança canadense morta chamada Gordon Arnold Lonsdale e a entregou a Molody, que crescera na América do Norte e falava um inglês impecável. Ele se estabeleceu em Londres em 1954 e, passando-se por um jovial vendedor de jukeboxes e máquinas de chiclete, recrutou o chamado Portland Spy Ring, uma rede de informantes que coletava segredos navais. (Um dentista da KGB fez vários buracos desnecessários em seus dentes antes de deixar Moscou, assim Molody poderia apenas abrir a boca e apontar as cavidades para confirmar sua identidade para outros espiões soviéticos.) Uma denúncia de um espião da CIA levou à prisão e à condenação de Molody por espionagem, embora nem mesmo durante seu julgamento o tribunal britânico soubesse seu nome verdadeiro.

Quando Gordievsky o conheceu, Molody tinha acabado de voltar para Moscou depois de ser trocado por um empresário britânico preso sob acusação de espionagem em Moscou. Uma figura igualmente lendária era Vilyam Genrikhovich Fisher, conhecido como Rudolf Abel, o ilegal cuja espionagem nos Estados Unidos lhe rendeu uma sentença de trinta anos de prisão, mas que fora trocado por Gary Powers, piloto abatido do *U-2*, em 1962.

O espião soviético mais famoso na semiaposentadoria era britânico. Kim Philby fora recrutado pela NKVD em 1933, subiu na hierarquia do MI6 e passou informações para a KGB até que finalmente desertou para a União Soviética em janeiro de 1963, para grande constrangimento do governo britânico. Ele agora vivia em um apartamento confortável em Moscou, assistido por guarda-costas, "um inglês até o último fio de cabelo", como um oficial da KGB costumava dizer, lendo as pontuações de críquete em exemplares antigos do *The Times*, comendo geleia de Oxford e frequentemente bebendo até cair. Philby era reverenciado dentro da KGB e continuou a fazer trabalhos esporádicos para a inteligência soviética, inclusive realizando um curso de treinamento para oficiais de língua inglesa, analisando casos e até mesmo ajudando a motivar o time soviético de hóquei no gelo.

Como Molody e Fisher, Philby dava palestras para jovens espiões, que o admiravam. Mas a realidade da vida após a espionagem na KGB era tudo menos feliz. Molody passou a beber e morreu em circunstâncias misteriosas durante uma expedição para colher cogumelos. Abel ficou profundamente desiludido. Philby tentou se matar. Os três foram celebrados em selos postais soviéticos.

Para quem se desse ao trabalho de olhar de perto (e poucos russos o faziam), o contraste entre o mito e a realidade da KGB era evidente por si mesmo. O Centro constituía uma burocracia impecável, iluminada e amoral, um lugar ao mesmo tempo implacável, presunçoso e puritano, onde crimes internacionais eram concebidos com meticulosa atenção aos detalhes. Desde o início, a inteligência soviética operava sem restrições éticas. Além de coletar e analisar informações, a KGB organizava guerras políticas, manipulação da mídia, desinformação, falsificações, intimidações, sequestros e assassinatos. O 13º Departamento, ou "Diretoria de Tarefas Especiais", especializou-se em sabotagem e assassinatos. A homossexualidade era ilegal na URSS, mas recrutavam-se homossexuais para atrair estrangeiros gays, que seriam depois chantageados. A KGB não tinha princípios e não se desculpava por isso. No entanto, era um lugar hipócrita e moralista. Oficiais eram proibidos de beber durante o expediente, embora muitos bebessem sem reservas em todos os outros momentos. Fofocas sobre a vida privada dos colegas circulavam pela KGB, como na maioria dos escritórios, com a diferença de que, no Centro, escândalos e conversas-fiadas podiam destruir carreiras e acabar em morte. A KGB tinha um interesse invasivo nos arranjos domésticos de seus funcionários, pois nenhuma vida era privada na União Soviética. Esperava-se que os oficiais se casassem, tivessem filhos e permanecessem casados. Havia um cálculo preciso nisso: um oficial casado era considerado menos propenso a desertar enquanto estava no exterior, uma vez que sua esposa e a família poderiam ser mantidas como reféns.

Dois anos depois de ingressar na Diretoria S, Oleg se deu conta de que não ia seguir os passos do irmão como espião infiltrado no exterior. O próprio Vasili pode ter sido a razão que levou Oleg a ser rejeitado para fazer trabalhos como ilegal: de acordo com a lógica da KGB, ter mais de um membro da família no exterior, e particularmente ter dois no mesmo país, podia ser um incentivo à deserção.

Oleg estava entediado e frustrado. Um trabalho que parecia prometer aventura e empolgação acabou por ser extremamente enfadonho. O mundo além da Cortina de Ferro, sobre o qual ele tinha lido nos jornais ocidentais, parecia irresistivelmente fora de seu alcance. Então ele decidiu se casar. "Eu queria ir para o exterior o mais rápido possível e a KGB nunca enviava homens solteiros. Eu tinha pressa para encontrar uma esposa." Uma mulher com habilidades em alemão seria ideal, já que os dois poderiam ser enviados juntos para a Alemanha.

Yelena Akopian estava treinando para ser professora de alemão. Tinha 21 anos, era metade armênia, inteligente, de olhos escuros e muito astuciosa. Era a rainha do sarcasmo, algo que ele achou atraente e sedutor por algum tempo. Eles se conheceram na casa de um amigo em comum. O que os aproximou tinha menos a ver com paixão e mais com uma ambição compartilhada. Como Oleg, Yelena ansiava por viajar para o exterior e imaginava para si uma vida muito além dos limites do apartamento apertado onde morava com os pais e cinco irmãos. Os poucos relacionamentos anteriores de Gordievsky tinham sido breves e insatisfatórios. Yelena parecia oferecer um vislumbre do que uma mulher soviética moderna poderia ser, menos convencional do que as estudantes que ele conhecera, com um senso de humor imprevisível. Ela se declarava feminista, embora, na Rússia dos anos 1960, o termo fosse estritamente limitado. Ele se convenceu de que a amava. Ficaram noivos, Oleg mais tarde observou, "sem refletir muito e sem que nenhum dos dois fizesse uma autoanálise", e depois se casaram, sem muito alarde, por razões que nada tinham a ver com romantismo: ela aumentaria as chances de promoção para ele, que seria o passaporte de Yelena para fora de Moscou. Um casamento de conveniência da KGB, embora não admitissem isso um para o outro.

No fim de 1965 apareceu a oportunidade que ele estava esperando. Foi aberta uma vaga para um posto de gerenciamento de ilegais na Dinamarca. Seu disfarce seria o de um funcionário consular oficial que lidava com vistos e heranças; na realidade, ele estaria trabalhando para a Linha N (de *nelegalniy*, ou ilegais), responsável pelo trabalho de campo operacional da Diretoria S.

Ofereceram o posto a Oleg, para coordenar uma rede de espiões disfarçados na Dinamarca. Ele aceitou com entusiasmo e prazer. Como Kim Philby observou depois de ter sido recrutado pela NKVD em 1933: "Você jamais hesita em se juntar a uma força de elite."

2
TIO GORMSSON

Oleg e Yelena Gordievsky desembarcaram em Copenhague em um dia gelado, porém resplandecente, de janeiro de 1966 e entraram em um conto de fadas.

Como comentou mais tarde um oficial do MI6: "Se fosse possível escolher uma cidade para demonstrar as vantagens da democracia ocidental sobre o comunismo russo, dificilmente haveria outra melhor do que Copenhague."

A capital da Dinamarca era linda, limpa, moderna, rica e, aos olhos de um casal acostumado com a monótona opressão da vida soviética, quase impossivelmente sedutora. Havia carros luxuosos, modernos edifícios de escritórios, belos móveis criados por designers e nórdicos felizes, que sorriam mostrando dentes perfeitos. Os cafés estavam sempre cheios, os restaurantes serviam comida exótica, as lojas vendiam uma enorme variedade de mercadorias. Aos olhos famintos de Gordievsky, os dinamarqueses pareciam não apenas mais felizes e cheios de vida como também culturalmente nutridos. Na primeira biblioteca em que entrou, ele ficou impressionado com a quantidade de livros disponíveis, mas ainda mais surpreso por ter permissão para tomar emprestados quantos quisesse e poder ficar com a sacola plástica usada para carregá-los. Parecia haver poucos policiais.

A embaixada soviética consistia em três casarões feitos de estuque localizados na rua Kristianiagade, na parte norte da cidade, mais parecendo um grande hotel murado do que um enclave soviético, com jardins imaculados, um centro esportivo e um clube social. Os Gordievsky se mudaram para um apartamento recém-construído, com pé-direito alto, piso de madeira e cozinha planejada. Ele recebeu um Fusca e um pagamento em dinheiro de 250 libras por mês para entreter seus contatos. Copenhague fervilhava com música: Bach, Händel, Haydn, Telemann, compositores que ele nunca tinha sido autorizado a ouvir na Rússia soviética. Havia uma razão muito boa, refletiu, para impedir os cidadãos soviéticos comuns de viajar para o exterior: quem, além de um oficial da KGB totalmente doutrinado, seria capaz de provar aquelas liberdades e resistir à vontade de ficar?

Dos vinte funcionários da embaixada soviética, apenas seis eram diplomatas de verdade; os outros trabalhavam para a KGB ou para a GRU, a inteligência militar soviética. O *rezident*, Leonid Zaitsev, um oficial charmoso e meticuloso, parecia alheio ao fato de que a maioria de seus subalternos era incompetente, preguiçosa ou trapaceira, em geral os três atributos ao mesmo tempo. Eles gastavam muito mais energia para burlar suas prestações de contas do que para espionar de fato. A missão geral da KGB era cultivar contatos dinamarqueses, recrutar informantes e aliciar possíveis agentes. Isso, Gordievsky rapidamente percebeu, era "um convite à corrupção", uma vez que a maioria dos oficiais inventava interações com dinamarqueses, falsificava contas, fantasiava relatórios e embolsava os salários. O Centro não parecia ter se dado conta da anomalia de que poucos de seus funcionários em Copenhague falavam bem o dinamarquês e alguns não falavam nada.

Oleg estava determinado a mostrar que não era como os outros. Já proficiente em sueco, ele se pôs a aprender o dinamarquês. Suas manhãs eram dedicadas a processar pedidos de visto, em obediência ao seu trabalho de fachada no consulado; a espionagem começava na hora do almoço.

A rede de ilegais da KGB na Escandinávia era irregular. Grande parte do trabalho era administrativa: deixar dinheiro ou mensagens em pontos de coleta ou troca ("dead drops"), monitorar locais de sinalização e manter contatos clandestinos com os espiões disfarçados, cuja maioria ele jamais conheceu pessoalmente, muito menos soube seus nomes. Se uma casca de laranja fosse deixada por um ilegal sob um banco específico do parque, isso significava "Estou em perigo", enquanto um caroço de maçã indicava "Vou deixar o país amanhã". Esses arranjos complexos às vezes desciam ao nível da comédia. Em um local de sinalização, Oleg deixou um prego dobrado no parapeito da janela de um banheiro público para indicar a um ilegal que ele deveria pegar dinheiro em um local de entrega predeterminado. O sinal de resposta do agente disfarçado, reconhecendo que a mensagem tinha sido recebida, era uma tampa de garrafa de cerveja no mesmo lugar. Ao retornar ao local, Oleg encontrou a tampa de uma cerveja de *gengibre*. Cerveja de gengibre, na sinalização da espionagem, equivalia a uma cerveja comum? Ou teria outro significado? De volta à *rezidentura*, depois de uma intensa noite de discussão com os colegas, ele chegou à conclusão de que o espião não vira nenhuma diferença entre as duas tampas de garrafa.

Na Dinamarca, nascimentos e mortes eram registrados pela Igreja Protestante e anotados à mão em grandes livros. Com a ajuda de um falsificador qualificado de Moscou, um número infinito de identidades poderia ser criado se fossem alterados os registros da Igreja. Ele começou a se aproximar de clérigos para ter acesso aos registros e a organizar roubos em várias igrejas. "Eu estava abrindo novos caminhos", contou mais tarde. Hoje os registros da Igreja da Dinamarca contêm vários dinamarqueses inteiramente inventados por Oleg Gordievsky.

Ao mesmo tempo, ele passou a recrutar informantes, agentes e mensageiros. "Esse é o principal intento da nossa vida aqui", disse-lhe Zaitsev. Após meses de um trabalho deliberado e calculado sob o pseudônimo "Gornov" (o sobrenome de solteira de sua mãe), ele convenceu um professor e sua esposa a atuarem como uma "caixa postal viva", transmitindo mensagens de e para ilegais. Ele fez amizade com um policial dinamarquês, porém, depois de alguns encontros, começou a se questionar se era ele que estava recrutando o homem ou se era o contrário.

Menos de um ano após sua chegada a Copenhague, Gordievsky passou a ter a companhia de um oficial da KGB de um timbre muito diferente dos outros. Mikhail Petrovich Lyubimov era um ucraniano expansivo, alegre e altamente inteligente cujo pai tinha servido na Cheka, a polícia secreta bolchevique. Lyubimov havia se formado no Instituto Estatal de Relações Internacionais de Moscou quatro anos antes de Gordievsky e então escrevera uma tese para a KGB intitulada *O caráter nacional inglês e seu uso no trabalho operacional*. Em 1957, por ordem da KGB, ele seduziu uma garota americana no Festival Mundial da Juventude e dos Estudantes, em Moscou. Quatro anos depois, foi enviado para a Grã-Bretanha como adido de imprensa soviético, enquanto recrutava informantes dentro de sindicatos e grupos estudantis e do sistema político britânico. Ele falava inglês com um sotaque de classe alta, entremeado de anglicismos antiquados, que o faziam soar engraçado. Lyubimov desenvolvera um fascínio por tudo que era inglês ou, mais precisamente, pelos aspectos da cultura britânica que ele apreciava: uísque, charutos, críquete, clubes para cavalheiros, roupas de tweed sob medida, bilhar e fofocas. A inteligência local o apelidou de "Smiley Mike", em referência a George Smiley, personagem de John le Carré. Os britânicos eram o inimigo, e ele os adorava. Em 1965, Lyubimov tentou, sem sucesso, recrutar um criptógrafo inglês e o serviço britânico de inteligência prontamente tentou recrutar o próprio Lyubimov. Quando ele recusou a oferta de espionar para a Grã-Bretanha, foi declarado *persona non grata* e enviado de volta a Moscou – uma experiência que não diminuiu em nada a sua anglofilia desenfreada.

No fim de 1966, Lyubimov foi enviado para Copenhague como chefe da inteligência política (a Linha PR, na nomenclatura da KGB).

Gordievsky gostou de Lyubimov de imediato. "Não é a vitória que conta, mas participar do jogo", pregava ele, e regalava o jovem com relatos de sua vida na Grã-Bretanha recrutando espiões enquanto bebia uísque Glenlivet em elegantes clubes de cavalheiros. Lyubimov adotou Oleg como seu protegido e disse sobre o jovem: "Ele me impressionou com seu esplêndido conhecimento de história. Ele amava Bach e Haydn, o que inspirava respeito, particularmente se comparado ao restante da colônia soviética na Dinamarca, que passava todo o seu tempo viajando para pescar, fazendo compras e acumulando o máximo de bens materiais que fosse possível."

Assim como Lyubimov se apaixonara pela Grã-Bretanha, Gordievsky se viu apaixonado pela Dinamarca, seu povo, parques e música, e a liberdade, incluindo a sexual, da qual seus cidadãos desfrutavam sem sequer terem noção de quão valiosos eram. Os dinamarqueses tinham uma atitude aberta em relação ao sexo, progressista até para os padrões europeus. Um dia, Oleg visitou a zona de bordéis da cidade e, por capricho, entrou em uma loja que vendia revistas pornográficas, brinquedos sexuais e outros artigos eróticos. Comprou três revistas pornôs homossexuais e as levou para casa, para mostrar a Yelena. "Eu só estava intrigado. Não tinha ideia do que os homossexuais faziam." Ele colocou as revistas sobre a lareira, como se fosse uma exposição aberta de uma liberdade indisponível na Rússia soviética.

"Eu floresci como ser humano", escreveu ele. "Havia tanta beleza, uma música tão animada, escolas excelentes, uma liberdade e uma alegria entre as pessoas comuns que faziam o vasto e estéril campo de concentração da União Soviética parecer algum tipo de inferno." Ele passou a jogar badminton e descobriu que amava o jogo, especialmente o seu elemento enganador. "A peteca, desacelerando nos últimos segundos de voo, dá ao jogador a chance de usar sua inteligência e mudar o seu lance no último momento." A mudança de última hora era uma habilidade que ele conseguira aperfeiçoar. Também assistia a concertos de música clássica, devorava os livros da biblioteca e viajava para todos os cantos da Dinamarca, às vezes para espionar, mas principalmente pelo puro prazer de poder fazê-lo.

Pela primeira vez em sua vida, Gordievsky sentia que não estava sendo observado. Só que estava.

O Serviço Dinamarquês de Segurança e Inteligência (Politiets Efterretningstjeneste, ou PET) era minúsculo, mas altamente eficaz. Seu objetivo declarado era "prevenir, investigar e combater operações e atividades que representassem uma ameaça à preservação da Dinamarca como um país livre, democrático e seguro". O PET suspeitava fortemente que Oleg Gordievsky representava tal ameaça e, a partir do momento em que o jovem diplomata russo com gosto pela música clássica chegou a Copenhague, seus agentes ficaram de olho nele.

Os dinamarqueses monitoravam rotineiramente o pessoal da embaixada soviética, mas não tinham recursos para uma vigilância contínua. Alguns dos telefones dentro da embaixada haviam sido grampeados. Por sua vez, os técnicos da KGB penetraram com sucesso nas redes de rádio do PET e um posto de escuta dentro da embaixada captava rotineiramente mensagens entre as equipes de vigilância dinamarquesas. Yelena Gordievsky agora trabalhava para a KGB ao lado do marido, ouvindo essas mensagens e traduzindo-as para o russo. Como resultado, a KGB podia muitas vezes identificar o posicionamento de carros de vigilância do PET e estabelecer quando seus oficiais estavam livres da vigilância. Cada oficial suspeito da KGB tinha um codinome: Gordievsky era referido em mensagens de rádio como Tio Gormsson, uma referência a um rei da Dinamarca do século X, Harald "Bluetooth" Gormsson.

O serviço de segurança dinamarquês tinha poucas dúvidas de que Gordievsky (codinome Gornov, codinome Guardiyetsev, codinome Tio Gormsson) era um espião da KGB que trabalhava sob cobertura diplomática.

Uma noite, Oleg e Yelena foram convidados para jantar com seu amigo policial e sua esposa. Enquanto estavam fora, o PET entrou em seu apartamento e plantou dispositivos de escuta. Gordievsky suspeitara um pouco do convite do casal dinamarquês, por isso, de acordo com seu treinamento na Escola 101, ele tinha tomado a precaução de espremer uma bolha de cola entre a porta de entrada e o batente. Quando voltaram do jantar, o selo de cola invisível tinha sido quebrado. A partir de então, Oleg passou a ser cuidadoso com o que era dito dentro de casa.

A espionagem era errática e fragmentada de ambas as partes. Oficiais da KGB, treinados na arte da *proverka*, frequentemente conseguiam escapar do radar dinamarquês. Com a mesma frequência, Oleg e seus colegas acreditavam que estavam agindo "na sombra" quando na verdade não estavam.

Ou o PET estava monitorando a zona de bordéis de Copenhague, ou os dinamarqueses estavam seguindo Gordievsky quando ele foi visto entrando na sex shop e comprando revistas pornográficas homossexuais. Um oficial de inteligência russo casado e com gosto por pornografia gay é vulnerável, um homem com segredos que pode ser chantageado. O serviço de segurança dinamarquês fez uma anotação cuidadosa e passou essa interessante informação para alguns aliados selecionados. Pela primeira vez em arquivos da inteligência ocidental, um ponto de interrogação apareceu ao lado de seu nome.

Oleg Gordievsky estava evoluindo para se tornar um dos mais eficientes oficiais da KGB. Lyubimov escreveu: "Indiscutivelmente ele se destacava entre seus colegas como resultado de sua excelente educação, sede de conhecimento, amor pela leitura e, como Lenin, visitas a bibliotecas públicas."

A única nuvem em seu horizonte era o casamento, que parecia estar murchando tão rápido quanto sua vida cultural interior florescia. O relacionamento, que havia começado com tão pouco fervor, esfriava cada vez mais. Oleg queria filhos; Yelena, decididamente não. Um ano após assumir o posto, sua esposa revelou que, antes de deixarem Moscou, havia interrompido uma gravidez sem consultá-lo. Ele se sentiu enganado e furioso. Como era um homem muito enérgico, achava que sua jovem esposa era estranhamente passiva e apática em relação ao novo cenário e aos sons ao seu redor. Começou a sentir que seu casamento era "mais por conveniência do que por amor" e seu "sentimento de vazio" aumentava cada vez mais. Gordievsky descrevia sua atitude em relação às mulheres como "respeitosa". Na realidade, como muitos homens soviéticos, ele tinha ideias antiquadas sobre o casamento e esperava que a esposa cozinhasse e limpasse sem reclamar. Sendo uma habilidosa tradutora da KGB, Yelena alegava que havia "coisas melhores para uma mulher fazer do que o trabalho doméstico". Oleg podia estar aberto a muitas das novas influências da sociedade ocidental, mas isso não se estendia à liberdade feminina; o que ele chamava de "tendência antidoméstica" de Yelena tornou-se uma fonte de crescente frustração. Ele fez um curso de culinária, na esperança de envergonhar Yelena e obrigá-la a cozinhar; ou ela não percebeu, ou não se importou. Suas respostas curtas e irônicas, que um dia ele considerara espirituosas, agora só o irritavam. Quando sentia que tinha razão, Oleg sabia ser obstinado e inflexível. Para amenizar sua frustração, ele corria todos os dias nos parques de Copenhague, sozinho, hora após hora, voltando para casa exausto demais para discutir.

Enquanto rachaduras apareciam em seu casamento, abalos sísmicos estavam ocorrendo dentro do bloco soviético.

Em janeiro de 1968, Alexander Dubček, o reformista primeiro-secretário do Partido Comunista da Tchecoslováquia, propôs-se a liberalizar seu país e afrouxar o jugo soviético relaxando os controles sobre viagens e a liberdade de expressão e reduzindo a censura. O "socialismo humano" de Dubček prometia limitar o poder da polícia secreta, melhorar as relações com o Ocidente e realizar eleições livres.

Gordievsky observou aqueles eventos com crescente excitação. Se a Tchecoslováquia afrouxasse o controle de Moscou, então outros satélites soviéticos poderiam seguir o exemplo. Dentro da *rezidentura* da KGB de Copenhague, a opinião estava fortemente dividida no que se referia à importância das reformas tchecoslovacas. Alguns argumentavam que Moscou interviria militarmente, como havia feito na Hungria em 1956. Outros, inclusive Gordievsky e Lyubimov, tinham certeza de que a revolução floresceria. "Oleg e eu estávamos certos de que os tanques soviéticos não entrariam em Praga", escreveu Lyubimov. "Apostamos uma caixa inteira de cerveja Tuborg." Até mesmo Yelena, sempre politicamente desengajada, parecia eletrizada pelo que estava acontecendo. "Víamos a Tchecoslováquia como nossa única esperança para um futuro liberal", escreveu Gordievsky. "Não só por aquele país, mas pelo nosso também."

No Centro, em Moscou, a KGB via o experimento de reforma tchecoslovaco como uma ameaça existencial ao próprio comunismo, com o potencial de fazer a balança da Guerra Fria pender contra Moscou. Tropas soviéticas começaram a chegar em massa à fronteira da Tchecoslováquia. A KGB não esperou pelo sinal do Kremlin e começou a responder à "contrarrevolução" com um pequeno exército de espiões. Um deles era Vasili Gordievsky.

Enquanto um irmão observava com entusiasmo a efervescência da Primavera de Praga, o outro fora enviado para cortá-la pela raiz.

No início de 1968, mais de trinta ilegais da KGB entraram na Tchecoslováquia com ordens do chefe Yuri Andropov de sabotar o movimento, infiltrar círculos de intelectuais "reacionários" e sequestrar apoiadores proeminentes da Primavera de Praga. A maioria desses agentes viajou disfarçada de turista ocidental, uma vez que se supunha que os "agitadores" tchecoslovacos se sentiriam mais à vontade para confidenciar seus planos a estrangeiros aparentemente simpáticos à causa. Entre os alvos estavam intelectuais, acadêmicos, jornalistas, estudantes e escritores, incluindo Milan Kundera e Václav Havel. Foi a mais ampla operação de inteligência montada pela KGB contra um aliado do Pacto de Varsóvia.

Vasili viajou com um passaporte falso da Alemanha Ocidental, sob o nome de Gromov. O irmão mais velho de Oleg já demonstrara sua coragem como sequestrador da KGB.

Yevgeni Ushakov operava como ilegal havia anos na Suécia, mapeando o país e implantando uma rede de subagentes na expectativa de uma invasão soviética. Mas, em 1968, o Centro concluiu que esse espião, codinome Faust, desenvolvera um complexo de perseguição e devia ser removido. Em abril de 1968, Vasili drogou Ushakov e o levou com sucesso, via Finlândia, para Moscou, onde foi colocado em um hospital psiquiátrico, antes de ser liberado e demitido da KGB. Vasili recebeu uma medalha pelo "serviço impecável".

No mês seguinte, ele e um colega da KGB se propuseram a sequestrar duas das principais figuras emigradas do movimento reformista tchecoslovaco: Václav Černý e Jan Procházka. Expressivo historiador literário, o professor Černý tinha sido demitido da Universidade Carolina pelo regime comunista, por falar em defesa da liberdade acadêmica. Procházka, escritor e produtor cinematográfico, havia denunciado publicamente o censor oficial e exigido "liberdade de expressão". Ambos viviam na Alemanha Ocidental. A KGB estava convencida (erroneamente) de que a dupla liderava um grupo "anti-Estado ilegal" dedicado a "subverter os fundamentos do socialismo na Tchecoslováquia" e, portanto, deveria ser eliminada. O plano era simples: Vasili faria amizade com Černý e Procházka para convencê-los de que estavam em perigo iminente de assassinato por matadores soviéticos e ofereceria um "esconderijo temporário". Se eles se recusassem a ir voluntariamente, seriam subjugados por "substâncias especiais" e depois entregues a agentes do Departamento de Ações Especiais da KGB, que os fariam atravessar a fronteira para a Alemanha Oriental no porta-malas de um carro com placa diplomática – por convenção, tais veículos geralmente não eram sujeitos a fiscalização. O plano não funcionou. Apesar da incitação de Vasili, Černý recusou-se a acreditar que "estava correndo perigo maior do que o habitual"; Procházka tinha um guarda-costas e falava apenas tcheco, que Vasili não entendia. Depois de duas semanas tentando, em vão, convencer os dissidentes a acompanhá-lo, Vasili abortou o sequestro.

Então Vasili, com o codinome Gromov, cruzou a fronteira para a Tchecoslováquia e juntou-se a uma pequena e altamente treinada gangue de ilegais e sabotadores soviéticos que se passavam por turistas. Sua missão era montar uma série de "operações de provocação", com o objetivo de dar a falsa impressão de que a Tchecoslováquia estava prestes a irromper em uma violenta contrarrevolução. Eles distribuíram falsas evidências, sugerindo que os "direitistas" tchecoslovacos, apoiados pela inteligência ocidental, estavam planejando um golpe violento. Produziram cartazes pedindo a derrubada do comunismo e plantaram armamento em caixas convenientemente marcadas como "Made in USA", que foram então "descobertas" e denunciadas como prova de uma iminente insurreição. As autoridades soviéticas chegaram a afirmar ter descoberto um "plano secreto americano" para derrubar o governo comunista e instaurar um fantoche imperialista.

Vasili estava na vanguarda dos esforços da KGB para difamar e destruir a Primavera de Praga; como seu pai, ele nunca questionava a retidão do que estava fazendo.

Oleg não fazia ideia de que seu irmão estava na Tchecoslováquia, muito menos das artimanhas que ele estava perpetrando. Os dois jamais conversavam sobre esses temas. Vasili tinha seus segredos e Oleg cada vez mais guardava os seus. À medida que a primavera se transformava em verão e a marcha em direção a uma nova Tchecoslováquia parecia ganhar ritmo, mais Oleg tinha certeza de que Moscou nunca faria uma intervenção militar. "Eles não podem invadir", declarou. "Não ousariam."

Na noite de 20 de agosto de 1968, dois mil tanques e mais de duzentos mil soldados, a maioria soviéticos, mas com contingentes de outros países do Pacto de Varsóvia, cruzaram as fronteiras tchecoslovacas. Não havia esperança de qualquer oposição à força destruidora soviética e Dubček conclamou seu povo a não resistir. Pela manhã, a Tchecoslováquia era um país ocupado. A União Soviética tinha enfaticamente demonstrado a Doutrina Brezhnev, ou Doutrina da Soberania Limitada: qualquer país do Pacto de Varsóvia que tentasse renunciar ao comunismo ortodoxo ou reformá-lo seria trazido de volta ao rebanho à força. Era o fim da Primavera de Praga e o começo de um novo inverno soviético.

Oleg Gordievsky ficou chocado e enojado. Quando furiosos manifestantes dinamarqueses se reuniram do lado de fora da embaixada soviética em Copenhague para denunciar a invasão, ele sentiu uma enorme vergonha. Testemunhar a construção do Muro de Berlim já havia sido chocante o suficiente, mas a invasão da Tchecoslováquia ofereceu uma prova ainda mais flagrante da verdadeira natureza do regime ao qual servia. Seu distanciamento do sistema comunista transformou-se, muito rapidamente, em repugnância: "Aquele ataque brutal a pessoas inocentes provocou em mim um ódio ardente e impetuoso contra o regime."

Usando o telefone no canto do saguão da embaixada, Oleg ligou para Yelena em casa e, com uma torrente de imprecações, condenou a União Soviética por subjugar a Primavera de Praga. "Eles realmente invadiram. É inacreditável." Ele quase chorava. "Minha alma estava ferida", lembrou-se ele mais tarde. Mas sua mente estava clara.

Na verdade, Gordievsky quis enviar uma mensagem. Ele sabia que o telefone da embaixada estava grampeado pelo serviço de segurança dinamarquês. O PET também tinha escutas em seu telefone de casa. A inteligência dinamarquesa certamente ouviria aquela conversa semissubversiva com sua esposa e tomaria nota de que o "Tio Gormsson" não era uma engrenagem inquestionável da máquina da KGB como parecia ser. O telefonema não era exatamente uma aproximação com o outro lado. Na verdade, era uma insinuação, um apelo emocional, uma tentativa de fazer com que os dinamarqueses e seus aliados na inteligência ocidental ficassem cientes do seu modo de pensar. Foi, ele escreveu mais tarde, um "primeiro sinal deliberado para o Ocidente".

Só que o Ocidente não percebeu o sinal. Oleg estendeu a mão, mas ninguém notou. Na torrente de materiais interceptados e processados pelo serviço de segurança dinamarquês, aquele pequeno e significativo gesto passou sem ser detectado.

Enquanto ele digeria as notícias sombrias da Tchecoslováquia, seus pensamentos se voltaram para Stanislaw Kaplan, seu amigo sincero da universidade. O que Standa teria sentido quando os soviéticos entraram em seu país?

Kaplan estava indignado. Depois de deixar a Rússia, havia trabalhado no Ministério do Interior em Praga antes de se juntar ao serviço de inteligência estatal tchecoslovaco, o StB. Escondendo cuidadosamente suas ideias dissidentes, Kaplan assistiu aos eventos de 1968 com sombria consternação, mas não disse nada. O esmagamento da Primavera de Praga provocou uma onda de emigração em massa e cerca de trezentas mil pessoas fugiram da Tchecoslováquia após a invasão soviética. Kaplan começou a colecionar segredos e a se preparar para se juntar a elas.

A missão de Oleg na Dinamarca estava chegando ao fim quando ele recebeu um telegrama de Moscou: "Cesse atividade operacional. Fique para análise, mas não mais operações." O Centro, em Moscou, concluíra que os dinamarqueses estavam mostrando um nível insalubre de interesse no camarada Gordievsky, tendo provavelmente percebido que ele era um oficial da KGB. Interceptações de rádio mostraram que, desde a sua chegada, ele tinha sido seguido, em média, a cada dois dias, mais do que qualquer outro membro da embaixada soviética. Moscou não queria um incidente diplomático, então, durante seus últimos meses em Copenhague, Oleg foi designado para trabalhar pesquisando para um manual da KGB sobre a Dinamarca.

Sua carreira – e sua consciência – estava em uma encruzilhada. Sua repulsa pelos acontecimentos na Tchecoslováquia fervia, mas ainda não tinha resultado em nada que se aproximasse de uma decisão. Deixar a KGB era impensável (e provavelmente impossível), mas ele se perguntou se conseguiria deixar a administração dos ilegais e se juntar a Lyubimov no Departamento de Inteligência Política, trabalho que parecia mais interessante e menos sórdido.

Oleg ficou estagnado em termos profissionais e pessoais: cumpria seus deveres consulares, discutia com Yelena, alimentava sua antipatia secreta pelo comunismo e se empanturrava de cultura ocidental. Em uma festa na casa de um diplomata alemão, ele conversou com um jovem dinamarquês que era bastante amigável e estava bêbado. O dinamarquês parecia saber muito sobre música clássica. Ele sugeriu que fossem a um bar. O russo educadamente recusou, explicando que precisava voltar para casa.

O jovem era um agente do serviço de inteligência dinamarquês. A conversa tinha sido o lance inicial de uma tentativa de armadilha homossexual. Motivados pelo aparente gosto de Oleg pela pornografia gay, os dinamarqueses haviam tramado uma armadilha sexual, uma das técnicas mais antigas, torpes e eficazes da espionagem. O PET nunca teve certeza de por que o plano fracassou. Teria o oficial altamente treinado da KGB percebido a tentativa de sedução? Ou talvez a isca não tivesse sido do seu agrado? A verdadeira explicação era bem mais simples: Gordievsky não era homossexual. Ele não tinha percebido que aquilo era um flerte.

Fora da ficção, a espionagem raramente acontece de acordo com o plano. Após a Primavera de Praga, Oleg enviara uma mensagem velada à inteligência ocidental, que não fora percebida. O serviço dinamarquês tentara enganá-lo, baseado em uma premissa falsa, e passou longe do sucesso. Cada lado tinha tentado uma abordagem e nenhuma funcionara. E agora Gordievsky estava voltando para casa.

A União Soviética para a qual retornou, em janeiro de 1970, era ainda mais repressiva, paranoica e sombria do que a que ele havia deixado três anos antes. A ortodoxia comunista da era Brezhnev parecia varrer toda cor e imaginação. Oleg sentia repulsa por sua terra natal: "Tudo parecia tão tosco". As filas, a sujeira, a burocracia sufocante, o medo e a corrupção contrastavam com o mundo radiante e farto que ele deixara na Dinamarca. A propaganda era onipresente; os funcionários, subservientes e grosseiros; todo mundo espionava todo mundo; a cidade fedia a repolho cozido e canos de esgoto entupidos. Nada funcionava direito. Ninguém sorria. O contato mais casual com estrangeiros suscitava suspeita imediata. Porém, era a música o que mais corroía a sua alma, a baboseira patriótica estridente nos alto-falantes de cada esquina, composta de acordo com fórmulas comunistas, sem graça, crescente e inevitável, o som de Stalin. Gordievsky sentia-se sob ataque diário do que ele chamou de "cacofonia totalitária".

Ele foi enviado de volta à Diretoria S, enquanto Yelena conseguiu um cargo no 12º Departamento da KGB, a seção responsável por grampear e espionar diplomatas estrangeiros. Ela foi designada para a unidade que ouvia as embaixadas escandinavas e o pessoal da diplomacia, sendo promovida a tenente. O casamento era agora pouco mais do que uma "relação de trabalho", embora eles nunca conversassem sobre suas atividades ou discutissem qualquer outro assunto no apartamento deprimente que compartilhavam no leste de Moscou.

Os dois anos seguintes foram, nas palavras de Oleg, "um período intermediário, sem nenhuma importância". Embora tivesse sido promovido e fosse mais bem remunerado, seu trabalho era pouco diferente do que o que ele havia deixado quatro anos antes, preparando identidades para ilegais. Ele se inscreveu para aprender inglês, na expectativa de que isso abrisse caminho para algum posto nos Estados Unidos, na Grã-Bretanha ou em algum dos países da Commonwealth. No entanto, segundo lhe disseram, uma vez que os dinamarqueses aparentemente o haviam identificado como um oficial da KGB, era improvável que ele fosse enviado para um país ocidental. O Marrocos era uma possibilidade. Ele começou a aprender francês, mas sem entusiasmo. Afundado na conformidade cinzenta de Moscou, Gordievsky passou a sofrer de sintomas agudos de abstinência cultural. Estava sempre inquieto, ressentido, cada vez mais solitário e aprisionado.

■ ■ ■

Na primavera de 1970, um jovem oficial da inteligência britânica estava folheando um "arquivo pessoal" que chegara recentemente do Canadá. Geoffrey Guscott era um homem magro, usava óculos, era poliglota e altamente inteligente e obstinado. Mais para George Smiley do que para James Bond, ele já parecia um professor universitário paternal. Mas as aparências não poderiam ser mais enganosas. De acordo com um colega, "é provável que Guscott sozinho tenha infligido mais danos à inteligência soviética do que qualquer outro agente na história".

Criado na área sudeste de Londres, filho de um tipógrafo que havia abandonado a escola aos 14 anos, Guscott tinha origem na classe trabalhadora, o que o diferenciava da maioria dos oficiais do MI6. Ele ganhou uma bolsa de estudos para a Dulwich College, em seguida uma vaga em Cambridge para aprender russo e tcheco. Na formatura, em 1961, uma carta chegou do nada, convidando Guscott para uma reunião em Londres. Lá, ele conheceu um animado veterano da inteligência britânica que lhe descreveu suas experiências como espião em tempos de guerra, em Viena e Madri. "Eu tinha um desejo enorme de viajar e me pareceu exatamente o que queria fazer", lembrou Guscott. Aos 24 anos, ele foi matriculado na agência de inteligência estrangeira da Grã-Bretanha, que se autointitulava Serviço Secreto de Inteligência (SIS na sigla em inglês), mas era popularmente conhecido como MI6.

Em 1965, Guscott foi enviado para a Tchecoslováquia quando a maré da reforma estava começando a subir. Por três anos, controlou um espião cujo codinome era Freed, um oficial do StB, e, na época da Primavera de Praga, em 1968, ele estava de volta a Londres, responsável pelo recrutamento de oficiais tchecoslovacos dentro e fora da Tchecoslováquia. A invasão soviética impulsionou a divisão do país. "Tínhamos que aproveitar todas as oportunidades que aparecessem."

O arquivo na mesa de Guscott, cujo codinome era Danicek, referia-se à recente deserção de um jovem oficial do serviço de inteligência tchecoslovaco chamado Stanislaw Kaplan.

Kaplan havia tirado férias na Bulgária logo após a Primavera de Praga. Lá, ele desaparecera, para depois reaparecer na França, onde desertou formalmente para o serviço de inteligência francês. Kaplan explicou que queria se estabelecer no Canadá. O serviço de inteligência canadense tinha uma relação próxima com o MI6 e um funcionário foi enviado de Londres para interrogar o desertor. Os canadenses, sem dúvida, informaram a CIA sobre a deserção de Kaplan. O jovem oficial tchecoslovaco estava ansioso para cooperar. Quando pousou na mesa de Guscott, o Dossiê Danicek tinha vários centímetros de espessura.

Kaplan foi descrito como inteligente e franco, "um corredor de cross country que gostava do sexo oposto". Ele tinha detalhes úteis sobre o funcionamento da inteligência tchecoslovaca e de seus anos como estudante em Moscou. Por uma questão de rotina, era pedido aos desertores que identificassem qualquer um que conhecessem que pudesse ser de potencial interesse para a inteligência ocidental. O arquivo de Kaplan continha cerca de cem nomes, a maioria tchecoslovacos. Mas cinco das "personalidades" listadas por Kaplan eram russas, e uma delas se destacou.

Kaplan descreveu sua amizade com Oleg Gordievsky, um companheiro de corridas destinado à KGB que evidenciara "sinais claros de desilusão política". Durante o Degelo de Khrushchev, os dois amigos haviam discutido as limitações do comunismo: "Oleg não era um homem fechado, mas um ser pensante, ciente dos horrores do passado, uma pessoa não tão diferente do próprio Kaplan."

Guscott cruzou informações sobre aquele nome e descobriu que um certo Oleg Gordievsky havia sido enviado para Copenhague em 1966 como oficial consular. As relações entre o PET e o MI6 eram próximas. O arquivo da inteligência dinamarquesa referente a Gordievsky indicava que ele era quase com certeza um oficial da KGB que devia dar apoio a ilegais. Nada podia ser atribuído a ele diretamente, mas o russo conseguira despistar a vigilância várias vezes de uma forma que sugeria treinamento profissional. Ele tinha feito contato suspeito com um policial e vários clérigos. Uma escuta plantada em seu apartamento revelou que seu casamento não estava bem. Sua visita a uma sex shop e a compra de revistas pornográficas de cunho homossexual haviam gerado "uma desajeitada tentativa de chantagem" sem resultado. Gordievsky retornara a Moscou em janeiro de 1970 e desaparecera no Centro, fazendo Deus sabia lá o quê.

Guscott fez uma anotação no arquivo de Gordievsky afirmando que, caso o russo reaparecesse no Ocidente, poderia ser interessante aproximar-se desse oficial da KGB, que se mostrava capaz e esquivo, talvez fosse homossexual e já tinha abrigado ideias de liberdade de pensamento. Oleg foi "assinalado" como uma "pessoa de interesse" e recebeu o codinome Sunbeam.

Enquanto isso, a Grã-Bretanha tinha outros espiões da KGB mais perto de casa com os quais se ocupar.

Em 24 de setembro de 1971, o governo britânico afastou 105 oficiais de inteligência soviéticos, a maior expulsão de espiões da história. A Operação Foot, como ficou conhecida, vinha sendo preparada havia algum tempo. Assim como os dinamarqueses, os britânicos também monitoravam de perto diplomatas, jornalistas e representantes comerciais soviéticos e tinham uma ideia clara de quem era autêntico e quem era espião. A KGB tornou-se cada vez mais descarada em sua espionagem, e o MI5, o Serviço de Segurança britânico, estava ansioso para contra-atacar. O gatilho foi a deserção de Oleg Lyalin, um oficial da KGB que se passava por representante da indústria soviética de artigos de malha. Bem diferente de vender cardigãs comunistas, Lyalin na verdade era o principal representante do 13º Departamento da KGB, o setor de sabotagem, responsável por elaborar planos de contingência em caso de guerra com o Ocidente. O MI5 lhe deu o codinome Goldfinch (pintassilgo), ao qual fez jus, já que acabou cantando como um passarinho.

Entre os segredos que revelou, estavam planos para inundar o metrô de Londres, assassinar figuras-chave da vida pública britânica e desembarcar uma equipe de sabotagem na costa de Yorkshire. Essas revelações forneceram o pretexto que o MI5 estava esperando. Todos os espiões conhecidos foram extraditados e uma das maiores estações da KGB no mundo foi reduzida, da noite para o dia, a quase nada. A KGB passaria as duas décadas seguintes lutando para levar a *rezidentura* a sua antiga potência.

A Operação Foot pegou Moscou de surpresa e provocou consternação dentro da Primeira Diretoria-Geral. Sediado em Yasenevo, perto do anel viário externo de Moscou, o departamento responsável pela inteligência estrangeira havia passado por uma rápida expansão sob Brezhnev, multiplicando-se de três mil funcionários nos anos 1960 para mais de dez mil. A expulsão em massa foi vista como um grande desastre. O chefe da seção responsável pela Grã-Bretanha e a Escandinávia foi demitido (as duas regiões estavam, por razões históricas, agrupadas na mesma estrutura departamental da KGB, juntamente com a Austrália e a Nova Zelândia) e substituído por Dmitri Yakushin.

Conhecido como "Cardeal Cinzento", Yakushin era um aristocrata de nascimento, mas um bolchevique por convicção, um comunista com ares de nobre e voz de britadeira. Ele lutou em um regimento de tanques durante a guerra, especializou-se em suinocultura no Ministério da Agricultura soviético e depois foi transferido para a KGB, onde ascendeu e se tornou vice-chefe do departamento americano. Ao contrário da maioria dos altos oficiais, era um homem culto, que colecionava livros raros e falava o que pensava. O primeiro contato de Oleg com o Cardeal Cinzento foi extremamente assustador.

Uma noite, ouvindo a BBC em segredo, Oleg ficou sabendo que a Dinamarca, por um efeito indireto da Operação Foot, havia expulsado três de seus ex-colegas, oficiais da KGB que trabalhavam sob cobertura diplomática. Na manhã seguinte, ele mencionou a notícia a um amigo na seção dinamarquesa. Cinco minutos depois, seu telefone tocou e uma erupção ensurdecedora ecoou pela linha: "Camarada Gordievsky, se você insistir em espalhar rumores pela KGB sobre supostas expulsões na Dinamarca, será PUNIDO!" Era Yakushin.

Oleg temeu ser demitido. Em vez disso, alguns dias mais tarde, depois que a reportagem da BBC foi confirmada, o Cardeal Cinzento o convocou a seu escritório e foi direto ao ponto, quase gritando:

– Preciso de alguém em Copenhague. Temos que reconstruir nossa equipe lá. Você fala dinamarquês... O que acha de trabalhar no meu departamento?

Gordievsky gaguejou que gostaria muito.

– Então deixe comigo! – berrou Yakushin.

Mas a Diretoria S recusou-se a deixá-lo ir, com a mesquinharia típica do chefe determinado a manter um membro da equipe só porque outro tentou arregimentá-lo.

A questão permaneceu adormecida até Vasili Gordievsky, o irmão que o tinha colocado na KGB, ajudar a acelerar a promoção de Oleg usando o recurso radical de cair morto.

Vasili bebia muito havia anos. No Sudeste Asiático, ele contraiu hepatite e foi aconselhado pelos médicos a nunca mais ingerir álcool. Mas continuou consumindo até morrer, aos 39 anos. Ele recebeu um funeral com honras militares. Enquanto três oficiais disparavam armas automáticas em saudação e o caixão coberto com a bandeira era baixado para o chão do crematório de Moscou, Oleg refletiu sobre quão pouco ele sabia sobre o homem que chamava de "Vasilko". Sua mãe e sua irmã, agarrando-se uma a outra em luto e admiradas pela participação de dignitários da KGB, sabiam ainda menos. Anton estava vestindo seu uniforme de agente e dizia a todos como tinha orgulho dos serviços de seu filho à Pátria.

Oleg sentia certo medo de seu misterioso irmão mais velho. Ele não fazia a mínima ideia das atividades ilegais de Vasili na Tchecoslováquia. Os dois pareciam próximos, mas, na realidade, viviam separados por um grande abismo de sigilo. Vasili morreu como um herói e a relevância de Oleg subiu na mesma proporção, fornecendo uma pequena "alavanca moral" em seus esforços para sair da Diretoria S e entrar no Departamento Britânico-Escandinavo de Yakushin. "Com meu irmão morto como resultado de seu trabalho para a Diretoria S, seria difícil para o chefe recusar meu pedido." Com extrema relutância, o setor de ilegais o liberou. Os soviéticos solicitaram um visto dinamarquês, afirmando que Gordievsky voltaria a Copenhague como segundo-secretário da embaixada soviética; agora ele era um oficial de inteligência política da Primeira Diretoria-Geral da KGB – o cargo anteriormente ocupado por Mikhail Lyubimov.

Os dinamarqueses podiam ter recusado o visto, já que Oleg era suspeito de ser um oficial da KGB. Em vez disso, decidiram autorizá-lo a voltar e observá-lo de perto. Londres foi informada.

A questão de sua sexualidade foi levantada novamente. Oleg, ao que parecia, não havia relatado a abordagem homossexual dois anos antes. Se ele o tivesse feito, concluíra o MI6, era improvável que fosse enviado para o exterior uma segunda vez porque, no pensamento distorcido da KGB, qualquer oficial que fosse alvo da inteligência ocidental era imediatamente considerado suspeito. O MI6 assumiu que Oleg decidira esconder a tentativa de sedução, quando, na verdade, ele nem a havia percebido. "O pressuposto era de que ele tinha guardado segredo", escreveu um oficial. Se Gordievsky estivesse escondendo um segredo vergonhoso de seus chefes, e se Standa Kaplan estivesse certo sobre suas inclinações políticas, valeria a pena fazer uma nova tentativa de aproximação.

O MI6 e o PET prepararam uma recepção acolhedora.

3
SUNBEAM

Richard Bromhead era "O Cara" do MI6 em Copenhague e não ligava muito para quem soubesse disso.

O chefe da estação do MI6 na Dinamarca era um inglês antiquado, educado em escolas públicas, um tipo alegre e amigável, que se referia às pessoas de quem gostava como "meus queridos" e àquelas de quem não gostava como "uns merdas". Bromhead era descendente de poetas e aventureiros. A família tinha pedigree, mas não dinheiro. Ele estudou na Marlborough College, depois prestou serviço militar na Alemanha, onde se viu no comando de 250 prisioneiros alemães em um antigo campo britânico para prisioneiros de guerra. ("O Kommandant era um remador olímpico. Sujeito agradável. Nós nos divertimos muito.") Estudou russo na Universidade de Cambridge e alegava ter esquecido cada palavra no instante em que o curso acabou. Foi recusado pelo Ministério das Relações Exteriores, tentou e não conseguiu trabalhar em uma padaria, então decidiu se tornar artista. Estava vivendo quase na miséria em um decadente apartamento de Londres, fazendo desenhos do Albert Memorial, quando um amigo sugeriu que ele se candidatasse a um emprego no Gabinete Colonial. ("Eles queriam que eu fosse para Nicósia. Eu disse: 'Que ótimo. Onde fica isso?'") No Chipre ele acabou como secretário particular do governador Hugh Foot. ("Era muito divertido. Havia um oficial do MI6 que vivia no jardim, um cara muito legal, que me recrutou.") Introduzido na "Firma", sua primeira missão foi como um infiltrado na ONU, em Genebra, e depois em Atenas ("O lugar logo eclodiu em uma revolução. Rá, rá.") Finalmente, em 1970, aos 42 anos, ele foi nomeado oficial superior do MI6 em Copenhague. ("Era para eu ter ido para o Iraque. Não sei o que aconteceu.")

Alto, bonito e imaculadamente vestido, sempre pronto para uma piada e mais uma bebida, Bromhead rapidamente se tornou uma figura habitual no circuito diplomático de Copenhague. Ele se referia ao seu trabalho clandestino como "passatempo".

Richard Bromhead era um daqueles ingleses que se esforçam muito para parecer mais tolos do que realmente são. Ele foi um oficial de inteligência fantástico.

Desde o dia em que chegou a Copenhague, Bromhead começou a dificultar a vida de seus adversários soviéticos. Para tanto, uniu forças com o vice-chefe do PET, um advogado brincalhão chamado Jørn Bruun, que "adorava atormentar os diplomatas e outros servidores do bloco soviético – principalmente os russos – de maneiras que não custavam quase nada e eram praticamente indetectáveis". Para ajudar no que Bromhead chamava de "operações de sacanagem", Bruun designou dois de seus melhores agentes, Jens Eriksen e Winter Clausen. "Jens era baixinho e tinha um bigode enorme. Winter era grandalhão, do tamanho de um armário. Eu os apelidei de Asterix e Obelix. Nós nos dávamos incrivelmente bem."

Um dos alvos escolhidos era um conhecido oficial da KGB chamado Bratsov. Sempre que ele era seguido em determinada loja de departamentos de Copenhague, Clausen requisitava o sistema de alto-falantes e anunciava: "Atenção, Sr. Bratsov da KGB Ltda., por favor, dirija-se ao balcão de informações." Após a terceira dessas convocações, a KGB enviou Bratsov de volta a Moscou. Outra vítima foi um jovem oficial que tentara recrutar um membro do Parlamento dinamarquês, que prontamente informou o PET. "Esse cara morava em uma cidade a duas horas de carro de Copenhague. Pedimos ao parlamentar que ligasse para o russo e dissesse: 'Venha até aqui imediatamente, tenho algo muito importante para lhe contar.' O russo então dirigia até lá e o político o enchia de vodca e lhe dizia coisas sem sentido. O oficial então dirigia de volta, bastante embriagado, fazia um longo relatório para a KGB e finalmente ia para a cama às seis da manhã. O político ligava para ele às nove e dizia: 'Venha aqui imediatamente, tenho algo muito importante para lhe contar.' Depois de algum tempo, o russo teve um colapso nervoso e desistiu. Os dinamarqueses são os melhores."

O visto de Oleg foi aprovado. Bromhead foi instruído pelo MI6 a se aproximar do recém-chegado e, quando o momento parecesse certo, a sondá-lo. O PET seria informado sobre o desenrolar dos acontecimentos, mas concordou que o caso deveria ser tratado na Dinamarca pelo MI6.

Oleg e Yelena Gordievsky chegaram a Copenhague em 11 de outubro de 1972. Parecia um retorno ao lar. O enorme agente dinamarquês apelidado de Obelix seguiu-os discretamente quando saíram do aeroporto.

Em sua nova função como oficial de inteligência política, Oleg não estaria mais administrando o trabalho dos ilegais, mas seria ativo em reunir informações secretas e em tentar subverter as instituições do Ocidente. Na prática, isso significava procurar, cultivar, recrutar e, em seguida, controlar espiões, contatos e informantes. Esses poderiam ser funcionários do governo dinamarquês, políticos eleitos, sindicalistas, diplomatas, empresários, jornalistas ou qualquer um com acesso privilegiado a informações de interesse da União Soviética. Eles podiam até trabalhar na inteligência dinamarquesa. Como em outros países ocidentais, alguns dinamarqueses eram comunistas convictos, preparados para receber ordens de Moscou; outros podiam estar dispostos a trocar informações por dinheiro (a graxa que lubrifica a maior parte das engrenagens da espionagem) ou suscetíveis a certas formas de persuasão, coerção ou indução. Além disso, esperava-se que os agentes da Linha PR tomassem "medidas ativas" para influenciar a opinião pública, semear a desinformação onde fosse necessário, cultivar formadores de opinião simpáticos a Moscou e publicar artigos na imprensa que pintassem a União Soviética com tintas positivas (e quase sempre falsas).

A KGB havia muito se destacava na sombria arte de fabricar *fake news*. Na categorização da KGB, os contatos estrangeiros eram classificados por ordem de importância: no topo estava um agente, um indivíduo que trabalhava conscientemente para a KGB, em geral por razões ideológicas ou financeiras; em seguida estava o contato confidencial, uma pessoa simpatizante da causa soviética disposta a ajudar de maneira clandestina, mas possivelmente sem saber que aquele sujeito amigável da embaixada soviética trabalhava para a KGB; um nível abaixo, ficavam os contatos mais explícitos, pessoas que Gordievsky, em seu papel de disfarce como segundo-secretário, encontraria de qualquer maneira no curso de seu trabalho. Havia um abismo entre um contato confidencial, que poderia ser apenas acessível e simpático, e um espião preparado para trair seu país. Mas um podia evoluir e se transformar no outro.

Oleg readaptou-se sem dificuldades à vida e à cultura dinamarquesas. Mikhail Lyubimov havia retornado a Moscou para um papel importante no Departamento Britânico-Escandinavo e Gordievsky assumira o seu lugar. Essa nova forma de trabalho de inteligência era excitante, porém frustrante; os dinamarqueses são quase amigáveis demais para serem espiões, honestos demais para serem subversivos e educados demais para dizerem não. Cada tentativa de recrutar um nativo esbarrava em uma parede impenetrável de cortesia. Até os mais ardentes dinamarqueses comunistas esquivavam-se de qualquer tipo de traição.

Mas havia exceções. Uma delas era Gert Petersen, líder do Partido Popular Socialista da Dinamarca e membro do Parlamento Europeu. Petersen, sob o codinome Zeus, era categorizado como um contato confidencial, repassando informações militares confidenciais obtidas no Comitê de Política Externa da Dinamarca. Ele era bem informado e se mostrava ansioso por colaborar. Gordievsky ficou surpreso e bastante impressionado com a quantidade de cerveja e *schnapps* que ele era capaz de consumir às custas da KGB.

O novo *rezident* em Copenhague, Alfred Mogilevchik, nomeou Oleg como seu adjunto. "Você tem a inteligência, a energia e a capacidade de lidar com as pessoas", elogiou Mogilevchik. "Além disso, conhece a Dinamarca e é fluente no idioma. De que mais eu preciso?" Gordievsky foi promovido a major.

Profissionalmente, Gordievsky estava subindo com facilidade pelas fileiras da KGB; internamente, porém, ele estava agitado. Aqueles dois anos em Moscou haviam exacerbado o seu desprezo pelo regime comunista e voltar à Dinamarca aprofundara seu desânimo diante do anti-intelectualismo, da corrupção e da hipocrisia dos soviéticos. Ele começou a ampliar suas leituras, a colecionar livros que jamais teria sido autorizado a consumir na Rússia: as obras de Alexander Solzhenitsyn, Vladimir Maximov e George Orwell, além de relatos ocidentais que expunham todo o horror do stalinismo. Mais tarde, chegaram até ele notícias sobre a deserção de Kaplan para o Canadá. Seu amigo fora julgado à revelia por um tribunal militar tchecoslovaco, acusado de revelar segredos de Estado e condenado a doze anos de prisão. Gordievsky ficou chocado, mas também passou a se perguntar se o Ocidente teria registrado o seu grito de protesto após a Primavera de Praga. Se sim, por que não recebera nenhuma resposta? E, se a inteligência ocidental tentasse entrar em contato, ele aceitaria ou rejeitaria a proposta? Mais tarde, Oleg afirmou que estava preparado e que esperava ser abordado pela oposição naquela época, mas a realidade era mais complicada do que a memória, como quase sempre acontece.

De volta ao circuito diplomático, Oleg frequentemente avistava o mesmo inglês alto e afável.

Richard Bromhead tinha duas fotografias de Gordievsky, ambas fornecidas pelos dinamarqueses: uma tirada secretamente quando ele trabalhava no posto anterior e a mais recente copiada do seu pedido de visto.

"Seu rosto era sério, mas nada feio. Ele parecia durão, e eu não podia imaginar como, mesmo nas circunstâncias descritas no relatório de Londres, alguém pudesse achar que ele era homossexual. Tampouco parecia um homem que seria facilmente abordado por um oficial de inteligência ocidental, em quaisquer termos." Como outros de seu tempo e classe, Bromhead acreditava que todos os homossexuais se comportavam de certas maneiras que os tornavam facilmente identificáveis.

O primeiro encontro direto entre esses dois homens aconteceu na Prefeitura de Copenhague, um edifício de tijolos vermelhos chamado Rådhus, durante a abertura de uma exposição de arte. Bromhead sabia que uma delegação soviética estaria presente. Como frequentador regular do "clube de almoços diplomáticos", em que diplomatas de verdade e espiões se misturavam, ele havia se aproximado de vários funcionários soviéticos. "Fiquei amigo de um sujeitinho horroroso que viera de Irkutsk, pobre coitado." Bromhead identificou o diminuto irkutskiano em um grupo de diplomatas soviéticos, incluindo Gordievsky, e se aproximou. "Sem demonstrar nenhuma ênfase especial, quando eu os cumprimentei consegui incluir Oleg na saudação geral. Eu não perguntei o nome dele e ele não se prontificou a me dizer."

Os dois homens deram início a uma conversa sem importância sobre arte. "Quando Oleg começou a falar, toda a severidade desapareceu", escreveu Bromhead. "Ele tinha um sorriso fácil, parecia genuinamente bem-humorado, algo que faltava aos outros oficiais da KGB. O novato parecia encarar a vida com naturalidade e leveza. Eu logo gostei dele."

Bromhead avisou a Londres que o alvo tinha sido contatado. O principal problema era a comunicação. Ele tinha esquecido quase todo o seu russo, falava apenas um pouco de dinamarquês e um pouco de alemão – o idioma que ele usara para dar ordens aos prisioneiros de guerra não era, naquelas circunstâncias, muito adequada. Gordievsky falava alemão e dinamarquês fluentes, mas não inglês. "Conseguimos conversar, mas em um nível superficial", explicou Bromhead.

As embaixadas soviética, britânica e americana situavam-se próximas umas das outras, formando um estranho triângulo diplomático, separadas por um cemitério. Apesar da frigidez da Guerra Fria, havia uma considerável sociabilidade entre diplomatas soviéticos e ocidentais e, durante as semanas seguintes, Bromhead encontrou maneiras de ser convidado para várias festas com a presença de Gordievsky. "Nós nos cumprimentamos a distância em algumas recepções diplomáticas."

Recrutar um oficial de inteligência rival era uma dança complicada. Uma abordagem óbvia demais assustaria Gordievsky, mas um sinal demasiado sutil não seria percebido. O MI6 se perguntava se Bromhead teria a delicadeza necessária para aquele dueto. "Ele era muito sociável, mas um elefante em uma loja de porcelanas, além de ser conhecido na embaixada soviética, onde já fora identificado como membro do MI6." Bromhead decidiu que seria mais interessante dar uma festa e convidar Gordievsky, juntamente com alguns outros oficiais soviéticos. "O PET lançou mão de uma jogadora de badminton. A ideia era que ela e Gordievsky teriam um interesse em comum." Lene Køppen era estudante de odontologia e pretendia disputar o título mundial de badminton feminino. Ela era extremamente bonita e não fazia a menor ideia de que estava sendo usada como isca. A abordagem não era "necessariamente sexual", de acordo com um oficial do MI6. Mas, se Gordievsky fosse heterossexual e o badminton os levasse à cama, tanto melhor. Não foi o que aconteceu. Gordievsky tomou dois drinques, conversou com Køppen de maneira breve e sem importância e foi embora. Como Bromhead previra, o russo estava se mostrando amigável, mas inacessível social, esportiva e sexualmente.

De volta a Londres, Geoffrey Guscott estava agora no gabinete soviético. Ele discutiu o caso Sunbeam com Mike Stokes, um oficial sênior que tinha sido o responsável pelo caso Oleg Penkovsky, o espião soviético mais bem-sucedido do Ocidente até aquele momento. Penkovsky era um coronel da GRU, a contraparte militar da KGB. A partir de 1960, por dois anos, ele foi controlado tanto pelo MI6 quanto pela CIA e forneceu informações nas áreas científica e militar para seus controladores em Moscou, inclusive sobre o plano dos mísseis soviéticos em Cuba – informação que permitiu ao presidente John F. Kennedy ganhar uma vantagem durante a crise dos mísseis. Em outubro de 1962, Penkovsky foi descoberto, preso, interrogado pela KGB e executado. Stokes era uma "presença física enorme e inspiradora", com muito conhecimento sobre recrutamento e controle de espiões soviéticos. Juntos, Stokes e Guscott elaboraram um plano ambicioso: um "teste decisivo" das simpatias de Gordievsky.

Na noite de 2 de novembro de 1973, Oleg e Yelena tinham acabado de jantar (uma ocasião sem alegria, quase silenciosa) quando houve uma batida forte na porta do apartamento. Gordievsky encontrou Standa Kaplan, seu amigo tchecoslovaco da universidade, sorrindo à porta.

Oleg ficou atordoado e, de repente, muito assustado.

– *Bozhe moi!* Meu Deus. Standa! Que diabos você está fazendo aqui?

Os homens apertaram-se as mãos e Gordievsky o convidou a entrar, sabendo que, ao fazê-lo, o jogo mudava de maneira irrevogável. Kaplan era um desertor. Se um de seus vizinhos da KGB o visse ali, já seria motivo de suspeita. Além disso, havia Yelena. Mesmo se os dois tivessem um casamento sólido, ela poderia se sentir obrigada, como oficial leal da KGB, a relatar o encontro de seu marido com um conhecido traidor.

Gordievsky serviu um uísque ao velho amigo e o apresentou a Yelena. Kaplan explicou que agora trabalhava para uma companhia de seguros canadense. Ele tinha ido a Copenhague para visitar uma namorada dinamarquesa, encontrou o nome de Oleg na lista diplomática e decidiu, num impulso, procurá-lo. Kaplan parecia o mesmo de sempre, o sorriso aberto e animado. Mas um leve tremor na mão que segurava o copo de uísque o traiu. Oleg sabia que ele estava mentindo. Kaplan tinha sido enviado por um serviço de inteligência ocidental. Aquilo era um teste, e um teste muito perigoso. Seria aquela a tão esperada resposta à chamada telefônica feita quatro anos antes, após o esmagamento da Primavera de Praga? Se sim, para quem Kaplan estaria trabalhando? A CIA? O MI6? O PET?

Foi uma conversa fragmentada e agitada. Kaplan descreveu sua deserção da Tchecoslováquia e como ele chegara ao Canadá via França. Gordievsky murmurou um comentário evasivo. Yelena parecia ansiosa. Depois de alguns minutos, Kaplan esvaziou seu copo e se levantou.

– Bem, estou perturbando vocês. Vamos nos encontrar para o almoço amanhã e assim poderemos conversar à vontade.

Kaplan sugeriu um pequeno restaurante no centro da cidade.

Ao fechar a porta, Gordievsky virou-se para Yelena e comentou como era estranho que Kaplan tivesse aparecido sem avisar. Ela não disse nada.

– Que coincidência engraçada ele aparecer em Copenhague.

A expressão dela era inescrutável, mas transparecia certa apreensão.

Gordievsky chegou deliberadamente atrasado para o almoço, depois de ter certeza de que não estava sendo seguido. Ele mal tinha dormido. Kaplan o esperava a uma mesa perto da janela. Parecia mais relaxado. Eles conversaram sobre os velhos tempos. Sentado a uma mesa de café do outro lado da rua, um turista corpulento estava lendo um guia de viagem. Mike Stokes os estava vigiando.

A visita do amigo tinha sido minuciosamente planejada e ensaiada. "Precisávamos de uma razão plausível para Kaplan contatá-lo", explicou Guscott. "Por outro lado, queríamos que ele percebesse que estava sendo sondado."

As instruções de Kaplan eram para contar sobre sua deserção, as novas alegrias de viver no Ocidente e a Primavera de Praga. E então avaliar as reações de Gordievsky.

Oleg sabia que estava sendo avaliado. Ele sentiu uma tensão nos ombros quando Kaplan lembrou os eventos dramáticos de 1968 na Tchecoslováquia. Fez apenas uma observação de que a invasão soviética tinha sido um choque. "Eu precisava ser extremamente cuidadoso. Estava andando na beira de um abismo." Quando Kaplan descreveu os detalhes de sua deserção e sua agradável vida nova no Canadá, Oleg assentiu de uma maneira que parecia encorajadora, sem ser óbvia. "Achei essencial tentar colocar para fora os sinais positivos, mas sem perder o controle da situação." Ele não tinha ideia de quem teria enviado Kaplan para testá-lo e não estava disposto a perguntar.

Em qualquer tentativa de sedução, é importante não parecer muito ansioso. Mas a cautela de Gordievsky era mais do que uma mera técnica de aproximação. Embora tivesse se questionado se a inteligência ocidental iria contatá-lo após sua explosão sobre os eventos na Tchecoslováquia em 1968, ele ainda não tinha certeza se queria ser seduzido ou sobre quem o estava cortejando.

No fim do almoço, os dois velhos amigos trocaram um aperto de mãos e Standa Kaplan desapareceu na multidão. Nada definitivo fora dito. Nenhuma declaração ou promessa havia sido feita. Mas uma linha invisível tinha sido atravessada. Gordievsky refletiu: "Eu sabia que tinha demonstrado o suficiente para ele fazer um relatório positivo."

Stokes interrogou Standa Kaplan em um quarto de hotel em Copenhague e depois voou de volta para Londres, a fim de relatar os resultados a Geoffrey Guscott: Gordievsky ficara surpreso pela chegada repentina de Kaplan, mas não horrorizado ou irritado; ele se mostrara interessado e solidário, e expressara seu espanto diante da invasão soviética da Tchecoslováquia. E, o mais importante, não dera nenhum sinal de que apresentaria um relatório à KGB sobre seu encontro inesperado com um traidor anticomunista condenado. "Isso era fascinante. Era o que queríamos ouvir. Gordievsky estava sendo muito cauteloso, mas, se não reportasse nada, estaria dando um primeiro grande passo. Precisávamos deixar claro, sem sermos óbvios demais, que estávamos no mercado. Precisávamos dar um jeito de criar um encontro casual."

...

Richard Bromhead estava "totalmente congelado". Eram sete da manhã, a neve tinha caído durante a noite e a temperatura era de seis graus negativos. Um amanhecer cinza lutava para surgir sobre Copenhague. O codinome Sunbeam, "raio de sol", nunca parecera mais inapropriado. Por três dias consecutivos, naquela "hora ingrata", o homem do MI6 ficara sentado no pequeno carro sem aquecimento de sua esposa, em uma rua deserta e arborizada nos subúrbios do norte, olhando através do para-brisa para um grande edifício de concreto, imaginando se teria queimaduras de frio.

A vigilância dinamarquesa havia informado que Oleg Gordievsky jogava badminton todas as manhãs com uma jovem chamada Anna, uma estudante que era membro dos Jovens Comunistas Dinamarqueses, em um clube esportivo no subúrbio. Bromhead vigiava o lugar, optando por dirigir o discreto Austin azul em vez de seu Ford com placa diplomática. Ele estacionava em um local que lhe permitia uma visão em linha reta da porta do clube, mas mantinha o motor desligado, já que o vapor do escapamento poderia chamar a atenção. Nas duas primeiras manhãs, "Oleg e a garota finalmente apareceram por volta das sete e meia, apertaram-se as mãos e foram para seus respectivos carros. Ela era jovem, com cabelos curtos e escuros, atlética e magra, mas não particularmente bonita. Eles não pareciam amantes, mas eu não podia ter certeza. Poderiam apenas ser prudentes em público".

Na terceira manhã de vigilância abaixo de zero, Bromhead decidiu que não aguentaria mais a espera. "Meus dedos dos pés estavam completamente congelados." Calculando mais ou menos o momento em que o jogo deveria terminar, ele entrou no clube pela porta da frente, que ficava destrancada.

Não havia ninguém na recepção. Oleg e sua parceira eram praticamente as únicas pessoas ali. Encontrá-los de repente na quadra de badminton, refletiu Bromhead, poderia ser perigoso.

Gordievsky estava entre saques quando o espião britânico apareceu. Ele imediatamente reconheceu Bromhead. Em seu terno de tweed e casaco pesado, o homem parecia incongruente no complexo esportivo vazio, além de inequivocamente britânico. Oleg ergueu sua raquete em saudação e depois se virou para terminar o jogo.

O russo não parecia surpreso ao vê-lo. "Talvez ele estivesse me esperando", pensou Bromhead. "Um oficial tão experiente e observador podia muito bem ter percebido o meu carro em um dos dias anteriores." Mais uma vez, Oleg lançou um sorriso amigável. Em seguida, concentrou-se e se esforçou para vencer o jogo.

Na verdade, enquanto ele jogava e Bromhead observava, a mente de Oleg estava girando. Tudo parecia se encaixar: a visita de Kaplan, a festa na casa de Bromhead e o fato de que o amável oficial britânico fora a todos os eventos sociais dos quais ele havia participado nos últimos três meses. A KGB tinha identificado Bromhead como um provável oficial de inteligência, com uma reputação de "comportamento extrovertido" e que "aparecia em festas da embaixada, quer tivesse sido convidado ou não". A chegada do inglês à quadra de badminton deserta, àquela hora da manhã, significava apenas uma coisa: o MI6 estava tentando recrutá-lo.

O jogo terminou, Anna foi para o chuveiro e o russo se aproximou, uma toalha em volta do pescoço, a mão estendida. Os dois oficiais de inteligência avaliaram um ao outro. "Oleg não mostrou nenhum sinal de nervosismo", escreveu Bromhead. Gordievsky observou que o inglês, que costumava irradiar uma "autoconfiança entusiástica", parecia mortalmente sério. Eles falavam em uma combinação de russo, alemão e dinamarquês, no qual Bromhead inseria algum francês incongruente.

– Você conversaria comigo, *tête-à-tête*? Eu adoraria ter uma conversa privada, em algum lugar onde não fosse ouvido.

– Eu gostaria muito – respondeu Gordievsky.

– Seria interessante eu ter esse tipo de conversa com um membro do seu serviço. Acho que você é um dos poucos que falariam honestamente comigo.

Mais uma etapa ultrapassada: Bromhead tinha revelado que sabia que Gordievsky era um oficial da KGB.

– Poderíamos almoçar? – prosseguiu Bromhead.

– Sim, claro.

– Um encontro pode ser mais complicado para você do que para mim, então por que não escolhe um restaurante que lhe seja mais adequado?

Bromhead esperava que Gordievsky escolhesse algum lugar obscuro e discreto. Em vez disso, ele sugeriu que eles se encontrassem, dali a três dias, no restaurante do Hotel Østerport, na rua da embaixada soviética.

Enquanto ia embora no carro surrado da esposa, Bromhead estava eufórico, mas também inquieto. Gordievsky parecia estranhamente calmo, imperturbado pela abordagem. Ele tinha escolhido um restaurante tão perto de sua embaixada que um microfone escondido seria capaz de transmitir sua conversa para ouvintes na calçada oposta. Eles poderiam ser vistos por oficiais soviéticos, que costumavam jantar no hotel. Pela primeira vez, passou pela cabeça de Bromhead que ele poderia ser o alvo, não o iniciador, de uma tentativa de alistamento. "Os modos de Oleg e sua escolha de restaurante me fizeram suspeitar de que eu estava sendo vítima do meu próprio jogo. Fora tudo muito fácil. Não parecia certo."

De volta à embaixada, Bromhead mandou uma mensagem para o quartel-general do MI6: "Por Deus, acho que *ele* está tentando *me* recrutar!"

Mas Gordievsky estava apenas estabelecendo seu disfarce. Ele também voltou à sua embaixada e disse ao *rezident*, Mogilevchik: "Tem um sujeito da embaixada britânica que me convidou para almoçar. O que eu faço? Devo aceitar?" A pergunta foi passada para Moscou e uma resposta enfática imediatamente retornou de Dmitri Yakushin, o Cardeal Cinzento: "SIM! Seja agressivo e nunca fuja de um oficial de inteligência. Por que não encontrá-lo? TOME UMA POSIÇÃO OFENSIVA! A Grã-Bretanha é um país de alto interesse para nós." Essa era a apólice de seguro de Gordievsky. Tendo obtido permissão oficial para ir em frente, ele poderia agora fazer um "contato sancionado" com o MI6 sem que a KGB suspeitasse de sua lealdade.

Um dos mais antigos estratagemas da inteligência é a "incitação", quando um lado parece fazer uma jogada só para atrair a cumplicidade do outro lado e ganhar sua confiança antes de expô-lo.

Bromhead se perguntou se ele era o alvo de uma incitação da KGB. Se não fosse, estaria Gordievsky genuinamente tentando recrutá-lo? Deveria fingir estar interessado e ver até que ponto os soviéticos iriam? Para Gordievsky, as apostas eram ainda mais altas. A visita de Kaplan e a abordagem subsequente de Bromhead poderiam fazer parte de uma trama elaborada na qual ele revelaria as suas cartas apenas para se ver exposto em seguida. A bênção de Yakushin lhe fornecera alguma proteção, mas não muita. Se ele fosse vítima de uma incitação do MI6, sua carreira na KGB estaria terminada. Ele seria chamado de volta a Moscou. Sem dúvida seria vítima da lógica da KGB de que qualquer um que o outro lado tentasse recrutar era obviamente suspeito.

James Jesus Angleton, o famoso chefe paranoico da contrainteligência da CIA no pós-guerra, descreveu o jogo de espionagem como um "labirinto de espelhos". O caso de Gordievsky já estava refletindo e refratando de maneiras estranhas. Bromhead continuava fingindo marcar um encontro casual entre colegas oficiais de inteligência, embora em lados opostos da Guerra Fria, enquanto se perguntava se estaria sendo recrutado. Gordievsky estava fingindo para seus chefes da KGB que aquele fora um tiro no escuro da inteligência britânica, um encontro casual que levara ao almoço, enquanto se perguntava se o MI6 poderia estar planejando manipulá-lo.

Três dias depois, Bromhead caminhou pelo cemitério atrás das embaixadas, cruzou a movimentada Dag Hammarskjölds Allé, entrou no Hotel Østerport e se sentou no restaurante, de costas para a janela, de onde poderia "vigiar de perto a entrada principal do salão". O PET havia sido informado sobre o almoço, mas Bromhead insistira para que não houvesse vigilância presente, no caso de Gordievsky avistá-la e recuar.

"Examinei cuidadosamente todas as outras pessoas no restaurante para ver se reconhecia algum outro membro do pessoal da embaixada soviética, cujas fotos ficavam todas arquivadas em nosso escritório. Todos pareciam ser dinamarqueses ou turistas inocentes. Sentei-me, imaginando se Oleg compareceria."

Gordievsky entrou no salão exatamente na hora combinada.

Bromhead não detectou "indícios de algum nervosismo especial, embora ele fosse naturalmente tenso, preparado para a ação. Ele me viu no mesmo instante. *Teria ele sido avisado sobre qual mesa eu reservara?*, me perguntei, enquanto minha mente entrava no convencional modo espião. Oleg abriu seu sorriso habitual e se aproximou".

Bromhead sentiu uma "atmosfera amigável desde o início", enquanto se serviam no excelente buffet escandinavo do Østerport. Conversaram sobre religião, filosofia e música. Oleg fez uma nota mental de que seu companheiro tinha feito a lição de casa e se "dera ao trabalho de abordar assuntos do meu interesse". Quando Bromhead comentou quão estranho era que a KGB implantasse tantos oficiais no exterior, a resposta de Gordievsky foi "evasiva". O russo falava principalmente dinamarquês; Bromhead respondia em uma mistura confusa de dinamarquês, alemão e russo, uma barafunda linguística que fazia Gordievsky rir, embora "não parecesse haver nenhuma maldade" em sua diversão. "Ele se mostrou totalmente relaxado e abertamente ciente de que nós dois éramos oficiais de inteligência."

Quando café e *schnapps* foram servidos, Bromhead fez a pergunta crucial:
– Você vai ter que apresentar um relatório sobre a nossa reunião?

A resposta foi reveladora:
– Provavelmente sim, mas vou fazê-lo de maneira bem neutra.

Enfim ali estava a sugestão de um conluio, não exatamente um sinal verde, mas o vislumbre de um sinal amarelo.

Mesmo assim, quando Bromhead foi embora, ele se sentia "mais confuso do que nunca". Gordievsky insinuara que estava, em parte, escondendo a verdade da KGB. Mas também se comportara como um homem que acreditava ser o caçador, não a presa. Bromhead enviou um memorando para o MI6: "Enfatizei o meu medo de que tivesse sido fácil demais e a forte impressão que eu tinha de que ele estava sendo tão agradável comigo porque queria me recrutar."

Gordievsky também fez um relatório aos seus chefes; um longo e insípido documento, concluindo que a reunião tinha sido "interessante", mas engendrada para enfatizar "a aparente importância da minha iniciativa". O Cardeal Cinzento ficou encantado.

E então algo extraordinário aconteceu: simplesmente nada.

O caso Gordievsky emudeceu. Durante oito meses não houve um único contato. O motivo para isso continua sendo um mistério.

Nas palavras de Geoffrey Guscott: "Olhando para trás, você pensa: 'Que coisa mais espantosa, o caso ficou esquecido por meses.' Estávamos esperando os dinamarqueses se pronunciarem, esperando Bromhead voltar. Mas nada aconteceu. Bromhead parou de investir no russo. Ele estava gerenciando dois ou três outros casos e aquele era um tiro no escuro, a gente achava que nunca ia acontecer." Talvez as suspeitas de Bromhead o tivessem feito pisar no freio com mais força do que ele pretendia. "Se você pressiona com muita força e depressa demais, há chance de dar errado", disse Guscott. "Quando dá certo, muitas vezes é porque você relaxou." Nesse caso, o MI6 não pressionou: "Foi uma trapalhada."

Mas foi uma trapalhada que, a longo prazo, funcionou. Gordievsky ficou preocupado quando semanas se passaram sem nenhum esforço de Bromhead para renovar o contato, então ficou consternado e depois bastante irritado, até que se sentiu estranhamente tranquilo. A pausa lhe dera um tempo para refletir. Se aquilo tivesse sido uma incitação, o MI6 teria se manifestado muito mais depressa. Ele esperaria. Daria tempo à KGB para esquecer o contato com Bromhead. Na espionagem, assim como no amor, um pouco de distância, um pouco de incerteza, um aparente esfriamento de um lado ou de outro pode estimular o desejo. Nos frustrantes oito meses que se seguiram ao almoço no Hotel Østerport, o entusiasmo de Gordievsky cresceu.

Em 1º de outubro de 1974, o inglês alto reapareceu na quadra de badminton ao amanhecer e sugeriu que eles se encontrassem novamente. Bromhead de repente restabeleceu o contato porque estava sendo remanejado para a Irlanda do Norte como um oficial disfarçado, a fim de conduzir operações contra o IRA. Ele partiria em alguns meses. "Não havia muito tempo sobrando. Portanto eu tomei a decisão de não hesitar por mais nem um segundo", escreveu Bromhead mais tarde, com uma rudeza que sugeria que ele tinha total consciência de que estava perdendo tempo. Eles concordaram em se encontrar no Hotel SAS, administrado pela Scandinavian Airlines, um edifício recém-construído, nunca frequentado por oficiais soviéticos.

Quando Oleg chegou, Bromhead estava esperando a uma mesa de canto na área do bar. Asterix e Obelix, os dois agentes do PET, haviam chegado algum tempo antes e estavam sentados na extremidade oposta do bar, tentando parecer discretos atrás de um vaso com uma palmeira.

"Com sua pontualidade habitual, Oleg entrou quando o relógio marcou nove horas. A luz era fraca no canto que eu tinha escolhido e, por um momento, Oleg olhou ao redor. Para impedi-lo de perceber a presença dos dois agentes, coloquei-me de pé bem depressa. Ele veio direto, com seu sorriso familiar."

A atmosfera logo se transformou. "Senti que era hora de tomar a iniciativa", lembrou Gordievsky mais tarde. "Eu estava ansioso com a expectativa. Ele havia percebido e sentia o mesmo." Bromhead deu o primeiro passo. O MI6 o autorizara a indicar que aquilo era mais do que um flerte: "Depois que nossas bebidas foram servidas, fui direto ao ponto."

– Você é da KGB. Sabemos que trabalhou na Linha N da Primeira Diretoria-Geral, o mais secreto de todos os seus departamentos, que é o comando de ilegais em todo o mundo.

Gordievsky não escondeu sua surpresa.

– Você estaria preparado para conversar conosco sobre o que sabe?

O russo não respondeu.

Bromhead prosseguiu:

– Diga-me, quem é o chefe da Linha PR em sua seção, a pessoa encarregada da coleta de informações políticas e do controle dos agentes?

Houve uma pausa e então Oleg deu um sorriso largo.

– Sou eu.

Dessa vez, foi Bromhead quem ficou impressionado.

"Eu havia pensado em conversar sobre a paz mundial e assim por diante, mas minha intuição sobre Oleg me recomendava não tentar esse papo-furado. Tudo continuava fácil demais. Minha mente desconfiada era incapaz de aceitar aquele homem sem estudá-lo melhor. Meu instinto me dizia que ele era um sujeito extremamente agradável e que eu podia confiar nele. Meu treinamento e minha experiência sobre os oficiais da KGB, por outro lado, me avisavam para ser cauteloso."

Outro passo de aproximação havia sido dado, e ambos sabiam disso. "Não mais que de repente, éramos quase colegas", escreveu Gordievsky. "Finalmente começamos a falar em linguagem direta."

Bromhead então aplicou o "teste decisivo":

– Você estaria preparado para me encontrar, em particular, em um lugar seguro?

O russo assentiu.

Então ele disse algo que mudou o sinal de amarelo para verde:

– Ninguém sabe que estou me encontrando com você.

Após seu primeiro encontro, Oleg tinha informado seus superiores e feito um relatório. Aquela segunda reunião não havia sido sancionada. Se a KGB descobrisse que ele havia conversado com Bromhead e mantido segredo, estaria acabado. Ao informar ao MI6 que não tinha contado a ninguém, ele declarou uma mudança de lealdade e colocou sua vida nas mãos deles. Oleg havia atravessado a ponte.

"Aquele foi um grande passo", lembrou Guscott mais tarde. "Era o equivalente em termos de adultério a afirmar 'Minha esposa não sabe que estou aqui.'" Gordievsky sentiu-se tomado por estonteantes ondas de alívio e adrenalina. Eles concordaram em se encontrar novamente, dali a três semanas, em um bar na periferia da cidade. Oleg foi embora primeiro. Bromhead, alguns minutos depois. Finalmente, dois oficiais de inteligência dinamarqueses disfarçados surgiram por detrás de um vaso de plantas.

O namoro chegara ao fim: o major Gordievsky da KGB agora trabalhava para o MI6. Sunbeam estava em plena atividade.

Naquele momento catártico no canto de um hotel de Copenhague, todas as vertentes de uma rebelião havia muito reprimida se uniram: sua repulsa aos crimes nunca reconhecidos pelo próprio pai, sua assimilação da resistência silenciosa da mãe e das crenças religiosas ocultas da avó; sua aversão ao sistema no qual crescera e seu amor pelas liberdades ocidentais que havia descoberto; sua indignação sobre as repressões soviéticas na Hungria e na Tchecoslováquia e o Muro de Berlim; seu senso de seu dramático destino, de sua superioridade cultural e de sua fé otimista em uma Rússia livre. Dali em diante, Oleg Gordievsky viveria duas vidas distintas e paralelas, ambas secretas e em guerra entre si. E o momento daquele compromisso veio com uma força especial, fundamental em seu caráter: a convicção inflexível e inabalável de que o que ele estava fazendo era inequivocamente certo, um dever moral nobre e sincero que mudaria para sempre a sua vida, uma traição honrada.

Quando o relatório de Bromhead desembarcou em Londres, os oficiais superiores do MI6 estavam reunidos em uma conferência na base de treinamento do Serviço Secreto, no Fort Monckton, uma fortaleza da era napoleônica perto de Portsmouth, na costa sul da Inglaterra. Às dez da noite, um pequeno grupo se reuniu para avaliar o relatório de Bromhead e decidir um curso de ação. "A questão de saber se isso era alguma provocação foi levantada várias vezes", afirmou Geoffrey Guscott. Estaria um oficial superior da KGB realmente disposto a arriscar sua vida para se encontrar em segredo com um conhecido membro operacional do MI6? Por outro lado, a KGB se atreveria a incitar um dos próprios oficiais? Depois de um debate tenso, foi acordado que deveriam avançar. Sunbeam podia parecer bom demais para ser verdade; mas também era bom demais para deixar escapar.

Três semanas depois, Bromhead e Gordievsky se encontraram em um bar escuro, quase vazio: ambos tinham cuidadosamente se "lavado a seco" no caminho; ambos estavam "na sombra". Os dois conversaram sobre negócios, mas com hesitações. A falta de uma linguagem comum era um sério impedimento. O espião inglês e o russo tinham estabelecido um entendimento; eles não conseguiam compreender com exatidão o que estava sendo dito. Bromhead explicou que, como partiria de Copenhague em breve, a responsabilidade de lidar com futuras reuniões seria transferida para um colega, um oficial de inteligência superior que falava alemão fluente e poderia, portanto, conversar com Gordievsky com mais facilidade. Bromhead escolheria um esconderijo conveniente para o encontro, faria as apresentações e, em seguida, sairia do caso.

A secretária da estação do MI6 de Copenhague morava em um apartamento no subúrbio residencial de Charlottenlund. Era um lugar fácil de chegar de metrô e a secretária os deixaria a sós na hora certa. Bromhead sugeriu encontrar-se com Gordievsky na porta de um açougue perto do apartamento às sete da noite, dali a três semanas. "A entrada fornecia uma sombra conveniente das fortes luzes da rua. Além disso, era difícil colocar alguém para espreitá-los ali perto sem que a vigilância ficasse visível nas redondezas. Àquela hora do dia, o lugar estaria deserto e todos os dinamarqueses estariam sentados no conforto de suas casas, assistindo à televisão."

Gordievsky chegou às sete em ponto. Bromhead apareceu momentos depois. Após um silencioso aperto de mãos, o inglês disse:

– Venha, vou lhe mostrar o caminho.

O apartamento secreto, ou "OCP" no jargão dos espiões (de Operational Clandestine Premises), ficava a menos de 200 metros, mas Bromhead tomou uma rota tortuosa, no caso de alguém os estar seguindo. A noite estava fria, com flocos de neve caindo. Ambos estavam empacotados em seus sobretudos. Gordievsky estava em silêncio, mergulhado em seus pensamentos: "Eu não tinha medo de ser sequestrado, mas sabia que as coisas agora eram bem sérias: aquele era o verdadeiro início das operações. Pela primeira vez, eu estava entrando em território inimigo."

O inglês destrancou a porta do apartamento, conduziu Oleg para dentro e serviu a ambos generosas doses de uísque com soda.

– De quanto tempo você dispõe? – perguntou Bromhead.

– Cerca de meia hora.

– Estou muito surpreso por você ter vindo. Está correndo muitos riscos ao vir me ver assim?

Gordievsky fez uma pausa e, "de uma forma bem cautelosa", respondeu:

– Pode ser perigoso, mas, neste exato momento, não acho que vá ser.

Bromhead explicou cuidadosamente, em sua estranha mistura de idiomas, que estaria voando de volta para Londres na manhã seguinte e, em seguida, para Belfast. Retornaria dali a três semanas, encontraria Gordievsky na porta do açougue, o traria de novo para o apartamento e o apresentaria ao novo oficial encarregado do caso. Um pequeno grupo de oficiais do PET sabia o que estava acontecendo, mas o caso seria supervisionado exclusivamente pelo MI6. Para a segurança do russo, Bromhead garantiu-lhe que apenas poucas pessoas dentro da inteligência britânica saberiam de sua existência e a maioria jamais conheceria seu nome verdadeiro. Na linguagem da inteligência, alguém que passa a fazer parte de uma operação secreta é considerado um "doutrinado"; o caso envolveria o menor número possível de doutrinados e seria executado sob a mais firme segurança, já que talvez houvesse espiões soviéticos dentro do PET ou do MI6 prontos para relatar tudo para Moscou. Até a CIA, o serviço de inteligência do aliado mais próximo da Grã-Bretanha, seria mantida "fora do circuito". "Com esses fatores a nosso favor, poderíamos formar a base sólida de um relacionamento e começar uma valorosa cooperação."

Ao se despedir de Gordievsky, Bromhead refletiu sobre quão pouco ele de fato sabia sobre aquele sorridente e aparentemente tranquilo oficial da KGB, que parecia pronto para arriscar a própria vida ao conspirar com o MI6. A questão financeira nunca fora levantada. Nem a da segurança de Oleg ou de sua família ou uma possível deserção. Eles tinham conversado sobre cultura e música em geral, mas não sobre política, ideologia ou a vida sob o domínio soviético. A motivação de Gordievsky não tinha sido discutida. "Eu nunca perguntei a ele por que estava fazendo aquilo. Não havia tempo."

Essas perguntas ainda incomodavam Bromhead quando ele chegou na manhã seguinte à sede do MI6 em Londres. O controlador da divisão do bloco soviético o tranquilizou. "Ele era muito experiente em assuntos da KGB e bastante cauteloso, mas disse que aquela era uma situação singular, que devia ser explorada ao máximo. Era a primeira vez que um oficial da KGB respondia positivamente a uma abordagem britânica 'do nada'." Os soviéticos eram paranoicos demais, disse ele, para usar de isca alguém com acesso real a informações importantes. "Eles nunca haviam sequer usado um agente operacional da KGB para isso... simplesmente não confiavam que seus agentes não os traíssem com algum oficial de caso (ocidental)."

Os chefes do MI6 estavam otimistas. Sunbeam poderia ser um caso inovador. Gordievsky parecia genuíno. Bromhead não tinha tanta certeza. O espião russo ainda não tinha apresentado um único fragmento de informação útil, muito menos uma explicação para o que estava fazendo.

Transferir um agente de um controlador para outro é um processo complexo e às vezes perigoso, especialmente quando o espião é um recém-recrutado.

Em janeiro de 1975, três semanas depois de deixar Copenhague, Bromhead foi "infiltrado o mais silenciosa e anonimamente possível de volta à Dinamarca": ele voou para Gotemburgo, na Suécia, onde foi recebido pelo oficial do PET Winter Clausen. Espremido no assento do passageiro de um Volkswagen ao lado do "enorme e sorridente Obelix", ele cruzou a fronteira e se hospedou em um hotel "devidamente impessoal e suburbano" no centro comercial Lyngby, na capital dinamarquesa.

Philip Hawkins, o novo controlador, voou de Londres com um passaporte falso. "Você vai gostar dele", Bromhead tinha dito a Gordievsky, que não tinha certeza se isso era verdade: "Eu certamente não gostava dele. Achava que era muito cheio de si." Isso não era nem preciso nem justo. Hawkins era advogado por formação: severo, preciso e "nem um pouco parecido com Bromhead".

Depois de se encontrar com Gordievsky no açougue, Bromhead o acompanhou até o apartamento secreto, onde Hawkins os estava esperando. O russo analisou o novo oficial de seu caso. "Ele era alto e robusto, e eu logo me senti pouco à vontade em sua presença." Hawkins falava um alemão formal e bastante rígido e parecia olhar para seu novo agente "de uma maneira hostil, quase ameaçadora".

Bromhead trocou um aperto de mãos com Gordievsky, agradeceu-lhe pelo que estava fazendo e lhe desejou boa sorte. Quando se afastou, Bromhead sentiu uma mistura de sentimentos: arrependimento, pois ele gostava do espião russo e o admirava, ansiedade pela possibilidade persistente de uma trama da KGB e um profundo alívio porque, para ele, o caso estava encerrado.

"Fiquei profundamente feliz por meu papel ter terminado", escreveu Bromhead. "Eu não conseguia me livrar da sensação de que essa ideia, na qual o meu serviço estava claramente determinado a mergulhar de cabeça, poderia ser uma 'armadilha Heffalump', que eu armei cuidadosamente para ele, mas na qual eu é que poderia acabar preso."

4
TINTA VERDE E MICROFILME

Por que alguém se torna um espião? Por que desistir da segurança da família, dos amigos e de um emprego seguro por um perigoso mundo enevoado de segredos? Por que alguém se juntaria a um serviço de inteligência e depois transferiria a sua lealdade ao inimigo?

O paralelo mais próximo da deserção secreta de Gordievsky pode ser o caso de Kim Philby, um inglês educado em Cambridge que fez a mesma transição, mas na direção oposta, como um oficial do MI6 trabalhando secretamente para a KGB. Assim como Philby, Gordievsky tinha sofrido uma profunda conversão ideológica, embora um deles se sentisse atraído pelo comunismo e o outro repelido por ele. Mas a conversão de Philby ocorrera antes de ele ser recrutado pelo MI6, em 1940, com a intenção explícita de trabalhar para a KGB contra o Ocidente capitalista; Gordievsky se juntara à KGB como um cidadão soviético leal, sem imaginar que um dia poderia trair a agência.

Existem espiões dos mais variados tipos. Alguns são motivados por ideologia, política ou patriotismo. Um número surpreendente age por ganância, pois as recompensas financeiras podem ser sedutoras. Outros se acham atraídos para a espionagem por sexo, chantagem, arrogância, vingança, decepção ou pela peculiar sensação de superioridade e camaradagem que uma vida cheia de segredos confere. Alguns têm princípios e coragem. Outros são gananciosos e covardes.

Pavel Sudoplatov, um dos mestres da espionagem de Stalin, tinha o seguinte conselho para seus oficiais que buscavam recrutar espiões em países ocidentais: "Procurem por pessoas magoadas pelo destino ou pela natureza – os feios, aqueles que se sentem inferiores, que desejam poder ou influência, mas são derrotados por circunstâncias desfavoráveis. Ao cooperar conosco, todos eles encontram uma compensação peculiar. O sentimento de pertencer a uma organização influente e poderosa lhes dá um ar de superioridade sobre as pessoas bonitas e prósperas ao seu redor." Por muitos anos, a KGB usou o acrônimo MICE para identificar as quatro principais fontes da espionagem: Moeda, Ideologia, Coerção e Ego.

Mas há também a fantasia, a oportunidade de viver uma segunda vida secreta. Alguns espiões são sonhadores. Malcolm Muggeridge, ex-agente do MI6 e jornalista, escreveu: "Pela minha experiência, afirmo que agentes de inteligência são ainda mais mentirosos do que jornalistas." A espionagem atrai inúmeros indivíduos perturbados, solitários ou esquisitos. Porém, todos os espiões anseiam por uma influência furtiva, uma compensação secreta: o exercício implacável de um poder privado. Um grau de esnobismo intelectual é comum à maioria, a sensação de saber coisas importantes que são desconhecidas do indivíduo que está ao seu lado no ponto de ônibus. De certa maneira, espionar é um ato de imaginação.

A decisão de espionar o próprio país em interesse de outro geralmente emerge da colisão de um mundo exterior, muitas vezes concebido racionalmente, com um mundo interior, que o espião pode desconhecer. Philby definia-se como um agente ideológico puro, um soldado secreto dedicado à causa comunista; o que ele não admitia era o fato de ter sido motivado por narcisismo, inadequação, influência do pai e uma compulsão para enganar os que o rodeavam. Eddie Chapman, o bandido e agente duplo dos tempos de guerra conhecido como Zigzag, considerava-se um herói patriótico (o que ele, de fato, era), mas também era ganancioso, oportunista e inconstante, daí seu codinome. Oleg Penkovsky, o espião russo que forneceu ao Ocidente informações cruciais durante a crise dos mísseis de Cuba, esperava evitar uma guerra nuclear, ao mesmo tempo que desejava que prostitutas e chocolates fossem levados ao seu hotel em Londres, além de exigir um encontro com a rainha.

O mundo exterior que empurrou Oleg Gordievsky para os braços do MI6 era político e ideológico: ele tinha sido profundamente influenciado e isolado pela construção do Muro de Berlim e pelo esmagamento da Primavera de Praga, tinha lido a literatura ocidental, sabia o suficiente da história real de sua nação e já testemunhara muitas liberdades democráticas para saber que o nirvana socialista refletido na propaganda comunista era uma mentira monstruosa. Ele fora criado em um mundo de obediência cega a um dogma. Quando rejeitou essa ideologia, ele se comprometeu a atacá-la com todo o fervor dos convertidos, tão profunda e irreversivelmente oposto ao comunismo quanto seu pai, seu irmão e contemporâneos eram comprometidos com ele. Sendo fruto do sistema, ele sentia a crueldade implacável da KGB na própria pele. Ao lado da repressão política estava a ignorância cultural: com a fúria apaixonada de um aficionado, ele odiava a música soviética e a censura do cânone clássico ocidental. Ele exigia uma trilha sonora diferente e melhor para a sua vida.

Mas o mundo interior que moveu Oleg era mais obscuro. Ele gostava do romance e da aventura. Estava, sem dúvida, se rebelando contra seu pai, o agente obediente e tomado pela culpa. Uma avó secretamente religiosa, uma mãe silenciosamente inconformada, um irmão morto a serviço da KGB aos 39 anos, tudo isso deve ter exercido uma influência subconsciente, levando-o a se rebelar. Oleg tinha pouco respeito pela maioria de seus colegas da KGB, homens oportunistas, ignorantes, preguiçosos, desonestos e ambiciosos que pareciam ser promovidos apenas por meio de manobras políticas e bajulação. Ele era mais esperto do que a maioria dos que o cercavam e sabia disso. O casamento de Gordievsky havia esfriado naquela época; ele achava difícil fazer bons amigos. Estava em busca de vingança e realização, mas também de amor.

Todos os espiões precisam sentir que são amados. Uma das forças mais poderosas no trabalho de espionagem e inteligência (e um de seus mitos centrais) é o vínculo emocional entre espião e chefe, agente e controlador. Espiões querem se sentir queridos, fazer parte de uma comunidade secreta, ser recompensados, acreditados e valorizados. Eddie Chapman estabeleceu relações próximas com seus controladores britânicos e alemães. Philby foi recrutado por Arnold Deutsch, um famoso e carismático caça-talentos da KGB, a quem descrevia como "um homem maravilhoso... que o olhava como se, naquele momento, não existisse nada mais importante do que você e o que você tinha a dizer". Explorar e manipular essa fome de afeto e afirmação é uma das habilidades mais importantes de um agente controlador. Nunca houve um espião bem-sucedido que não sentisse que a conexão com seu controlador era algo mais profundo do que um casamento por conveniência política ou lucro: uma verdadeira e duradoura comunhão em meio a mentiras e enganos.

Gordievsky sentiu várias emoções irradiando de Philip Hawkins, o novo oficial britânico que iria supervisioná-lo, mas amor não era uma delas.

O excêntrico e exaltado Richard Bromhead havia atraído Gordievsky por parecer "terrivelmente inglês". Ele tinha o tipo de bravura inglesa que Lyubimov descrevera com tanto entusiasmo. Hawkins era escocês e vários graus mais frio. Íntegro, de fala esnobe, ao mesmo tempo duro e frágil como um biscoito de aveia. "Ele sentia que seu dever não era ser sorridente e agradável, mas analisar o caso com o olhar de um advogado", disse um colega.

Hawkins fora responsável por interrogar prisioneiros alemães durante a guerra. Por vários anos trabalhou em casos tchecoslovacos e soviéticos, incluindo os de vários desertores. E, o mais importante, ele tinha experiência direta em lidar com um espião dentro da KGB. Em 1967, uma inglesa que vivia em Viena entrou em contato com a embaixada britânica para relatar que havia acolhido um novo inquilino muito interessante, um jovem diplomata russo que parecia receptivo às ideias ocidentais e bastante crítico do comunismo. Ela lhe estava ensinando a esquiar. Provavelmente também estava dormindo com ele. O MI6 deu a ele o codinome Penetrable, começou a investigar e descobriu que o serviço de inteligência alemão, o BND, "também estava investigando" e já havia feito uma abordagem a Penetrable, um estagiário da KGB, que dera uma resposta positiva. Ficou acordado que Penetrable seria controlado como um agente anglo-alemão. O oficial do caso pelo lado britânico era Philip Hawkins.

"Philip conhecia a KGB até pelo avesso", afirmou um colega. "Ele era pago para ser cético. Era a pessoa óbvia para controlar Gordievsky: falava alemão e estava disponível." Ele também estava nervoso e encobria sua ansiedade com uma demonstração de agressividade. Sua tarefa, como ele a via, era descobrir se Oleg estava mentindo, quão preparado ele estava para revelar e o que ele queria em troca.

Hawkins fez Gordievsky se sentar e o interrogou como se estivesse em um tribunal.

– Quem é o seu *rezident*? Quantos oficiais da KGB há na estação?

Gordievsky esperava ser bem recebido, elogiado e congratulado por ter feito aquela escolha tão extraordinária. Em vez disso, estava sendo intimidado e interrogado, como se fosse um inimigo que haviam capturado, e não um novo recruta.

"A inquirição continuou por algum tempo e eu não gostei."

Através da mente de Oleg correu o seguinte pensamento: "Esse não pode ser o verdadeiro espírito do serviço de inteligência britânico."

O processo parou por um momento. Gordievsky levantou a mão e fez uma declaração: ele trabalharia para a inteligência britânica, mas sob três condições.

– Em primeiro lugar, não quero prejudicar nenhum dos meus colegas na estação da KGB. Segundo, não quero ser secretamente fotografado ou gravado. Terceiro, sem dinheiro. Eu quero trabalhar para o Ocidente por minhas convicções ideológicas, não para lucrar.

Então foi a vez de Hawkins se sentir afrontado. Dentro do seu tribunal mental, testemunhas sob interrogatório não estabeleciam regras. A segunda condição era discutível. Se o MI6 decidisse gravá-lo, ele jamais saberia, já que a gravação seria, por definição, secreta. Sua recusa preventiva em aceitar compensação financeira era ainda mais preocupante. É um axioma da espionagem que os informantes devem ser encorajados a aceitar presentes ou dinheiro – embora não tanto que os faça não almejar mais ou que os instigue a fazer gastos extravagantes que possam atrair suspeitas. O dinheiro faz um espião se sentir valioso, estabelece o princípio do pagamento pelos serviços prestados e pode ser usado, se necessário, como uma alavanca. E por que ele queria proteger seus colegas soviéticos? Ele ainda era leal à KGB? Na realidade, em parte Gordievsky estava protegendo a si mesmo: se a Dinamarca começasse a ejetar oficiais da KGB, o Centro poderia começar a procurar por um traidor interno e por fim chegar até ele.

Hawkins protestou:

– Agora que sabemos qual é o seu posto na estação, pensaremos não duas, mas três vezes antes de nós ou nossos aliados tomarmos a decisão de expulsar alguém.

Mas Gordievsky manteve-se irredutível: não ia identificar seus colegas oficiais da KGB, seus agentes e ilegais, e eles deveriam ser deixados em paz.

– Essas pessoas não são importantes. Têm títulos de agentes, mas não estão fazendo nenhum mal. Eu não quero lhes causar problemas.

Relutantemente, Hawkins concordou em retransmitir suas condições para o MI6 e expôs o *modus operandi*. Ele voaria uma vez por mês para Copenhague, onde passaria um fim de semana prolongado, durante o qual eles poderiam se encontrar duas vezes, por pelo menos duas horas. As reuniões ocorreriam em outro apartamento secreto (fornecido pelos dinamarqueses, embora Gordievsky não fosse informado disso) no subúrbio de Ballerup, ao norte, uma área tranquila no fim de uma linha do metrô, do outro lado da cidade em relação à embaixada soviética. Gordievsky poderia ir de trem ou de automóvel e estacionar um pouco distante. Haveria pouca chance de ser visto lá por seus colegas da embaixada e, se uma vigilância soviética fosse implantada nas proximidades, ele provavelmente ficaria sabendo de antemão. O problema era a vigilância dinamarquesa. Gordievsky era um oficial da KGB suspeito e tinha sido monitorado pelo PET no passado. Altos alarmes soariam se ele fosse visto indo a um encontro secreto nos subúrbios. Não mais do que meia dúzia de agentes do PET estava ciente de que o MI6 estava controlando um agente soviético e apenas alguns sabiam seu nome. Um deles era Jørn Bruun, o chefe da contrainteligência do PET e antigo aliado de Bromhead. Ele garantiria que seus homens não seguissem Gordievsky nos dias em que ele fosse se encontrar com seu controlador britânico. Finalmente, Hawkins entregou a Gordievsky um número de telefone de emergência, tinta secreta e um endereço em Londres para o qual ele poderia enviar quaisquer mensagens urgentes no intervalo das reuniões.

Os dois homens deixaram o apartamento insatisfeitos. O primeiro contato entre o espião e o controlador não tinha sido muito auspicioso.

No entanto, de certa forma, a nomeação do ríspido e sério Hawkins acabou bem. Ele era um profissional, assim como Gordievsky. O russo estava nas mãos de alguém que cumpria sua missão e levava sua segurança extremamente a sério. Para usar a frase favorita de Bromhead, Hawkins não brincava em serviço.

E assim começou uma série de reuniões mensais, em um apartamento no terceiro andar de um discreto bloco de apartamentos em Ballerup. O lugar era mobiliado com simplicidade, com móveis dinamarqueses. A cozinha era totalmente equipada. O aluguel era pago em conjunto pelos serviços de inteligência da Grã-Bretanha e da Dinamarca. Poucos dias antes da primeira reunião no novo OCP, dois técnicos do PET disfarçados de funcionários da companhia de eletricidade inseriram microfones na luminária do teto e nas tomadas e conectaram fios atrás dos rodapés até o quarto, onde, atrás de um painel acima da cama, instalaram um gravador. A segunda das condições de Gordievsky tinha sido violada.

As reuniões foram inicialmente tensas, gradualmente mais relaxadas e, com o passar do tempo, excepcionalmente frutíferas. O que tinha começado em uma atmosfera de suspeita espinhosa evoluiu aos poucos para uma relação altamente eficiente, baseada não em afeto, mas em um relutante respeito mútuo. Em vez de amizade, Gordievsky aceitara a aprovação profissional de Hawkins.

A melhor maneira de testar se alguém está mentindo é fazer uma pergunta para a qual você já sabe a resposta. Hawkins era bem versado na estrutura da KGB. Gordievsky descreveu, com uma precisão impressionante, todas as diretorias, os departamentos e subdepartamentos da extensa e complexa burocracia dentro do Centro, em Moscou. Algumas dessas informações já eram do conhecimento de Hawkins; muitas ele não sabia: nomes, funções, técnicas, métodos de treinamento, até rivalidades e disputas internas, promoções e rebaixamentos. O nível de detalhe provou que Gordievsky era confiável: nenhuma isca teria ousado revelar tanto. Ele nunca pedia informações a Hawkins sobre o MI6 nem fazia nenhum dos movimentos que um agente duplo tentando se infiltrar em um serviço inimigo poderia fazer.

Os chefes de espionagem na sede do MI6 logo foram convencidos da boa-fé de Gordievsky. "Sunbeam estava sendo honesto", concluiu Guscott. "Ele jogou de maneira justa e limpa."

Essa convicção foi redobrada quando Gordievsky começou a descrever, em detalhes, as atividades da Diretoria S, a seção de ilegais onde ele trabalhou durante uma década antes de se mudar para o departamento político, e como Moscou plantava seus espiões, disfarçados de civis comuns, em todo o mundo, incluindo "a imensa e altamente sofisticada operação para criar identidades falsas": falsificação de documentos, manipulação de registros, alocação de infiltrados e a complexa metodologia de contato, controle e financiamento do exército de ilegais soviéticos.

Antes de cada reunião, Hawkins abria o painel acima da cama, inseria uma nova fita cassete e ligava. Ele tomava notas, mas depois transcrevia cuidadosamente cada conversa gravada, traduzindo-a do alemão para o inglês. Cada hora de gravação levava três ou quatro vezes mais tempo para ser processada. O relatório resultante era então entregue a um oficial subalterno do MI6 na embaixada britânica, que o enviava para Londres com a fita na mala diplomática, que era imune a averiguações. Na sede do MI6, os relatórios eram ansiosamente aguardados. A inteligência britânica jamais havia controlado um espião do alto escalão da KGB. Como era um oficial de inteligência treinado, Gordievsky entendia exatamente o que o MI6 estava procurando. No ensino básico de espiões, ele aprendera técnicas para memorizar grandes quantidades de informação. Sua memória era prodigiosa.

A relação entre agente e controlador melhorou aos poucos. Eles passavam horas sentados, cada um de um lado de uma grande mesa. Gordievsky bebia chá forte e de vez em quando pedia uma cerveja. Hawkins não bebia nada. Não havia espaço para conversa-fiada. O russo achava difícil gostar daquele escocês tenso, com um ar de "pastor presbiteriano austero", mas o respeitava. "Ele não era um homem fácil com quem se podia brincar, mas era dedicado e trabalhador, sempre anotando, preparando-se bem e fazendo boas perguntas." O controlador britânico costumava chegar com uma lista de perguntas, que o russo memorizava e para as quais tentava encontrar respostas antes da reunião seguinte. Um dia, Hawkins pediu que Gordievsky examinasse um de seus relatórios, uma resenha abrangente, em alemão, do sistema de ilegais que Oleg havia descrito. O russo ficou impressionado; Hawkins era um mestre da taquigrafia, pois nem um único detalhe fora omitido. Só mais tarde ele percebeu: o MI6 devia ter grampeado o apartamento. Oleg decidiu não fazer alarde sobre a promessa quebrada, aceitando o fato de que ele provavelmente teria feito o mesmo.

"Eu estava me sentindo bem melhor", escreveu Gordievsky. "Meu novo papel deu um sentido à minha existência." O papel, ele acreditava, era nada mais do que minar o sistema soviético, em uma luta maniqueísta entre o bem e o mal, que um dia levaria a democracia à Rússia e permitiria que seu povo vivesse livremente, lesse o que quisesse e ouvisse Bach. Em seu trabalho diário para a KGB, ele continuava a fazer contatos dinamarqueses, escrever artigos para jornalistas pró-soviéticos e prestar serviços gerais para o irregular serviço de informações da *rezidentura* de Copenhague. Quanto mais ativo se mostrasse, maiores as suas chances de promoção e mais amplo o seu acesso a informações importantes. Era uma troca estranha: demonstrar sua eficiência para a KGB sem prejudicar os interesses dinamarqueses; criar operações de espionagem com uma das mãos e depois desmontá-las com a outra, informando Hawkins de cada movimento; manter olhos e ouvidos abertos para informações úteis e mexericos sem parecer curioso demais.

Yelena não tinha a menor ideia do que o marido estava fazendo. "Um espião tem que enganar até mesmo seus entes mais próximos e queridos", escreveu Gordievsky mais tarde. Se bem que Yelena não significava mais muita coisa para ele. Na verdade, ele tinha certeza de que, se descobrisse a verdade, ela o denunciaria, pois era leal à KGB. Gordievsky sabia o que a KGB fazia com os traidores. Independentemente das leis dinamarquesas ou internacionais, ele seria preso pelos agentes do Departamento de Ações Especiais, drogado, amarrado a uma maca com o rosto coberto por bandagens para esconder sua identidade e levado para Moscou, onde seria interrogado, torturado e morto. O eufemismo russo para a sentença de morte sumária era *vyshaya mera*, "a medida extrema": o traidor era levado para uma sala, obrigado a se ajoelhar e baleado na nuca. Às vezes a KGB era mais criativa. Diziam que Penkovsky tinha sido cremado vivo e sua morte filmada, como um aviso para potenciais vira-casacas.

Apesar da pressão de uma vida dupla e do perigo que isso implicava, Gordievsky estava contente, travando sua campanha solitária contra a opressão soviética. E então ele se apaixonou.

Leila Aliyeva era datilógrafa da Organização Mundial da Saúde em Copenhague. Filha de mãe russa e pai do Azerbaijão, ela era alta e atraente, com uma cabeleira farta e escura e olhos castanhos profundos atrás de cílios bem longos. Em contraste com Yelena, ela era tímida e despretensiosa, mas, quando relaxava, sua risada era alta e contagiante. Ela adorava cantar. Como Oleg, Leila também tinha ligações familiares com a KGB: seu pai, Ali, havia subido ao posto de major-general na KGB do Azerbaijão antes de se aposentar em Moscou. Criada como muçulmana, ela teve uma infância protegida. Seus poucos namorados até então tinham sido cuidadosamente avaliados por seus pais. Ela começou a trabalhar como datilógrafa em uma empresa de design, depois foi repórter no jornal da Liga da Juventude Comunista e se inscreveu, através do Ministério da Saúde, para a vaga de secretária na Organização Mundial da Saúde. Como todo cidadão soviético que buscava trabalhar para uma organização estrangeira no exterior, Leila fora completamente examinada em relação à sua confiabilidade ideológica antes de ser autorizada a viajar para Copenhague. Tinha 28 anos, onze a menos que Oleg. Logo após sua chegada à Dinamarca, Leila foi convidada para uma recepção oferecida pela esposa do embaixador, que lhe perguntou o que ela fazia em Moscou.

– Eu era jornalista – respondeu Leila. – E gostaria de escrever alguma coisa sobre a Dinamarca.

– Então você precisa conhecer o adido de imprensa na embaixada, o sr. Gordievsky.

E assim Oleg Gordievsky e Leila Aliyeva começaram a trabalhar juntos em um artigo para a revista da Juventude Comunista sobre o distrito mais pobre de Copenhague. O artigo nunca foi publicado. Mas a colaboração entre os dois foi se aprofundando aos poucos. "Ela era sociável, interessante, original, espirituosa e ansiosa para agradar. Eu me apaixonei à primeira vista, [e] nosso amor se incendiou rapidamente." Livre do controle dos pais, Leila mergulhou de cabeça no relacionamento.

"À primeira vista ele parecia meio sem graça", lembrou Leila. "Se você o visse na rua, não prestaria atenção. Mas, quando comecei a conversar com ele, fiquei de queixo caído. Ele sabia muito. Era tão interessante, com um senso de humor brilhante. Devagarinho eu fui me apaixonando por ele."

Para Gordievsky, a personalidade gentil e a doçura simples de Leila pareciam um tônico diante do desdém rabugento de Yelena. Ele se acostumara a fazer cálculos em suas relações humanas, medindo as próprias ações e palavras, assim como as dos outros. Leila, por outro lado, era natural, extrovertida e desinibida: pela primeira vez na vida, Oleg se sentiu adorado. Gordievsky apresentou sua jovem amante a um novo mundo da literatura, contendo ideias e realidades proibidas na Rússia. A seu pedido, ela leu *Arquipélago Gulag* e *O primeiro círculo*, de Solzhenitsyn, que retratavam a brutalidade sombria do stalinismo. "Ele me deu livros de sua biblioteca. Recebi aquela enxurrada de verdades de peito aberto. Ele me educou." Leila sabia desde o início, sem que ninguém lhe contasse, que Gordievsky era um oficial da KGB. A ideia de que seu interesse em tais livros pudesse esconder uma dissidência mais profunda nunca passou pela sua cabeça. Em encontros sussurrados, eles fizeram planos mirabolantes. Sonharam em ter filhos. A KGB desaprovava o adultério, mais ainda o divórcio. "Nossos encontros eram muito secretos. Qualquer foto poderia ser evidência de adultério e seria usada contra ele, que seria punido severamente. Ele teria sido expulso em 24 horas." O casal precisava ser paciente. Mas ele já estava acostumado a uma sedução lenta e secreta.

Gordievsky trabalhava muito em seus dois empregos. Ele jogava muito badminton. Leila dividia um apartamento com duas colegas e Yelena estava frequentemente em casa, então ele e a amante tinham encontros amorosos secretos e emocionantes. Mas havia outra camada de mentiras e fonte de ansiedade: ele estava agora traindo Yelena em dois níveis, profissional e pessoal. A exposição de qualquer um desses aspectos seria um verdadeiro desastre. Ele cobria os rastros de sua dupla infidelidade com precisão e cuidado. A cada poucos dias, enviava uma mensagem disfarçada para Leila e cometia adultério em um hotel diferente de Copenhague; a cada quatro semanas, ia até um apartamento inexpressivo, em um subúrbio dinamarquês sem graça, e cometia traição. Ao longo de um ano, ele estabeleceu um sistema de evasão, iludindo tanto a vigilância soviética quanto as suspeitas da esposa. Seus relacionamentos, com Leila e o MI6, estavam se aprofundando. Ele se sentia seguro. Mas não estava.

Numa noite de inverno, um jovem oficial da inteligência dinamarquesa estava indo para casa em Ballerup quando avistou um carro com placa diplomática estacionado em uma rua lateral, longe dos enclaves diplomáticos. O jovem ficou curioso. Ele era treinado e, em uma inspeção mais próxima, reconheceu o veículo como pertencente à embaixada soviética. O que um diplomata soviético estaria fazendo no subúrbio, às sete da noite, em um fim de semana?

Uma camada de neve se formara e pegadas frescas levavam para longe do automóvel. O oficial do PET as seguiu por cerca de 200 metros até um bloco de apartamentos. Um casal dinamarquês estava saindo quando ele se aproximou e, educadamente, segurou a porta aberta para o jovem entrar. Pegadas molhadas atravessavam o piso de mármore até as escadas. Ele as seguiu até a porta de um apartamento no segundo andar. De dentro, vinha o som de vozes baixas falando um idioma estrangeiro. Ele anotou o endereço e a placa.

Na manhã seguinte, um relatório caiu sobre a mesa de Jørn Bruun, o chefe da contrainteligência dinamarquesa: um diplomata soviético, suspeito de trabalhar para a KGB, tinha sido rastreado até um apartamento em Ballerup, onde foi ouvido falando uma língua não identificada, possivelmente alemão, para uma ou várias pessoas desconhecidas: "Há algo suspeito aqui", concluía o relatório. "Devemos fazer algo sobre isso."

Mas, antes que as máquinas da vigilância dinamarquesa pudessem entrar em ação, Jørn Bruun desligou o motor. O relatório foi retirado do arquivo. O jovem oficial excessivamente zeloso foi elogiado por sua percepção e, em seguida, "despachado" com uma vaga explicação sobre por que não valia a pena seguir aquela pista. Não pela primeira vez, um serviço de segurança quase tinha, pela própria diligência, destruído um caso em andamento.

Gordievsky ficou abalado ao saber quão perto ele tinha chegado de ser descoberto. "O incidente nos provocou um choque cujos efeitos permaneceram." A partir de então, ele viajaria para Ballerup de metrô.

Sua recusa em citar nomes diminuiu com o passar dos meses. Não que houvesse muitos nomes para delatar. A rede de agentes soviéticos e informantes na Dinamarca era, ele revelou, pateticamente pequena. Havia Gert Petersen, o sequioso político; um policial acima do peso no departamento de imigração dinamarquesa que passava informações ocasionais; e vários ilegais plantados por todo o país, esperando pela Terceira Guerra Mundial. Oleg explicou que os oficiais da KGB em Copenhague passavam muito mais tempo inventando contatos para justificar suas despesas do que de fato conhecendo alguém. Essa reconfortante informação foi repassada para o PET. Os dinamarqueses tiveram o cuidado de não mexer com os poucos espiões que Gordievsky havia dedurado, já que isso teria apontado de imediato para um informante dentro da KGB. O PET então optou por manter o controle sobre os poucos contatos dinamarqueses da KGB e esperar.

Se a KGB tinha poucos espiões dignos do título na Dinamarca, isso não acontecia com seus vizinhos escandinavos.

Gunvor Galtung Haavik era uma funcionária discreta do Ministério das Relações Exteriores da Noruega, uma ex-enfermeira que trabalhava como secretária e intérprete e agora estava perto de se aposentar. Ela era pequena, meiga e bastante tímida. Era também uma espiã veterana e regiamente paga, com trinta anos de serviços prestados, que havia sido secretamente premiada com a Ordem Soviética da Amizade "por fortalecer a compreensão internacional" – o que de certa forma ela havia feito, ao entregar milhares de documentos confidenciais à KGB.

A história de Haavik era um conto clássico da manipulação da KGB. No fim da guerra, com a Noruega ainda sob ocupação nazista, ela estava trabalhando em um hospital militar em Bodø quando se apaixonou por um prisioneiro russo, Vladimir Kozlov. O rapaz escondeu dela o fato de já ser casado e ter uma família em Moscou. Ela o ajudou a fugir para a Suécia. Como era fluente em russo, após a guerra ela foi contratada pelo Ministério das Relações Exteriores da Noruega e enviada a Moscou como secretária do embaixador norueguês. Lá, seu caso amoroso com Kozlov foi retomado. A KGB ficou sabendo do romance ilícito e forneceu um apartamento onde eles pudessem se encontrar; depois, ameaçou expor a relação adúltera para os noruegueses e exilar Kozlov na Sibéria a menos que Haavik concordasse em espionar para eles. Durante oito anos ela passou adiante incontáveis materiais ultrassecretos e continuou a fazê-lo depois de reassumir um posto no Ministério das Relações Exteriores em Oslo. A Noruega, o flanco norte da OTAN, compartilhava uma fronteira ártica de pouco menos de 200 quilômetros com a URSS e a KGB a considerava "a chave para o norte". Ali, a Guerra Fria era travada com uma fúria glacial. Haavik, cujo codinome era Greta, se encontrou com oito diferentes controladores da KGB pelo menos 270 vezes. Ela continuou a receber dinheiro de Moscou e mensagens de Kozlov (ou melhor, da KGB fingindo ser seu amante russo). Uma mulher solteira, crédula, de coração partido e intimidada a cooperar com a KGB, ela sequer era comunista.

Ao contrário de Haavik, Arne Treholt era vistoso e glamouroso. Filho de um popular ministro norueguês, proeminente jornalista e membro do poderoso Partido Trabalhista Norueguês, era exibicionista, bonito e franco em suas opiniões de esquerda. Treholt estava subindo rapidamente. Ele reforçou suas credenciais de celebridade ao se casar com uma estrela da televisão norueguesa, Kari Storækre. O *The New York Times* o descreveu como "um dos jovens de ouro da vida pública norueguesa". Alguns achavam que ele poderia se tornar primeiro-ministro.

Entretanto, em 1967 a incisiva oposição de Treholt à Guerra do Vietnã atraiu a atenção da KGB. Ele foi abordado por Yevgeny Belyayev, um oficial de inteligência que trabalhava disfarçado como oficial consular na embaixada soviética. Mais tarde Treholt contou à polícia (uma declaração que ele posteriormente negou) que fora recrutado através de "chantagem sexual" após uma orgia em Oslo. Belyayev encorajou Treholt a aceitar dinheiro em troca de informações e, em 1971, no restaurante Coq d'Or em Helsinque, ele o apresentou a Gennadi Fyodorovich Titov, o novo *rezident* da KGB em Oslo. A crueldade de Titov lhe rendeu o apelido de "Crocodilo", embora, com seus grandes óculos redondos e modo de andar com certo meneio, ele mais parecesse uma coruja maliciosa. Titov tinha a reputação de ser "o mais bem-sucedido bajulador da Primeira Diretoria-Geral". Treholt gostava de bajulação. Ele também gostava de um almoço grátis. Na década seguinte, ele e Titov jantaram juntos, às custas da KGB, em 59 ocasiões. "Tivemos almoços gloriosos", lembrou Treholt muitos anos depois, "durante os quais discutíamos política norueguesa e internacional".

A Noruega estava fora da competência de Gordievsky, mas, no pensamento da KGB, os países escandinavos eram agrupados, e cada estação tinha ciência, em certa medida, das atividades das outras. Em 1974, um novo oficial da KGB chamado Vadim Cherny foi enviado para a Dinamarca. Em Moscou, onde ele tinha trabalhado no Departamento Britânico-Escandinavo da PDG, Cherny era um oficial medíocre e um linguarudo inveterado. Um dia, ele deixou escapar que a KGB estava supervisionando uma agente, cujo codinome era Greta, dentro do serviço diplomático da Noruega. Poucas semanas depois, ele mencionou que a KGB havia recrutado outro agente "ainda mais importante" dentro do governo norueguês, "alguém com antecedentes jornalísticos".

Gordievsky passou essa informação para Hawkins, que a relatou ao MI6 e ao PET.

Essas duas pistas altamente valiosas foram transmitidas para a contrainteligência norueguesa. A fonte foi fortemente camuflada: a Noruega foi informada de que o relatório era confiável, mas não de quem o enviara nem de onde. "Aquela não era uma informação que Oleg deveria ter no decorrer de seu trabalho, mas algo que ele tinha ouvido, então decidimos que não poderia ser rastreado diretamente até ele." Os noruegueses ficaram agradecidos e extremamente alarmados. Gunvor Haavik, a recatada secretária sênior do Ministério das Relações Exteriores, já estava sob suspeita havia algum tempo. O alerta de Gordievsky forneceu uma confirmação crucial. O elegante jovem Arne Treholt também apareceu no radar depois de ser visto na companhia de um conhecido agente da KGB. Ambos seriam agora vigiados de perto.

A conexão norueguesa ilustrava um desafio central do caso Gordievsky e um enigma da espionagem em geral: como fazer uso de inteligência de alto nível sem comprometer a fonte. Um agente infiltrado no campo inimigo pode desmascarar espiões em seu próprio campo. Porém, se você prender e neutralizar todos eles, vai alertar o outro lado sobre a presença de um espião, colocando a sua fonte em perigo. Como a inteligência britânica poderia tirar vantagem do que Gordievsky estava revelando, mas sem queimá-lo?

Desde o início, o MI6 optou pelo jogo a longo prazo. Gordievsky ainda era jovem. As informações que ele fornecia eram excelentes e melhorariam com o tempo e com suas promoções. A pressa ou a fome de informação poderiam inviabilizar o caso e destruir Gordievsky. A segurança era primordial. O desastre de Philby havia ensinado à Grã-Bretanha sobre os perigos da traição interna. O pequeno grupo de oficiais do MI6 doutrinados no segredo era informado apenas do que precisava saber. Dentro do PET, um número ainda menor de oficiais estava ciente da existência de Gordievsky. As informações que ele fornecia eram transmitidas com moderação aos aliados, algumas vezes usando intermediários, em fragmentos cuidadosamente disfarçados para parecer que tinham vindo de outros lugares. Gordievsky estava revelando segredos de mão aberta, mas o MI6 garantia que suas impressões digitais não aparecessem.

A CIA não fora informada sobre Sunbeam. A chamada "relação especial" era particularmente calorosa na esfera da inteligência, mas o princípio da "necessidade de saber" se aplicava em ambas as direções. Fora acordado que a CIA *não* precisava saber que a Grã-Bretanha tinha um espião importante dentro da KGB.

Os serviços de inteligência não gostam que seus oficiais permaneçam no mesmo posto por muito tempo para que não se sintam muito confortáveis; da mesma forma, os controladores de agentes fazem um revezamento para garantir que não percam a objetividade ou acabem envolvidos demais em um caso ou com um único espião.

De acordo com esse princípio, o *rezident* da KGB em Copenhague, Mogilievchik, foi devidamente substituído pelo velho amigo de Gordievsky Mikhail Lyubimov, o anglófilo amável com gosto por uísque e alfaiataria. Os dois homens imediatamente retomaram sua amizade. Lyubimov tinha se casado outra vez. O rompimento com a primeira mulher causara um contratempo à sua carreira na KGB, mas agora ele estava de novo em ascensão. Gordievsky admirava aquele "camarada cordial e descontraído", com uma visão secular e irônica do mundo. Eles passavam longas noites juntos, conversando e bebendo, discutindo literatura, arte, música e espionagem.

Lyubimov podia ver que seu amigo e protegido iria longe. Os chefes consideravam Gordievsky "competente e erudito", e ele era bom em seu trabalho. "Oleg se comportava de maneira impecável", escreveu Lyubimov. "Ele não se envolvia em nenhuma das brigas internas, estava sempre pronto para providenciar o que eu quisesse, era comedido como um verdadeiro comunista, não se esforçava demais para ser promovido... Alguns funcionários da embaixada não gostavam dele: 'Ele é arrogante', diziam, 'se acha o mais inteligente do mundo'. Mas eu não via isso como um defeito. A maioria das pessoas não se acha inteligente?" Só tempos depois, quando analisou a situação, Lyubimov percebeu alguns sinais reveladores. Gordievsky não costumava ir às festas diplomáticas e, exceto por Lyubimov, raramente socializava com outros funcionários da KGB. Ele se enterrava na literatura dissidente do Partido. "Em seu apartamento, havia livros de certos autores banidos em nosso país que eu, como seu colega superior, o aconselhei a manter fora de vista." Os dois casais frequentemente jantavam juntos, ocasiões em que Gordievsky contava piadas, bebia um pouco demais e fazia uma grande cena, fingindo ter um casamento feliz. Um comentário de Yelena ficou preso na memória de Lyubimov. "Ele não é assim tão extrovertido", dissera ela. "Não pense que ele está sendo sincero com você." Lyubimov sabia que o casamento deles estava sob forte tensão e não prestou atenção no aviso.

Uma noite, em janeiro de 1977, Gordievsky chegou ao apartamento secreto como de costume e encontrou Philip Hawkins esperando ao lado de um jovem de óculos, que apresentou como Nick Venables. Hawkins explicou que em breve assumiria um novo posto no exterior e aquele homem seria o seu substituto.

O novo controlador era Geoffrey Guscott, o mesmo que, dois anos antes, tinha lido o arquivo de Kaplan e apontado Gordievsky como um alvo em potencial. Guscott vinha atuando como encarregado de Hawkins, portanto estava familiarizado com todos os aspectos do caso Gordievsky. Mas ele estava nervoso. "Eu pensei que sabia o suficiente para lidar com o problema, mas ainda era muito jovem. O MI6 disse: 'Você vai dar conta.' Mas eu não tinha tanta certeza."

Gordievsky e Guscott se deram bem de imediato. O oficial inglês falava russo fluente e, desde o início, os dois se trataram com informalidade. Ambos praticavam corrida cross country. Porém, mais do que isso, em contraste com Hawkins, Guscott parecia valorizar Oleg como indivíduo, não apenas como uma fonte de informação. "Inspirador em todos os sentidos, sempre alegre, sempre sinceramente pesaroso por quaisquer erros que cometesse", Guscott se identificava com ele e agora se dedicava ao caso em tempo integral, em profundo sigilo. Dentro do MI6, somente sua secretária e seus superiores imediatos sabiam o que ele estava fazendo. O caso Sunbeam ganhou ritmo.

O MI6 ofereceu uma câmera em miniatura a Gordievsky. Com ela, ele poderia fotografar documentos dentro da *rezidentura* e então entregar o filme não revelado. Oleg recusou. O risco de ser pego era muito alto: "Um vislumbre através de uma porta semiaberta e tudo seria descoberto." Ser descoberto de posse de uma minicâmera britânica era incriminador demais. Mas havia outra maneira de contrabandear documentos para fora da estação da KGB.

Mensagens e instruções de Moscou chegavam em longas bobinas de microfilme, transportadas através da "mala diplomática" soviética, uma parte aceita do direito internacional usada para transmitir informações de forma segura de e para a embaixada, sem a interferência do país anfitrião. O *rezident* ou, mais comumente, os decodificadores cortam o filme em tiras e os distribuem para as seções relevantes ou Linhas: Ilegais (N), Política (PR), Contrainteligência (KR), Técnica (X), e assim por diante. Cada fração do filme podia incluir mais de uma dúzia de cartas, memorandos ou outros documentos. Se Gordievsky pudesse contrabandear as tiras de microfilme para fora da embaixada durante a hora do almoço, poderia transferi-las para Guscott, que as copiaria e as devolveria em seguida. Todo o processo levaria menos de meia hora.

Guscott enviou um pedido ao departamento técnico do MI6, no Hanslope Park, uma propriedade no campo em Buckinghamshire, cercada por parques frondosos, um cordão de segurança de arame farpado e postos de guarda. Hanslope era (e é) uma das mais secretas e guardadas estações da inteligência britânica. Durante a guerra, os cientistas da estação produziram uma incrível variedade de aparelhos técnicos para espiões, incluindo rádios seguros, tinta secreta e até chocolate com sabor de alho – distribuídos para espiões que pousavam de paraquedas na França ocupada, para garantir que seu hálito cheirasse convincentemente francês quando chegassem. Se Q, o mago da tecnologia dos filmes de James Bond, realmente existisse, ele teria trabalhado no Hanslope Park.

O pedido de Guscott era ao mesmo tempo simples e desafiador: ele precisava de um pequeno dispositivo portátil que pudesse copiar uma tira de microfilme secreta e rapidamente.

Sankt Annæ Plads é uma longa e arborizada praça pública no centro de Copenhague, não muito distante do Palácio Real. Na hora do almoço, especialmente nos dias de sol, o lugar fica lotado. Em um dia de primavera, em 1977, um homem forte de terno entrou na cabine telefônica no fim do parque. Enquanto discava, um turista usando uma mochila parou para pedir direções e depois seguiu em frente. Naquele momento, Gordievsky colocou um rolo de microfilme no bolso do casaco de Guscott. Jørn Bruun havia assegurado que não haveria vigilância do PET. Um oficial júnior da estação do MI6 observava de um banco próximo.

Guscott correu para um esconderijo do PET próximo dali, trancou-se em um dos quartos de cima e tirou de sua mochila um par de luvas de seda e uma pequena caixa plana, com cerca de 15 centímetros de comprimento por 7 de largura, mais ou menos do tamanho de um diário de bolso. Ele puxou as cortinas, desligou a luz, desenrolou a tira de microfilme, inseriu uma extremidade na caixinha e a puxou.

"As palmas das minhas mãos ficaram suadas enquanto eu fazia o procedimento no escuro. Eu sempre soube que, se não pudesse realizar a operação a tempo, teria que abortá-la. E, se eu danificasse o microfilme, seria um grande problema."

Exatamente 35 minutos após o primeiro contato de passagem, os dois homens realizaram outro do outro lado do parque, imperceptível a qualquer um, exceto a um oficial de vigilância altamente treinado, e o filme já estava de volta ao bolso de Gordievsky.

O fluxo de documentos para fora da *rezidentura* da KGB e para as mãos do MI6 aumentou como uma torrente: de início, apenas as instruções da Linha PR do Centro, em Moscou, da qual Gordievsky era o destinatário; em seguida, expandindo-se gradualmente para incluir tiras de microfilme emitidas para outros oficiais, que com frequência eram deixadas em mesas ou pastas durante a hora do almoço.

As recompensas eram ótimas, mas os riscos também. A cada transferência de material roubado, Gordievsky sabia que estava colocando sua vida em perigo. Outro oficial da KGB poderia voltar inesperadamente do almoço e dar pela falta de suas instruções em microfilme ou Gordievsky poderia ser visto retirando material não destinado a seus olhos. Se ele estivesse de posse de algum microfilme fora da embaixada, estaria condenado. Cada contato de passagem, observou Guscott com um ressoante eufemismo, era de "alta tensão".

Gordievsky ficava aterrorizado, mas continuava determinado. Cada contato o deixava fervendo com a adrenalina de um jogador que faz uma aposta bem-sucedida, mas o levava a imaginar se teria sorte para sempre. Mesmo no tempo mais frio, ele voltava para a *rezidentura* transpirando de medo e excitação, esperando que seus colegas não percebessem suas mãos trêmulas. Os locais de contato seguiam um padrão deliberadamente irregular: um parque, um hospital, um banheiro de hotel, uma estação. Guscott estacionava um carro nas proximidades, no caso de o processo de cópia ter que ser realizado dentro do veículo, usando um saco de tecido à prova de luz.

Apesar de todas as precauções, alguns acidentes aconteciam. Em uma ocasião, Guscott providenciou um contato de passagem em uma estação ferroviária no norte da cidade. Ele se colocou perto da janela de uma cafeteria da estação e tomou um café enquanto esperava Gordievsky aparecer e deixar um rolo de microfilme sob uma borda na cabine telefônica mais próxima. O russo apareceu, fez a entrega e foi embora, mas, antes que Guscott pudesse chegar à cabine, um homem entrou para fazer uma ligação. Foi um longo telefonema. Os minutos passavam depressa enquanto o sujeito inseria uma moeda após outra para continuar a conversa. Havia apenas uma janela de trinta minutos para pegar o filme, revelá-lo e devolvê-lo em um segundo local de contato diferente, e essa janela estava se fechando bem depressa. Guscott ficou perambulando do lado de fora da cabine, passando o peso do corpo de um pé para outro, exibindo uma ansiedade que não era falsa. O homem ao telefone o ignorou. Guscott estava a ponto de entrar e pegar o rolo quando o homem finalmente desligou. Guscott chegou ao segundo local de contato com menos de um minuto de sobra.

Como assistente e confidente de Lyubimov, Gordievsky tinha acesso a muitos dos microfilmes e "o volume de fitas floresceu". Dezenas, e às vezes centenas, de documentos foram extraídos e copiados, com detalhes de codinomes, operações, diretivas e até mesmo toda a avaliação confidencial de 150 páginas compilada pela embaixada, uma imagem completa da estratégia diplomática soviética na Dinamarca. A informação era cuidadosamente enviada em partes a Londres, disfarçada, e depois distribuída em fragmentos: ao MI5, se afetasse a segurança nacional, e algumas vezes, se fosse suficientemente importante, ao Ministério das Relações Exteriores. Dos aliados da Grã-Bretanha, apenas os dinamarqueses recebiam informações diretas do arquivo Sunbeam. Parte do material – notadamente o que se relacionava à espionagem soviética no Ártico – era mostrada ao ministro das Relações Exteriores David Owen e ao primeiro-ministro James Callaghan. Ninguém sabia a proveniência da informação.

Guscott voava para a Dinamarca com mais frequência e ficava por mais tempo, movendo-se para o apartamento de Ballerup por três dias seguidos. Os dois espiões faziam uma troca de microfilme na hora do almoço na sexta-feira, depois se encontravam no apartamento no sábado à noite e novamente na manhã seguinte. Seus encontros românticos com Leila e suas atribuições de espionagem com Guscott significavam que Gordievsky ficava longe de casa por períodos cada vez mais longos. Ele disse a Yelena que estava ocupado com um trabalho secreto da KGB sobre o qual ela não precisava saber. Ela pode ou não ter acreditado no marido.

As condições de Gordievsky para cooperação se diluíram e depois evaporaram. O russo sabia que estava sendo gravado. Ele abandonou a própria recusa em revelar nomes e identificou todos os oficiais da KGB, cada ilegal e cada fonte. Finalmente, concordou em aceitar dinheiro. Guscott avisou que, "de tempos em tempos", libras seriam depositadas para ele em um banco de Londres, como uma reserva de contingência, uma medida da gratidão da Grã-Bretanha e um reconhecimento não declarado de que, um dia, ele desertaria para o Reino Unido. Talvez Gordievsky nunca pudesse gastar seus ganhos de espionagem, mas ele valorizou o gesto e aceitou o dinheiro.

O espião russo era mais valioso do que dinheiro e havia outra maneira altamente simbólica de demonstrar isso: uma carta de agradecimento pessoal do chefe do MI6.

Maurice Oldfield, o espião mais antigo da Grã-Bretanha, assinava como "C" em tinta verde, uma prática adotada pela primeira vez pelo fundador do MI6, Mansfield Cumming, que a importou da Marinha Real britânica, onde os capitães dos navios costumavam escrever em tinta verde. A tradição foi adotada por todos os chefes do MI6 desde então. Guscott digitou uma carta de agradecimentos e congratulações de Oldfield para Gordievsky, em inglês, em papel de carta grosso e bege, que o chefe do Serviço Secreto assinou com um floreado verde. Guscott traduziu para o russo e apresentou tanto o original quanto a tradução para Gordievsky no encontro seguinte. O rosto de Oleg se iluminou enquanto ele lia os enaltecimentos. Guscott levou a carta embora quando eles se separaram: uma carta pessoal em tinta verde do chefe da espionagem britânica não era o tipo de lembrança para um oficial da KGB manter em sua posse. "Foi uma maneira de assegurar a Oleg que nós o levávamos a sério e colocar isso em uma base formal, para estabelecer uma conexão pessoal e mostrar que ele estava lidando com a própria organização. Tudo isso ajudou a acalmá-lo e marcou o amadurecimento do caso." Na reunião seguinte, Gordievsky produziu sua resposta a Oldfield. A correspondência entre Sunbeam e "C" permanece nos arquivos do MI6, prova do toque pessoal do qual depende a espionagem bem-sucedida.

A carta de Gordievsky era seu testemunho:

> Devo enfatizar que a minha decisão não é resultado de irresponsabilidade ou instabilidade de caráter de minha parte. Ela foi precedida por uma longa luta espiritual, por uma emoção agonizante e um desapontamento ainda mais profundo com os desenvolvimentos do meu país e minhas experiências, que me trouxeram a crença de que a democracia e a tolerância da humanidade que a segue representam o único caminho para o meu país, que é europeu, apesar de tudo. O regime atual é a antítese da democracia, a um ponto que os ocidentais jamais poderiam compreender por completo. Se um homem percebe isso, ele deve mostrar a coragem de suas convicções e fazer algo para evitar que a escravidão invada ainda mais os reinos da liberdade.

Gunvor Haavik marcou um encontro com seu controlador da KGB, Aleksandr Printsipalov, na noite de 27 de janeiro de 1977. O russo já estava esperando quando ela chegou em uma rua escura em um subúrbio de Oslo. Também estavam lá três oficiais do serviço de segurança norueguês, que atacaram. Depois de uma "luta violenta", o oficial soviético foi finalmente subjugado e cerca de 2 mil coroas foram encontradas em seu bolso, o mais recente pagamento a Greta. Haavik não ofereceu resistência. Inicialmente ela admitiu apenas seu caso amoroso com o russo Kozlov, mas então cedeu: "Vou lhe contar agora a verdade. Atuo como espiã russa há quase trinta anos." Ela foi acusada de espionagem e traição. Haavik morreu de infarto fulminante na prisão seis meses depois, antes de seu caso ir a julgamento.

A repercussão diplomática foi que Gennadi Titov, o *rezident* da KGB, foi expulso de Oslo, e a notícia de que um agente importante havia sido preso na Noruega chegou até a estação da KGB na Dinamarca, provocando uma onda de especulação entre os oficiais e, no caso de um deles, um "frio na espinha". Gordievsky assumiu que fora sua denúncia que levara à prisão de Haavik. Todos ligados ao caso seriam entrevistados. Se o falante Cherny se lembrasse de sua conversa superficial sobre Greta com Gordievsky alguns meses antes e fosse corajoso o suficiente para denunciá-lo, os caçadores de infiltrados da KGB poderiam começar a desconfiar. As semanas passaram sem que ninguém o chamasse e Gordievsky lentamente relaxou, mas o incidente foi um sóbrio aviso: se as informações que ele passasse gerassem medidas óbvias, isso levaria à sua destruição.

Yelena Gordievsky não era idiota. Seu marido estava escondendo alguma coisa. Ele passava cada vez mais noites fora de casa e nos fins de semana, oferecendo apenas breves explicações para suas ausências. Yelena sabia, sem precisar ser informada, que seu marido estava tendo um caso. Ela o acusou, enfurecida; ele negou, de maneira pouco convincente. Uma série de "cenas desagradáveis" aconteceu no apartamento, altas e, sem dúvida, escutadas pelos vizinhos da KGB. Os gritos foram seguidos de um silêncio furioso, sem palavras. O relacionamento estava quase morto, mas ambos estavam presos a ele. Assim como Gordievsky, Yelena não queria que a própria carreira na KGB fosse prejudicada por escândalos e desejava permanecer na Dinamarca. Um rompimento os colocaria no próximo avião para Moscou. Eles estavam casados em obediência às regras da KGB e deviam permanecer assim, pelo menos nas aparências, pela mesma razão. Mas o casamento acabara ali.

Um dia, Guscott perguntou a Gordievsky se ele estava sob algum "estresse indevido". Ficou óbvio que os bisbilhoteiros dinamarqueses ouviram o tumulto doméstico e as louças voadoras em seu apartamento e relataram ao MI6. Oleg assegurou ao seu controlador que, embora seu casamento pudesse estar desmoronando, ele não estava. Mas era outro lembrete de que estava sendo observado, mesmo por aqueles que agora eram seus amigos.

Leila era um refúgio emocional. Comparados com os acordos sombrios de seu casamento em ruínas, os momentos de intimidade com ela pareciam ainda mais doces por serem arrebatados e apressados, aproveitados em um ou outro quarto de hotel. "Fizemos planos para casar assim que eu pudesse me desvincular de Yelena", escreveu ele. Yelena era agressiva e desagradável, enquanto Leila era gentil, meiga e divertida. Ela tinha nascido... nascido *e* sido criada na KGB. Seu pai, Ali, fora recrutado aos 20 e poucos anos em sua cidade natal, Shaki, no noroeste do Azerbaijão. Sua mãe, uma entre os sete filhos de uma pobre família de Moscou, também era da KGB e havia conhecido seu futuro marido em um curso de treinamento em Moscou logo após a guerra. Ao contrário do que acontecia com Yelena, ele nunca sentiu que Leila o estava observando ou avaliando. Sua ingenuidade era um antídoto para a complexidade de sua vida. Ele a amava como nunca amara ninguém. Mas estava simultaneamente envolvido em um tumultuado caso secreto com o MI6. Seus desejos emocionais e sua espionagem entravam em conflito. O divórcio e o novo casamento prejudicariam não apenas sua carreira na KGB, mas também suas perspectivas de obter informações mais valiosas para o MI6. Muitas vezes o amor começa com o derramamento de uma verdade nua, uma exposição apaixonada da alma. Leila era jovem e confiante, e acreditava totalmente em seu belo e atencioso amante. "Eu nunca senti que o roubei de Yelena. O casamento deles estava acabado. Eu o idolatrava. Eu o colocava em um pedestal. Ele era perfeito." Mas, sem que ela soubesse, ele nunca estava totalmente presente. "Metade da minha existência e meus pensamentos tinham que permanecer em segredo." Ele se perguntou se sua vida dupla tornaria impossível um casamento autêntico de mentes: "Será que conseguiria construir a relação próxima e calorosa que tanto desejava?"

Ele finalmente confidenciou a Mikhail Lyubimov que estava tendo um caso com uma jovem secretária da Organização Mundial da Saúde e que esperava se casar com ela. Seu amigo e chefe foi compreensivo, mas realista. Por experiência própria, Lyubimov sabia que as perspectivas de seu protegido sofreriam as consequências quando os puritanos da KGB descobrissem a situação. Depois que seu casamento fracassara, Lyubimov fora rebaixado e ignorado por anos. "Um Oleg divorciado estava condenado a conseguir um emprego maçante nos bastidores", escreveu ele. O *rezident* prometeu interceder por ele junto aos chefes.

Gordievsky e Lyubimov se aproximaram ainda mais. No verão de 1977 eles viajaram juntos para a costa dinamarquesa para uma pausa de fim de semana. Uma tarde, na praia, Lyubimov descreveu como, quando ainda era um jovem oficial da KGB na década de 1960 em Londres, havia cultivado várias amizades na esquerda, inclusive a de um ardente deputado trabalhista chamado Michael Foot, que era visto por Moscou como um potencial "agente de influência", alguém que poderia ser alimentado com ideias pró-soviéticas e reproduzi-las em artigos e discursos. O nome não significava nada para Gordievsky.

Lyubimov podia ser "um amigo para toda a vida", mas também era uma fonte privilegiada da inteligência. Tudo que Gordievsky recolhia dele era repassado para o MI6, incluindo documentos pessoalmente endereçados ao *rezident* sob seu codinome, Korin. A amizade também era uma traição. Lyubimov mais tarde refletiu: "Oleg Gordievsky estava me manipulando como uma marionete."

Após cada encontro, Guscott relatava pessoalmente a Oldfield. Durante uma dessas reuniões, o controlador descreveu como Lyubimov estava sendo "seduzido" pelo novo chefe da estação em Copenhague, e parecia muito amigável. "Sunbeam vai acabar indo embora da Dinamarca, então devemos começar a procurar um alvo substituto. Quem melhor que Lyubimov? Ele é muito anglófilo e já foi abordado uma vez. Você ia gostar dele. Ele também é um grande esnobe e poderia responder bem a uma abordagem por alguém de patente superior." Assim nasceu uma ideia radical. Maurice Oldfield, o chefe do MI6, voaria para Copenhague e tentaria recrutar o *rezident* da KGB pessoalmente. O diretor de contrainteligência se recusava a aceitar a ideia: "C" não poderia se arriscar em uma operação ativa e, se desse errado, toda a atenção seria atraída para Gordievsky. "O plano foi desfeito, graças a Deus", disse um oficial de inteligência. "Era uma loucura."

Gordievsky escreveu: "Eu me sentia aliviado e eufórico por não ser mais um homem desonesto trabalhando para um regime totalitário." No entanto, essa honestidade exigia um engano emocional, uma fraude em uma causa virtuosa, uma duplicidade sagrada. Ele estava contando ao MI6 todas as verdades secretas que encontrava, enquanto mentia para seus colegas e chefes, sua família, seu melhor amigo, sua esposa e sua amante.

5
UMA SACOLA DE PLÁSTICO E UMA BARRA DE CHOCOLATE MARS

Na Westminster Bridge Road, em Lambeth, não muito longe da estação Waterloo, ficava o Century House, uma enorme e feia construção de 22 andares de vidro e concreto. O prédio era totalmente banal. Os homens e as mulheres que entravam e saíam se pareciam com todos os outros funcionários daquela região. Mas um observador curioso poderia notar que o segurança no saguão era mais musculoso e muito mais alerta do que em outros locais. Ou poderia se perguntar por que tantas vans de companhia telefônica ficavam estacionadas fora do escritório em horários estranhos do dia. Ele poderia ter percebido que o horário de trabalho dos funcionários era irregular e que havia volumosos pilares elétricos protegendo o estacionamento subterrâneo. Entretanto, se o observador curioso tivesse ficado ali por tempo suficiente para notar essas coisas, teria sido preso.

O Century House era a sede do MI6 e a instalação mais secreta de Londres. Oficialmente, ela não existia, assim como o próprio MI6. Era um lugar tão discreto e deliberadamente comum que os que chegavam muitas vezes se perguntavam se tinham sido enviados por engano ao endereço errado. "Havia aqueles que eram recrutados para o serviço", escreveu um antigo oficial, "mas que só percebiam depois de terem concluído um ou dois trabalhos lá". O público permanecia totalmente ignorante do propósito real daquele edifício comum e os poucos funcionários e jornalistas que sabiam o que era ficavam calados.

A controladoria de agentes soviéticos ocupava todo o 12º andar. Em um canto ficava um conjunto de mesas ocupadas pela seção P5, a equipe que comandava operações e agentes soviéticos e colaborava com a estação do

MI6 em Moscou. Apenas três pessoas na P5 sabiam do caso Gordievsky. Uma delas era Veronica Price.

Price tinha 47 anos em 1978, era solteira, dedicada ao Serviço Secreto, uma daquelas mulheres dinâmicas, práticas e quintessencialmente inglesas que não toleram bobagens, muito menos vindas de homens. Filha de um advogado dos arredores de Londres que tinha sido gravemente ferido na Primeira Guerra Mundial ("fragmentos de estilhaços saíram de seu corpo pelo resto da vida"), ela cresceu com um forte senso de retidão patriótica, mas também com uma propensão para o drama, herdada da mãe, uma ex-atriz. "Eu não queria ser advogada. Queria viajar." Como não conseguiu entrar no Ministério das Relações Exteriores por não ser uma boa taquígrafa, acabou como secretária no MI6. Serviu na Polônia, no México e no Iraque, mas o MI6 levou quase vinte anos para perceber que as habilidades de Veronica Price iam muito além de datilografar ou arquivar. Em 1972 ela fez um exame para se tornar uma das primeiras mulheres oficiais do Serviço Secreto britânico. Cinco anos depois, foi nomeada vice-chefe da P5. Todos os dias ela viajava do subúrbio, onde morava com sua mãe viúva, sua irmã Jane, vários gatos e uma grande coleção de porcelanas, até o Century House. Price insistia em fazer as coisas da forma correta. Ela era muito sensata e, como disse um colega, "totalmente obstinada". Gostava de solucionar problemas. Na primavera de 1978, Veronica Price foi informada sobre o caso Gordievsky, e foi assim que ela se viu lutando contra um problema que o MI6 nunca havia enfrentado: como contrabandear um espião para fora da Rússia soviética.

Algumas semanas antes, Gordievsky havia chegado ao apartamento secreto parecendo cansado e preocupado.

– Nick, preciso pensar na minha segurança. Nos três últimos anos, isso nem passou pela minha cabeça, mas logo voltarei a Moscou. Vocês podem organizar uma fuga da União Soviética para mim, caso eu fique sob suspeita? Se eu voltar a Moscou, existe alguma maneira que eu possa sair?

Rumores inquietantes começaram a circular: o Centro, em Moscou, suspeitava que um espião estava operando dentro da KGB. As fofocas não sugeriam que o vazamento vinha da Dinamarca ou mesmo da Escandinávia, mas o mero indício de uma investigação interna era suficiente para provocar um arrepio desagradável de apreensão. E se o MI6 tivesse sido penetrado? Estaria outro Philby à espreita dentro da inteligência britânica, pronto para expor Gordievsky? Não havia garantia de que ele pudesse obter outro posto estrangeiro, ainda mais caso se divorciasse, e então poderia ficar preso na União Soviética para sempre. Gordievsky queria saber se haveria uma chance de sair caso precisasse.

Dar fuga ao espião russo a partir da Dinamarca seria brincadeira de criança, exigindo apenas uma chamada para seu número de emergência, uma noite em um esconderijo, um passaporte falso e uma passagem para Londres. Mas a engenharia de uma fuga de Moscou, se a KGB o mandasse de volta, era um cenário diferente e provavelmente impossível.

A resposta de Guscott foi desanimadora. "Não podemos fazer promessas e não podemos dar cem por cento de garantia de que você consiga escapar."

Gordievsky sabia que a probabilidade de sucesso era muito menor do que isso. "Claro", respondeu ele. "Isso está absolutamente claro. Só me dê a possibilidade, apenas por precaução."

A União Soviética era, na verdade, uma enorme prisão, que encarcerava mais de 280 milhões de pessoas por trás de fronteiras fortemente vigiadas, com mais de um milhão de oficiais e informantes da KGB agindo como seus carcereiros. A população estava sob vigilância constante e nenhum segmento da sociedade era mais vigiado do que a própria KGB: a Sétima Diretoria era responsável pela vigilância interna, com cerca de 1.500 homens destacados apenas em Moscou. Sob a marca inflexível do comunismo de Leonid Brezhnev, a paranoia havia crescido a níveis quase stalinistas, criando um Estado-espião que colocava todos contra todos, onde telefones eram grampeados, cartas eram abertas e todos eram encorajados a informar sobre todos, em todos os lugares, o tempo todo. A invasão soviética do Afeganistão e o consequente aumento da tensão internacional intensificaram o escrutínio interno da KGB. "Medo à noite e um esforço frenético durante o dia para fingir entusiasmo por um sistema de mentiras, eram essas as condições permanentes do cidadão soviético", escreveu Robert Conquest.

Infiltrar-se, recrutar e manter contato com espiões dentro da União Soviética era extremamente difícil. Os poucos agentes alistados ou inseridos atrás da Cortina de Ferro tendiam a desaparecer, sem aviso ou explicação. Em uma sociedade que vivia em permanente alerta contra a espionagem, a expectativa de vida de um agente secreto era curta. Quando a rede da KGB se fechava, ela o fazia com uma velocidade brutal. Mas, como oficial ativo da KGB, parecia possível que Gordievsky pudesse saber de alguma ameaça iminente à sua segurança, dando-lhe tempo suficiente para tentar uma fuga de emergência.

Esse era exatamente o tipo de desafio de que Veronica Price gostava, e ela já era uma espécie de especialista na arte da extração. Em meados da década de 1970, havia montado a Operação Invisible, o contrabando de um casal de cientistas tchecoslovacos através da fronteira com a Áustria. Ela também havia ajudado na fuga da Hungria de um oficial do StB, de codinome Disarrange. "Mas os tchecoslovacos e os húngaros não tinham uma KGB", disse ela. "A Rússia era muito, muito mais difícil" e a distância para alcançar a segurança era muito maior. Além de perder o agente, uma fuga fracassada daria aos russos uma grande arma de propaganda.

Uma possibilidade seria pelo mar. Price começou a investigar se, usando documentos falsos, um fugitivo seria capaz de embarcar em um navio mercante em um dos portos russos. Mas as docas e os portos eram tão fortemente vigiados quanto as fronteiras e os aeroportos e produzir falsificações era praticamente impossível, uma vez que documentos russos oficiais incluíam marcas-d'água, como nas cédulas, que não podiam ser replicadas. Uma lancha poderia talvez transportar um espião fugitivo em segurança para a Turquia pelo mar Negro ou para o Irã pelo Cáspio, mas havia uma forte chance de ser interceptada por navios de patrulha soviéticos e afundada. As longas fronteiras terrestres turcas e iranianas com a URSS ficavam a centenas de quilômetros de Moscou e eram fortemente defendidas por guardas, campos minados, cercas elétricas e arame farpado.

A mala diplomática podia ser usada para transportar itens sensíveis através das fronteiras, em especial documentos, mas também drogas, armas e, teoricamente, pessoas. Abrir um pacote marcado como bagagem diplomática era tecnicamente uma violação da Convenção de Viena. Terroristas líbios contrabandeavam armas para a Grã-Bretanha dessa maneira. Os próprios soviéticos haviam tentado expandir a definição de mala diplomática, alegando que um caminhão de 9 toneladas cheio de caixotes destinado à Suíça deveria ficar isento de busca. Os suíços recusaram. Em 1983, um diplomata fugitivo em Londres, cunhado do recém--deposto presidente nigeriano, foi drogado, vendado, colocado em uma caixa de madeira rotulada de "carga extra" endereçada ao Ministério dos Assuntos Internacionais em Lagos. Ele foi descoberto por funcionários da alfândega no aeroporto de Stansted e liberado. Uma mala diplomática com tamanho suficiente para um homem emergindo da embaixada britânica em Moscou não passaria despercebida.

Uma por uma, cada opção foi rejeitada como inviável ou insanamente arriscada.

Mas havia outra tradição da diplomacia internacional que poderia ser manipulada para dar uma vantagem a Gordievsky.

De acordo com uma antiga convenção, carros com placas diplomáticas dirigidos por funcionários da embaixada geralmente não estavam sujeitos a buscas ao cruzar fronteiras – uma extensão da imunidade diplomática, pela qual os diplomatas recebem passagem segura e proteção contra processos sob as leis do país anfitrião. Mas isso era uma convenção, não uma regra legal, e os guardas da fronteira soviética sentiam pouco pudor em inspecionar qualquer carro que despertasse suspeitas. Ainda assim, era uma pequena lacuna na fortificação que protegia a Rússia: um espião escondido dentro de um carro diplomático poderia teoricamente escapar através dessa fenda na Cortina de Ferro.

A fronteira com a Finlândia era a mais próxima no sentido leste-oeste de Moscou, embora ainda ficasse a doze horas de carro da capital. Diplomatas ocidentais visitavam regularmente a Finlândia para descanso e recreação, compras ou tratamento médico. Em geral, viajavam de carro, e os guardas de fronteira russos estavam acostumados a ver veículos diplomáticos passarem pelos postos de controle.

Mas colocar um fugitivo em um carro representava outro enigma. A embaixada britânica, o consulado e todas as casas diplomáticas eram vigiados com segurança por oficiais da KGB em uniformes policiais. Qualquer russo que tentasse entrar era parado, revistado e interrogado atentamente. Além disso, os carros da embaixada britânica eram seguidos por seguranças da KGB aonde quer que fossem e veículos diplomáticos eram atendidos por mecânicos da KGB que, segundo se presume, os equipavam com grampos e dispositivos de rastreamento.

Depois de semanas atacando o problema de todos os ângulos, Veronica Price formulou um plano recheado de condicionais: se Gordievsky pudesse alertar a estação MI6 em Moscou de que ele precisava escapar; se ele pudesse ir sozinho a um ponto de encontro perto da fronteira finlandesa sem ser seguido; se um carro diplomático dirigido por um oficial do MI6 pudesse enganar a vigilância da KGB por tempo suficiente para buscá-lo; se ele pudesse ser escondido em segurança dentro do veículo; e se os guardas de fronteira soviéticos aderissem à convenção diplomática e os deixassem passar sem revistas, então ele poderia escapar para a Finlândia – onde ainda poderia ser preso e enviado de volta para a Rússia pelas autoridades finlandesas.

Era a mais arriscada entre as apostas. Mas a melhor que Veronica Price conseguira propor. O que significava que era a melhor aposta disponível.

O chefe da estação do MI6 em Moscou foi instruído a encontrar um ponto de encontro adequado perto da fronteira finlandesa, onde um fugitivo poderia ser recolhido. Ele dirigiu para a Finlândia a partir de Leningrado, como se em uma viagem de compras, e identificou uma clareira que poderia servir como ponto de coleta a pouco mais de 30 quilômetros da fronteira, perto de uma placa que dizia "KM 836", indicando a distância de Moscou. Postos a cada 16 quilômetros (conhecidos como postos GAI, acrônimo russo de Inspetoria Estatal de Automóveis) vigiavam a movimentação de todo o tráfego, mas especialmente de veículos estrangeiros. A clareira era quase equidistante entre dois deles. Se o carro do MI6 parasse por alguns minutos, assumindo que não estivesse sendo seguido pela KGB, o próximo posto de inspeção provavelmente não iria detectar o atraso. A área era altamente arborizada e havia uma trilha voltada para a direita formando um amplo D, protegida da estrada por uma linha de árvores, antes de se juntar de novo à rodovia. Uma enorme rocha, do tamanho de uma casa londrina, marcava a entrada para a clareira. O oficial do MI6 tirou algumas fotos da janela do carro e seguiu para o sul, em direção a Moscou. Se tivesse sido visto, a KGB certamente teria se perguntado por que um diplomata britânico queria fotografar uma grande rocha no meio do nada.

O plano de Veronica Price exigia um local onde Gordievsky pudesse sinalizar quando quisesse passar uma mensagem ou precisasse fugir.

Muitos dos diplomatas britânicos em Moscou, inclusive os da estação do MI6, composta por dois oficiais e um secretário, ficavam alojados no mesmo complexo na Kutuzovsky Prospekt, conhecida como Kutz, uma ampla avenida a oeste do rio Moscou. Do outro lado da avenida, à sombra de uma torre gótica soviética, o Hotel Ukraine, havia uma padaria, ladeada por um conjunto de painéis exibindo horários de ônibus, apresentações de shows e exemplares do jornal *Pravda*. Em geral, o lugar ficava lotado de pessoas lendo os jornais e a padaria era muito usada pelos estrangeiros de um complexo habitacional bem guardado do outro lado.

O plano previa que às sete e meia da noite das terças-feiras, quando Gordievsky estivesse em Moscou, um membro da estação do MI6 iria "policiar" o local, que era visível de algumas partes do complexo habitacional;

um oficial do MI6 sairia com a desculpa de comprar pão ou ajustaria a hora de saída do trabalho para passar pelo local exatamente naquele momento.

O plano de extração só poderia ser ativado de uma maneira: Gordievsky deveria estar parado na padaria às sete e meia da noite, segurando uma sacola plástica do supermercado Safeway. As sacolas do Safeway traziam um grande S vermelho, um logotipo imediatamente reconhecível que se destacaria no descorado ambiente de Moscou. Gordievsky tinha vivido e trabalhado no Ocidente e não haveria nada particularmente notável sobre ele segurar tal objeto. Sacolas plásticas eram valorizadas, especialmente as estrangeiras. Como um sinal adicional de reconhecimento, Gordievsky deveria usar um boné de couro cinza que havia comprado recentemente e um par de calças cinza. Quando o oficial do MI6 visse Gordievsky esperando na padaria com a imponente bolsa do Safeway, ele ou ela demonstraria reconhecimento do sinal de fuga ao passar por ele carregando um saco verde da Harrods e comendo uma barra de chocolate KitKat ou Mars. A pessoa também estaria usando algo cinza – calças, saia ou cachecol – e faria um breve contato visual, mas sem parar de andar. "O cinza era uma cor discreta e, portanto, útil para evitar o acúmulo de padrões pelos observadores. A desvantagem é que ela era quase invisível na escuridão de um longo inverno de Moscou."

Tendo sido enviado o sinal de fuga, a segunda etapa do plano iria colocar em prática a operação. Três dias depois, na sexta-feira, Gordievsky deveria pegar o trem noturno para Leningrado. Não havia nenhuma sugestão de que Yelena iria também. Ao chegar à segunda maior cidade da Rússia, ele pegaria um táxi para a estação Finlândia, aonde Lenin famosamente chegara para lançar a Revolução em 1917, e então o primeiro trem para Zelenogorsk, na costa do mar Báltico. De lá, tomaria um ônibus em direção à fronteira finlandesa e desceria no ou perto do ponto de encontro, cerca de 24 quilômetros ao sul da cidade fronteiriça de Vyborg. Na clareira, ele deveria se esconder no matagal e esperar.

Enquanto isso, dois oficiais do MI6 dirigindo um carro diplomático teriam saído de Moscou e passado a noite em Leningrado. Os horários precisos seriam ditados, e complicados, pela burocracia soviética: a permissão oficial para viajar tinha que ser obtida dois dias antes da partida e placas especiais precisavam ser anexadas ao carro diplomático. A oficina que realizava essa função só ficava aberta às quartas e sextas-feiras. Se Gordievsky fizesse o sinal na terça-feira, a papelada do carro estaria completa perto de uma hora da tarde de sexta e a equipe do MI6 poderia partir mais tarde naquele dia, de modo a chegar ao local do encontro exatamente às duas e meia da tarde de sábado, uma lacuna de apenas quatro dias. Eles dirigiriam até a clareira, como se tivessem a intenção de fazer um piquenique. Quando fosse seguro, um dos oficiais abriria o capô do carro: esse seria o sinal para Gordievsky emergir do esconderijo. Ele entraria imediatamente no porta-malas, onde seria enrolado em uma manta isotérmica para desviar as câmeras infravermelhas e os detectores de calor que se acreditava terem sido instalados nas fronteiras soviéticas, e receberia uma pílula tranquilizante. Ele seria então conduzido através da fronteira para a Finlândia.

O plano de fuga foi chamado de Operação Pimlico (ver mapa na página 270).

No MI6, como na maioria dos serviços secretos, os codinomes eram, em teoria, alocados de maneira aleatória de uma lista oficialmente aprovada. Eram palavras reais e deliberadamente inofensivas a fim de não dar nenhuma pista de seu significado. Mas os espiões não resistem à tentação de escolher palavras que ressoem ou ofereçam alguma pista sutil, ou menos do que sutil, da realidade. A guardiã dos codinomes do MI6 era uma secretária chamada Ursula (seu nome verdadeiro). "Você ligava para Ursula e pedia que ela lhe dissesse o próximo nome da lista. Se você não gostasse, poderia voltar e tentar fazê-la lhe dar um melhor. Ou podia obter um conjunto inteiro de codinomes para diferentes aspectos do caso e, em seguida, escolher o que você mais gostou." O codinome do MI5 para Stalin, que significa homem de aço, em tempos de guerra era Glyptic, que significa uma imagem esculpida em pedra; o BND alemão deu o codinome de Golfplatz, ou campo de golfe, para a Grã-Bretanha. Os codinomes podiam até ser usados como um insulto velado. Houve alguns resmungos no Century House quando um telegrama da CIA acidentalmente revelou que o codinome americano para o MI6 era Uptight, algo como *nervosinho*.

Pimlico soava essencialmente britânico, pois é o nome de uma região de Londres – e a Grã-Bretanha era onde, se tudo desse certo, Gordievsky acabaria.

No encontro seguinte, Gordievsky ouviu educadamente enquanto Guscott esboçava a Operação Pimlico. Ele estudou as fotografias dos pontos de encontro e participou cuidadosamente dos arranjos para o sinal de fuga na Kutuzovsky Prospekt.

Gordievsky refletiu bastante sobre o plano de fuga de Veronica Price e então declarou que era completamente inviável.

"Era um plano muito interessante e imaginativo de fuga... mas também muito complicado. Havia tantos detalhes, condições irreais para o local de sinalização. Eu não o levei a sério de fato." Ele guardou o plano na memória, mas, por dentro, rezava para que nunca tivesse que se lembrar dele. De volta ao Century House, os céticos disseram que a Pimlico jamais funcionaria. "Eu levei o plano muito a sério", lembrou Price mais tarde. "Muitos outros não o fizeram."

Em junho de 1978, Mikhail Lyubimov chamou Gordievsky ao seu escritório na embaixada soviética em Copenhague e avisou que ele logo voltaria para Moscou. O fim de sua segunda passagem de três anos na Dinamarca não foi nenhuma surpresa, mas levantou uma série de questões sobre seu casamento, sua carreira e sua espionagem.

Yelena, agora plenamente ciente do longo caso extraconjugal do marido com uma secretária, concordou com o divórcio assim que estivessem de volta a Moscou. O trabalho de Leila na Organização Mundial da Saúde também estava terminando e ela retornaria à Rússia em alguns meses. Gordievsky queria se casar de novo o mais rápido possível, mas não alimentava ilusões em relação ao impacto que um divórcio teria em sua carreira. Ele tinha subido muito e rápido dentro da KGB e, aos 40 anos, era considerado para uma grande promoção, como vice-chefe do Terceiro Departamento, responsável pela Escandinávia. Mas tinha feito rivais e inimigos ao longo do caminho, e os mexeriqueiros puritanos no Centro ficariam ansiosos por uma desculpa para mostrar suas garras. "Eles irão atrás de você", avisou Lyubimov, falando por experiência própria. "Não só vão condená-lo pelo divórcio como também vão acusá-lo de ter tido um caso enquanto ocupava um cargo diplomático." O *rezident* enviou um relatório elogiando Gordievsky como um "oficial minucioso, política e moralmente correto, forte em todos os aspectos, um bom linguista e um competente escritor de relatórios". Lyubimov também escreveu uma carta de apresentação ao chefe do departamento descrevendo os problemas conjugais de Gordievsky e pedindo clemência, na esperança de que isso pudesse "suavizar o golpe". Os dois homens sabiam que, devido ao feroz moralismo do Centro, ele provavelmente permaneceria um bom período de castigo.

Com seu iminente retorno a Moscou e um futuro profissional incerto, Gordievsky poderia ter aproveitado aquela oportunidade para terminar sua carreira como espião e passar para a clandestinidade. O MI6 sempre deixara claro que ele poderia se refugiar no Reino Unido a qualquer momento. Ele poderia decidir que, em vez de retornar às privações sombrias e à repressão da vida soviética, agora gostaria de desertar para o Ocidente e, se possível, levar sua amante com ele. Mas essa possibilidade não parecia ter passado por sua cabeça. Ele voltaria para a Rússia, nutriria em segredo sua nova lealdade à Grã-Bretanha, reuniria as informações que pudesse e esperaria a hora certa.

– Quais são suas ambições para o seu tempo em Moscou? – perguntou Guscott.

– Quero descobrir os elementos mais secretos, mais importantes e essenciais da liderança soviética – respondeu Gordievsky. – Quero descobrir como o sistema funciona. Não vou conseguir saber de tudo, pois o Comitê Central guarda segredos até mesmo da KGB. Mas vou descobrir o que puder.

Ali estava a essência da rebelião de Gordievsky: descobrir o máximo que pudesse sobre o sistema que detestava, para melhor destruí-lo.

Como uma corrida de cross country, a espionagem bem-sucedida requer paciência, vigor e tempo. O trabalho de Gordievsky provavelmente seria no Terceiro Departamento, cobrindo a Grã-Bretanha e a Escandinávia. Ele estudaria a KGB de dentro, coletando qualquer informação que pudesse ser útil para a Grã-Bretanha e o Ocidente. Quando baixasse a poeira sobre seu divórcio e o novo casamento, ele provavelmente voltaria a subir na hierarquia da KGB, como acontecera com Lyubimov. Talvez em três anos pudesse conseguir outro posto no exterior. Ele iria controlando a situação até que uma oportunidade surgisse. O que quer que acontecesse em Moscou, continuaria seu trabalho. Pretendia se manter na corrida.

Um espião dentro da KGB era o maior prêmio de qualquer agência de inteligência ocidental. Mas, como observou o chefe da CIA, Richard Helms, infiltrar um agente na KGB era "tão improvável quanto infiltrar espiões em Marte". O Ocidente tinha "pouquíssimos agentes soviéticos dignos do nome dentro da União Soviética", o que significava que "informações confiáveis sobre os planos de longo alcance do inimigo e suas intenções eram algo praticamente inexistente". A inteligência britânica agora tinha uma oportunidade para explorar ao máximo o seu homem dentro da KGB, extraindo todo e qualquer segredo que ele descobrisse.

Só que o MI6 decidiu fazer o oposto.

Em um ato de autodisciplina e autonegação quase único na história da inteligência, os chefes de espionagem de Gordievsky não o encorajaram a manter contato em Moscou ou tentar revelar segredos. Em vez disso, os agentes controladores do Century House optaram por deixar seu espião inativo. Uma vez que estivesse de volta a Moscou, Gordievsky estaria completamente sozinho.

O raciocínio era simples e impecável: na Rússia, seria impossível dar suporte a Gordievsky da mesma forma que na Dinamarca. Não havia esconderijo, nenhum serviço de inteligência local amigável disposto a cuidar de sua segurança, nenhum plano alternativo confiável caso ele fosse descoberto. O nível de vigilância era intenso demais, com todos os diplomatas britânicos – e não apenas oficiais de inteligência suspeitos – sob vigilância permanente. O histórico de tentar controlar agentes na União Soviética provara que o excesso de entusiasmo era quase sempre fatal, como demonstrou a morte sombria de Penkovsky. Mais cedo ou mais tarde (geralmente mais cedo), o espião era descoberto pelo Estado que tudo via, capturado e morto.

Como disse um oficial do MI6: "Oleg era bom demais para arriscar. Tínhamos algo tão precioso que precisávamos ser mais contidos. A tentação de continuar o contato na União Soviética era enorme, mas o Serviço Secreto não tinha confiança de que seríamos capazes de fazer isso de forma suficientemente frequente e segura. Havia uma boa chance de ele se queimar."

Guscott informou Gordievsky de que o MI6 não procuraria se comunicar com ele em Moscou. Não haveria tentativas de marcar reuniões clandestinas nem de obter informações. Entretanto, se Gordievsky precisasse entrar em contato, ele poderia fazê-lo.

Às onze da manhã, no terceiro sábado de cada mês, o MI6 enviaria um oficial para perambular sob o relógio no Mercado Central de Moscou, perto da Sadovoye Koltso, um local movimentado onde um estrangeiro não pareceria fora de lugar. De novo, ele ou ela estaria carregando a bolsa da Harrods e vestindo algumas roupas na cor cinza. "O propósito disso era duplo: se Oleg só queria a garantia de que ainda estávamos cuidando de seus interesses, ele poderia nos ver, mas não se fazer visível. Se quisesse passar uma mensagem física, ele se tornaria visível por meio do boné cinza e da sacola do Safeway."

Se Oleg aparecesse com a sacola e o boné, então o plano de contato de passagem entraria na segunda fase. Três domingos depois, ele deveria ir à Catedral de São Basílio, na Praça Vermelha, e subir a escada em espiral na parte de trás do prédio exatamente às três da tarde. Novamente, para facilitar o reconhecimento, deveria usar seu boné e calças cinza. Um oficial do MI6, provavelmente uma mulher vestindo um item de roupa cinza e segurando algo cinza, cronometraria a própria descida e, no espaço constrito, ao passarem próximos um ao outro, ele poderia lhe entregar uma mensagem escrita.

O contato de passagem só deveria ser iniciado se ele descobrisse uma informação com um impacto direto na segurança nacional britânica: por exemplo, a presença de um espião soviético dentro do governo britânico. O MI6 não tinha como responder a tal mensagem.

Se ele precisasse escapar, poderia ativar o plano de extração ficando parado na padaria na Kutuzovsky Prospekt com sua sacola do Safeway às sete e meia da noite de uma terça-feira. O MI6 monitoraria o local toda semana.

Tendo ensaiado os planos, Guscott lhe entregou um exemplar da edição da Oxford University Press dos sonetos de Shakespeare. Parecia uma lembrança comum que um russo poderia levar para casa do Ocidente. Na realidade, era um engenhoso *aide-mémoire*, um presente de Veronica Price. Sob o papel final que cobria o verso da contracapa havia uma pequena folha de celofane na qual a Operação Pimlico estava descrita em russo: os detalhes dos horários, as roupas de reconhecimento, sinais de fuga, o ponto de encontro após o marco do KM 836 e as distâncias entre os pontos-chave. Gordievsky deveria colocar o livro na estante de seu apartamento em Moscou. Para refrescar sua memória, antes de tentar escapar, ele poderia molhar o livro, descolar o papel da contracapa e extrair a folha de plástico. Como medida de segurança, os nomes dos lugares foram alterados do russo para o francês: Moscou era "Paris"; Leningrado era "Marselha" e assim por diante. Se a KGB encontrasse a "cola" enquanto ele ainda estivesse se dirigindo para a fronteira, isso não necessariamente revelaria a rota precisa de fuga.

Guscott finalmente lhe entregou um número de telefone de Londres. Se e quando Gordievsky se visse fora da União Soviética e sentisse que era seguro fazê-lo, ele deveria ligar para aquele número. Alguém sempre responderia. O russo rabiscou o número em seu caderno de trás para a frente, em meio a uma confusão de anotações.

Alguns meses antes, Gordievsky havia passado a Guscott uma importante informação, que ouvira em meio ao disse me disse escandinavo: a KGB ou a GRU ou talvez ambas haviam recrutado um espião importante na Suécia. Os detalhes eram escassos, mas o infiltrado parecia trabalhar para uma das agências de inteligência suecas, civil ou militar. O MI6 discutiu o aviso com os dinamarqueses e investigações discretas tiveram início. "Não demorou muito para ele ser pego", disse Guscott. "Em pouco tempo já tínhamos o suficiente para identificar o sujeito com certeza quase absoluta."

A Suécia era uma aliada importante e as evidências de que a comunidade de inteligência do país tinha sido penetrada pelos soviéticos era muito importante para não ser compartilhada. Guscott explicou a Gordievsky que aquela informação fora passada para Estocolmo sem revelar sua origem e providências logo seriam tomadas. Ele não fez objeção. "Ele agora confiava em nós para protegê-lo como fonte."

Gordievsky e Guscott apertaram as mãos. Durante vinte meses, sem serem detectados, eles se encontraram pelo menos uma vez por mês, trocando centenas de documentos secretos. "Era uma amizade verdadeira, uma afinidade genuína", revelou Guscott muitos anos depois. Mas era um tipo estranho de amizade, que crescera dentro de limites rígidos. Gordievsky nunca soube o verdadeiro nome de Nick Venables. O espião e seu controlador nunca haviam compartilhado uma refeição em um restaurante. "Eu gostaria de ter saído para correr com ele, mas não podíamos", afirmou Guscott. O relacionamento se dera inteiramente entre as paredes de um esconderijo, sempre com um gravador ligado. Como todas as relações de espionagem, a deles também tinha um comprometimento matizado de logro e manipulação: Gordievsky estava minando um regime político que não aceitava e ganhando a dignidade que desejava; Guscott estava controlando um agente de longo prazo e de profunda penetração na fortaleza do inimigo. Mas também significava mais do que isso para ambos: eles mantinham um vínculo intenso e emocional, forjado em segredos, perigo, lealdade e traição.

Com um dos sonetos de Shakespeare em uma sacola do Safeway, Gordievsky deixou o apartamento secreto pela última vez e adentrou a noite dinamarquesa. Dali em diante, o caso seria administrado a longa distância. Em Moscou, Gordievsky seria capaz de se comunicar com a inteligência britânica se quisesse, mas o MI6 não tinha meios de iniciar contato com ele. Ele poderia tentar escapar se precisasse, mas os britânicos não conseguiriam iniciar o plano de fuga. Estava por conta própria. A inteligência britânica só podia assistir e esperar.

Se Gordievsky estava preparado para se lançar na corrida sem saber quando ela terminaria, então o MI6 também estava.

...

Na sede da Primeira Diretoria-Geral no Centro, em Moscou, Gordievsky apresentou-se ao Terceiro Departamento, explicou que estava se divorciando e que planejava se casar novamente e viu sua carreira murchar diante de seus olhos. O chefe era um ucraniano baixinho e gordo chamado Viktor Grushko, bem-disposto, cáustico e totalmente obediente à cultura moralista da KGB. "Isso muda tudo", declarou Grushko.

O bem-sucedido Gordievsky, que gostava de alçar altos voos, foi trazido de volta para terra com um baque, bem como Lyubimov havia previsto. Em vez de se tornar vice-chefe do departamento, ele foi banido para a seção de pessoal, sofrendo uma forte desaprovação moral. "Você teve um caso enquanto estava em missão", tripudiavam alguns de seus colegas. "*Muito* pouco profissional." Seu trabalho era tão tedioso quanto inútil. Com frequência, ele era relegado a oficial de serviço noturno. Embora ainda fosse um oficial sênior, não tinha "nenhuma função definida". Mais uma vez, sentia-se preso.

O divórcio foi concluído com um despacho frio ao estilo soviético. O juiz se dirigiu a Yelena: "Seu marido está se divorciando de você porque você não quer ter filhos e ele quer. É isso mesmo?" Yelena retrucou: "De jeito nenhum! Ele se apaixonou por uma garota bonita. Só isso."

Naquele momento, Yelena já tinha sido promovida ao posto de capitã. Ela voltou ao seu antigo emprego, escutando as conversas grampeadas das embaixadas estrangeiras. Como era a parte lesada no divórcio, sua carreira na KGB não foi afetada, mas ela nunca perdoou Gordievsky e nunca se casou novamente. Quando as oficiais superiores da KGB se reuniam para tomar chá juntas, Yelena se enfurecia com a deslealdade do ex-marido: "Ele é um mentiroso de merda, um enganador, um duas caras. É capaz de qualquer tipo de traição." Fofocas sobre a infidelidade de Gordievsky rondaram os níveis mais baixos da KGB. A maioria entendia as observações de Yelena como mágoas de uma divorciada. "O que mais se pode esperar de uma esposa abandonada?", comentou um colega do Terceiro Departamento. "Nem eu nem ninguém jamais pensou em relatar o assunto." Mas talvez alguém o tivesse feito.

Um mês após o retorno de Gordievsky, seu pai morreu aos 82 anos. Apenas um punhado de oficiais idosos compareceu à cremação. Em um velório no apartamento da família com mais de trinta parentes, Gordievsky fez um discurso exaltando o trabalho de seu pai para o Partido Comunista e a União Soviética – uma ideologia e um sistema político que ele agora conspirava ativamente para sabotar. Anos mais tarde, Gordievsky refletiu que a morte do pai devia ter sido uma "libertação" para sua mãe. Na verdade, a pessoa secretamente libertada por aquela morte fora o próprio Gordievsky.

Anton Lavrentyevich nunca relatou à família o que tinha feito como membro da polícia secreta durante os períodos de fome e os expurgos da década de 1930. Somente anos após a sua morte Gordievsky descobriu que seu pai já tinha sido casado antes de conhecer Olga e podia ter tido filhos nesse casamento anterior. Oleg, por sua vez, nunca revelou ao pai a natureza de seu trabalho para a KGB, muito menos sua nova lealdade ao Ocidente. O velho stalinista teria ficado horrorizado e aterrorizado. As mentiras que haviam permeado a relação entre pai e filho continuaram até o túmulo. Gordievsky sempre detestara em segredo tudo que seu pai representava, a obediência cega a uma ideologia cruel, a covardia do *Homo sovieticus*. Mas ele também amava o pai e até respeitava sua obstinação, uma característica que compartilhavam. Entre pai e filho, o amor e a dissimulação corriam juntos.

O novo casamento de Gordievsky foi tão rápido e eficiente quanto seu divórcio. Leila retornou a Moscou em janeiro de 1979 e o casamento aconteceu algumas semanas depois, em um cartório de registros, seguido por um jantar em família no apartamento de seus pais. Olga estava feliz em ver o filho tão satisfeito. Ela nunca havia gostado de Yelena, achava que a nora era uma carreirista maliciosa da KGB. O novo casal se estabeleceu em um apartamento na Leninsky Prospekt, número 103, no oitavo andar de um edifício de propriedade de uma cooperativa da KGB. "Nossa relação era afetuosa e próxima", escreveu Gordievsky. "Tudo que eu sempre almejara." A mentira que estava no cerne daquela união era mascarada pelos simples prazeres domésticos de comprar móveis, montar prateleiras de livros e pendurar os quadros trazidos da Dinamarca. Oleg sentia falta da música e das liberdades do Ocidente. Mas Leila retomou o modo de vida soviético sem reclamar ou questionar: "A verdadeira felicidade é ficar na fila a noite inteira e então, no fim de tudo, conseguir o que você quer", afirmou ela. Logo Leila engravidou.

Gordievsky foi designado para escrever a história do Terceiro Departamento, uma função pouco significativa que oferecia uma visão sobre a espionagem soviética do passado, mas nenhuma sobre as operações do presente. Apenas uma vez ele teve o vislumbre de um arquivo que estava sobre a mesa de um colega na seção norueguesa, com um título que terminava com OLT – a primeira metade do nome de Treholt estava encoberta por outro papel. Mais uma indicação de que Arne Treholt era um agente ativo da KGB. Os britânicos ficariam interessados nisso, refletiu, mas não o suficiente para ele correr o risco de tentar informá-los.

Ele não fez nenhuma tentativa de entrar em contato com o MI6. Exilado em seu país, alimentou sua lealdade secreta com um orgulho solitário. Em toda a Rússia, provavelmente só havia um homem que teria compreendido o que Gordievsky estava sentindo.

Kim Philby podia ser velho, solitário e bêbado, mas continuava a ser o sujeito intelectualmente aguçado de sempre. Ninguém entendia melhor, através de uma experiência em primeira mão, a vida dupla do espião, como evitar a detecção, como pegar um infiltrado. Ele era uma figura lendária dentro da KGB. Gordievsky levara um livro dinamarquês sobre o caso Philby e pediu ao inglês que o autografasse. O livro voltou com a dedicatória: "Ao meu bom amigo Oleg – não acredite em nada do que está escrito aqui! Kim Philby." Eles não eram amigos, embora tivessem muito em comum. Por trinta anos Philby servira secretamente à KGB de dentro do MI6. Ele agora vivia em uma confortável semiaposentadoria, mas sua experiência nos labirintos da traição permanecia à disposição dos seus superiores soviéticos.

Logo após o retorno de Gordievsky, Philby recebeu um pedido do Centro para que avaliasse o caso Gunvor Haavik e o que dera errado. Por que a veterana espiã norueguesa fora descoberta? Por semanas Philby debruçou-se sobre os arquivos de Haavik e, em seguida, como tinha feito tantas vezes em sua longa carreira, chegou à conclusão correta: "O vazamento que denunciou a agente só podia ter vindo de dentro da KGB."

Viktor Grushko convocou oficiais superiores ao seu escritório, inclusive Gordievsky. "Há sinais de que alguém de dentro da KGB está vazando informações", declarou Grushko antes de apresentar as conclusões meticulosas de Philby referentes ao caso Haavik. "Isso é particularmente preocupante, pois as evidências sugerem que *o traidor pode estar nesta sala, neste momento*. Ele pode estar sentado aqui entre nós."

Gordievsky sentiu um choque de medo e beliscou a perna com força através do bolso da calça. Haavik estivera com mais de uma dúzia de controladores da KGB durante sua longa carreira. Gordievsky nunca estivera envolvido na administração do caso e não era responsável pela Noruega. No entanto, ele tinha certeza de que sua denúncia para Guscott levara diretamente à prisão de Haavik, e agora, graças a um espião britânico idoso com faro para mentiras, a nuvem de suspeita estava se aproximando perigosamente. Ele sentiu uma náusea lhe subir à garganta. Voltando à sua mesa em um disfarçado estado de choque, ele se perguntou o que mais poderia ter dito ao MI6 que pudesse se voltar contra ele.

...

Stig Bergling certa vez descreveu a vida de um agente secreto como "cinzenta, sombria, branca e opaca pela neblina e a fumaça densa". Sua carreira como policial sueco, oficial de inteligência e infiltrado soviético fora extravagantemente colorida.

Bergling havia trabalhado como policial antes de se matricular na unidade de vigilância do serviço de segurança sueco, conhecido como Säpo, encarregado de monitorar as atividades de supostos agentes soviéticos na Suécia. Em 1971 ele foi nomeado contato da Säpo com o Estado-Maior de Defesa sueco, com acesso a informações altamente confidenciais, que incluíam detalhes de todas as instalações de defesa militar da Suécia. Dois anos mais tarde, enquanto trabalhava como observador da ONU no Líbano, ele fez contato com Aleksander Nikiforov, o adido militar soviético e oficial da GRU em Beirute. Em 30 de novembro de 1973, ele vendeu um primeiro pacote de documentos aos soviéticos por 3.500 dólares.

Bergling espionava por duas razões: dinheiro, do qual gostava muito, e a atitude arrogante de seus oficiais superiores, que ele detestava. Nos quatro anos seguintes ele forneceu aos soviéticos 14.700 documentos, revelando planos de defesa, sistemas de armas, códigos de segurança e operações de contraespionagem da Suécia. Comunicava-se com seus controladores soviéticos usando tinta secreta, microdots e rádio de ondas curtas. Ele até assinou um recibo que dizia: "Dinheiro por informações para o serviço de inteligência russo", o que significava, é claro, que estava vulnerável a chantagem pela KGB. Bergling foi muito idiota.

Então veio a dica de Gordievsky apontando para um agente soviético na inteligência sueca. O diretor de contrainteligência do MI6 voou para Estocolmo e informou ao serviço de segurança que havia um espião em seu meio.

A essa altura, Bergling havia se tornado chefe do escritório de investigação da Säpo, oficial da reserva do Exército sueco e, secretamente, coronel da inteligência militar soviética.

Os investigadores suecos fecharam o cerco. Em 12 de março de 1979, a mando da Suécia, ele foi preso no aeroporto de Tel Aviv pelo Shin Bet, o serviço de segurança israelense, e entregue a seus ex-colegas da Säpo. Nove meses depois, condenado por espionagem, recebeu uma pena de prisão perpétua. Bergling juntara uma pequena fortuna servindo aos seus chefes espiões soviéticos. O dano que ele infligiu à defesa nacional da Suécia custou cerca de 29 milhões de libras para ser reparado.

Um por um, os espiões soviéticos delatados por Gordievsky estavam sendo pegos. Como resultado, o Ocidente provavelmente estava mais seguro. Gordievsky não. Sob suspeitas internas dentro do Terceiro Departamento, com sua carreira em um marasmo, porém agora feliz, casado e esperando o primeiro filho, Gordievsky poderia, mais uma vez, ter escolhido fazer uma ruptura com o passado, cortar todo o contato com o MI6, esperar que a KGB nunca descobrisse a verdade e ficar quieto pelo resto da vida. Em vez disso, ele pisou no acelerador. Sua carreira precisava de um impulso. Ele precisava conseguir um posto no Ocidente, talvez até na própria Grã-Bretanha.

Resolveu então aprender inglês.

A KGB oferecia um aumento salarial de dez por cento para funcionários que fossem aprovados em um curso oficial de língua estrangeira, com um máximo de duas línguas. Gordievsky já falava alemão, dinamarquês e sueco. Ele se matriculou assim mesmo. Aos 41 anos, era o aluno mais velho do curso de inglês, que havia sido projetado para levar quatro anos; ele o completou em dois.

Se seus colegas da KGB estivessem prestando mais atenção, poderiam ter se perguntado por que Gordievsky estava com tanta pressa para aprender um novo idioma sem qualquer incentivo financeiro e por que ele estava tão interessado no Reino Unido.

Gordievsky comprou um dicionário russo-inglês de dois volumes e mergulhou na cultura britânica – ou no máximo dela com o qual os cidadãos soviéticos eram autorizados a ter contato. Leu *A Segunda Guerra Mundial*, de Churchill, *O Dia do Chacal*, de Frederick Forsyth, e *Tom Jones*, de Fielding. Mikhail Lyubimov, que havia retornado de Copenhague para assumir uma posição de prestígio como chefe da usina de ideias da Primeira Diretoria-Geral, lembrou-se de como seu amigo "frequentemente chegava para um bate-papo e pedia conselhos sábios sobre a Inglaterra". Lyubimov ficara encantado em ajudar, discorrendo alegremente sobre as alegrias das boates de Londres e do uísque escocês. "Que ironia!", escreveu Lyubimov mais tarde. "Lá estava eu dando conselhos sobre a Inglaterra a um espião para os ingleses." Leila também o ajudou com seus estudos, testando à noite seu vocabulário de inglês e aprendendo um pouco do idioma ela mesma. "Eu tinha tanta inveja de sua habilidade. Ele conseguia aprender trinta palavras em um só dia. Era brilhante."

Por sugestão de Lyubimov, Gordievsky começou a ler os romances de Somerset Maugham. Tendo servido como oficial de inteligência britânico durante a Primeira Guerra Mundial, Maugham capturou brilhantemente a nebulosidade moral da espionagem em sua ficção. Gordievsky ficou particularmente interessado no personagem Ashenden, um agente britânico enviado à Rússia durante a Revolução Bolchevique. "Ashenden admirava a bondade, mas não se indignava diante da maldade", escreveu Maugham. "As pessoas às vezes o achavam insensível porque ele era mais interessado nas pessoas do que apegado a elas."

Para melhorar seu inglês, Gordievsky ajudou a traduzir os relatórios de Kim Philby. Como outros funcionários de sua geração em Whitehall – o centro administrativo do governo britânico –, Philby escrevia e falava um inglês burocrático conhecido como "Whitehall Mandarin", que apresenta uma pronúncia lenta e vogais estendidas, sendo excepcionalmente difícil de ser reproduzido em russo, mas a oportunidade ofereceu um mergulho útil na enigmática língua inglesa da burocracia britânica.

As seções britânica e escandinava operavam lado a lado dentro do Terceiro Departamento. Gordievsky começou a se aproximar de qualquer um que pudesse ajudá-lo a ser transferido para o lado britânico. Em abril de 1980, Leila deu à luz uma menina, Maria, e o orgulhoso pai convidou Viktor Grushko, seu chefe, e Lyubimov para comemorar com ele. "Grushko e eu fomos convidados para um jantar de iguarias do Azerbaijão, preparadas pela sogra de Oleg", lembrou Lyubimov. "Ela nos contou sobre os méritos de seu marido, que havia trabalhado na Cheka, a polícia secreta bolchevique. Gordievsky exibiu os quadros que trouxera da Dinamarca."

O problema em lamber as botas do chefe é que os chefes tendem a seguir em frente, o que pode significar muita saliva desperdiçada.

Mikhail Lyubimov foi súbita e ignominiosamente demitido da KGB. Da mesma forma que Gordievsky, ele caiu em desgraça com os moralistas do Centro, mas seu pecado era pior: com o fracasso de seu segundo casamento, ele havia se apaixonado pela esposa de outro oficial, sem dizer nada à KGB antes de sua próxima nomeação. Ele foi dispensado sem direito a apelação. Lyubimov tinha sido uma fonte útil de segredos, mas também protetor, conselheiro, aliado e amigo próximo. O irreprimível Lyubimov declarou sua intenção de se tornar um romancista, uma espécie de Somerset Maugham russo.

Viktor Grushko foi promovido a vice-chefe da Primeira Diretoria-Geral, sendo sucedido como chefe do Terceiro Departamento por Gennadi Titov, o Crocodilo, o antigo *rezident* de Oslo, oficial do caso de Arne Treholt. O novo responsável pelo Departamento Britânico-Escandinavo era Nikolai Gribin, uma figura encantadora que fora subordinado a Gordievsky em Copenhague, em 1976, mas desde então saltara à sua frente na hierarquia da KGB. Gribin era magro, elegante e bonito. Nas festas, gostava de pegar seu violão e dedilhar baladas russas tristes até todos na sala começarem a chorar. Era excepcionalmente ambicioso e fez da técnica de cativar oficiais superiores uma verdadeira arte. "Os chefes achavam que ele era um camarada esplêndido." Gordievsky, por outro lado, considerava Gribin um verme, "um típico puxa-saco carreirista". Mas precisava do apoio dele. Gordievsky respirou fundo e investiu na bajulação.

No verão de 1981, Gordievsky passou no exame final. Seu inglês estava longe de ser fluente, mas ele agora era pelo menos teoricamente qualificado para uma posição na Grã-Bretanha. Em setembro, sua segunda filha, Anna, nasceu. Leila tinha se provado uma "mãe de primeira classe" e uma esposa atenciosa e diligente. "Ela era maravilhosa em casa", refletiu Oleg. Gordievsky não era mais uma figura de escândalo. Um sinal inicial de sua reabilitação veio quando ele foi convidado a escrever o relatório anual do departamento. Ele começou a participar de reuniões mais importantes. Mesmo assim, perguntava-se se algum dia voltaria a ter acesso a segredos obscuros o suficiente para justificar a retomada do contato com o MI6.

Enquanto isso, no Century House, a equipe Sunbeam estava ponderando exatamente a mesma questão. Três anos haviam se passado sem um único sussurro de Gordievsky. O local de sinalização na Kutuzovsky Prospekt era monitorado com cuidado, e a Operação Pimlico, o plano de fuga, era mantida em permanente prontidão. Um ensaio completo havia sido encenado: o chefe da estação e sua esposa dirigiram até Helsinque ao longo da rota de extração; Guscott e Price os encontraram do outro lado da fronteira finlandesa e depois dirigiram para o norte, até a fronteira com a Noruega. Em Moscou, todas as terças, às sete e meia da noite, qualquer que fosse a temperatura, um membro da estação do MI6 ou uma de suas esposas monitorava a calçada em frente à padaria com uma barra de chocolate Mars ou KitKat na mão e observava se havia um homem de boné cinza segurando um saco do Safeway. Durante três sábados de cada mês, um oficial do MI6, com uma sacola da Harrods, ficava perto do relógio no Mercado Central, fingindo fazer compras, alerta para o contato de passagem. "O governo de Sua Majestade ainda me deve 10 libras por um tomate invernal, provavelmente o único em Moscou", lembrou um oficial.

Gordievsky nunca apareceu.

Naquele ano, Geoffrey Guscott foi nomeado chefe da estação do MI6 na Suécia – em parte porque se Gordievsky, que falava sueco, fosse enviado para o exterior novamente, haveria uma chance de ele aparecer em Estocolmo. Isso nunca aconteceu. O caso tinha ido para uma profunda hibernação, a partir da qual não mostrou sinais de despertar.

Então veio uma pulsação, um claro sinal de vida, cortesia do sempre confiável serviço de inteligência dinamarquês. O PET também estava curioso para saber o que havia acontecido com o espião russo. Pediram a um diplomata dinamarquês que visitava Moscou com regularidade que perguntasse casualmente, durante sua próxima viagem, sobre o camarada Gordievsky, o charmoso oficial russo consular que falava tão bem o idioma. Sem dúvida, na recepção seguinte, que contou com a presença do visitante, lá estava Gordievsky, parecendo confiante e saudável. O diplomata dinamarquês relatou ao PET que Gordievsky havia se casado novamente e era pai de duas meninas. A notícia confirmada foi logo retransmitida ao MI6.

O elemento mais significativo no relatório do PET, no entanto, e o que enviou uma onda de excitação para toda a equipe do caso Sunbeam, estava contido em uma única observação lançada por Gordievsky em meio a coquetéis e canapés.

Com uma indiferença estudada, Gordievsky virou-se para o diplomata e observou: "Estou aprendendo a falar inglês."

6
O AGENTE BOOT

Gennadi Titov tinha um problema. O chefe do Terceiro Departamento da Primeira Diretoria-Geral tinha uma vaga para um oficial da KGB na embaixada soviética em Londres, mas ninguém para preenchê-la, pelo menos ninguém que se dispusesse a se prostrar diante de Gennadi Titov – uma qualificação primordial para o trabalho.

O Crocodilo era uma dessas pessoas presentes em todas as grandes burocracias, que oferecem proteção já com a intenção de transformar o destinatário em um escravo. Titov era grosseiro, conspirador, adulador de seus superiores e desdenhoso de seus subordinados. "Um dos oficiais mais desagradáveis e impopulares de toda a KGB", na avaliação de Gordievsky, ele também era um dos mais poderosos. Expulso da Noruega após a prisão de Gunvor Haavik, ele tinha reputação como um talentoso chefe de espiões e continuou a controlar Arne Treholt a distância, encontrando-o regularmente para fartos almoços em Viena, Helsinque e outros lugares. Em seu retorno a Moscou, em 1979, Titov ganhou uma rápida promoção através de uma brutal política de escritório, bajulando seus chefes e nomeando seus comparsas para posições-chave. Gordievsky o odiava.

O Centro vinha lutando para reconstruir sua estação de Londres desde 1971, quando mais de cem oficiais da KGB foram expulsos na Operação Foot. Não havia oficiais capazes, fluentes em inglês, para compensar a escassez. A KGB havia penetrado de forma abrangente no sistema britânico durante a década de 1930, infligindo enormes danos através de Philby e da rede de espionagem de Cambridge, mas sua incapacidade de repetir tal feito era fonte de profunda frustração. Vários ilegais haviam se infiltrado no país e vários oficiais da KGB estavam trabalhando como jornalistas ou representantes comerciais, mas havia uma escassez de espiões capazes de operar efetivamente sob cobertura diplomática formal.

No outono de 1981, o vice-chefe da Linha PR no Reino Unido, oficialmente um conselheiro da embaixada soviética em Londres, retornou a Moscou. O primeiro candidato a substituí-lo foi rejeitado pelo Ministério das Relações Exteriores porque o MI5 suspeitava que ele estivesse metido com atividades clandestinas. Para preencher essa invejável posição, a KGB precisava de alguém com experiência no exterior, que falasse inglês, que tivesse um registro como diplomata legítimo e que não seria vetado de imediato pelos britânicos.

Gordievsky começou a dar dicas de que ele, e só ele, preenchia todos os requisitos. Nikolai Gribin, o novo chefe do Departamento Britânico-Escandinavo, foi encorajador, mas Titov queria alguém dele em Londres e até então Gordievsky não havia demonstrado o grau necessário de subserviência. Um período de intensa disputa se seguiu, com Titov tentando manobrar seus candidatos para o posto, enquanto Gordievsky exibia o que ele esperava ser a combinação certa de entusiasmo, obsequiosidade e humildade falsos; ele pressionou sem ser óbvio, depreciando de maneira indireta qualquer rival e agradando ao Crocodilo até derrubar as barreiras. Finalmente Titov cedeu, embora duvidasse que os britânicos lhe concedessem um visto. "Gordievsky é bem conhecido no Ocidente", comentou. "É provável que seja rejeitado. Mas vamos tentar, de qualquer maneira."

Gordievsky foi extravagante em sua gratidão. Interiormente, estava satisfeito com a vingança que em breve poderia infligir ao Crocodilo. Como esposa de um oficial da KGB no caminho para o sucesso, Leila também ficou muito feliz com a perspectiva de se mudar para a Grã-Bretanha, que, em sua mente, era lugar de uma fascinação quase mítica. As duas meninas estavam crescendo depressa: Maria era uma criança robusta, cheia de energia e independente; Anna estava começando a falar suas primeiras palavras em russo. Leila se imaginou levando suas filhas bem-vestidas, fluentes em inglês, para a escola em Londres, comprando comida em supermercados amplos e cheios de produtos e explorando aquela antiga cidade. A propaganda soviética retratava a Grã-Bretanha como um lugar de trabalhadores oprimidos e capitalistas gananciosos, mas o tempo que passara na Dinamarca já havia apresentado Leila às realidades da vida no Ocidente. E ela havia visitado Londres brevemente em 1978, como parte da delegação russa que participou de uma conferência da Organização Mundial da

Saúde. Como muitos casais embarcando em uma aventura compartilhada, a perspectiva de construir uma nova vida familiar em um país estrangeiro os aproximou: juntos, eles imaginavam animadamente um lugar de ruas largas, intermináveis concertos de música clássica, restaurantes deliciosos e parques elegantes. Poderiam vagar pela cidade, ler o que quisessem e fazer novos amigos britânicos. Gordievsky descreveu para Leila os ingleses que havia conhecido em Copenhague: pessoas espirituosas, sofisticadas, cheias de risos e generosidade. A Dinamarca tinha sido emocionante, mas eles seriam ainda mais felizes em Londres, ele garantiu. Quando se conheceram, quatro anos antes, Gordievsky tinha criado um cenário de como eles viajariam pelo mundo, um oficial bem-sucedido da KGB com sua linda e jovem esposa e sua família; agora ele estava cumprindo a promessa, e ela o amava ainda mais. Mas Gordievsky também imaginou cenas que não compartilhara com Leila. A *rezidentura* da KGB em Londres era uma das mais ativas do mundo e ele estaria lidando com segredos de primeira importância. Ele restabeleceria contato com o MI6 assim que fosse seguro. Espionaria para a Grã-Bretanha na própria Grã-Bretanha e, um dia, talvez em breve, talvez anos mais tarde, diria ao MI6 que seu trabalho tinha terminado. Então poderia desertar, finalmente revelar sua vida dupla para a esposa, e eles permaneceriam na Grã-Bretanha para sempre. Essa parte ele não contou a Leila.

Para marido e mulher, a posição em Londres era a realização de um sonho, mas eram sonhos diferentes.

Gordievsky recebeu um novo passaporte diplomático. O formulário de solicitação de visto foi preenchido e enviado para a embaixada britânica em Moscou. De lá, foi enviado para Londres.

Dois dias depois, James Spooner, o chefe da seção soviética do MI6, estava sentado à sua mesa no Century House quando uma funcionária entrou e, ofegante, declarou: "Tenho grandes notícias." Ela lhe entregou uma folha de papel. "Veja só esse pedido de visto que acabou de chegar de Moscou." A carta que acompanhava o pedido afirmava que o camarada Oleg Antonyevich Gordievsky havia sido nomeado conselheiro na embaixada soviética e solicitava ao governo britânico que emitisse um visto diplomático imediatamente.

Spooner ficou em êxtase. Mas ninguém teria percebido.

Filho de um médico e de uma assistente social escocesa, ainda na escola Spooner pertencia a um clube para "meninos particularmente talentosos". Ele saiu da Universidade de Oxford com uma licenciatura em história e uma paixão pela arquitetura medieval. "Ele era excepcionalmente inteligente e preciso em seus julgamentos, mas era difícil dizer o que estava de fato pensando", disse um contemporâneo. Spooner juntou-se em 1971 ao MI6, outro clube para pessoas talentosas. Alguns previram que ele tinha as características de um futuro chefe do Serviço Secreto. O MI6 tem a reputação de ser aventureiro, ousado e intuitivo; Spooner era o oposto. Ele abordava as complexidades do trabalho de inteligência como um historiador acadêmico (mais tarde ele encomendaria a primeira história autorizada do MI6), reunindo as evidências, peneirando os fatos, chegando a uma conclusão somente após considerações e reconsiderações. Spooner não era um homem que fazia julgamentos apressados; em vez disso, ele os abordava de maneira lenta, gradual e meticulosa. Em 1981, com apenas 32 anos, já havia servido como oficial do MI6, operando sob cobertura diplomática, em Nairóbi e Moscou. Falava bem o russo e era fascinado pela cultura russa. Durante seu tempo em Moscou, a KGB tentou atraí-lo de forma bem clássica, uma abordagem de um oficial naval soviético oferecendo-se para espionar para a Grã-Bretanha. Como resultado, o serviço de Spooner no posto foi interrompido. No início dos anos 1980 ele assumiu a P5, a equipe operacional que incluía Veronica Price, comandando agentes soviéticos dentro e fora do bloco. Em muitos aspectos, ele era o oposto polar de Gennadi Titov, seu equivalente na KGB: alérgico à política de escritório, imune à lisonja e rigorosamente profissional.

O arquivo SUNBEAM foi um dos primeiros a pousar em sua mesa.

Com Gordievsky em Moscou, incomunicável e inativo, o caso jazia no limbo. "Ele estava certo em não fazer contato", disse Spooner. "Sua decisão estratégica foi muito boa. Estávamos investindo no longo prazo. Claro que não sabíamos o que ia acontecer. Não tínhamos nenhuma razão para pensar que ele chegaria a Londres."

Mas agora o espião estava vindo do frio e, depois de três anos de inatividade e suspense, James Spooner, Geoffrey Guscott, Veronica Price e a equipe do caso Sunbeam entraram em ação. Spooner chamou Price e mostrou-lhe o pedido de visto. "Eu fiquei muito satisfeita", afirmou Price, que na verdade estava imensamente animada. "Era fantástico. Exatamente o que nós queríamos."

– Preciso sair e pensar – disse ela ao chefe.

– Não pense por muito tempo – respondeu Spooner. – Isso precisa chegar a "C".

Emitir um visto para Gordievsky não era uma tarefa simples. Em princípio, qualquer oficial suspeito da KGB era automaticamente impedido de entrar na Grã-Bretanha. Em circunstâncias normais, o Ministério das Relações Exteriores faria um inquérito preliminar e descobriria que Oleg tinha trabalhado duas vezes em Copenhague. Um pedido de informação de rotina aos dinamarqueses revelaria que ele estava listado em seus arquivos como um suposto oficial de inteligência e seu visto seria sumariamente rejeitado. Mas aquelas circunstâncias não eram normais. O MI6 precisava que Gordievsky fosse admitido na Grã-Bretanha sem demora e sem perguntas. As autoridades de imigração poderiam ser instruídas a emitir o visto, mas isso levantaria suspeitas, pois pareceria que havia algo diferente em relação a Gordievsky. O segredo não podia sair dos limites do MI6. Uma vez alertado, o PET ficou feliz em ajudar. Informados pelo MI6 de que o Ministério das Relações Exteriores logo iria fazer perguntas, os dinamarqueses "deram uma mexida nos registros" e responderam que, embora houvesse suspeitas, não havia provas de que Gordievsky era da KGB. "Conseguimos deixar dúvidas suficientes, de modo que o visto passou. Nós dissemos: 'Sim, ele foi assinalado pelos dinamarqueses, mas não temos certeza absoluta.'" Até onde o Ministério das Relações Exteriores e as autoridades de imigração sabiam, Gordievsky era apenas mais um diplomata soviético, possivelmente nefasto, mas talvez não, e com certeza não valia a pena fazer alarde. O escritório de passaportes britânico geralmente levava pelo menos um mês para emitir vistos diplomáticos; a permissão para Gordievsky entrar na Grã-Bretanha como diplomata credenciado chegou em apenas 22 dias.

Em Moscou, essa rapidez pareceu suspeita. "É muito estranho que tenham lhe concedido o visto tão rápido", observou um funcionário do Ministério das Relações Exteriores russo quando Gordievsky foi buscar seu passaporte. "Eles devem saber quem você é, você trabalhou muito tempo no exterior. Quando a sua inscrição entrou, eu tinha certeza de que eles iriam recusar. Eles rejeitaram tantos pedidos ultimamente. Você pode se considerar *muito* sortudo." O arguto oficial guardou suas suspeitas para si mesmo.

A burocracia da KGB era muito mais lenta. Três meses depois, Gordievsky ainda aguardava uma permissão formal para deixar a URSS. O Quinto Departamento da Diretoria K, a ala de investigação interna da KGB, estava investigando o passado de Gordievsky sem a mínima pressa. Ele começou a se perguntar se havia algum problema. No Century House, os níveis de ansiedade também subiam. Geoffrey Guscott, na Suécia, foi orientado a voar para Londres a qualquer momento, para receber Gordievsky na chegada. Mas ele não chegou. O que teria dado errado?

À medida que as semanas de espera se estendiam, Gordievsky passava seu tempo lendo proficuamente os arquivos na sede da KGB – um dos lugares mais secretos e impenetráveis do mundo, a menos que você estivesse lá dentro. O sistema de segurança interna no Centro, em Moscou, era complexo e rudimentar. Os arquivos operacionais mais secretos eram mantidos em um armário trancado no escritório do chefe do departamento. Mas a outra papelada era mantida nos vários escritórios do setor, em cofres individuais abertos pelos oficiais que supervisionavam diferentes aspectos do trabalho do departamento. Todas as noites, cada oficial trancava seu cofre e seus armários de arquivo, guardava as chaves em uma pequena caixa de madeira e a selava com um pedaço de plasticina no qual pressionava seu carimbo individual – como os selos de cera usados em documentos antigos. O oficial de serviço então recolhia as caixas e as colocava em outro cofre, no escritório de Gennadi Titov. Essa chave era novamente colocada em uma pequena caixa e selada da mesma forma com o carimbo do oficial de serviço antes de ser depositada no escritório do secretariado da Primeira Diretoria-Geral, que era vigiado 24 horas por dia. O sistema demandava muito tempo e um bocado de plasticina.

Gordievsky ocupava uma mesa na sala 635, a seção política do departamento britânico. Em três grandes armários de metal havia arquivos sobre indivíduos no Reino Unido que eram considerados pela KGB agentes, agentes potenciais ou contatos confidenciais. A sala 635 abrigava apenas casos ativos. O material redundante fora movido para o arquivo principal. Os arquivos estavam armazenados em caixas de papelão, três em cada prateleira, cada caixa contendo dois arquivos, lacrados com barbante e plasticina. Para abrir o selo de um arquivo, era necessário obter uma assinatura do chefe do departamento. No armário britânico havia seis arquivos sobre indivíduos classificados como "agentes" e outra dúzia de listados como "contatos confidenciais".

Gordievsky começou a explorar, construindo uma imagem das atuais operações políticas da KGB na Grã-Bretanha. O vice-chefe do departamento, Dmitri Svetanko, brincou com ele por estar fazendo seu "dever de casa". "Não perca muito tempo lendo. Quando você chegar à Grã-Bretanha, vai perceber como é." Gordievsky continuou sua pesquisa, esperando que sua reputação de funcionário esforçado fosse suficiente para compensar qualquer suspeita. Todos os dias ele assinava um arquivo, quebrava o selo e descobria outro britânico que a KGB estava pescando ou que já havia mordido a isca.

Esses indivíduos não eram propriamente espiões. A Linha PR buscava influência política e informações secretas; seus alvos eram formadores de opinião, políticos, jornalistas e outros em posições de poder. Alguns deles eram considerados "agentes" conscientes, que forneciam informações, secretas ou não, de forma clandestina; outros eram classificados como "contatos confidenciais", informantes úteis com diferentes graus de cumplicidade consciente. Alguns aceitavam hospitalidade, férias ou dinheiro. Outros, meramente simpatizantes da causa soviética, nem sabiam que a KGB os estava aliciando. A maioria deles ficaria surpresa ao saber que merecia um codinome e um arquivo em um armário de aço trancado dentro do quartel-general. No entanto, essas eram pessoas de um calibre diferente dos zés-ninguém que a estação da KGB tentava corromper na Dinamarca. A Grã-Bretanha era um alvo de grande importância. Alguns casos se estenderam por décadas. E alguns dos nomes eram surpreendentes.

Jack Jones era uma das figuras mais respeitadas do movimento sindical, um socialista vigoroso, uma vez descrito pelo primeiro-ministro britânico Gordon Brown como o "maior líder sindical do mundo". Era também um agente da KGB.

Ex-trabalhador das docas de Liverpool, Jones havia lutado ao lado dos republicanos nas Brigadas Internacionais durante a Guerra Civil Espanhola e, em 1969, tornou-se secretário-geral do Transport and General Workers Union (TGWU) – que já foi o maior sindicato do mundo ocidental, com mais de dois milhões de membros –, um posto que ele ocupou por quase uma década. Uma pesquisa de opinião em 1977 descobriu que 54% dos eleitores consideravam Jones a pessoa mais poderosa da Grã-Bretanha, com influência maior do que a do primeiro-ministro. Cordial, franco e intransigente, Jack Jones era a face pública dos sindicatos. Seu mundo privado, entretanto, era mais questionável.

Jones havia se juntado ao Partido Comunista em 1932 e permaneceu membro até pelo menos 1949. Ele foi abordado pela inteligência soviética pela primeira vez enquanto se recuperava dos ferimentos sofridos durante a Guerra Civil Espanhola. Uma operação de escuta na sede do Partido

Comunista em Londres revelou que Jones, de acordo com um relatório do MI5, estava "pronto para revelar ao Partido informações governamentais e outras que fossem transmitidas a ele confidencialmente devido à sua posição como líder sindical". A KGB formalmente o listou como um agente, cujo codinome era Drim (a transliteração russa de "Dream", ou seja, sonho), entre 1964 e 1968, quando ele entregou "documentos confidenciais do Partido Trabalhista, que obteve como membro do NEC (National Executive Committee, ou Comitê Executivo Nacional) e do Comitê Internacional do partido, assim como informações sobre seus colegas e contatos". Ele aceitou contribuições para suas "despesas de férias" e era "considerado pela KGB um 'agente muito disciplinado e útil'", passando "informações sobre o que estava acontecendo em Downing Street, a liderança do Partido Trabalhista e o movimento sindical". A Primavera de Praga, em 1968, levou Jones a romper seu relacionamento com a KGB, mas os arquivos indicavam que houve contatos esporádicos nos anos seguintes. Ele havia se aposentado do TGWU em 1978, recusara incisivamente um título de nobreza, mas permanecera uma figura forte à esquerda. Gordievsky observou "claras indicações no arquivo de que a KGB queria reviver sua associação com ele".

Um segundo dossiê fora dedicado a Bob Edwards, deputado trabalhista de esquerda, outro ex-trabalhador das docas, veterano da Guerra Civil Espanhola, líder sindical e agente de longa data da KGB. Em 1926, Edwards liderou uma delegação juvenil para a União Soviética e conheceu Stalin e Trotsky. Ao longo de uma duradoura carreira política, Edwards provou ser um informante determinado, com acesso a segredos de alto nível. "Não há dúvida", concluiu mais tarde o MI5, de que o deputado "repassou tudo que lhe caiu nas mãos" para a KGB. Ele foi secretamente premiado com a Ordem da Amizade dos Povos, a terceira maior condecoração soviética, em reconhecimento por seu trabalho secreto. Seu controlador na época, Leonid Zaitsev (antigo chefe de Gordievsky em Copenhague), encontrou Edwards em Bruxelas para mostrar-lhe a medalha pessoalmente antes de levá-la de volta a Moscou por precaução.

Além dos peixes grandes, os arquivos continham uma série de peixes menores, como lorde Fenner Brockway, veterano ativista da paz, ex-deputado e secretário-geral do Partido Trabalhista. Ao longo de muitos anos de negociações com a KGB, esse "contato confidencial" aceitou inúmeras vezes a hospitalidade da inteligência soviética sem nunca, ao que parece, produzir qualquer coisa de muito valor em troca. Em 1982, ele tinha 94 anos.

Outro arquivo estava relacionado a um jornalista do *The Guardian*, Richard Gott. Em 1964, enquanto trabalhava para o Instituto Real de Relações Internacionais, Gott foi abordado por um funcionário da embaixada soviética em Londres, o primeiro de vários contatos com a KGB. Ele gostou daquele contato com o mundo da espionagem. "Eu adorava a adrenalina que é familiar a qualquer um que tenha lido as histórias de espionagem da Guerra Fria", disse ele mais tarde. Os contatos foram retomados na década de 1970. A KGB lhe deu o codinome Ron. Ele aceitou viagens pagas pelos soviéticos para Viena, Nicósia e Atenas. Gott depois escreveu: "Como muitos outros jornalistas, diplomatas e políticos, eu almocei com os russos durante a Guerra Fria... recebi ouro vermelho, embora apenas sob a forma de pagamento de despesas para mim e minha companheira. Nas circunstâncias, foi uma atitude estúpida, mas na época mais pareceu uma brincadeira divertida."

Como todas as agências de espionagem, a KGB era propensa a ilusões e invenções, mas a realidade se meteu no caminho. Vários dos identificados nos arquivos eram apenas de esquerda, vistos como potenciais pró-soviéticos. A Campanha para o Desarmamento Nuclear foi considerada um local de recrutamento particularmente fértil. "Muitos eram idealistas", observou Gordievsky, "e a maioria 'ajudou' sem saber." Todos os alvos recebiam um codinome. Mas isso não fazia deles espiões. Como é frequente no caso do trabalho de inteligência, os arquivos políticos continham uma grande quantidade de material que fora selecionado de jornais e revistas e depois enfeitado pela KGB em Londres para parecer secreto e, portanto, importante.

Mas havia um dossiê que se destacava de todos os outros. A caixa de papelão continha duas pastas, uma de trezentas páginas de espessura, a outra com mais ou menos a metade desse tamanho, amarradas com barbante velho e seladas com plasticina. O arquivo estava rotulado como BOOT. Na capa, a palavra "agente" estava riscada e a expressão "contato confidencial" fora inserida. Em dezembro de 1981, Gordievsky quebrou o selo e abriu o arquivo pela primeira vez. Na primeira página havia uma nota formal introdutória: "Eu, oficial operacional superior major Petrov, Ivan Alexeyevich, abro aqui um arquivo sobre o agente Michael Foot, cidadão do Reino Unido, dando-lhe o codinome Boot."

O agente Boot era o honorável Michael Foot, famoso escritor e orador, veterano deputado de esquerda, líder do Partido Trabalhista e o político que, se os trabalhistas vencessem a eleição, se tornaria primeiro-ministro da Grã-Bretanha. O líder da Lealíssima Oposição de Sua Majestade tinha sido um agente remunerado da KGB.

Gordievsky lembrou como, na Dinamarca, Mikhail Lyubimov descrevera seus esforços para aliciar um deputado trabalhista em ascensão na década de 1960. Em suas memórias, com um sinal bem claro para qualquer um que conhecesse a história, Lyubimov se referiu ao pub de Londres onde fez seu recrutamento como "O Lyubimov e Boot". Gordievsky sabia que Michael Foot havia se tornado um dos políticos mais proeminentes da Grã-Bretanha. Durante os quinze minutos seguintes, ele folheou o arquivo, sua pulsação acelerando.

Michael Foot ocupa uma posição peculiar na história política. Muitos anos depois, ele se tornou uma figura ridicularizada, chamado de "Worzel Gummidge" – o espantalho da literatura infantil britânica – por causa de sua aparência desgrenhada, roupas descuidadas, óculos de lentes grossas e bengala. Entretanto, por duas décadas ele foi uma figura de destaque da esquerda do Partido Trabalhista, um escritor altamente culto, um eloquente orador e um político de fortes convicções. Ele se tornou o mais peculiar dos espécimes britânicos, um Tesouro Nacional. Nascido em 1913, começou sua carreira como jornalista, editou o jornal socialista *Tribune* e foi eleito para o Parlamento em 1945. Sua primeira nomeação para o Gabinete veio em 1974, como secretário de Estado do Trabalho sob o comando de Harold Wilson. O líder trabalhista James Callaghan foi derrotado por Margaret Thatcher em 1979 e renunciou dezoito meses depois. Foot foi eleito líder do Partido Trabalhista em 10 de novembro de 1980. "Continuo tão forte em minhas convicções socialistas como sempre fui", disse ele. A Grã-Bretanha encontrava-se em recessão. Thatcher era impopular. As pesquisas de opinião colocavam os trabalhistas mais de dez pontos percentuais à frente dos conservadores. A próxima eleição geral estava prevista para maio de 1984 e parecia haver uma boa chance de Michael Foot ganhar e se tornar primeiro-ministro.

O arquivo Boot, caso viesse a público, acabaria com esses planos num instante.

O major Petrov tinha senso de humor e fora incapaz de resistir ao trocadilho entre Foot e Boot (Pé e Bota) quando escolheu o codinome. Mas o resto do dossiê era mortalmente sério. Ele descrevia, passo a passo, como uma relação de vinte anos com Foot evoluíra desde o fim da década de 1940, quando a KGB decidiu que ele era "progressista". Em seu primeiro encontro com Foot, nos escritórios do *Tribune*, oficiais da KGB posando como diplomatas enfiaram 10 libras em seu bolso (que valeriam umas 250 libras hoje). Ele não se opôs.

Uma folha no arquivo listava os pagamentos feitos a Foot ao longo dos anos. Era um formulário padrão, com data, valor e nome do oficial pagador. Gordievsky passou os olhos nos números e calculou que houve entre dez e catorze pagamentos durante a década de 1960, com valores entre 100 e 150 libras cada, cerca de 1.500 libras no total, no valor de mais de 37 mil libras hoje. O que aconteceu com o dinheiro não ficou evidente. Lyubimov mais tarde contou a Gordievsky que ele suspeitava que Foot tinha "guardado algum para si mesmo", mas o trabalhista não era um homem mercenário e parece mais provável que o dinheiro tenha sido usado para amparar o *Tribune*, que estava falindo.

Outra página listava os controladores do agente Boot fora da *rezidentura* de Londres, tanto pelo nome real quanto pelo codinome; Gordievsky logo identificou Lyubimov, codinome Korin. "Eu olhei rapidamente ao longo da lista. Um dos meus objetivos era ver se havia mais alguém que eu conhecia e descobrir quem eram os oficiais capazes de controlar um homem daqueles." Havia ainda outra lista, de cinco páginas, um inventário de cada pessoa mencionada por Foot em conversas com a KGB.

As reuniões ocorriam cerca de uma vez por mês, frequentemente durante o almoço, no restaurante Gay Hussar, no Soho. Cada encontro era planejado com cuidado. Três dias antes, Moscou enviava um esboço do que deveria ser discutido. O relatório resultante era lido pelo chefe da Linha PR em Londres, depois pelo *rezident*, então era enviado ao Centro, em Moscou. Em cada etapa havia uma avaliação do caso em andamento.

Gordievsky leu alguns relatórios e deu uma olhada rápida em outra meia dúzia. "Eu estava interessado na linguagem e no estilo daqueles relatórios e no que eles refletiam sobre o relacionamento – eram melhores do que eu esperava. Os relatórios não eram muito criativos, mas eram inteligentes, bem escritos. Era um relacionamento desenvolvido e tolerante dos dois lados, com confidencialidade de ambas as partes; eles falavam com cordialidade e havia muitas especificidades, saturadas de informações reais." Lyubimov fora particularmente hábil em controlar Foot e em pagá-lo. Mikhail Petrovich guardava o dinheiro em um envelope e o colocava no bolso do agente – ele tinha modos tão elegantes que conseguia fazê-lo de maneira convincente.

O que a KGB recebeu em troca? Gordievsky se lembrou: "Foot divulgou informações sobre o movimento trabalhista. Revelou quais políticos e líderes sindicais eram pró-soviéticos, sugerindo até mesmo quais chefes sindicais deveriam receber o presente das férias no mar Negro bancadas pelos soviéticos. Um dos principais apoiadores da Campanha para o Desarmamento Nuclear, Foot também passou adiante o que sabia quanto aos debates sobre armas nucleares. Em troca, a KGB lhe deu rascunhos de artigos encorajando o desarmamento britânico, que ele poderia então editar e publicar, sem atribuí-los à sua fonte real, no *Tribune*. Não houve nenhum protesto por parte de Foot à KGB sobre a invasão soviética da Hungria em 1956 e ele com frequência visitava a União Soviética, onde era muito bem recebido."

Foot era excepcionalmente bem informado. Entregou detalhes sobre maquinações internas do Partido Trabalhista, assim como a atitude do Partido em relação a outros temas polêmicos: a Guerra do Vietnã, as consequências militares e políticas do assassinato de Kennedy, o desenvolvimento de Diego Garcia como base dos Estados Unidos e a Conferência de Genebra de 1954 para resolver questões importantes da Guerra da Coreia. Foot estava em uma posição única para fornecer aos soviéticos uma visão política e era receptivo à linha soviética. A manipulação era cuidadosa e sutil. "Eles diziam a ele: 'Sr. Foot, nosso pessoal analítico chegou à conclusão de que seria útil se o público soubesse disso e daquilo.' Então o oficial responderia: 'Eu preparei algum material... pode levá-lo e usá-lo, se você gostar.' Eles discutiam o que seria bom publicar no futuro, em seu jornal e em outros." Nunca ficou muito óbvio que Foot estava recebendo propaganda soviética direta.

Boot era um tipo peculiar de agente, que não se encaixava muito bem na definição da KGB. Ele não escondia suas reuniões com oficiais soviéticos (embora também não as anunciasse) e, como era uma figura pública, era impossível organizá-las de maneira clandestina. Ele era um "formador de opinião", portanto estava mais para um agente de influência (um termo amplo) do que para um agente (um termo específico de espionagem). Foot não poderia imaginar que a KGB o classificava como um agente, uma definição interna. Ele mantinha sua independência intelectual. Não vazava segredos de Estado (até porque, naquela época, não tinha acesso a nenhum). Sem dúvida, ele acreditava que estava servindo à política progressista e à causa da paz ao aceitar a generosidade soviética em apoio ao *Tribune*. Talvez nem soubesse que seus interlocutores eram oficiais da KGB alimentando-o com informações e passando tudo que ele revelava para Moscou. Se fosse esse o caso, ele demonstrou uma ingenuidade impressionante.

Em 1968, o caso Boot mudou de marcha. O inglês mostrou-se intensamente crítico a Moscou no despertar da Primavera de Praga. Em um comício de protesto no Hyde Park, ele declarou: "As ações dos russos confirmam que uma das piores ameaças ao socialismo vem de dentro do próprio Kremlin." Nenhum outro recurso em dinheiro mudou de mãos. Boot passou de "agente" para "contato confidencial". Os encontros tornaram-se menos frequentes e, quando Foot concorreu à liderança trabalhista, cessaram por completo. Entretanto, do ponto de vista da KGB em 1981, o caso permaneceu aberto e ainda poderia ser reativado.

O arquivo Boot não deixou dúvidas em Gordievsky: "A KGB considerara Michael Foot um agente de verdade até 1968. Ele recebeu dinheiro diretamente, o que significava que poderíamos considerá-lo, em sã consciência, um agente. Se um agente aceita dinheiro, isso é muito bom – um elemento de reforço do relacionamento."

Foot não havia infringido a lei. Ele não era um espião soviético. Não tinha traído seu país. Mas havia seguido nessa direção e aceitara dinheiro em segredo enquanto fornecia informações para um poder inimigo, uma ditadura totalitária. Se sua relação com a KGB fosse descoberta por seus rivais políticos (dentro e fora de seu partido), sua carreira estaria acabada num piscar de olhos, decapitando o Partido Trabalhista e desencadeando um escândalo que reescreveria a política britânica. No mínimo, Foot perderia a eleição.

Lenin costuma ser creditado pela expressão "inocente útil" (*poleznyi durak,* em russo), ou seja, aquele que pode ser usado para espalhar propaganda sem estar ciente disso ou para subscrever os objetivos pretendidos pelo manipulador.

Michael Foot tinha sido útil para a KGB e um completo idiota.

Gordievsky leu o arquivo Boot em dezembro de 1981. No mês seguinte, leu de novo, esforçando-se para memorizar o máximo possível.

Dmitri Svetanko, o vice-chefe do departamento, ficou surpreso ao encontrar Gordievsky ainda enterrado nas histórias dos casos britânicos, particularmente quando ele lhe dissera para não se incomodar em lê-los.

– O que você está fazendo? – perguntou de repente.

– Estou lendo os arquivos – respondeu Gordievsky, tentando soar casual.

– Você precisa mesmo fazer isso?

– Achei que deveria estar completamente preparado.

Svetanko não ficou impressionado.

– Por que você não escreve alguma coisa útil em vez de desperdiçar seu tempo lendo esses arquivos? – sugeriu com rudeza, saindo do escritório.

Em 2 de abril de 1982, a Argentina invadiu as ilhas Malvinas, o posto avançado da Grã-Bretanha no Atlântico Sul. Até Michael Foot, líder da oposição e apóstolo da paz, pediu "ação, não palavras" em resposta à agressão argentina. Margaret Thatcher enviou uma força-tarefa para repelir os invasores. No Centro, em Moscou, a Guerra das Malvinas provocou um impetuoso reforço do sentimento antibritânico. Thatcher já era uma figura odiada na União Soviética; o conflito das Malvinas era mais um exemplo da arrogância imperialista britânica. A "hostilidade da KGB era quase histérica", lembrou Gordievsky. Seus colegas estavam convencidos de que a Grã-Bretanha seria derrotada pela pequena e destemida Argentina.

A Grã-Bretanha estava em guerra. Gordievsky, sozinho dentro da KGB, apoiava a Grã-Bretanha. Ele se perguntou se algum dia chegaria ao país ao qual jurara fidelidade secreta.

Finalmente o Quinto Departamento da KGB deu a Gordievsky a autorização para viajar para a Grã-Bretanha. Em 28 de junho de 1982 ele embarcou no voo da Aeroflot para Londres, com Leila e as filhas, a primeira então com 2 anos e a segunda com 9 meses de idade. Sentia-se aliviado por estar a caminho, ansioso para restabelecer contato com o MI6, mas o futuro permanecia obscuro. Se o seu trabalho para a Grã-Bretanha fosse bem-sucedido, ele acabaria tendo que desertar, e jamais poderia retornar à Rússia. Poderia nunca mais ver a mãe ou a irmã mais nova. Se fosse exposto, até poderia voltar, mas sob a guarda da KGB, para enfrentar interrogatório e execução. Quando o avião decolou, a cabeça de Gordievsky estava pesada com a bagagem mental acumulada de quatro meses tensos de estudos secretos nos arquivos da KGB. Fazer anotações do que ele tinha descoberto teria sido muito perigoso. Em vez disso, carregava na memória os nomes de todos os agentes da Linha PR na Grã-Bretanha e de todos os espiões da KGB na embaixada soviética em Londres; levava consigo evidências da identidade do "Quinto Homem", as atividades no exílio de Kim Philby e mais provas de que o norueguês Arne Treholt espionava para Moscou. E, o mais importante, memorizara detalhes do arquivo Boot, o dossiê da KGB sobre Michael Foot – um presente-surpresa para a inteligência britânica e um item excepcionalmente volátil de explosivo político.

SEGUNDA PARTE

7
O ESCONDERIJO

Por fora, Aldrich Ames era só um oficial muito infeliz da CIA. Bebia demais. Seu casamento estava desmoronando aos poucos. Ele nunca tinha dinheiro suficiente. Seu trabalho de recrutamento de espiões soviéticos na Cidade do México, à margem da Guerra Fria, era maçante e produtivo apenas para garantir um fluxo constante de demandas irritantes do quartel-general da CIA em Langley, na Virgínia. Ames se achava subestimado, mal remunerado e sexualmente frustrado. Havia pouco tempo ele recebera uma série de repreensões: por ter ficado bêbado em uma festa de Natal, deixado um cofre aberto, esquecido no trem uma maleta contendo fotos de um agente soviético. Mas não havia nada em seu histórico que indicasse que era qualquer coisa além de medíocre, incompetente e meio preguiçoso. Alto e magro, usando óculos de lentes grossas e um bigode que não parecia demonstrar muita autoconfiança, ele não se destacava em um grupo e era invisível numa multidão. Não havia nada de especial em Ames – e esse talvez fosse o problema.

Por dentro, Rick Ames nutria uma úlcera de cinismo, intensa e perniciosa, que crescia tão lentamente que ninguém havia notado, muito menos o próprio Ames.

Ames já abrigara grandes sonhos. Nascido em River Falls, no Wisconsin, em 1941, teve uma infância típica dos anos 1950, que parecia o exemplo do sonho suburbano idílico retratado em comerciais, mas que escondia a sua parcela de depressão, alcoolismo e desespero silencioso. Seu pai começara a vida como acadêmico e acabara trabalhando para a CIA na Birmânia, passando dinheiro para publicações birmanesas secretamente financiadas pelo governo dos Estados Unidos. Quando garoto, Ames lia os romances policiais de Leslie Charteris com o personagem Simon Templar, "o Santo", e se imaginava um "aventureiro britânico arrojado e afável". Ele usava um sobretudo para parecer um espião e praticava truques de mágica. Gostava de enganar as pessoas.

Ames era inteligente e criativo, mas a realidade nunca parecia estar à altura de suas expectativas e nunca lhe fornecia o que ele acreditava merecer. Foi reprovado na Universidade de Chicago e trabalhou por um tempo como ator. Ele se ressentia de figuras de autoridade. "Se pedissem a ele que fizesse algo que não quisesse fazer, ele não discutia: apenas não fazia." Quando finalmente conseguiu se formar, foi trabalhar na CIA por sugestão do pai. "Mentir é errado, filho, mas, se serve a um bem maior, tudo bem", dizia o pai enquanto bebia doses cada vez mais cavalares de uísque.

O curso de formação de oficiais da CIA tinha como objetivo inspirar uma devoção patriótica ao dever no complexo e exigente mundo da coleta de informações. Mas podia ter outros efeitos. Ames aprendeu que a moralidade pode ser maleável, que as leis dos Estados Unidos passavam por cima das de outros países e que um espião ganancioso valia mais do que um ideológico, porque, "uma vez que você os alimentasse com dinheiro, era mais fácil segurá-los e controlá-los". Ames passou a acreditar que o recrutamento de agentes dependia da "capacidade de avaliar a vulnerabilidade de um indivíduo". Quando você identificava a fraqueza de um homem, podia atraí-lo e manipulá-lo. A deslealdade não era um pecado, mas uma ferramenta. "A essência da espionagem é a traição da confiança", declarou Ames. Ele estava errado: a essência de um bem-sucedido controle de agentes é a *manutenção* da confiança, suplantar uma fidelidade por outra maior e mais intensa.

Ames foi enviado à Turquia, um centro para a guerra de espionagem entre o Oriente e o Ocidente, e começou a colocar seu treinamento em prática, recrutando agentes soviéticos em Ancara. Ele achava que tinha talento como verdadeiro mestre de espiões, com "a capacidade de me concentrar em um alvo, estabelecer um relacionamento, [e] manipular a mim e a ele dentro da situação que planejei". Seus chefes, por outro lado, consideravam seu desempenho não mais do que "satisfatório". Após a Primavera de Praga, ele foi instruído a colar centenas de cartazes à noite com a frase "Lembre-se de 68" para dar a impressão de que a população turca ficara indignada com a invasão soviética. Ele os jogou fora e saiu para beber.

Ao retornar a Washington em 1972, Ames fez um curso de treinamento em russo e passou os quatro anos seguintes trabalhando no Departamento

Soviético e do Leste Europeu. O ambiente ao qual ele se juntou não estava em seus melhores momentos. A revelação de que Richard Nixon havia usado a CIA para tentar obstruir uma investigação federal sobre o caso Watergate em 1972 desencadeou uma crise dentro da agência, com uma série de investigações sobre suas atividades ao longo dos vinte anos anteriores. Os relatórios resultantes, conhecidos como "Joias da Família", identificaram a incriminadora série de ações ilegais que ultrapassavam em muito o estatuto da CIA, incluindo escutas telefônicas de jornalistas, roubos, tramas de assassinato, experimentação em humanos, conluio com a Máfia e uma sistemática vigilância interna de civis. James Angleton, o cadavérico colecionador de orquídeas e chefe de contrainteligência da CIA, quase a destruiu com sua caça interna a infiltrados, baseada na crença obsessiva e errônea de que Kim Philby estava orquestrando a penetração em massa dos serviços secretos ocidentais. Angleton foi finalmente forçado a se aposentar em 1974, deixando um legado de profunda paranoia. A CIA estava ficando para trás também na guerra da espionagem: "Graças ao zelo excessivo de Angleton e sua equipe de contrainteligência, tínhamos muito poucos agentes soviéticos dentro da URSS dignos desse nome", afirmou Robert M. Gates, que foi recrutado na mesma época que Ames e passou a chefiar a CIA. A agência passaria por uma ampla reforma ao longo da década seguinte, mas Ames havia se juntado a ela quando a agência estava em seu pior momento: desmoralizada, desorganizada e publicamente malvista.

Em 1976, ele foi enviado para Nova York, com o objetivo de recrutar agentes soviéticos, e, em 1981, para a Cidade do México. A CIA percebeu seu hábito de beber, bem como sua tendência a procrastinar e reclamar, mas nunca houve qualquer sugestão de que ele deveria ser demitido. Depois de quase vinte anos na CIA, ele entendia bem o funcionamento da agência, mas sua carreira estava estagnada e ele culpava todo mundo por isso. Suas tentativas de recrutar agentes no México renderam pouco e ele considerava a maioria dos colegas e todos os superiores uns idiotas. "Muito do que eu estava fazendo era em vão", admitiu. Ames havia se casado com uma colega agente, Nancy Segebarth, não muito depois de começar o relacionamento, sem refletir a respeito da decisão. Seu casamento, como o de Gordievsky, acabara por ser frio e sem filhos. Nan não foi com ele para a Cidade do México. Ele teve uma série de casos extraconjugais pouco satisfatórios com mulheres para as quais nem ligava.

Em meados de 1982, a vida de Ames estava caindo na rotina; ele permanecia descontente, solitário, irritado e insatisfeito, mas preguiçoso e bêbado demais para fazer qualquer coisa que pudesse interromper sua decadência. Então Rosario entrou em sua vida e as luzes começaram a brilhar.

Maria del Rosario Casas Dupuy era adido cultural na Embaixada da Colômbia. Nascida em uma depauperada família aristocrática colombiana de origem francesa, Rosario tinha 29 anos, era culta, sedutora e vivaz, com cabelos escuros encaracolados e um sorriso brilhante. "Ela era como um sopro de ar fresco entrando em uma sala cheia de fumaça de charuto", afirmou um funcionário do Departamento de Estado na Cidade do México. Ela era também imatura, carente e gananciosa. Rosario havia sido educada nas melhores escolas particulares e estudado na Europa e nos Estados Unidos. Fazia parte da elite colombiana. Sua família já fora proprietária de grandes fazendas, mas agora estava falida. "Eu cresci cercada de pessoas ricas", disse ela uma vez. "Mas não tínhamos dinheiro." Rosario pretendia corrigir essa situação.

Ela conheceu Rick Ames em um jantar diplomático. Sentados no chão, os dois discutiram literatura moderna com entusiasmo e depois foram para o apartamento dele. Rosario achou que Ames fosse um diplomata americano comum, portanto devia ser razoavelmente rico. Rick a achou "linda e inteligente" e logo decidiu que estava apaixonado. "O sexo era fantástico", afirmou ele.

A empolgação de Rosario deve ter diminuído um pouco quando ela descobriu que seu novo amante americano era casado, duro e espião da CIA. "O que você está fazendo com essa gente bizarra?", ela quis saber. "Por que está desperdiçando seu tempo, seus talentos?" Ames prometeu que se divorciaria de Nan o mais rápido possível e se casaria com Rosario. Então eles começariam uma nova vida juntos nos Estados Unidos e "viveriam felizes para sempre". Para um homem com um salário irrisório da CIA, aquela era uma promessa complicada: divorciar-se de Nan provavelmente seria caro e assumir Rosario, com seus gostos extravagantes, poderia ser sua ruína. Ele disse a Rosario que deixaria a CIA e começaria outra carreira, mas, aos 40 anos, não tinha nem a inclinação nem a energia para fazê-lo. Em vez disso, em algum lugar da mente inquieta de Rick Ames, um plano estava se formando para tornar o trabalho mal remunerado e insatisfatório na CIA muito mais lucrativo.

• • •

Enquanto Aldrich Ames fazia planos para um novo futuro lucrativo, do outro lado do mundo um homem corpulento com um boné pontudo de couro saiu da embaixada soviética no número 13 de Kensington Palace Gardens, em Londres, e dirigiu-se para oeste, em direção a Notting Hill Gate. Depois de algumas centenas de metros, ele deu a volta, virou à direita, depois ligeiramente à esquerda, entrou em um pub e, um minuto depois, saiu por uma porta lateral. Finalmente, em uma rua secundária, adentrou uma cabine telefônica vermelha, fechou a pesada porta e discou o número que lhe fora dado em Copenhague quatro anos antes.

– Olá! Bem-vindo a Londres – disse a voz gravada de Geoffrey Guscott em russo. – Muito obrigado por ligar. Estamos ansiosos para vê-lo. Enquanto isso, tire alguns dias para relaxar e se estabelecer. Vamos entrar em contato no começo de julho.

A gravação o convidava a ligar de volta na noite de 4 de julho. O som da voz de Guscott foi algo "imensamente reconfortante".

O MI6 estivera controlando Oleg Gordievsky por oito anos; agora a agência tinha um espião empolgado e experiente infiltrado na estação de Londres da KGB e não pretendia estragar o caso movendo-se muito rápido.

Oleg e sua família se estabeleceram em seu apartamento de dois quartos em um prédio inteiramente ocupado por funcionários da embaixada soviética na Kensington High Street. Leila estava extasiada com seu novo e desconhecido ambiente, mas Gordievsky sentiu uma pontada inesperada de decepção. A Grã-Bretanha era seu objetivo desde que fora recrutado por Richard Bromhead e o lugar tinha adquirido uma aura de glamour e sofisticação em sua imaginação que nunca poderia se igualar à realidade. Londres era muito mais suja que Copenhague e não muito mais limpa que Moscou. "Eu tinha imaginado que tudo seria muito mais organizado e atraente." Ainda assim, refletiu, o simples fato de chegar ao Reino Unido era "uma vitória poderosa para a inteligência britânica e para mim". O MI6 saberia, sem dúvida, que ele tinha chegado, mas ele esperou alguns dias antes de fazer contato, apenas caso estivesse sob vigilância da KGB.

Na manhã seguinte à sua chegada, Gordievsky caminhou os 400 metros até a embaixada soviética, apresentou seu novo passe para o porteiro e foi escoltado para a *rezidentura* da KGB: um enclave apertado, enfumaçado e fortificado no último andar, rígido de desconfiança e liderado por um chefe obsessivamente desconfiado que atendia pelo contundente e pouco musical nome de Guk.

O general Arkadi Vasilyevich Guk, nominalmente primeiro-secretário da embaixada soviética, mas, na realidade, *rezident* da KGB, havia chegado à Grã-Bretanha dois anos antes e fazia questão de não se adaptar. Ignorante, ambicioso e alcoólatra, ele descartava qualquer forma de interesse cultural como pretensão intelectual e rejeitava por completo todo e qualquer livro, filme, peça, arte ou música. Guk ganhara destaque na direção do setor de contrainteligência da KGB (KR), liquidando a oposição nacionalista ao domínio soviético nos Estados bálticos. Era defensor e conhecia técnicas de assassinato, e se gabava de ter se oferecido para liquidar um grupo de renegados que havia fugido para o Ocidente, inclusive a filha de Stalin e o presidente da Liga de Defesa Judaica em Nova York. Só ingeria comida russa, em grandes quantidades, e mal falava inglês. Antes de ir para Londres, tinha sido chefe da estação municipal da KGB na cidade de Moscou. Ao contrário de Mikhail Lyubimov, ele odiava a Grã-Bretanha e os britânicos. Acima de tudo, detestava o embaixador soviético, Viktor Popov, um diplomata culto, elegante e vaidoso que representava tudo que Guk desprezava. O chefe da KGB passava a maior parte do tempo no escritório bebendo vodca e fumando, reclamando de Popov e tentando pensar em novas formas de atrapalhá-lo. Grande parte das informações que ele enviava a Moscou era mera invenção, habilmente disfarçada para alimentar as teorias conspiratórias desenfreadas dos soviéticos – como a ideia de que o Partido Social-Democrata, o novo grupo formado em março de 1981, havia sido criado pela CIA. Gordievsky resumiu seu novo chefe como "um sujeito enorme e pretensioso, com um cérebro medíocre e um bom estoque de golpes baixos".

Mais inteligente, mas também mais ameaçador, era Leonid Yefremovitch Nikitenko, o chefe da contrainteligência e principal confidente de Guk. Era bonito, charmoso quando tinha vontade e cruel. Seus olhos eram profundos, amarelados e não perdiam um único detalhe. Desde o início, Nikitenko havia decidido que a melhor maneira de avançar em Londres era agradando a Guk, mas ele era um hábil oficial, metódico e desonesto, e, depois de três anos de experiência em Londres, tinha aprendido muito sobre os caminhos da inteligência britânica. "Não há nenhum trabalho como este", declarou Nikitenko, refletindo sobre sua função no combate ao MI5 e ao MI6. "Somos políticos. Somos soldados. Acima de tudo, somos atores em um palco maravilhoso. Não consigo pensar em nenhum trabalho melhor do que o da espionagem." Se alguém fosse causar problemas para Gordievsky, seria Nikitenko.

O chefe da Linha PR, superior imediato de Gordievsky, era Igor Fyodorovich Titov (sem relação familiar com Gennadi Titov), um homem autoritário, quase careca, fumante inveterado, com um gosto insaciável por revistas pornográficas ocidentais, que comprava no Soho e enviava para Moscou na mala diplomática como presentes para seus camaradas da KGB. Titov não exatamente fazia parte da equipe diplomática da embaixada, mas trabalhava sob disfarce, como correspondente do jornal russo *Novoye Vremya*. Gordievsky havia conhecido Titov em Moscou e o considerava "um homem verdadeiramente maléfico".

Os três chefes estavam esperando por Gordievsky no escritório do *rezident*. Seus apertos de mão foram mornos, as saudações, estereotipadas. Guk não gostou do recém-chegado assim que o viu, alegando que ele parecia um homem erudito. Nikitenko o olhou com as reservas de um homem treinado para não confiar em ninguém. E Titov viu em seu novo subordinado um rival em potencial. A KGB era uma comunidade intensamente tribal: tanto Guk quanto Nikitenko eram produtos da Linha KR, com uma mentalidade arraigada de contrainteligência e, portanto, instintivamente viram o recém-chegado como uma ameaça, que tinha "forçado a sua entrada" em um trabalho para o qual não estava qualificado.

A paranoia nasce da propaganda, da ignorância, do sigilo e do medo. A estação londrina da KGB era em 1982 um dos lugares mais profundamente paranoicos da Terra, uma organização imbuída de uma mentalidade de cerco em grande parte baseada na fantasia. Como a KGB dedicava um enorme tempo e esforço para espionar diplomatas estrangeiros em Moscou, achava que o MI5 e o MI6 faziam a mesma coisa em Londres. Na realidade, embora o serviço de segurança certamente monitorasse e rastreasse supostos agentes da KGB, a vigilância não era tão intensa quanto os russos imaginavam.

A KGB, no entanto, estava convencida de que a embaixada soviética inteira era alvo de uma gigantesca e constante campanha de escuta, e o fato de essa espionagem ser invisível confirmava que os britânicos deviam ser muito bons no que faziam. As embaixadas nepalesa e egípcia ao lado eram consideradas "postos de escuta" e os oficiais eram proibidos de falar perto das paredes adjacentes; eles imaginavam que espiões invisíveis, com lentes teleobjetivas, estavam rastreando todos que entravam e saíam do edifício; os britânicos, diziam, tinham construído um túnel especial sob Kensington Palace Gardens a fim de instalar equipamentos de escuta debaixo da embaixada; máquinas de escrever elétricas eram proibidas, sob o argumento de que o ruído das batidas das letras poderia ser captado e decifrado, e até mesmo o uso de máquinas de escrever manuais era desencorajado no caso de as teclas revelarem alguma coisa; havia avisos em cada parede dizendo: "NÃO DIGA NOMES OU DATAS EM VOZ ALTA"; as janelas eram todas fechadas por tijolos, exceto no escritório de Guk, onde alto-falantes em miniatura bombeavam música russa enlatada no espaço entre os painéis de vidro duplo, emitindo um gorjeio abafado que tornava a atmosfera ainda mais surreal. Todas as conversas secretas ocorriam em uma sala no porão, com paredes de metal, sem janelas, um local úmido e frio o ano todo e abrasante no verão. O embaixador Popov, com seus escritórios no andar do meio, acreditava (provavelmente com razão) que a KGB instalara dispositivos de escuta em seu teto para ouvir suas conversas. A obsessão pessoal de Guk era o sistema de metrô de Londres, no qual ele jamais entrava por estar convencido de que certos painéis de publicidade nas estações continham espelhos de dupla face, através dos quais o MI5 rastreava cada movimento da KGB. Guk ia a todos os lugares em seu Mercedes cor de marfim.

Gordievsky agora se via trabalhando dentro de um Estado stalinista em miniatura, isolado do resto de Londres, um mundo fechado, dominado por desconfianças, ciúmes mesquinhos e retrocessos. "A inveja, o pensamento cruel, os ataques dissimulados, as intrigas, as denúncias, tudo isso atingia tal escala que fazia o Centro em Moscou parecer uma escola para moças."

A estação da KGB era um lugar desagradável para trabalhar. Mas a KGB, na cabeça de Gordievsky, não era mais seu principal empregador.

Em 4 de julho de 1982 ele ligou de novo para o número do MI6 de uma cabine telefônica diferente. A central, alertada com antecedência, encaminhou a chamada para uma mesa no 12º andar. Dessa vez Geoffrey Guscott respondeu pessoalmente. A conversa foi alegre, mas rápida e prática: um encontro proposto às três da tarde seguinte, em um lugar onde, segundo fora calculado, era mais improvável que espiões russos estivessem à espreita.

O Holiday Inn na Sloane Street tinha fama de ser o hotel mais entediante de Londres. Sua única distinção era sediar uma competição anual de emagrecimento.

Na hora marcada, Gordievsky passou pelas portas giratórias e logo viu Guscott do outro lado do saguão. Ao lado dele estava uma mulher elegante, com pouco mais de 50 anos, cabelos louros bem cuidados e sapatos práticos e confortáveis. Veronica Price trabalhara no caso por cinco anos, mas só tinha visto Gordievsky em fotos borradas ou de passaporte. Ela cutucou Guscott e sussurrou: "Lá está ele!" O inglês observou que Gordievsky, então com 43 anos, tinha envelhecido bastante naqueles anos longe, mas parecia em forma. Um "leve sorriso" cruzou o rosto do russo quando ele viu seu supervisor. Guscott e Veronica se levantaram e, sem fazer contato visual, caminharam pelo corredor que levava aos fundos do hotel. Como combinado, Gordievsky os seguiu através de uma área asfaltada até alcançar um lance de escadas que levava até o primeiro andar do estacionamento do hotel. Um Guscott radiante estava esperando ao lado de um carro, com a porta de trás aberta. Veronica o havia estacionado na noite anterior para uma fuga rápida, ao lado da porta da escadaria, mas perto da rampa de saída. O carro era um Ford, comprado especialmente para buscá-lo, com uma placa não rastreável pelo MI6.

Somente quando o espião estava seguro lá dentro é que eles trocaram saudações. Guscott e Gordievsky sentaram-se atrás, falando rápido em russo, dois velhos amigos se atualizando sobre as notícias da família, enquanto Veronica dirigia, manobrando com confiança através do tráfego leve. Guscott explicou que havia retornado do exterior para Londres só para receber Gordievsky, fazer planos para o futuro e organizar a entrega de seu controle para um novo oficial. O russo assentiu. Eles passaram pela Harrods e pelo Museu Victoria e Albert, atravessaram o Hyde Park, viraram no pátio de um novo bloco de apartamentos em Bayswater e entraram no estacionamento subterrâneo.

Veronica havia passado semanas explorando o oeste de Londres com corretores imobiliários insuspeitos antes de encontrar o esconderijo certo. O apartamento de um quarto no terceiro andar de um edifício moderno ficava protegido de olhares por uma fileira de árvores. A saída do estacionamento subterrâneo levava diretamente para dentro do edifício: qualquer um que tentasse seguir Gordievsky poderia ver seu carro entrar, mas seria incapaz de dizer a qual apartamento ele tinha ido. Um portão do jardim de trás levava a uma rua, oferecendo uma rota de fuga de emergência pelos fundos do prédio até Kensington Palace Gardens. O imóvel ficava longe o bastante da embaixada soviética para impedir que Gordievsky fosse visto aleatoriamente por outros oficiais da KGB, mas perto o suficiente para dirigir até lá, estacionar, encontrar seus controladores e retornar a Kensington Palace Gardens – tudo dentro de duas horas. Uma delicatéssen próxima poderia fornecer comida. Veronica insistiu: "O apartamento precisava ter uma atmosfera agradável, um certo status. Algum lugar barato em Brixton não serviria." O mobiliário era moderno e de bom gosto. Também havia escutas por todo o lugar.

Depois que se acomodaram na sala de estar, Veronica começou a preparar um chá. Praticamente não existiam oficiais do sexo feminino na KGB e Gordievsky nunca tinha visto uma como Veronica. "Ele gostou dela de primeira", observou Guscott. "Oleg tinha olho para as mulheres." Aquela era também sua primeira experiência de um chá inglês formal. Como muitas pessoas de sua idade e classe, Veronica considerava o chá um ritual sagrado e patriótico. Guscott a apresentou como "Jean". Gordievsky sentiu que "o rosto dela parecia incorporar todas as qualidades tradicionais britânicas de decência e honra".

Guscott esboçou o plano operacional. Se Oleg concordasse, ele encontraria seu oficial do MI6 na hora do almoço, uma vez por mês, naquele apartamento. A estação da KGB ficava vazia nesse horário, quando os oficiais saíam para fazer refeições com seus contatos (ou, mais precisamente, eles mesmos). A ausência de Gordievsky não seria notada.

Guscott lhe deu a chave de uma casa entre a Kensington High Street e a Holland Park. Aquele seria o seu refúgio, um lugar que poderia usar como base, com ou sem sua família, quando se sentisse em perigo. Se quisesse cancelar uma reunião, precisasse ver um oficial do MI6 em cima da hora ou necessitasse de qualquer tipo de ajuda de emergência, ele deveria ligar para o número de telefone que havia discado na sua chegada a Londres. A central era controlada 24 horas por dia e um operador direcionaria a chamada para qualquer um da equipe que estivesse de plantão.

Guscott ofereceu a Gordievsky mais uma tranquilidade crucial. O plano de fuga de Moscou, a Operação Pimlico, seria mantido de prontidão enquanto ele estivesse em Londres. A KGB era generosa em seu direito a férias e os oficiais costumavam retornar ao país para uma licença anual de quatro semanas no inverno e até seis semanas no verão. Ele também poderia ser convocado de volta a qualquer momento. Sempre que estivesse em Moscou, os oficiais do MI6 continuariam a verificar os locais de sinal na padaria na Kutuzovsky Prospekt e no Mercado Central, procurando por um homem com uma sacola do Safeway. Isso aconteceria até mesmo quando o espião não estivesse no país. A KGB observava de perto todos os diplomatas britânicos e grampeava seus apartamentos, enquanto postes de vigilância monitoravam seus movimentos do topo do Hotel Ukraine e do telhado do bloco de apartamentos dos estrangeiros. Qualquer mudança de rotina poderia ser percebida; se eles passassem regularmente pela padaria quando Gordievsky estava em Moscou, parassem de fazê-lo quando ele estivesse ausente e recomeçassem quando ele voltasse, o padrão poderia chamar atenção. Durante várias semanas o MI6 continuaria monitorando os dois locais de sinal. Uma espionagem rigorosa exigia que os procedimentos da Operação Pimlico permanecessem por meses ou anos.

O caso havia entrado em uma nova fase, por isso Oleg recebeu um novo codinome: Sunbeam tornou-se Nocton (uma vila em Lincolnshire).

O MI6 nunca havia controlado um espião da KGB baseado em Londres e a situação levantou novos desafios, especialmente a ameaça representada por seu outro braço, o MI5. O Serviço de Segurança era responsável por monitorar os movimentos de todos os oficiais suspeitos da KGB em Londres. Se a Seção A4, a equipe de vigilância do MI5 conhecida como "Vigias", avistasse Gordievsky participando de uma reunião clandestina em um local suspeito em Bayswater, sem dúvida começaria a investigar. Mas emitir um pedido em aberto para *não* colocar Gordievsky sob vigilância indicaria claramente que ele estava sendo protegido. Em qualquer das hipóteses, a segurança do caso poderia ficar fatalmente comprometida. Nenhum caso dessa importância poderia ser administrado na Grã-Bretanha sem informar o Serviço de Segurança. Assim, uma decisão foi tomada e o caso seria controlado em conjunto com o MI5. Alguns poucos oficiais de alta patente do MI5 seriam "doutrinados", inclusive o diretor-geral: dessa forma o MI6 poderia ser informado dos momentos em que Gordievsky estivesse sob vigilância e, assim, garantir que as reuniões ocorressem sem que os Vigias vissem.

Essa colaboração entre o MI5 e o MI6 era inédita. Os dois ramos da inteligência britânica nem sempre tinham as mesmas visões – talvez, não surpreendentemente, porque a tarefa de capturar espiões e o trabalho de controlá-los não eram necessariamente compatíveis, às vezes até se sobrepunham e muitas vezes entravam em conflito. As duas organizações de inteligência tinham tradições, códigos de comportamento e técnicas distintos. A rivalidade era profunda e contraproducente. Alguns no MI6 tendiam a menosprezar o Serviço de Segurança doméstico, considerando-o algo pouco melhor do que um policial, uma organização sem imaginação e verve; o MI5, por sua vez, tendia a enxergar os oficiais da inteligência estrangeira como aventureiros inconstantes. Cada um considerava o outro "vazado". A longa investigação do MI5 sobre o oficial do MI6 Kim Philby havia aprofundado a suspeita mútua, transformando-a em completa hostilidade. Entretanto, para os objetivos do caso Nocton, eles estariam trabalhando em conjunto: o MI6 controlaria Gordievsky dia a dia; alguns escolhidos do MI5 seriam mantidos a par do desenvolvimento e lidariam com os aspectos de segurança do caso. A decisão de ampliar o círculo de sigilo além do MI6 representou uma notável ruptura com a tradição e uma verdadeira aposta. As informações compartilhadas entre o MI6 e o MI5 relacionadas a Gordievsky receberam o codinome Lampad (uma ninfa do submundo da mitologia grega). Alguns poucos oficiais do MI6 sabiam do caso Nocton; um número ainda menor dentro do MI5 sabia do caso Lampad; o diagrama de Venn de interseção de pessoal do MI6 e do MI5 que estava a par de ambos não chegava a mais do que uma dúzia de pessoas.

Com os termos de compromisso acordados e os itens do chá recolhidos, Gordievsky inclinou-se para a frente e começou a descarregar quatro anos de segredos acumulados, um arsenal de informações coletadas em Moscou e guardadas na memória: nomes, datas, lugares, planos, agentes e ilegais. Guscott fez anotações e poucas vezes o interrompeu para esclarecer algum ponto. Mas Gordievsky precisou de pouco estímulo. Ele percorreu o seu prodigioso reservatório de fatos memorizados passo a passo. O primeiro encontro apenas roçou a superfície da memória de Gordievsky, mas, com o passar do tempo, quando o espião ficou mais relaxado, os segredos passaram a transbordar em uma cascata controlada e catártica.

As pessoas repassam suas lembranças acreditando que quanto mais um evento é relembrado, mais elas se aproximam de sua realidade. Isso nem sempre é verdade. A maioria dos seres humanos conta uma versão do passado e depois a mantém ou a enfeita. Os poderes de memorização de Gordievsky eram diferentes. Suas versões eram não apenas consistentes, mas também progressivas e crescentes. "Ele adicionava cada vez mais detalhes a cada reunião, desenvolvendo aos poucos o que sabíamos", afirmou Veronica Price. Uma memória fotográfica registra uma única imagem precisa em branco e preto; a memória de Gordievsky era pontilhista, uma série de pontos que, quando se juntavam e preenchiam os vazios, criavam uma tela maciça de cores vívidas. "Oleg tinha um grande dom para lembrar conversas. Ele se lembrava do momento, do contexto, das palavras... não se deixava ser conduzido." Tinha decorado até suas conversas com outros oficiais quando era designado para o serviço noturno. Como era um oficial de inteligência altamente treinado, sabia o que poderia ser de interesse e o que era inútil.

As informações já vinham prontas e analisadas. "Ele tinha uma perspicácia aguçada, uma compreensão muito boa do que elas significavam, algo que o distinguia dos outros espiões."

As reuniões seguiram um padrão definido, primeiro uma vez por mês, depois a cada quinzena, então toda semana. Sempre que o russo chegava ao apartamento secreto, Guscott e Veronica o aguardavam com uma recepção calorosa e um almoço leve. "Ele ainda estava sofrendo pelo choque cultural e trabalhando em uma estação da KGB que era essencialmente hostil", lembrou Guscott. "Oleg tinha montanhas de conhecimento armazenado. Nosso objetivo principal era garantir que não desistisse. Queríamos ansiosamente tranquilizá-lo."

Em 1º de setembro de 1982, Gordievsky chegou ao apartamento e encontrou uma terceira pessoa ao lado de Guscott e Veronica: um jovem elegante, de olhar intenso, com cabelos escuros e grandes entradas. Guscott apresentou-o, em russo, como Jack. Gordievsky e James Spooner apertaram-se as mãos pela primeira vez. A afinidade entre os dois homens foi imediata.

A fluência em russo e as habilidades operacionais de James Spooner faziam dele o candidato natural para dirigir o caso quando Guscott voltasse para Estocolmo. Ele estava prestes a assumir um novo cargo na Alemanha quando foi convidado a controlar Nocton. "Levei cerca de dois minutos para dizer sim." O agente e o controlador avaliaram um ao outro em silêncio.

"Eu tinha sido cuidadosamente informado, e ele era exatamente o que eu esperava", disse Spooner. "Jovem, vigoroso, alerta, disciplinado, focado." Essas palavras também poderiam ter sido usadas para descrever o próprio Spooner. Ambos tinham mergulhado na inteligência durante sua vida adulta; ambos encaravam a espionagem através do prisma da história; ambos falavam a mesma língua, nos sentidos literal e figurado.

"Eu nunca tive qualquer suspeita dele. Nem uma gota", revelou Spooner. "É difícil de explicar, mas você simplesmente sabe em quem confiar e em quem não confiar. Você exerce seu julgamento. Oleg era completamente confiável, honesto e impulsionado pelas motivações certas."

Gordievsky imediatamente reconheceu Spooner como um oficial de inteligência de "primeira classe, mas também gentil, cheio de emoção e sensibilidade, honesto tanto pessoalmente quanto em seus princípios éticos". Mais tarde ele o descreveria como "o melhor controlador que já tive".

Para Gordievsky, a Grã-Bretanha ainda parecia "estranha e desconhecida", mas, à medida que os encontros foram acontecendo, a rotina de contato regular com o MI6 caiu em um padrão. O apartamento de Bayswater fornecia um porto seguro, um refúgio dos brutais combates internos e antagonismos paranoicos da *rezidentura* da KGB de Guk. Veronica preparava uma refeição entregue pela delicatéssen local, geralmente comida de piquenique, incluindo iguarias ocasionais da Rússia, como arenque em conserva e beterraba, além de uma ou duas garrafas de cerveja. Spooner sempre colocava um gravador na mesa de centro como garantia no caso de as escutas do apartamento falharem, mas também uma declaração de profissionalismo, um foco. As reuniões duravam até duas horas e, no final de cada uma, eles combinavam a seguinte. Spooner transcrevia e traduzia as conversas e escrevia um relatório completo. Muitas vezes ele trabalhava até tarde da noite, e de casa, para evitar chamar a atenção dentro do Century House: para despistar o que ele de fato estava fazendo, disseram que Spooner estava trabalhando em um caso no exterior que exigia viagens. Suas transcrições se tornavam a mina da qual ele extrairia relatórios individuais para os vários "clientes" – cada um, como era a prática padrão do MI6, lidando com apenas uma área de assunto. Uma reunião podia produzir vinte relatórios, alguns curtos, com apenas uma frase. A responsabilidade de reunir, analisar, dividir, disfarçar e distribuir o produto de Nocton ficava com uma célula especial dentro do MI6, liderada por um talentoso especialista em Guerra Fria.

Gordievsky sistematicamente escavava sua memória lembrando, refinando e acumulando informações. Após três meses de interrogatório, ele havia buscado lembranças de cada detalhe: o resultado foi o maior "download operacional" da história do MI6, uma visão surpreendentemente meticulosa e abrangente sobre a KGB: seus planos passados, presentes e futuros.

Um por um, Gordievsky exorcizou os demônios da história do MI6. Kim Philby ainda trabalhava para a KGB, explicou ele, mas como analista de meio período, e certamente não era o mentor que tudo via como imaginara James Angleton, da CIA. Durante anos os ingleses se perguntaram se outro espião como Philby se escondia dentro de suas fileiras, enquanto os tabloides caçavam sem cessar o chamado "Quinto Homem", identificando numerosos candidatos e destruindo várias carreiras e vidas no processo. Peter Wright, oficial renegado do MI5 e autor de *Caçador de espiões*, estava obcecado com a teoria de que Roger Hollis, o antigo chefe do MI5, era um infiltrado soviético, provocando uma série de investigações internas altamente prejudiciais. Gordievsky refutou a teoria da conspiração, limpando o nome de Hollis. O Quinto Homem, ele confirmou, era John Cairncross, um ex-oficial do MI6 que havia confessado ser um agente soviético em 1964. O espetáculo dos britânicos criando o maior tumulto por causa de uma fantasia provocou muita diversão e perplexidade no Centro, segundo relatou Gordievsky, e parecia tão bizarro que a KGB suspeitou de um complô. Ele descreveu como o próprio Gennadi Titov, ao ler mais um relato de um jornal britânico sobre a caça às bruxas, havia perguntado: "Por que eles estão falando sobre Roger Hollis? Não consigo entender esse absurdo. Deve ser algum truque especial britânico dirigido contra nós." Os vinte anos de caça aos infiltrados tinham sido uma fabulosa e destrutiva perda de tempo.

A pesquisa de Gordievsky nos arquivos da KGB desvendou outros mistérios. Um espião soviético descoberto em 1946, codinome Elli, mas nunca formalmente identificado, era na verdade Leo Long, outro ex-oficial de inteligência recrutado antes da guerra para a causa comunista na Universidade de Cambridge. O físico nuclear italiano Bruno Pontecorvo, que trabalhara na pesquisa da bomba atômica britânica durante a guerra, havia oferecido seus serviços à KGB sete anos antes de desertar para a URSS em 1950. Gordievsky também conseguiu revelar que Arne Treholt, o espião norueguês, continuava ativo. Treholt tinha feito parte da delegação da Noruega na ONU em Nova York e agora estava de volta ao país natal, estudando na Joint Staff College, com acesso a muitos materiais sensíveis – todos repassados à KGB. O Serviço de Segurança norueguês vinha monitorando Treholt desde a primeira denúncia de Gordievsky, em 1974, mas ainda não havia atacado – em parte a pedido dos britânicos, uma vez que se temia que a prisão dele pudesse direcionar suspeitas para sua fonte, que não tinha sido identificada para os noruegueses. Agora a corda começava a se fechar em torno do pescoço de Treholt.

■ ■ ■

Um pequeno grupo de altos oficiais do MI6 se reuniu no Century House para ouvir os resultados iniciais das entrevistas do caso Nocton. Não eram pessoas efusivas e emocionais, mas havia um ar de "excitação e expectativa" na sala. Eles esperavam ver revelada uma vasta rede de agentes da KGB na Grã-Bretanha, espiões comunistas como o Cambridge Five, que havia penetrado no sistema com a intenção de destruí-lo por dentro. Supunha-se que a KGB em 1982 continuava potente como sempre fora. Gordievsky provou que não.

A descoberta de que a KGB tinha apenas um punhado de agentes, contatos e ilegais na Grã-Bretanha, nenhum deles seriamente ameaçador, surgiu como um alívio e uma decepção. Gordievsky revelou como os arquivos da KGB continham dossiês ativos sobre Jack Jones, o líder sindical, e Bob Edwards, o deputado trabalhista. Ele identificou "contatos" simpatizantes, que aceitaram dinheiro ou entretenimento da KGB, como Richard Gott, o jornalista do *The Guardian*, e o já idoso ativista da paz Fenner Brockway. Mas os caçadores de espiões descobriram que havia pouca coisa que valesse a pena perseguir. Por outro lado, emergiu uma fonte especial de preocupação: Gordievsky aparentemente nunca tinha ouvido falar de Geoffrey Prime, um analista da GCHQ, o ramo da inteligência britânica que lida com comunicações e inteligência de sinais, que tinha acabado de ser preso como espião soviético. Se Gordievsky tinha visto todos os arquivos, por que não havia nenhum sobre Prime, que começara a espionar para a União Soviética em 1968? A resposta era simples: Prime era controlado pela contrainteligência da KGB, e não pelo Departamento Britânico-Escandinavo.

A descrição detalhada de Gordievsky das operações da KGB em Londres, na Escandinávia e em Moscou provou que o adversário soviético não era um gigante mitológico, mas alguém falho, desajeitado e ineficiente. A KGB dos anos 1970 claramente não era o que tinha sido uma geração antes. O fervor ideológico da década de 1930, que testemunhara o recrutamento de tantos agentes dedicados, fora substituído por uma conformidade aterrorizada, que produzia um tipo muito diferente de espião. A KGB permanecia ampla, bem financiada e implacável, e ainda era capaz de atrair alguns dos melhores e mais brilhantes recrutas. Mas suas fileiras agora também incluíam muitos oportunistas e lambe-botas, carreiristas preguiçosos e com pouca imaginação. A KGB ainda era um antagonista perigoso, mas suas vulnerabilidades e deficiências estavam agora expostas. Ao mesmo tempo que a agência estava entrando em um período de declínio, a inteligência ocidental se enchia de vida nova e ambição. O MI6 começava a emergir da posição defensiva que havia adotado durante os debilitantes escândalos de espionagem das décadas de 1950 e 1960.

Um tremor de confiança e excitação percorreu a organização. Aquela KGB podia ser derrotada.

Entretanto, um aspecto do tesouro fornecido por Gordievsky fez os altos escalões da inteligência e da segurança britânica sentarem-se e engolirem em seco.

O flerte de Michael Foot com a KGB ficara no passado distante. Gordievsky teve o cuidado de não exagerar a importância do agente Boot e Geoffrey Guscott foi claro em sua avaliação do caso: Foot tinha sido usado apenas para "fins de desinformação", não era um espião ou "agente consciente" no sentido aceito pela espionagem. Porém, desde 1980 ele fora líder da oposição trabalhista, desafiando Margaret Thatcher pela liderança do país. Poderia se tornar primeiro-ministro na eleição geral seguinte, a ser realizada no mais tardar em 1984. Se sua antiga relação financeira com a KGB fosse revelada, destruiria a credibilidade de Foot, acabaria com suas chances de subir ao poder e possivelmente mudaria o curso da história. Muitos já o consideravam perigosamente de esquerda, mas seus contatos com a KGB pintariam sua posição ideológica com tintas bem mais sinistras. A verdade era incriminadora o suficiente para fazer Foot parecer ingênuo e insensato ao extremo. Mas, no calor de uma eleição, poderia fazê-lo parecer um espião da KGB em plena atividade e bem remunerado.

"Estávamos preocupados com a sensibilidade desse conhecimento e a necessidade de evitar que ele fosse usado por razões político-partidárias", afirmou Spooner. "Havia uma divisão ideológica profunda no país, mas sabíamos que tínhamos que manter essa informação fora da corrente política principal. Estávamos sentados sobre informações massivamente abertas a más interpretações."

As revelações sobre Foot levantaram sérias implicações para a segurança nacional. O MI6 passou as evidências para sir John Jones, diretor-geral do MI5. O Serviço de Segurança teria que decidir o próximo passo. "A decisão era deles."

Como secretário do Gabinete, sir Robert Armstrong era chefe do Serviço Público, principal conselheiro político da primeira-ministra e responsável por supervisionar os serviços de inteligência e sua relação com o governo. Politicamente neutro, a personificação viva da integridade de Whitehall, Armstrong tinha servido como chefe do Gabinete de Harold Wilson e de Edward Heath. Ele estava entre os conselheiros mais confiáveis de Thatcher. Mas isso não queria dizer que ele lhe revelava tudo.

O diretor-geral do MI5 disse a Armstrong que Michael Foot já fora o agente Boot, um contato confidencial contratado pela KGB. Eles concordaram que a informação era muito incendiária em termos políticos para ser repassada à primeira-ministra.

Muitos anos depois, quando perguntado sobre esse episódio, Armstrong foi ponderado e pouco transparente, na melhor tradição do governo: "Eu sabia que Michael Foot devia ter tido contato com a KGB antes de se tornar líder do Partido Trabalhista e que se acreditava que o *Tribune* recebera apoio financeiro de Moscou, provavelmente da KGB... Gordievsky confirmou essa informação. Eu não sei quanto disso foi revelado ao ministro das Relações Exteriores ou à primeira-ministra."

Armstrong mais tarde seria a testemunha-chave no "julgamento do caçador de espiões", a tentativa fracassada do governo britânico de impedir a publicação do revelador livro de memórias de Peter Wright. Ele cunhou a expressão "econômico com a verdade". E certamente parece ter sido bem econômico em revelar a verdade sobre Michael Foot. Não contou a Margaret Thatcher ou a seus principais conselheiros; não contou a ninguém no Serviço Público, no Partido Conservador ou no Partido Trabalhista. Não contou aos americanos ou a qualquer outro aliado dos britânicos. Não contou a uma alma viva sequer.

Tendo recebido a bomba não detonada, o secretário do Gabinete a colocou em seu bolso e a manteve lá, na esperança de que Foot perdesse as eleições e o problema se resolvesse por si mesmo. Veronica Price foi direta: "Nós enterramos o assunto." Mesmo assim, dentro do MI6 houve discussões sobre as implicações constitucionais se Michael Foot ganhasse a eleição: ficou acordado que, se um político com algum histórico com a KGB se tornasse primeiro-ministro da Grã-Bretanha, então a rainha teria que ser informada.

Havia um elemento adicional nos arquivos Gordievsky que era ainda mais perigoso do que os arquivos Boot, um segredo da KGB com o potencial não apenas de mudar o mundo, mas de destruí-lo.

Em 1982, a Guerra Fria estava se aquecendo novamente, a ponto de a guerra nuclear parecer uma possibilidade genuína. Gordievsky revelou que o Kremlin acreditava, erroneamente, mas com total seriedade, que o Ocidente estava prestes a apertar o botão nuclear.

8

A OPERAÇÃO RYAN

Em maio de 1981, Yuri Andropov, presidente da KGB, reuniu seus oficiais superiores em um conclave secreto para emitir um anúncio surpreendente: os Estados Unidos planejavam lançar seu primeiro ataque nuclear durante a Guerra Fria e destruir a União Soviética.

Por mais de vinte anos, uma guerra nuclear entre o Oriente e o Ocidente tinha sido mantida à revelia pela ameaça de destruição mutuamente assegurada, a promessa de que ambos os lados seriam aniquilados em qualquer conflito, não importando quem começasse. Entretanto, no fim da década de 1970 o Ocidente começou a avançar na corrida armamentista nuclear e a tensa trégua começou a dar lugar a um tipo diferente de confronto psicológico, baseado no temor do Kremlin de ser destruído e derrotado por um ataque nuclear preventivo. No início de 1981, a KGB realizou uma análise da situação geopolítica usando um programa de computador recém-desenvolvido e concluiu que "a correlação das forças mundiais" estava se movendo a favor do Ocidente. A intervenção no Afeganistão vinha se mostrando cara, Cuba drenava seus fundos, a CIA estava lançando uma agressiva ação secreta contra a URSS, e os Estados Unidos passavam por um grande crescimento militar: os soviéticos pareciam estar perdendo a Guerra Fria e, como um boxeador exausto por longos anos de luta, o Kremlin temia que um único e brutal soco pudesse acabar com a luta.

A convicção do chefe da KGB de que a União Soviética era vulnerável a um ataque nuclear surpresa provavelmente tinha mais a ver com a experiência pessoal de Andropov do que com uma análise geopolítica racional. Como embaixador na Hungria em 1956, ele havia testemunhado a rapidez com que um regime aparentemente poderoso poderia ser derrubado. Ele havia desempenhado um papel fundamental na supressão da Revolução Húngara. Doze anos depois, Andropov novamente incentivou o uso de "medidas extremas" para derrubar a Primavera de Praga. O "Açougueiro de Budapeste" tinha uma crença firme no uso das armas e na repressão da KGB. O chefe da polícia secreta romena o descreveu como "o homem que substituiu o Partido Comunista pela KGB no governo da URSS". A postura confiante e obstinada do recém-instalado governo Reagan parecia ressaltar a ameaça iminente.

E assim, como todos os verdadeiros paranoicos, Andropov se pôs a encontrar evidências para confirmar seus medos.

A Operação Ryan (um acrônimo para *Raketno-Yadernoye Napadeniye*, que significava "ataque de mísseis nucleares") foi a maior operação de inteligência soviética já lançada em tempos de paz. Para seu atordoado pessoal da KGB, com o líder soviético Leonid Brezhnev ao seu lado, Andropov anunciou que os Estados Unidos e a OTAN estavam "se preparando ativamente para uma guerra nuclear". A tarefa da KGB era encontrar sinais da iminência desse ataque e transmitir um aviso para que a União Soviética não fosse pega de surpresa. Por inferência, se a prova de um ataque iminente pudesse ser encontrada, então a própria União Soviética lançaria um ataque preventivo. A experiência de Andropov em suprimir a liberdade nos Estados-satélites soviéticos o convencera de que o melhor método de defesa era o ataque. O medo de um primeiro ataque ameaçava provocar um primeiro ataque.

A Operação Ryan nasceu na imaginação febril de Andropov. Cresceu de forma constante, como uma metástase, transformando-se em uma obsessão da KGB e da GRU (inteligência militar), consumindo milhares de horas de trabalho e ajudando a aumentar a tensão entre as superpotências até chegar a níveis aterrorizantes. A Operação Ryan tinha até um lema próprio: "*Ne Prozerot!*" (Não errem!) Em novembro de 1981, as primeiras diretivas foram enviadas para estações de campo da KGB nos Estados Unidos, na Europa Ocidental, no Japão e nos países do Terceiro Mundo. No início de 1982, todas as *rezidenturas* foram instruídas a fazer da Ryan uma prioridade máxima. Quando Gordievsky chegou a Londres, a operação já havia adquirido uma dinâmica própria. Mas ela se baseava em um profundo mal-entendido. Os Estados Unidos não estavam preparando um primeiro ataque. A KGB procurou por toda parte evidências do ataque planejado, mas, como a história autorizada do MI5 observa, "esses planos não existiam".

Ao lançar a Operação Ryan, Andropov quebrou a primeira regra da inteligência: nunca se deve pedir confirmação de algo em que já se acredita.

Hitler tinha certeza de que a força de invasão do Dia D desembarcaria em Calais, então foi isso que seus espiões (com a ajuda de agentes duplos aliados) lhe disseram, garantindo o sucesso dos desembarques na Normandia. Tony Blair e George W. Bush estavam convencidos de que Saddam Hussein possuía armas de destruição em massa, e foi exatamente isso que seus serviços de inteligência concluíram. Yuri Andropov, pedante e autocrático, estava totalmente convencido de que seus lacaios da KGB encontrariam evidências de um ataque nuclear iminente. E foi isso que eles fizeram.

Gordievsky tinha sido informado sobre a Operação Ryan antes de deixar Moscou. Quando essa iniciativa política da KGB foi revelada ao MI6, os especialistas soviéticos no Century House de início trataram o relatório com ceticismo. Será que os malucos do Kremlin realmente compreendiam tão mal a moralidade do Ocidente a ponto de acreditar que os Estados Unidos e a OTAN pudessem atacar primeiro? Era óbvio que isso não passava de um alarmismo absurdo por parte de um veterano excêntrico da KGB. Ou talvez, o que seria ainda mais sinistro, um truque de desinformação com o objetivo de persuadir o Ocidente a recuar e reduzir sua máquina militar? A comunidade de inteligência ficou na dúvida. James Spooner se perguntou como o Centro poderia estar "tão alheio ao mundo real".

Entretanto, em novembro de 1982 Andropov sucedeu a Leonid Brezhnev como líder soviético, tornando-se o primeiro chefe da KGB a ser eleito secretário-geral do Partido Comunista. Logo em seguida, as *rezidenturas* foram informadas de que a Operação Ryan assumira agora "uma importância particularmente séria" e tinha "adquirido um grau especial de urgência". Um telegrama chegou à estação de Londres, endereçado a Arkadi Guk (sob seu codinome, Yermakov), rotulado de "estritamente pessoal" e "ultrassecreto". Gordievsky conseguiu levá-lo no bolso para fora da embaixada e o entregou a Spooner.

Intitulado *Plano operacional permanente para descobrir os preparativos da OTAN para um ataque de mísseis nucleares à URSS*, aquele era o plano, com todos os detalhes, da Operação Ryan, contendo os vários indicadores que deviam alertar a KGB sobre os preparativos para um ataque do Ocidente. O documento provava que os temores soviéticos de um primeiro ataque eram genuínos, profundamente enraizados e crescentes. Ele afirmava: "O objetivo da atribuição é fazer com que a *rezidentura* trabalhe sistematicamente para descobrir quaisquer planos em preparação pelo principal inimigo [Estados Unidos] para executar Ryan e organizar uma vigilância contínua a fim de reconhecer indicadores de que uma decisão está sendo tomada para usar armas nucleares contra a União Soviética ou que preparativos imediatos estão sendo feitos para um ataque de mísseis nucleares." O documento listava vinte indicadores de um potencial ataque, que variavam do lógico ao ridículo. Os oficiais da KGB foram instruídos a observar de perto os "principais tomadores de decisões nucleares", incluindo, bizarramente, líderes da Igreja e grandes banqueiros. Os edifícios onde tais decisões poderiam ser tomadas deveriam ser observados de perto, bem como depósitos nucleares, instalações militares, rotas de evacuação e abrigos antibombas. Agentes deveriam ser recrutados com urgência dentro do governo, do Exército, da inteligência e das organizações de defesa civil. Os oficiais foram instruídos a contar quantas luzes eram ligadas à noite em edifícios importantes do governo, já que funcionários estariam trabalhando até tarde nos preparativos para um ataque. Os carros em estacionamentos do governo também deveriam ser contados: uma demanda súbita por vagas de estacionamento no Ministério da Defesa, por exemplo, poderia indicar preparações para um ataque. Os hospitais também deveriam ser vigiados, já que o inimigo esperaria alguma retaliação ao seu primeiro ataque e tomaria providências para poder cuidar de múltiplas baixas. Um olhar igualmente atento deveria ser mantido nos matadouros: se o número de bovinos mortos aumentasse acentuadamente, isso poderia indicar que o Ocidente estava armazenando hambúrgueres antes do Armagedom.

A ordem mais estranha foi a de monitorar o "nível de sangue mantido em bancos de sangue" e informar se o governo começasse a comprar suprimentos de sangue e estocar plasma. "Um sinal importante de que os preparativos para Ryan estariam começando poderia ser o aumento das compras de sangue de doadores e os preços pagos a eles... descobrir o local dos milhares de centros de recepção de doadores de sangue, o preço do sangue e registrar quaisquer mudanças... se houvesse um crescimento inesperado no número de centros de doadores de sangue e os preços pagos, isso deveria ser imediatamente reportado ao Centro."

No Ocidente, é óbvio, o sangue é doado por cidadãos comuns. O único pagamento é um biscoito e, às vezes, uma xícara de chá. O Kremlin, no entanto, assumindo que o capitalismo penetrara em todos os aspectos da vida ocidental, acreditava que um "banco de sangue" fosse de fato um banco, onde o material podia ser comprado e vendido. Ninguém nas estações da KGB ousava chamar a atenção para esse mal-entendido elementar. Em uma organização covarde e hierárquica, a única coisa mais perigosa do que revelar a própria ignorância é chamar a atenção para a estupidez do chefe.

De início, Gordievsky e seus colegas desconsideraram aquela peculiar lista de demandas, reputando a Operação Ryan como apenas mais um exemplo de um trabalho inútil e mal informado do Centro. Os oficiais mais perceptivos e experientes da KGB sabiam que não havia nenhum apetite para uma guerra nuclear no Ocidente, muito menos um ataque-surpresa lançado pela OTAN e os Estados Unidos. O próprio Guk não fazia mais do que "defender verbalmente" as exigências do Centro, que ele considerava "ridículas". Mas a obediência era mais poderosa do que o bom senso no mundo da inteligência soviética, e estações da KGB em todo o mundo começaram a procurar evidências de planos hostis. E, inevitavelmente, a encontrá-las. Quase todo comportamento humano, se examinado com suficiente intensidade, pode começar a parecer suspeito: uma luz deixada acesa no Ministério das Relações Exteriores, uma escassez de vagas no estacionamento do Ministério da Defesa, um bispo potencialmente belicoso. À medida que as "evidências" do plano inexistente para atacar a URSS se acumulavam, elas pareciam confirmar o que o Kremlin já temia, aumentando a paranoia no Centro e provocando novas demandas por provas. É assim que os mitos se autoperpetuam. Gordievsky chamou o processo de "uma cruel espiral de coleta e avaliação de informações, com as estações estrangeiras se sentindo obrigadas a relatar informações alarmantes, mesmo que não acreditassem nelas".

Nos meses seguintes, a Operação Ryan tornou-se a preocupação dominante da KGB. Enquanto isso, o discurso do governo Reagan reforçava a convicção do Kremlin de que os Estados Unidos estavam seguindo um caminho agressivo em direção a uma guerra nuclear desigual. No início de 1983, Reagan denunciou a União Soviética como o "império do mal". A iminente implantação de mísseis balísticos de médio alcance, denominados Pershing II, na Alemanha Ocidental aumentou os temores soviéticos. Essas armas tinham uma "alta capacidade de um primeiro ataque repentino" e podiam atingir alvos soviéticos, inclusive silos de mísseis, sem aviso, em apenas quatro minutos. O tempo de voo para Moscou foi estimado em cerca de seis minutos. Se a KGB lançasse avisos suficientes para um ataque, isso daria a Moscou "um período de antecipação essencial... para medidas de retaliação": em outras palavras, bombardear primeiro. Em março, Ronald Reagan fez um anúncio público que ameaçava esterilizar qualquer retaliação preventiva: a Iniciativa Estratégica de Defesa dos Estados Unidos (Strategic Defense Initiative, ou SDI), imediatamente apelidada de "Star Wars", previa o uso de satélites e armas espaciais para criar um escudo capaz de derrubar mísseis nucleares soviéticos. Isso poderia tornar o Ocidente invulnerável e permitir que os Estados Unidos lançassem um ataque sem medo de retaliação. Furioso, Andropov acusou Washington de "inventar novos planos sobre como desencadear uma guerra nuclear da melhor maneira, com a esperança de vencê-la [...] As ações de Washington estão colocando o mundo inteiro em perigo". A Operação Ryan foi expandida: para Andropov e seus obedientes subalternos da KGB, essa era uma questão de sobrevivência soviética.

No início, o MI6 interpretou Ryan como evidências adicionais encorajadoras da incompetência da KGB: uma organização dedicada à busca de uma trama fantasma teria pouco tempo para uma espionagem mais eficaz. Mas, com o passar do tempo, à medida que a retórica raivosa aumentava de ambos os lados, ficou claro que os temores do Kremlin não poderiam ser descartados como mera perda de tempo fantasiosa. Um Estado que temia um conflito iminente tinha cada vez mais chances de atacar primeiro. Ryan demonstrou, da forma mais enfática possível, quão instável o confronto da Guerra Fria havia se tornado.

A postura belicista de Washington estava alimentando uma narrativa soviética que poderia acabar no Armagedom nuclear. Entretanto, os analistas de política externa americanos tendiam a descartar as expressões alarmistas soviéticas como exageros deliberados com o objetivo de espalhar propaganda, parte do velho jogo de blefe e contrablefe. Mas Andropov estava falando sério quando insistiu que os Estados Unidos planejavam desencadear uma guerra nuclear; e, graças ao espião russo, os britânicos sabiam disso.

Os Estados Unidos teriam que ser informados de que os medos do Kremlin, embora baseados em ignorância e paranoia, eram sinceros.

A relação entre as agências de inteligência britânica e americana é parecida com a de irmãos: próxima, mas competitiva; amigável, mas ciumenta; mutuamente apoiadora, mas propensa a brigas. Tanto a Grã-Bretanha quanto os Estados Unidos haviam sofrido anteriormente penetração de alto nível por agentes comunistas e ambos alimentavam a persistente suspeita de que o outro poderia não ser confiável. Sob acordos estabelecidos, as informações interceptadas por sinais eram compartilhadas, mas as que eram coletadas por fontes humanas eram distribuídas com mais moderação. Os Estados Unidos tinham espiões cuja existência a Grã-Bretanha ignorava e vice-versa. O "produto" dessas fontes era oferecido segundo a "necessidade de saber", e a definição de necessidade era bem relativa.

As revelações de Gordievsky sobre a Operação Ryan foram passadas para a CIA de forma útil, mas econômica com a verdade. Até então, o material de Nocton havia sido distribuído exclusivamente para leitores de inteligência "doutrinados" dentro do MI6, do MI5 e, de forma *ad hoc*, para o PET, bem como para a primeira-ministra, seu gabinete e o Ministério das Relações Exteriores. A decisão de ampliar o círculo de distribuição para incluir a comunidade de inteligência americana marcou um momento crítico no caso. O MI6 não revelava de que parte do mundo o material vinha nem quem o havia fornecido. A fonte ficava totalmente camuflada e ignorada, a inteligência embalada de tal forma que sua origem ficasse obscura. "Foi tomada a decisão de passar o material fragmentado e editado como um CX (um relatório de inteligência) normal. Tínhamos que disfarçar a procedência. Dizíamos que viera de um oficial de nível médio, não de Londres. Tivemos que fazer com que parecesse o mais ameno possível." Mas os americanos não tinham dúvidas sobre a autenticidade e a confiabilidade do que estavam ouvindo: aquela era uma informação do mais alto grau, confiável e valiosa. O MI6 não contava à CIA que a inteligência vinha de dentro da KGB. Mas provavelmente nem precisava.

E assim começou uma das operações de compartilhamento de inteligência mais importantes do século XX.

Lentamente, com cuidado, com um orgulho silencioso e uma fanfarra contida, o MI6 começou a alimentar os americanos com os segredos de Gordievsky. A inteligência britânica havia muito se orgulhava de controlar agentes humanos. Os Estados Unidos podiam ter o dinheiro e a musculatura tecnológica, mas os britânicos entendiam as pessoas, ou gostavam de acreditar nisso. O caso Gordievsky compensava, em alguma medida, os constrangimentos duradouros dos anos Philby e era apresentado com uma leve arrogância britânica. O sistema de inteligência americano ficou impressionado, intrigado, grato e um pouco irritado por ser patrocinado por seu irmão menor. A CIA não estava acostumada com outras agências decidindo o que ela precisava ou não saber.

Por fim, à medida que a espionagem de Gordievsky crescia em volume e detalhes, a inteligência encontraria seu caminho para os níveis mais altos do governo americano, influenciando a política dentro do próprio Salão Oval. Mas apenas uma pequenina parcela de agentes da inteligência americana sabia que os britânicos tinham um infiltrado soviético altamente posicionado: um deles era Aldrich Ames.

A carreira de Ames na CIA havia se desenvolvido bem desde que ele voltara do México. Ele e Rosario se estabeleceram em uma casa em Falls Church, na Virgínia, nos subúrbios de Washington, e, em 1983, apesar de seu histórico irregular no trabalho, ele foi promovido à chefia do ramo de contrainteligência da ala de operações soviéticas da CIA. Ames ainda estava subindo os degraus da agência, mas não rápido o suficiente para segurar a sua crescente insatisfação profissional. Rosario tinha concordado em se casar com ele, mas seu divórcio sairia muito caro. Ames pediu um novo cartão de crédito e imediatamente fez uma dívida de 5 mil dólares comprando móveis novos. Rosario mostrava-se decepcionada e queixosa, e passou a telefonar cada vez mais para casa, na Colômbia. Só as contas de telefone custavam 400 dólares por mês. O apartamento era apertado. Ames dirigia um Volvo velho caindo aos pedaços.

Para Ames, um salário de apenas 45 mil dólares por ano era ínfimo ao extremo, considerando o valor dos segredos com os quais lidava todos os dias. Sob o comando de Bill Casey, o enérgico novo diretor da CIA de Reagan, a divisão soviética tinha assumido uma nova vida e agora estava controlando uns vinte espiões atrás da Cortina de Ferro. Ames sabia as identidades de todos eles. Ele sabia que a CIA estava grampeando um cabo de Moscou e sugando grandes quantidades de informação. Ele sabia que os rapazes do departamento técnico tinham adaptado um contêiner para coletar informações de trens que transportavam ogivas nucleares na ferrovia Transiberiana. Por fim, ele recebeu a informação secreta de que o MI6 tinha um agente altamente colocado, talvez dentro da KGB, cuja identidade os britânicos estavam escondendo. Ames conhecia esses segredos e muitos mais. Mas, enquanto tomava o seu uísque em bares variados de Washington, ele tinha uma certeza acima de qualquer outra: estava falido. E queria um carro novo.

...

Depois de seis meses na Grã-Bretanha, a vida dupla de Gordievsky se estabeleceu em uma rotina agradável. Leila estava feliz explorando sua nova casa, totalmente inconsciente das atividades clandestinas do marido. Suas filhas pareciam estar se tornando duas meninas britânicas da noite para o dia, conversando com suas bonecas em inglês. Ele amava os parques e pubs de Londres, os pequenos restaurantes do Oriente Médio de Kensington, com seus aromas exóticos e picantes. Ao contrário de Yelena, Leila adorava cozinhar e nunca se cansava de contar, maravilhada, sobre a variedade de ingredientes disponíveis nos mercados britânicos. As tarefas domésticas e a criação das crianças ficavam a cargo de Leila: sem nunca reclamar, ela frequentemente comentava sobre sua boa sorte de poder viver no exterior por um tempo. Sentia falta de sua família e seus amigos em Moscou, mas sabia que voltariam para casa em breve, já que os postos diplomáticos soviéticos raramente se estendiam por mais de três anos. Sempre que Leila ficava com saudades de casa, Oleg tentava mudar de assunto. Ele sabia que um dia teria que contar a ela que era um espião para a Grã-Bretanha e que eles nunca mais iriam voltar. Mas por que expô-la ao estresse e perigo agora? Leila era uma boa esposa russa, dizia a si mesmo, e, quando chegasse a hora de revelar suas mentiras, ela aceitaria, mesmo que ficasse chocada e infeliz por um tempo. Mas ela teria que saber da verdade mais cedo ou mais tarde. Mais tarde parecia a opção preferível.

Eles mergulharam na vida artística da capital britânica, participando de concertos de música clássica, aberturas de galerias e apresentações teatrais. Sua espionagem para o Ocidente era, ele acreditava, um ato de dissidência cultural, não uma traição. "Assim como Shostakovich, o compositor, revidou com a música e Solzhenitsyn, o escritor, revidou com palavras, então eu, o homem da KGB, só poderia operar através do meu mundo de inteligência." Ele revidou com segredos.

Todas as manhãs ele corria no Holland Park. E quase toda semana, em um dia diferente, previamente combinado, quando se sabia que os Vigias do MI5 estariam em outro lugar, ele dizia aos colegas que ia almoçar com um contato, entrava em seu carro e dirigia até o esconderijo em Bayswater. No estacionamento subterrâneo, jogava uma capa plástica sobre seu automóvel para esconder as placas diplomáticas.

O Centro não enviava mais suas instruções em microfilmes, então Gordievsky passou a contrabandear documentos físicos antes de cada reunião, às vezes em lotes. Esperava o escritório ficar vazio e discretamente colocava os papéis em um bolso. Havia muita coisa para escolher. Os diferentes departamentos do Centro competiam nas exigências sobre os inúmeros funcionários da *rezidentura* de Londres: 23 oficiais da KGB dentro da embaixada, outros oito disfarçados na delegação comercial soviética, mais quatro se passando por jornalistas, além dos ilegais e de um grupo de quinze oficiais de inteligência militar destacados pela GRU. "O Centro produzia um imenso volume de informações e eu tinha a liberdade para repassar as que quisesse."

Quando Gordievsky já estava no interior do apartamento, Spooner o questionava, enquanto Veronica Price preparava o almoço e Sarah Page, uma secretária do MI6, charmosa, gentil e de extrema eficiência, fotografava os documentos no quarto. Depois de completar a escavação da memória de Gordievsky, o foco mudava para as operações atuais. "Não demorou nada e já estávamos discutindo material atual", contou Spooner. "Ele nos atualizava sobre tudo que havia acontecido entre um encontro e outro: eventos, instruções, visitas, atividades locais, conversas com colegas da *rezidentura*." Como era um observador treinado, Oleg fazia anotações mentais de tudo e qualquer coisa que pudesse ser útil: instruções do Centro, os últimos pedidos e relatórios da Operação Ryan, a atividade dos ilegais e pistas de suas identidades, alvos de interesse, recrutamento de agentes e mudanças de pessoal. Mas ele também trazia mexericos e boatos, comentários que revelavam o que seus colegas estavam pensando, tramando e fazendo fora do horário de trabalho, quanto eles estavam bebendo, com quem estavam dormindo, com quem queriam dormir. "Você é um membro honorário da *rezidentura* da KGB", disse Gordievsky a Spooner.

De vez em quando, Veronica Price repassava os detalhes da Operação Pimlico, caso ele fosse subitamente chamado de volta a Moscou e precisasse escapar. O plano de extração havia passado por algumas modificações importantes desde que fora concebido pela primeira vez. Gordievsky agora era um homem casado, com duas filhas pequenas. O MI6, portanto, forneceria não um carro de fuga, mas dois; um adulto e uma criança ficariam escondidos em cada porta-malas e as meninas receberiam injeções de uma forte droga soporífica para fazê-las dormir e reduzir o trauma. Como preparação para o momento em que poderia ter que drogar as próprias filhas na hora da extração, Veronica Price levara uma seringa e uma laranja para que ele praticasse a administração de injeções. A cada poucos meses, ele pesaria as filhas, seus pesos seriam relatados à estação do MI6 em Moscou e a dosagem nas seringas, ajustada de acordo.

O caso desenvolveu um ritmo próprio, mas a tensão era implacável. Após uma reunião no apartamento secreto, Oleg foi buscar seu carro nas proximidades da Connaught Street (pela primeira vez, ele decidira não deixar o veículo no estacionamento subterrâneo). Quando estava prestes a sair da calçada, ele viu, para seu horror, o Mercedes marfim de Guk deslizando em sua direção com o gordo *rezident* ao volante. Pensando que tinha sido visto, Gordievsky começou a suar e a inventar razões para explicar o que estava fazendo em um bairro residencial longe da embaixada. Mas Guk, ao que parece, não o viu.

Apenas três políticos tomaram conhecimento do círculo de confiança. Margaret Thatcher foi doutrinada no caso Nocton em 23 de dezembro de 1982, seis meses após a chegada de Gordievsky à Grã-Bretanha. A informação foi colocada em uma pasta vermelha especial, conhecida como "red jacket", e guardada dentro de uma caixa azul trancada da qual apenas a primeira-ministra, seu assessor para assuntos estrangeiros e seu secretário particular tinham a chave. Thatcher foi informada de que o MI6 tinha um agente dentro da estação de Londres da KGB. Ela não sabia seu nome. William Whitelaw, seu secretário de Estado para Assuntos Internos, foi informado um mês depois. O único outro ministro que sabia era o das Relações Exteriores. O material de Nocton, mais notavelmente a Operação Ryan, causou uma "poderosa impressão" em Geoffrey Howe quando ele assumiu aquele posto: "A liderança soviética realmente acreditava na própria propaganda. Eles tinham um medo genuíno de que 'o Ocidente' estivesse tramando sua derrubada – e talvez, só talvez, tomasse medidas extremas para alcançar seu objetivo."

Porém, enquanto a espionagem de Gordievsky para o MI6 prosperava, seu trabalho para a KGB não estava rendendo nada. Guk e Nikitenko, o *rezident* e seu vice, eram abertamente hostis. Igor Titov, seu chefe imediato, era consistentemente rude. Mas nem todos os colegas eram ignorantes paranoicos. Alguns eram bastante perceptivos. Maksim Parshikov, um colega oficial da Linha PR de 30 e poucos anos de idade, era filho de um artista de Leningrado e compartilhava muitos dos gostos culturais de Gordievsky. Eles ouviam música clássica na Rádio 3 enquanto trabalhavam em mesas adjacentes na seção política. Parshikov achava seu colega "agradável e inteligente, com uma educação e um nível de cultura que o diferenciavam". Quando Parshikov ficou resfriado, Gordievsky o apresentou ao descongestionante nasal Otrivina, que ele descobrira havia pouco tempo em uma farmácia britânica. "Éramos unidos em nosso amor pela música clássica e pela Otrivina", escreveu Parshikov. No entanto, ele percebia a ansiedade interior de Gordievsky: "Para mim e outros que estavam próximos de Oleg durante seus primeiros meses em Londres, era óbvio que algo sério e desconfortável estava acontecendo em sua vida; ele parecia extremamente nervoso e sob pressão." Havia algo diferente naquele recém-chegado, uma reserva tensa. Como disse Parshikov:

A liderança da *rezidentura* não gostou dele de cara. Ele não bebia como os outros, era intelectual demais, não era "um de nós". Visualize isso: uma típica festa de um feriado soviético em uma pequena sala central da residência. Tudo está como deveria estar: na mesa há sanduíches e frutas, vodca e uísque para os homens, uma garrafa de vinho para as poucas mulheres. Brindes são feitos, um por um, começando com o *rezident*. Gordievsky assume voluntariamente o papel de mordomo, preenchendo cuidadosamente cada copo vazio, exceto o próprio, que só viu vinho tinto. Ele nunca confraternizava. Alguns achavam isso estranho. Mas eu pensei: caramba, há pessoas diferentes em nossas fileiras. A esposa de um dos oficiais não suportava Gordievsky. Ela não conseguia explicar o motivo de sua antipatia, mas achava que Oleg de alguma maneira era "estranho", "antinatural" e tinha "duas caras".

Parshikov não dava muita atenção às maledicências. "Eu era muito preguiçoso para me envolver com a difamação do meu bom colega da *rezidentura*." O principal problema de Gordievsky, refletiu Parshikov, era seu fraco desempenho no trabalho. Seu inglês ainda era pobre. Ele parecia ir almoçar com alguma frequência, mas voltava com poucas novas informações. Poucos meses depois de sua chegada, teve início uma série de fofocas na *rezidentura* questionando se Oleg estava à altura do trabalho.

Gordievsky sabia que não estava indo bem. Ele havia herdado várias fontes de seu antecessor na Linha PR, mas elas não lhe forneceram nenhuma informação útil. Entrou em contato com um diplomata europeu identificado pelo Centro como um agente e descobriu que, "embora estivesse preparado para comer grandes refeições, ele nunca me contou nada do menor interesse". Outro indivíduo identificado para um possível recrutamento era Ron Brown, o deputado trabalhista por Edimburgh Leith, um antigo sindicalista que havia atraído a atenção da KGB por seu apoio oral aos regimes comunistas no Afeganistão, na Albânia e na Coreia do Norte. Ele estava frequentemente em apuros com as autoridades parlamentares por seu comportamento briguento e acabaria expulso do Partido Trabalhista depois de roubar as calcinhas de sua amante e destruir o apartamento dela. Nascido em Leith, Brown tinha um forte sotaque escocês. Ele era animado, agradável e, aos ouvidos russos, quase completamente incompreensível.

Gordievsky, que já tinha dificuldades em compreender a pronúncia do inglês da BBC, levou Brown para almoçar em várias ocasiões, quando se sentava e assentia, pegando uma palavra em dez, enquanto o escocês vomitava em seu sotaque nativo. "Pelo que eu entendi, ele poderia ter falado em árabe ou japonês." De volta à *rezidentura*, Gordievsky escreveu um relatório que era pura balela, baseado no que ele pensou que o escocês poderia ter dito. Brown podia ter vazado segredos de primeira linha, mas também podia estar falando sobre futebol. A culpa ou inocência de Brown permanece um mistério histórico, escondida para sempre atrás de seu impenetrável sotaque escocês.

Reviver e consolidar contatos antigos era tão frustrante quanto tentar encontrar novos. Bob Edwards tinha quase 80 anos, o deputado mais antigo do Parlamento, um amigo impenitente da KGB que ficava feliz em conversar sobre os velhos tempos, mas tinha muito pouco a revelar sobre os novos. Gordievsky também restabeleceu contato com Jack Jones, o antigo líder sindical, e o encontrou em seu apartamento em um conjunto habitacional. Aposentado havia muito tempo, Jones ficou encantado em aceitar o convite para o almoço e os ocasionais pagamentos em dinheiro, mas, como informante, ele era "absolutamente inútil". O Centro costumava identificar proeminentes "progressistas", como a ativista da CND Joan Ruddock e o locutor Melvyn Bragg, na crença de que, com a abordagem certa, eles concordariam em espionar para os soviéticos. Nisso, como em tantas outras coisas, a KGB estava enganada. Durante semanas Gordievsky flutuou às margens do Partido Trabalhista, do movimento de paz, do Partido Comunista britânico e dos sindicatos, tentando sem sucesso cultivar novos contatos. Depois de seis meses, ele tinha pouco para mostrar por seus esforços.

O analista-chefe da *rezidentura*, outro dos comparsas de Guk, falava mal do trabalho de Gordievsky e começou a reclamar que o recém-chegado era um fracassado incompetente. Gordievsky confidenciou a Parshikov que temia ser mandado de volta a Moscou na licença anual, com medo de "ser criticado por seu fraco desempenho". O Centro não demonstrava nenhum apoio: "Pare de entrar em pânico e continue trabalhando."

Gordievsky estava em apuros: detestado pelo *rezident*, impopular dentro da embaixada e lutando para causar boa impressão em um novo posto, um novo idioma e uma nova cidade. Além disso, estava tão ocupado coletando informações para os britânicos que não tinha tempo suficiente para se dedicar ao seu trabalho diurno da KGB.

Os problemas de Gordievsky no trabalho para a KGB provocaram no MI6 um dilema inesperado e alarmante. Se ele fosse enviado de volta, o caso do espião mais importante do Ocidente seria interrompido logo quando estava começando a produzir inteligência de importância, que mudaria o mundo. O caso dependia do progresso profissional de Gordievsky, porque quanto maior seu sucesso aos olhos da KGB, melhores as suas possibilidades de promoção e maior o seu acesso a materiais úteis. Sua carreira na KGB precisava de um impulso. O MI6 decidiu proporcionar isso de uma forma sem precedentes: fazendo a lição de casa do espião para ele e eliminando quem estivesse em seu caminho.

Martin Shawford, um jovem oficial do MI6 da célula Nocton dentro do ramo soviético, foi designado para a tarefa de fazer Gordievsky parecer bom aos olhos de seus colegas e chefes. Fluente em russo e tendo retornado havia pouco de um posto em Moscou, Shawford lidou com o aspecto político do caso. Ele começou a reunir informações que Gordievsky poderia afirmar ter conseguido e repassá-las à KGB: o suficiente para convencer o Centro de que ele era um especialista em inteligência política, mas nada tão bom que pudesse ser realmente útil aos soviéticos. No jargão da espionagem, tais informações são conhecidas como "milho para os pintos", informações genuínas, mas não prejudiciais, que podem ser dadas a um inimigo para estabelecer a boa-fé de um agente, volumosas, substanciosas, mas sem qualquer valor nutricional real. A inteligência britânica tornou-se especialista na fabricação de milho para os pintos durante a Segunda Guerra Mundial, passando grandes quantidades de informação cuidadosamente monitoradas por meio de agentes duplos para seus controladores alemães: algumas verdadeiras, algumas com meias verdades e algumas falsas, porém indetectáveis. Shawford vasculhava informações abertas a todos em revistas e jornais para conseguir dados que Gordievsky poderia ter obtido de contatos ou outras fontes: resumos da situação do apartheid na África do Sul, o estado da relação anglo-americana ou fofocas internas do Partido Conservador reunidas à margem de conferências partidárias. Com alguma imaginação, isso poderia ser combinado de modo a parecer informação conquistada por Gordievsky. "Precisávamos de material que ele pudesse oferecer à *rezidentura* para justificar suas ausências, suas reuniões e assim por diante. Era importante aumentar sua credibilidade e justificar seus movimentos. Sabíamos que tipo de conversa ele poderia conseguir com os tipos de pessoa que ele conhecia." As exigências do MI6 para liberar o material eram tais que o K6, o departamento do MI5 responsável pelo caso, teve que lutar para se manter atualizado. "Isso causou praticamente o único atrito entre os Serviços na história do caso Gordievsky." Shawford digitava um resumo de três quartos de página toda semana, que Gordievsky levava de volta para a *rezidentura*, traduzindo para a linguagem da KGB, adicionando alguns detalhes de sua autoria e entregando aos chefes. O resumo original do MI6 era rasgado e jogado no vaso sanitário.

Mas alimentar Oleg com milho para os pintos era só uma das maneiras de engordar suas perspectivas de carreira. Para convencer seus superiores de que ele estava trabalhando bem, Gordievsky precisava conhecer pessoas reais, que pudessem lhe fornecer informações genuínas, embora sem valor. Oferecer apenas dados sem uma fonte nomeada geraria suspeitas. Gordievsky precisava dos próprios "contatos confidenciais". Então o MI6 lhe deu alguns.

Dentro do MI5, o Departamento K4 lidava com a contraespionagem contra alvos soviéticos, identificando, monitorando, seguindo e, sempre que possível, neutralizando espiões ativos na Grã-Bretanha – oficiais da KGB e da GRU, seus recrutas e ilegais. Isso frequentemente envolvia o uso de "agentes de acesso", indivíduos da vida civil que podiam fazer contato com um espião suspeito, ganhar sua confiança, atraí-lo, extrair informações, fingir simpatia e se mostrar disponíveis para recrutamento. Se o espião se revelasse, ele poderia ser preso, se ilegal, ou expulso, se estivesse na Grã-Bretanha sob cobertura diplomática. Mas o objetivo de qualquer operação era atrair um espião para a cumplicidade e depois persuadi-lo, por incentivo ou ameaça, a espionar *contra* a União Soviética. Esses agentes de acesso, também conhecidos como "contatos controlados", eram homens e mulheres comuns, secretamente recrutados pelo K4 para ajudar na invisível batalha de espionagem. Eles eram, na verdade, iscas; também eram, por definição, o tipo de pessoa que um oficial de inteligência soviético se interessaria em recrutar. No início da década de 1980, o K4 estava controlando simultaneamente dezenas de casos contra alvos soviéticos, usando vários agentes de acesso disfarçados.

A figura marcante, alta e de cabelos escuros de Rosemary Spencer era uma visão familiar no Escritório Central Conservador, o centro nervoso do Partido Tory, com sede no número 32 da Smith Square, no coração de Westminster. Rosemary, de 42 anos, trabalhou na seção internacional do departamento de pesquisas e ajudou a elaborar o Relatório Franks sobre a Guerra das Malvinas. As pessoas diziam, de maneira grosseira, que ela era casada com o partido. Ela era sociável, inteligente, talvez bastante solitária e o tipo de membro bem informado do sistema político que a KGB encorajava seus oficiais a recrutar. Seus colegas conservadores ficariam sem palavras se descobrissem que aquela mulher solteira e alegre do departamento de pesquisas era, na verdade, uma agente secreta do MI5.

Gordievsky conheceu Rosemary Spencer em uma festa em Westminster. O encontro não fora acidental. Ele tinha sido orientado a procurar uma vibrante pesquisadora do Partido Conservador. Ela fora avisada de que poderia ser abordada por um oficial da KGB se passando por diplomata russo e, se isso acontecesse, deveria encorajar a relação. Eles saíram para almoçar. Gordievsky arrumou-se com elegância. Ele sabia que ela era uma agente de acesso do MI5. Ela sabia que ele era da KGB. Ela não sabia que, na verdade, ele trabalhava para o MI6. Eles almoçaram de novo. E de novo. O controlador de Rosemary avisou sobre quais informações ela poderia passar, nada muito sensível, mas itens de interesse de seu trabalho, trechos de fofocas do partido, fragmentos de milho para os pintos. Gordievsky digitou tudo em um relatório que incluía não apenas o que Rosemary lhe *tinha* dito, mas outras informações, fornecidas pelo MI6, que um membro bem relacionado do Partido Conservador *poderia* ter lhe dito. A KGB ficou impressionada: Gordievsky estava cultivando uma nova fonte importante dentro do Escritório Central Conservador, que talvez se desenvolvesse em um contato confidencial ou mesmo um agente.

A relação entre Gordievsky e Rosemary tornou-se uma amizade sólida, mas baseada numa mentira. Ela acreditava que o estava enganando; e ele a estava enganando permitindo que pensasse isso. Ele a estava usando para melhorar sua reputação na KGB. Ela pensava que estava dando um golpe contra a União Soviética. Esse era outro exemplo da combinação de trapaça e ternura inerente à espionagem: uma amizade entre uma pesquisadora britânica conservadora e um diplomata soviético russo, sendo que ambos eram agentes secretos. Eles estavam mentindo um para o outro com um afeto genuíno.

Dentro da *rezidentura* da KGB, as ações de Gordievsky subiram rapidamente. Até Guk parecia estar se aproximando dele. Os relatórios ao Centro eram assinados pelo *rezident* e o trabalho de Gordievsky estava melhorando a imagem de Guk. Parshikov notou uma mudança marcante no comportamento de Gordievsky. "Ele começou a se acostumar com a equipe, a construir relacionamentos." Parecia mais confiante e relaxado. Uma pessoa que não gostou do sucesso de Gordievsky foi seu superior imediato, Igor Titov. O chefe da Linha PR sempre considerara seu subordinado uma ameaça, e os relatórios competentes de Gordievsky e suas novas fontes redobraram sua determinação de prejudicar as chances de promoção de seu subalterno. Gordievsky estava subindo. Mas Titov estava no caminho. Então o MI6 o removeu.

Em março de 1983, Igor Titov foi declarado *persona non grata* no Reino Unido e obrigado a deixar o país imediatamente. Gordievsky foi informado com antecedência do plano de expulsar seu chefe. Para desviar as suspeitas, dois oficiais da GRU também foram expulsos, por "atividades incompatíveis com seu status diplomático", o eufemismo aceito para espionagem. Titov ficou furioso. "Eu não sou espião", mentiu para os repórteres. Poucos na estação da KGB lamentaram vê-lo ir embora e pouquíssimos ficaram surpresos. Nos meses anteriores, uma enxurrada de espiões foi expulsa dos países ocidentais e havia amplas evidências de que Titov era um oficial ativo da KGB.

Com Titov fora do caminho, Gordievsky era o candidato óbvio para sucedê-lo como chefe da inteligência política. Ele foi promovido ao posto de tenente-coronel.

O ardil do MI6 para fazer seu espião na KGB subir na carreira funcionou à perfeição. Em meados de 1983, ele havia sido transformado de um fracassado impopular que perigava perder o emprego a um astro em ascensão da *rezidentura*, com uma reputação cada vez mais plena de recrutar agentes e coletar informações. E sua promoção fabricada tinha sido alcançada sem levantar uma centelha de suspeita. Como observou Parshikov: "Tudo parecia bastante natural."

Como chefe da inteligência política na *rezidentura*, Gordievsky agora tinha acesso aos arquivos da Linha PR e pôde confirmar o que o MI6 já suspeitava: a penetração soviética no sistema político britânico era desprezível, com apenas meia dúzia de pessoas classificadas como "agentes recrutados" (a maioria delas idosa) e talvez uma dúzia de "contatos confidenciais" (a maioria secundária). Muitos eram "agentes no papel", que eram "mantidos nos livros para fazer os oficiais parecerem ocupados aos olhos de Moscou". Não havia nenhum novo Philby escondido no cenário. Mais positivamente, a nova posição de Gordievsky lhe deu uma visão maior do funcionamento de outros departamentos, ou linhas: a Linha X (científica e técnica), a Linha N (ilegais) e a Linha KR (contrainteligência e segurança).

1 (acima) Uma família da KGB: Anton e Olga Gordievsky com os dois filhos mais novos, Marina e Oleg, que tinha cerca de 10 anos.

2 (abaixo) Os irmãos Gordievsky: Vasili, Marina e Oleg, por volta de 1955.

3 (acima) Equipe de atletismo do Instituto Estatal de Relações Internacionais de Moscou. Da esquerda para a direita, Gordievsky é o primeiro e Stanislaw "Standa" Kaplan, o quinto. Kaplan, futuro agente de inteligência da Tchecoslováquia, iria desertar para o Ocidente e desempenhar um papel crucial no recrutamento de seu colega de universidade.

4 (abaixo) Treinamento de corrida cross country na costa do mar Negro.

5 **Oleg Gordievsky em seu tempo de estudante do Instituto Estatal de Relações Internacionais, onde foi recrutado pela KGB.**

6 (acima à esquerda) Anton Gordievsky com o uniforme da KGB que costumava usar. "O Partido está sempre certo", afirmava ele.

7 (acima à direita) Vasili Gordievsky, um "ilegal" da KGB altamente bem-sucedido que operou disfarçado na Europa e na África e morreu aos 39 anos em decorrência do alcoolismo.

8 (abaixo) A Lubyanka: quartel-general da KGB, centro nevrálgico da inteligência soviética, por isso conhecido como "O Centro"; funcionava ao mesmo tempo como prisão e arquivo.

9 Oleg Gordievsky em seu uniforme da KGB:
um oficial ambicioso, leal e altamente treinado.

10 (acima) Construção do Muro de Berlim, em agosto de 1961. Testemunhar a barreira física sendo erigida entre o Oriente e o Ocidente causou profunda impressão no jovem Gordievsky, então com 22 anos.

11 (abaixo) Primavera de Praga, em 1968. Um manifestante enfrenta sozinho um tanque soviético. Gordievsky ficou horrorizado quando mais de duzentos mil soldados soviéticos invadiram a Tchecoslováquia para esmagar o movimento reformista.

12 **Fotografias da vigilância secreta de Gordievsky tiradas pelo serviço de inteligência dinamarquês (PET) quando ele assumiu seu posto na *rezidentura* de Copenhague. Durante anos, essas foram as únicas imagens do oficial russo, de codinome Sunbeam, disponíveis para o MI6.**

13 (ao lado) Jogando badminton em dupla com um parceiro não identificado em Copenhague. O oficial da KGB foi abordado diretamente pelo MI6 pela primeira vez quando estava na quadra de badminton.

14 (abaixo) Na costa do mar Báltico com Mikhail Lyubimov, *rezident* **da KGB em Copenhague, seu amigo próximo e protetor.**

15 Gordievsky em uma viagem na Dinamarca com a primeira esposa, Yelena (à direita), Lyubimov (em pé) e a esposa dele, Tamara.

Espiões escandinavos

16 (acima) Arne Treholt (à esquerda), destaque do Partido Trabalhista Norueguês, com seu controlador da KGB, Gennadi "Crocodilo" Titov (centro), a caminho de um de seus 59 almoços.

17 (abaixo à esquerda) Stig Bergling, policial e oficial do serviço de segurança da Suécia que se tornou espião soviético em 1973.

18 (abaixo à direita) Gunvor Galtung Haavik, discreta secretária do Ministério das Relações Exteriores da Noruega que espionou para a KGB por quase trinta anos sob o codinome Greta. Foto tirada logo após sua prisão, em 1977.

19 (acima à esquerda) Mensagem manuscrita de Ames para seus controladores da KGB combinando um ponto de entrega de informações secretas.

20 (acima à direita) Aldrich Ames, na época em que se juntou à CIA. Ele acabaria traindo toda a rede de espionagem americana que atuava dentro da União Soviética, enviando vários agentes para a morte.

21 (abaixo) Ames com a segunda esposa, Maria del Rosario Casas Dupuy. "Ela era como um sopro de ar fresco", dizia Ames. Era também exigente e extravagante e gastava excessivamente.

22 (ao lado) Sergey Chuvakhin, especialista russo em controle de armas selecionado por Ames como seu primeiro ponto de contato na embaixada soviética em Washington, D.C. "Fiz tudo isso pelo dinheiro", diria Ames mais tarde.

23 (abaixo) Coronel Viktor Cherkashin, chefe de contrainteligência na embaixada soviética e primeiro controlador de Ames na KGB.

24 (ao lado) Vladimir Kryuchkov, chefe da Primeira Diretoria-Geral e, mais tarde, chefe da KGB.

25 (abaixo) Yuri Andropov, presidente da KGB cuja paranoia extrema levou à Operação Ryan. Exigia evidências de que o Ocidente estava planejando um "primeiro ataque". Isso deixou o mundo bem próximo de uma guerra nuclear. Em 1982, ele sucedeu Leonid Brezhnev como líder soviético.

26 (acima à direita) Coronel Viktor Budanov, da Diretoria K, setor de contrainteligência. Considerado "o homem mais perigoso da KGB", interrogou Gordievsky pessoalmente em maio de 1985.

27 (acima à esquerda) Nikolai Gribin, carismático violonista, chefe do Departamento Britânico-Escandinavo da KGB e chefe imediato de Gordievsky.

28 (abaixo à direita) Viktor Grushko, ucraniano, vice-chefe da Primeira Diretoria-Geral e o mais graduado inquiridor de Gordievsky.

LOCAL DE SINALIZAÇÃO NA KUTUZOVSKY PROSPEKT

1. Hotel Ukraine
2. Kutuzovsky Prospekt 7/2 (complexo diplomático apelidado de Kutz)
3. Posto da guarda da KGB
4. Padaria
5. Conjunto de painéis com exemplares de jornais e local de sinalização
6. Ponto "final", último ponto de retorno
7. Árvores
8. "Beriozka" – casa de câmbio

CONSELHO DE MINISTROS DA RÚSSIA SOVIÉTICA

RIO MOSCOU

Para o Kremlin e a embaixada →

Apartamentos

Estacionamento do Kutz

Kutz

KUTUZOVSKY PROSPEKT

N

Kutuzovsky Prospekt 7/2, complexo para residentes estrangeiros

Hotel Ukraine

Apartamento secreto do MI6

LOCAL DE SINALIZAÇÃO

PADARIA

O local de sinalização

30 Leila Aliyeva, segunda esposa de Gordievsky, fotografada aos 28 anos, na época em que se conheceram, em Copenhague. Ela era filha de oficiais da KGB e trabalhava como datilógrafa para a Organização Mundial da Saúde. Eles se casaram em Moscou em 1979.

Aos poucos, Gordievsky estava abrindo os segredos da KGB e os repassando para o MI6.

Quando Leila entrou para a estação da KGB como funcionária de meio período, mais uma fonte de informação ficou disponível. Arkadi Guk precisava de outra secretária. Leila era uma datilógrafa rápida e eficiente. Ela foi instruída a colocar as filhas em uma creche matinal e se apresentar para o trabalho na *rezidentura*. A partir de então, ela estaria digitando os relatórios de Guk. Leila estava admirada com o *rezident*. "Ele era um pavão. Ser um general da KGB, isso era algo realmente importante. Eu nunca fazia perguntas, só digitava o que me mandavam digitar." Leila não percebeu quanto seu marido ouvia com atenção quando, durante o jantar, ela descrevia seu dia, os relatórios que havia escrito para o chefe e os mexericos entre as secretárias.

Parshikov notou como seu recém-promovido chefe parecia satisfeito e quão generoso ele era. "Pessoal, gastem dinheiro em entretenimento", dizia Gordievsky aos seus subordinados. "Este ano gastamos muito pouco em entretenimento e presentes para contatos. Se vocês não fizerem isso, no próximo ano o subsídio será cortado." Era uma boa desculpa para a falsificação de despesas, e alguns de seus colegas não precisavam de um segundo convite.

Gordievsky tinha todos os motivos para se sentir satisfeito e confiante. Ele estava subindo de posto. Sua posição estava segura. Seu carregamento de informações pousava regularmente na mesa da primeira-ministra britânica e ele atacava, de dentro, o sistema comunista que tanto odiava. O que poderia dar errado?

Em 3 de abril de 1983, um domingo de Páscoa, Arkadi Guk voltou para seu apartamento no número 42 do Holland Park e descobriu um envelope na caixa de correio. Ele continha um documento ultrassecreto: o relatório legal do MI5 delineando o caso para expulsar Titov e os dois homens da GRU no mês anterior, incluindo detalhes de como os três haviam sido identificados como oficiais de inteligência soviéticos. Em uma nota anexada ao documento, o autor se ofereceu para fornecer mais segredos, dando instruções elaboradas sobre como contatá-lo. Estava assinado "Koba", um dos primeiros apelidos de Stalin.

Alguém dentro da inteligência britânica estava se oferecendo para espionar para a União Soviética.

9
KOBA

Arkadi Guk detectava ameaças e conspirações em todos os lugares: o *rezident* da KGB em Londres os via na mente de seus colegas soviéticos, por trás das aglomerações no metrô de Londres e nas maquinações invisíveis da inteligência britânica.

A carta de Koba deixou em total frenesi a sua mente desconfiada. As instruções contidas eram detalhadas e explícitas: Guk deveria indicar sua vontade de cooperar colocando uma única tachinha para papel no topo do corrimão direito das escadas das plataformas 3 e 4 da linha Piccadilly na estação de metrô Piccadilly. Koba reconheceria o recebimento do sinal colando um pedaço de fita adesiva azul ao redor do cabo do telefone da cabine do meio, de uma fileira de cinco, na Adam and Eve Court, perto da Oxford Street; ele então faria a entrega, um pequeno recipiente com um filme contendo informações secretas colado sob a tampa da cisterna do banheiro masculino no cinema da Academy, na Oxford Street.

Guk tinha até 25 de abril, dali a 22 dias, para aceitar a oferta.

O *rezident* deu uma olhada naquela carta extraordinária e decidiu que devia ser uma evidência falsa, uma "incitação" do MI5, uma provocação deliberada com o objetivo de atraí-lo, envergonhar a KGB e depois expulsá-lo. Então ele a ignorou.

Guk assumiu, com razão, que sua casa devia estar sob vigilância do MI5. Um espião de verdade dentro da inteligência britânica certamente saberia disso e, portanto, não correria o risco de ser visto entregando um pacote na sua porta. Não lhe ocorreu que Koba poderia ter acesso aos horários de vigilância do MI5 e assim ter escolhido fazer sua entrega depois da meia-noite no domingo de Páscoa, quando sabia que não havia Vigias de plantão.

Guk arquivou o pacote, parabenizando a si mesmo por ter frustrado um ardil tão óbvio.

Mas Koba se recusou a ser ignorado. Depois de dois meses de silêncio, no dia 12 de junho um segundo pacote foi depositado na caixa de correio de Guk no meio da noite. Esse era ainda mais intrigante: continha um documento de duas páginas do MI5, uma lista completa de todos os oficiais de inteligência soviéticos em Londres; cada espião era classificado como "totalmente identificado", "mais ou menos identificado" ou "sob suspeita de pertencer à KGB". Mais uma vez, a nota anexada oferecia o fornecimento de material ainda mais confidencial, sugeria um novo sistema de sinalização e um ponto de entrega: se Guk quisesse fazer contato, ele deveria estacionar seu Mercedes marfim durante o horário de almoço, nos dias 2 ou 4 de julho, nos parquímetros do lado norte de Hanover Square. Se recebesse o sinal, em 23 de julho o remetente deixaria uma lata de cerveja Carlsberg verde contendo um filme ao pé de um poste quebrado sem cúpula e inclinado, na rua paralela a Horsenden Lane, em Greenford, oeste de Londres. Guk deveria acusar o recebimento da lata e seu conteúdo colocando uma casca de laranja ao pé do portão direito da primeira entrada de St. James' Gardens, na Melton Street, perto da estação Euston. A nova mensagem também era assinada por Koba.

Guk convocou Leonid Nikitenko, seu chefe de contrainteligência, e, a portas fechadas no sótão da embaixada, bebendo vodca e fumando, eles discutiram o mistério. Guk continuava insistindo que a abordagem era uma tramoia malfeita. Um espião que oferece seus serviços é conhecido como um "agente voluntário", imediatamente mais suspeito do que aquele que foi recrutado. O documento revelava apenas o que a KGB já sabia, informações corretas, porém inúteis: em outras palavras, milho para os pintos. Mais uma vez, não parecia ter lhe ocorrido que Koba estava demonstrando ser de confiança ao fornecer deliberadamente informações que Guk poderia checar. Nikitenko estava menos convencido de que era uma provocação do MI5. O documento parecia autêntico, um gráfico completo da "ordem de batalha" da *rezidentura* elaborado pelo Serviço de Segurança. Era bastante preciso. O sistema clássico de locais de sinalização e pontos de entrega era complexo o suficiente para indicar alguém que não queria ser pego. Aos olhos amarelados de Nikitenko, a oferta parecia genuína, mas ele era esperto e ambicioso demais para contradizer seu chefe. O Centro foi consultado e uma ordem chegou: não faça nada e veja o que acontece.

Gordievsky sentiu que "algo fora do comum estava acontecendo na estação". Guk e Nikitenko se isolavam em conversas privadas e enviavam telegramas urgentes para Moscou. A expressão do *rezident* era das mais conspiratórias. Para um homem mergulhado em confidencialidade paranoica, Guk conseguia ser supreendentemente indiscreto. Ele também era um fanfarrão. Na manhã de 17 de junho, chamou Gordievsky em seu escritório, fechou a porta e perguntou de forma presunçosa: "Quer ver algo excepcional?"

Guk então colocou as duas páginas fotocopiadas em sua mesa. *"Bozhe Moi!"*, murmurou Gordievsky baixinho. "Meu Deus, o que é isso? De onde veio isso?"

Ele fez uma varredura na lista de oficiais da KGB e chegou ao seu nome. Oleg estava classificado como "mais ou menos identificado". Imediatamente Gordievsky compreendeu as implicações: quem havia compilado a lista não sabia, ao menos não com certeza, que ele era um agente da KGB; e quem quer que a tivesse repassado não poderia saber que ele estava espionando para a Grã-Bretanha, porque, se fosse o caso, essa pessoa o teria exposto para se proteger. Koba claramente tinha acesso a segredos, mas não sabia que Gordievsky era um agente duplo. Mesmo assim...

– É bastante preciso – disse ele, devolvendo o documento.

– Sim – concordou Guk. – Fizeram um bom trabalho.

Gordievsky pôde ler o documento com mais atenção quando o oficial de relatórios, Slava Mishustin, lhe pediu ajuda para traduzi-lo. Mishustin estava maravilhado pelo fato de os britânicos terem sido capazes de reunir "informações tão precisas" sobre o pessoal da KGB. Gordievsky tinha uma boa ideia de onde essa informação tinha vindo.

Mas ele estava mais intrigado do que alarmado. E tendia a concordar com Guk que as entregas da meia-noite para o número 42 do Holland Park pareciam mais uma provocação do que uma oferta genuína. A inteligência britânica devia estar planejando alguma coisa. E, se os britânicos estavam tentando algum tipo de artimanha, por que Spooner não o avisara? E será que o MI5 de fato gostaria que a KGB soubesse que ele havia identificado corretamente todos os seus oficiais que trabalham na Grã-Bretanha?

Ele saiu na hora do almoço e ligou para o número de emergência. Veronica Price respondeu de imediato.

– O que está acontecendo? – perguntou Gordievsky antes de descrever a entrega misteriosa no apartamento de Guk e os documentos que tinha visto.

Por um momento, Veronica ficou em silêncio. Então ela disse:
– Oleg, precisamos nos encontrar.

James Spooner e Veronica Price estavam esperando no esconderijo quando Gordievsky apareceu uma hora depois.

– Eu sei que *vocês* não fariam isso, mas alguém está fazendo uma grande besteira – disse ele.

Então ele viu o olhar no rosto de Spooner.

– Ah, meu Deus! Você quer dizer que isso é de verdade?

– Até onde sabemos, não há nenhuma operação de incitação em andamento – confirmou Veronica.

Gordievsky mais tarde descreveu a reação do MI6 como "classicamente calma". Na realidade, a revelação de que alguém da inteligência britânica estava se oferecendo para espionar para os soviéticos provocou consternação entre os poucos que sabiam o que estava acontecendo, acompanhada por uma terrível sensação de déjà-vu. Como acontecera com Philby, Hollis e outros escândalos de espionagem anteriores, a inteligência britânica teria agora que caçar infiltrados para tentar descobrir quem era o traidor. Se este soubesse da investigação, poderia perceber que alguém dentro da *rezidentura* da KGB tinha avisado os britânicos e o próprio Gordievsky estaria em perigo. O "agente voluntário" era alguém bem colocado, com acesso a material confidencial e um conhecimento de espionagem. Ele ou ela precisava ser detido antes que mais segredos prejudiciais fossem passados aos soviéticos. Milhares de pessoas trabalhavam para o MI5 e o MI6. Koba estava entre eles.

Entretanto, na caça febril que se seguiu, a inteligência britânica tinha uma vantagem.

O espião, quem quer que fosse, não sabia que Gordievsky era um agente duplo. Se Koba tivesse feito parte da equipe Nocton, jamais executaria tal abordagem, sabendo que isso seria imediatamente relatado de volta ao MI6 por Gordievsky – exatamente como acontecera. Seu primeiro passo teria sido expor Gordievsky a Guk e garantir a própria segurança. A busca pelo traidor devia, portanto, ser realizada exclusivamente por aqueles oficiais que sabiam do segredo de Gordievsky e que eram completamente confiáveis. A caça ao infiltrado recebeu o codinome Elmen (uma localidade do Tirol austríaco).

O pequeno grupo do MI5 que sabia do caso Gordievsky seria responsável por encontrar o infiltrado, sob a liderança de John Deverell, diretor da K, o braço da contrainteligência do MI5. Trabalhando fora do escritório de Deverell, eles foram isolados do resto do MI5 enquanto procuravam, formando uma célula secreta dentro de um departamento secreto de uma organização secreta. "Ninguém fora da equipe notou nada fora do comum." Os membros da equipe Elmen apelidaram a si mesmos de "os Nadgers". A origem da gíria é obscura, mas parece ter sido cunhada por Spike Milligan no *The Goon Show*, na década de 1950, para significar um distúrbio ou doença não específicos. *Nadgers* também é uma gíria para se referir a testículos.

Eliza Manningham-Buller havia se alistado no Serviço de Segurança em 1974, após ter sido recrutada em uma festa. O ofício já estava em seu DNA: seu pai, um ex-procurador-geral, havia perseguido espiões, inclusive George Blake, o agente duplo do MI6; durante a Segunda Guerra Mundial, sua mãe treinava pombos-correios que eram jogados na França ocupada e usados pela Resistência para enviar mensagens de volta à Grã-Bretanha. Considerada totalmente confiável e discreta, ela havia sido "doutrinada" no caso Gordievsky logo no início e levada para a pequena equipe Lampad para analisar a saída dele da Dinamarca e fazer a ligação com o MI6. Em 1983, ela estava no departamento de pessoal do MI5 e na melhor posição possível para identificar o espião.

Eliza se tornaria diretora-geral do MI5 em 2002, chegando ao topo de um mundo competitivo dominado por homens. Seu jeito espalhafatoso era ilusório: na verdade, ela era direta, autoconfiante e extremamente inteligente. Apesar do sexismo e do preconceito, sua lealdade à organização, que ela chamava de "minha sina", era intensa e ela ficara muito chocada com a descoberta de mais um traidor dentro da inteligência britânica. "Foi um dos momentos mais difíceis da minha carreira, ainda mais no início, quando ninguém sabia quem era, porque a gente entrava no elevador, olhava para as pessoas e desconfiava." Para não levantar suspeitas entre seus colegas, os Nadgers frequentemente se encontravam depois do expediente em um apartamento de Inner Temple que pertencia à mãe de Eliza. Uma das mulheres da equipe estava grávida, com uma barriga enorme. Seu filho ainda não nascido foi apelidado de "Mascote dos Nadgers".

Para um serviço de inteligência, não existe processo mais doloroso e debilitante do que uma caçada interna a um traidor não identificado. O dano que Philby causara à autoconfiança do MI6 foi muito maior e mais duradouro do que qualquer coisa que ele tenha infligido ao espionar para a

KGB. Um infiltrado não apenas fomenta a desconfiança. Como um herege, ele mina a coerência da própria fé.

Eliza e seus colegas Nadgers analisaram os arquivos dos funcionários e começaram a reduzir a lista de potenciais traidores. O documento do MI5 que delineava o caso para a expulsão dos três espiões soviéticos tinha sido distribuído ao Ministério das Relações Exteriores, à Administração Interna e a Downing Street. O gráfico listando todos os oficiais de inteligência soviéticos tinha sido elaborado pelo K4, o ramo soviético de contrainteligência do MI5, e cinquenta cópias foram enviadas para vários departamentos do mundo secreto. Os caçadores de infiltrados começaram por identificar cada um que pudesse ter tido acesso a ambos os documentos.

No fim de junho, quando Oleg Gordievsky e sua família voaram de volta para Moscou, a investigação estava em plena atividade. Ele não estava com disposição para tirar férias, mas recusar sua licença anual teria levantado suspeitas imediatas. O risco era enorme. Koba ainda estava à solta; a qualquer momento, ele poderia descobrir as atividades de Gordievsky e expô-lo a Guk. Se isso acontecesse enquanto ele estivesse na Rússia, Gordievsky poderia muito bem não voltar. A estação do MI6 em Moscou entrou em alerta caso ele precisasse fazer contato ou enviar o sinal de fuga.

Enquanto isso, os Nadgers estavam se aproximando de um homem cuja presença dentro da inteligência britânica parecia, em retrospectiva, uma piada de mau gosto.

Michael John Bettaney era solitário, infeliz e instável. Na Universidade de Oxford, ele marchava pelo pátio e tocava os discursos de Hitler em um gramofone. Usava ternos de lã e fumava cachimbo. "Ele se vestia como um gerente de banco e sonhava em ser um soldado nazista", contou um colega de graduação. Uma vez, ele ateou fogo em si mesmo depois de uma festa e deixou crescer um bigodinho estilo Hitler, que as garotas não achavam nada atraente. Ele imitava o sotaque dos ricos, disfarçando o seu sotaque do Norte. Uma investigação posterior o descreveu como "um homem com um considerável sentimento de inferioridade e insegurança". Insegurança raivosa não é uma qualidade ideal para um oficial do Serviço de Segurança, no entanto ele fora recrutado enquanto ainda estava em Oxford e acabou se juntando ao MI5 em 1975.

Após um curso formal de iniciação, ele foi mergulhado em águas profundas, combatendo o terrorismo na Irlanda do Norte. O próprio Bettaney questionou se, como católico, era adequado para o serviço. Suas dúvidas foram rejeitadas. Aquele era um trabalho sombrio, complexo e extremamente perigoso: controlar agentes dentro do IRA, grampear telefones, falar com pessoas desagradáveis em pubs hostis, sabendo que qualquer movimento errado poderia significar uma bala na cabeça em um beco de Belfast. Bettaney ficara traumatizado e não fora muito eficiente. Seu pai morreu em 1977 e sua mãe, um ano depois. Apesar do luto duplo, a jornada de Bettaney em Belfast foi estendida. Analisando o arquivo, Eliza Manningham-Buller ficou chocada: "Nós fizemos de Bettaney o que ele se tornou. Ele nunca se recuperou da Irlanda do Norte." Ele era um homem com sotaque, guarda-roupa e imagem que não eram seus, sem família, amigos, amor ou convicções estabelecidas, procurando uma causa e fazendo um trabalho para o qual era totalmente inadequado. "Ele não era autêntico", disse Eliza. O estresse e o sigilo peculiares ao serviço de inteligência poderiam tê-lo empurrado para cada vez mais longe da realidade. Bettaney provavelmente teria vivido uma vida feliz e sem intercorrências se tivesse escolhido outra linha de trabalho.

De volta a Londres, ele passou dois anos no departamento de formação antes de ser transferido, em dezembro de 1982, para o K4, a seção do MI5 que analisa e combate a espionagem soviética no Reino Unido, incluindo o controle de agentes de acesso. Ele vivia sozinho, com uma grande estatueta de plástico da Madonna, vários ícones russos, uma gaveta de medalhas de guerra nazistas e uma extensa coleção de pornografia. Retraído e isolado, tentou repetidamente persuadir as mulheres do MI5 a dormir com ele, sem sucesso. De vez em quando, era ouvido em festas, embriagado, gritando "Estou trabalhando para o lado errado" e "Venha me visitar em minha fazenda russa quando eu me aposentar". Seis meses antes da primeira entrega para Guk, Bettaney tinha sido encontrado sentado em uma calçada no West End de Londres, embriagado demais para ficar em pé. Quando levado sob custódia por estar bêbado em um lugar público, gritou para a polícia: "Vocês não podem me prender, eu sou um espião!" Ele foi multado em 10 libras. O MI5 não aceitou sua oferta de demissão. Isso foi um erro.

Michael Bettaney não deveria ter tido permissão de ficar tão perto de nenhum segredo de Estado. No entanto, aos 32 anos, ele já estava no Serviço de Segurança havia oito anos e tinha sido elevado à categoria de oficial de nível médio na seção de contraespionagem soviética do MI5.

Os sinais óbvios de que ele estava saindo dos trilhos tinham sido notados, mas ignorados. Sua fé católica de repente evaporou. Em 1983, ele ingeria uma garrafa de bebida alcoólica por dia e recebia alguns "conselhos amigáveis" de um supervisor para reduzir seu consumo. Nenhuma outra ação foi tomada.

Enquanto isso, Bettaney começou a agir por conta própria. Ele passou a memorizar o conteúdo de documentos secretos e a tomar notas à mão que, mais tarde, digitava em sua casa geminada nos subúrbios do sul de Londres e fotografava. Sempre que estava de plantão noturno, ele levava uma câmera para dentro do MI5 e fotografava todos os arquivos nos quais conseguia colocar as mãos. Ninguém o procurava. Seus colegas o chamavam de Smiley, como o espião fictício de John le Carré, mas também notavam "um ar de superioridade [e] presunção". Como muitos espiões, Bettaney queria saber, e esconder, um segredo maior do que o do espião sentado ao seu lado.

Havia quatro oficiais no K4. Dois deles haviam sido doutrinados no caso Gordievsky. Bettaney não o fora, mas, literal e metaforicamente, estava sentado ao lado do maior segredo da organização: um espião do MI6 dentro da *rezidentura* de Londres da KGB.

Bettaney mais tarde alegou ter se convertido ao marxismo em 1982 e insistiu que seu desejo de trabalhar para a KGB surgiu de pura convicção ideológica. Em um longo tratado autojustificativo, ele pintou suas ações com as cores brilhantes do martírio político, uma estranha mistura de ressentimento, teoria da conspiração e justa indignação. Acusou o governo Thatcher de "adesão escravizada à política agressiva e dissidente do governo Reagan" e de aumentar deliberadamente o desemprego para trazer "maior riqueza para aqueles que já possuem muito". Alegou buscar a paz mundial e atacou o MI5 por usar "métodos sinistros e imorais... não apenas para destituir o governo e o Partido Soviético, mas também para destruir todo o tecido da sociedade da URSS". Ele adotou o discurso bombástico dos revolucionários: "Convoco os camaradas de todos os lugares a renovar a sua determinação e redobrar seus esforços em busca de uma vitória historicamente inevitável."

A política marxista de Bettaney era tão artificial quanto seu forte sotaque. Ele nunca fora um comunista comprometido nos moldes de Philby. Havia poucas evidências de que sentisse qualquer afinidade particular com a União Soviética, a marcha inevitável do comunismo ou a opressão do proletariado. Em um momento no qual se descuidou, ele se entregou:

"Senti que precisava influenciar os eventos de maneira radical." Bettaney não queria dinheiro, revolução ou paz mundial; ele queria atenção.

O que só tornou mais doloroso o fato de a KGB ignorá-lo.

Bettaney ficou extremamente surpreso quando sua primeira entrega na caixa de correio de Guk não obteve resposta. Ele foi à estação Piccadilly várias vezes e, quando nenhuma tachinha apareceu no corrimão, concluiu que os pontos de entrega e de sinalização que escolhera deviam ter sido próximos demais da embaixada soviética. Seu segundo conjunto de instruções, com locais identificados fora do centro de Londres, sugeria uma data de sinal várias semanas à frente e fornecia um dos documentos mais secretos recentes do K4. Bettaney esperou, se questionou e bebeu.

Em retrospectiva, Bettaney devia ter sido identificado como um risco anos antes. Mas as três agências de espionagem mais poderosas do mundo – a CIA, o MI6 e a KGB – estavam todas, em momentos diferentes, vulneráveis à traição interna por pessoas que pareciam, em uma inspeção mais próxima, se destacar como altamente suspeitas. As agências de inteligência têm a reputação de possuir uma visão brilhante e eficiente, mas, apesar da verificação atenta dos candidatos, são tão propensas a contratar e reter o tipo errado de pessoa quanto qualquer outra grande empresa. Aquele era um negócio que envolvia bebedeira pesada, de ambos os lados da Guerra Fria, e os oficiais e agentes frequentemente afogavam o estresse na bebida e na deturpação da realidade que o álcool podia trazer. A relação peculiarmente exigente entre agente e controlador era, muitas vezes, lubrificada pelos efeitos de desinibição causados pela bebida. Ao contrário de outros ramos do governo, os serviços secretos tendem a recrutar pessoas criativas, que possuem o que Winston Churchill chamava de "mentes de saca-rolha". Se os sinais de uma potencial traição fossem esperteza, excentricidade e disposição para beber em excesso, então metade dos espiões da guerra e do pós-guerra na Grã-Bretanha e nos Estados Unidos teria sido alvo de suspeita. Mas, nesse sentido, a KGB era diferente, uma vez que desaprovava tanto a embriaguez quanto a individualidade. A traição de Gordievsky ficou invisível porque ele era sóbrio e exteriormente conformista; Bettaney passou despercebido porque não era.

Os Nadgers, no entanto, reduziram a caça ao infiltrado a três suspeitos, com Bettaney no topo da lista. Mas colocá-lo sob vigilância levantava problemas. Bettaney conhecia bem as equipes do K4 e tinha sido treinado para detectar quando estava sendo seguido – se ele reconhecesse um dos Vigias, o jogo estaria terminado. Além disso, os Vigias conheciam Bettaney e poderiam não resistir à tentação de vazar para outros no MI5 que seu colega estava sendo monitorado. Assim, em vez de usar os profissionais do MI5, ficou decidido que seria usada a equipe Nocton do MI6, com pessoas desconhecidas por Bettaney. O diretor-geral do MI5 vetou o uso de oficiais do MI6 em uma operação do MI5. Deverell ignorou a ordem. Os oficiais do MI6 do caso Gordievsky seguiriam Bettaney e tentariam pegá-lo em flagrante de traição.

Bettaney recebeu o codinome Puck, uma escolha impopular entre os Nadgers. "A conexão shakespeariana foi considerada altamente inadequada por todos os membros da equipe e a palavra em si era próxima demais de um conhecido palavrão anglo-saxão para deixá-los confortáveis."

Na manhã de 4 de julho, um casal desgrenhado, com roupas esfarrapadas, podia ser visto rodeando o final da Victoria Road, em Coulsdon, nos subúrbios do sul de Londres. O homem era Simon Brown, P5, chefe de operações do bloco soviético do MI6; a mulher era Veronica Price, a arquiteta do plano de fuga de Gordievsky. Normalmente vestida como uma típica criatura dos arredores de Londres, com pérolas e cardigã, Veronica não tinha roupas adequadas para aquele tipo de subterfúgio. "Peguei um chapéu emprestado com a faxineira", anunciou enquanto vestiam seus disfarces.

Às 8h05, Michael Bettaney emergiu do número 5, parou no portão da frente de sua casa e olhou para os dois lados da rua. "Naquele momento, eu logo soube que era ele", disse Brown. "Ninguém faz isso, a menos que seja culpado e esteja procurando sinais de estar sendo seguido." Bettaney não lançou um segundo olhar aos maltrapilhos. Nem percebeu a mulher grávida um pouco adiante no vagão do trem das 8h36 da cidade de Coulsdon; nem o homem careca que o seguiu durante a caminhada de dez minutos a pé da estação Victoria até o edifício do MI5 na Curzon Street. Naquele dia Bettaney fez uma pausa de duas horas para o almoço, mas em algum momento sumiu na multidão. O MI5 não podia ter certeza se ele tinha ido para a Hanover Square para verificar se o *rezident* havia finalmente sinalizado a vontade de entrar no jogo estacionando seu carro no lado norte – o que Guk não fizera.

Frustrado e cada vez mais ansioso, Bettaney resolveu fazer mais um esforço para persuadir a KGB a cooperar. Depois da meia-noite de 10 de julho, ele colocou uma terceira carta na caixa de correio de Guk: a mensagem perguntava se os pacotes anteriores haviam sido recebidos e qual seria a resposta soviética. Ele propôs ligar para a central da embaixada soviética em 11 de julho, às 8h05, e pedir para falar com Guk. O *rezident* deveria responder e indicar, por meio de palavras específicas, se estava ou não interessado no conjunto de segredos de Koba.

Por que o MI5 não colocou a propriedade de Guk sob vigilância rigorosa para, assim, identificar o espião fazendo sua terceira entrega permanece um mistério. Gordievsky estava em Moscou e não tinha como avisar seus amigos britânicos dessa última abordagem. Mas, de qualquer forma, Bettaney estava incriminando a si mesmo de várias maneiras sugestivas de profunda tensão mental e possivelmente de algum tipo de colapso: em 7 de julho, ele discutiu Guk com colegas de uma maneira que lhes pareceu "obsessiva", sugerindo que o *rezident* da KGB deveria ser recrutado pelo MI5; no dia seguinte, ele comentou que, mesmo que a KGB recebesse a oferta de uma boa fonte, eles a rejeitariam; começou a fazer perguntas estranhas sobre oficiais específicos da KGB e a mostrar interesse em arquivos fora de sua competência imediata. Ele falava longamente sobre as motivações de espiões do passado, incluindo Kim Philby.

Na manhã de 11 de julho, ele ligou para a embaixada soviética de um telefone público, identificou-se como "Sr. Koba" e pediu para falar com Guk; o chefe da estação da KGB se recusou a atender o telefone. Por três vezes Bettaney o havia presenteado com um valioso cavalo. Em todas as vezes, Guk apenas olhou para os dentes do animal. A história da inteligência oferece poucos exemplos comparáveis de tamanha oportunidade desperdiçada.

Três dias depois, Bettaney perguntou a um colega do MI5: "Como você acha que Guk responderia se um oficial da inteligência britânica enfiasse uma carta pela porta de sua casa?" Aquela era a confirmação decisiva: Koba era Michael Bettaney.

Só que as provas contra Bettaney eram circunstanciais. Seu telefone tinha sido grampeado, sem produzir nenhum resultado. Sua casa foi submetida a uma busca superficial, mas não havia nada que o incriminasse. Bettaney cobrira seus rastros com uma eficiência profissional. Para uma acusação bem-sucedida, o MI5 precisaria pegá-lo no ato de traição ou garantir uma confissão.

A família Gordievsky voltou das férias em 10 de agosto. Na primeira reunião no esconderijo de Bayswater desde o seu retorno, Gordievsky foi informado de que, embora houvesse agora um suspeito definitivo, o espião do MI5 ainda não havia sido preso. De volta à *rezidentura* da KGB, ele fez perguntas casuais sobre se a artimanha do misterioso Koba havia progredido em sua ausência, mas não ficou sabendo nada de novo. Tentou retomar sua rotina normal, cultivando contatos para a KGB e coletando informações para o MI6, mas era difícil se concentrar sabendo que ainda havia um espião em liberdade, em algum lugar dentro da inteligência britânica. Estava claro que a tal pessoa não sabia que Gordievsky era um agente duplo quando postou a primeira carta para Guk. Mas isso fora mais de seis meses antes. Teria Koba descoberto a verdade nesse ínterim? Teria Guk concordado em aceitar a oferta? Seus colegas da KGB já o estariam observando, esperando que ele cometesse um deslize? A cada dia que o infiltrado permanecia em liberdade, a ameaça aumentava. Ele pegava as meninas na escola, levava Leila para jantar, ouvia Bach e lia seus livros, tentando parecer imperturbável, enquanto a ansiedade só crescia: será que seus amigos no MI6 pegariam o espião sem nome antes que o espião o pegasse?

Enquanto isso, aparentemente cansado de esperar pela resposta de Guk, Bettaney decidiu levar seus produtos ilícitos para outro lugar. No escritório, ele deixou escapar que estava pensando em tirar férias em Viena, um centro de espionagem da Guerra Fria com uma grande *rezidentura* da KGB. Uma busca em seu armário no trabalho revelou documentos referentes a um oficial da KGB expulso do Reino Unido na Operação Foot que vivia na Áustria. Bettaney, ao que parece, estava prestes a bater as asas.

O MI5 decidiu apanhá-lo e tentar extrair uma confissão. Era uma grande aposta. Se Bettaney negasse tudo e se demitisse, não poderia ser legalmente impedido de deixar o país. O plano para confrontá-lo, nomeado Coe, poderia sair pela culatra. "Não podíamos garantir o sucesso", advertiu o MI6, apontando que, se Bettaney jogasse suas cartas direito, ele poderia "ir embora no fim do dia, livre para fazer o que quisesse". Acima de tudo, a interceptação de Bettaney não poderia ser rastreável até Gordievsky.

Em 15 de setembro, Bettaney foi convocado para uma reunião na sede do MI5, na Gower Street, para discutir um caso urgente de contrainteligência que havia surgido. Em vez disso, ao chegar ele foi levado para um apartamento no último andar e as provas contra ele foram apresentadas por John Deverell e Eliza Manningham-Buller – inclusive uma fotografia da porta da frente de Guk, com a intenção de mostrar que ele tinha sido visto fazendo suas entregas, o que não era verdade. Bettaney ficou chocado e "visivelmente nervoso", mas manteve o controle. De forma hipotética, ele falou sobre o que aquele espião deveria ter feito, sem jamais indicar que tivesse feito algo. Ele observou que não seria de seu interesse confessar, o que era uma admissão implícita, mas não uma confissão. Mesmo que tivesse reconhecido sua culpa, as provas não seriam aceitas, uma vez que não tinha sido preso e nenhum advogado estava presente. O MI5 queria que ele contasse tudo para depois prendê-lo e fazê-lo confessar novamente sob custódia. Mas ele não o fez.

Escutas retransmitiam a conversa para a sala de monitoramento logo abaixo, onde uma banca de oficiais graduados do MI5 e do MI6 se esforçava para pegar cada palavra. "Ouvir suas tentativas de evitar admitir qualquer coisa foi uma experiência excruciante", comentou um deles. Bettaney podia ser instável, mas não era tolo. "Tínhamos um medo muito real de que Bettaney conseguisse se safar." À noite, todos estavam exaustos e ainda longe de qualquer avanço. Bettaney concordou em passar a noite no apartamento, embora o MI5 não tivesse o direito legal de detê-lo. Ele se recusara a almoçar e, depois, a jantar. Exigiu uma garrafa de uísque, que bebia a todo instante. Eliza e dois outros controladores ouviam compassivamente, "fazendo perguntas dissimuladas de vez em quando", enquanto ele expressava sua admiração pela "pilha de evidências" que o MI5 havia colhido, sem admitir a verdade. Em certo momento, ele começou a se referir aos britânicos como "vocês" e aos russos como "nós". Admitiu que queria avisar os oficiais da KGB que eles estavam sob vigilância. Mas não confessou. Às três da manhã, ele finalmente caiu na cama.

Na manhã seguinte, Eliza preparou um café da manhã, que ele não comeu. Sem dormir direito, de ressaca, com fome e excepcionalmente mal-humorado, Bettaney anunciou que não tinha intenção de confessar. Então, de repente, ele abandonou a forma hipotética do discurso e mudou para a primeira pessoa. Começou a se referir com simpatia a "Kim (Philby) e George (Blake)", os espiões anteriores da Guerra Fria.

Deverell estava fora da sala quando Bettaney se virou para os interrogadores, às 11h42, e declarou: "Acho que é melhor eu abrir o jogo de uma vez. Diga ao diretor da Seção K que eu gostaria de fazer uma confissão." Era algo bem típico do temperamento impulsivo de Bettaney resistir inflexivelmente por tanto tempo para, logo em seguida, não mais que de repente, ceder. Em menos de uma hora ele estava na delegacia de Rochester Row fazendo uma confissão completa.

Uma busca mais intensa em seu apartamento na Victoria Road revelou provas de sua espionagem: em uma caixa de barbeador elétrico Philips estavam detalhes de oficiais da KGB que ele pretendia contatar em Viena; equipamento fotográfico foi descoberto sob as pedras de seu depósito de carvão; o armário da lavanderia continha filme não revelado de material confidencial; em uma caixa de papelão, sob uma camada de copos, havia notas manuscritas sobre material ultrassecreto; notas digitadas tinham sido costuradas em uma almofada. Bettaney mostrou-se estranhamente arrependido: "Eu coloquei o serviço em uma posição espinhosa, não era minha intenção."

A descoberta de mais um espião dentro do sistema de espionagem britânico foi retratada como um triunfo do Serviço de Segurança. Margaret Thatcher parabenizou o diretor-geral do MI5 sobre "como o caso foi bem gerenciado". Os Nadgers enviaram uma mensagem a Gordievsky enfatizando "o grande apreço que sentíamos por ele". E o russo enviou uma mensagem de volta, através de Spooner, dizendo que esperava um dia agradecer aos oficiais do MI5 pessoalmente: "Não posso dizer se esse dia virá ou não – talvez não. Entretanto, gostaria que essa ideia ficasse gravada em algum lugar: eles sublinharam a minha crença de que são os verdadeiros defensores da democracia no sentido mais direto da palavra."

Margaret Thatcher era o único membro do Gabinete ciente do papel de Gordievsky na captura do espião britânico. Dentro da inteligência, somente os Nadgers sabiam o que realmente tinha acontecido. Com a imprensa em um verdadeiro frenesi, alguma desinformação criteriosa foi espalhada sugerindo que a denúncia sobre a traição de Bettaney tinha vindo da "inteligência de sinais" (ou seja, escutas telefônicas) ou que os próprios russos tinham contado ao Serviço de Segurança sobre o espião em seu meio. Um jornal relatou, erroneamente: "Os russos em Londres se cansaram das aproximações de Bettaney e, acreditando que ele era um clássico *agent provocateur*, contaram ao MI5 que Bettaney estava perdendo seu tempo. Foi então que o MI5 começou a investigar Bettaney." No caso de haver outro espião infiltrado, e para desviar a atenção da fonte real, o MI5 forjou um relatório para os arquivos sugerindo que o vazamento sobre a abordagem de Bettaney tinha vindo de um diplomata regular na embaixada soviética. Os soviéticos negaram tudo e insistiram que a conversa sobre espionagem da KGB era uma propaganda cinicamente fabricada, "destinada a prejudicar o desenvolvimento das relações soviético-britânicas". Dentro da estação da KGB, Guk se apegou à crença de que a farsa tinha sido orquestrada pelo MI5 para envergonhá-lo. (Caso contrário, teria que admitir um erro de proporções catastróficas.) Gordievsky não detectou nenhum indício de suspeita quanto à verdadeira fonte da exposição de Bettaney: "Eu acho que Guk e Nikitenko jamais me ligaram ao 'Koba'."

Em meio a toda a especulação e às incontáveis notícias dedicadas ao sensacional caso Bettaney, a verdade nunca chegou à tona: a de que o homem na prisão de Brixton, que aguardava julgamento por dez acusações de violação da Lei de Segredos Oficiais, tinha sido colocado lá por Oleg Gordievsky.

10
SR. COLLINS E SRA. THATCHER

A Dama de Ferro tinha se apegado ao seu espião russo.

Margaret Thatcher nunca tinha visto Oleg Gordievsky. Ela não sabia seu nome, e se referia a ele, inexplicável e insistentemente, como "Sr. Collins". Ela sabia que ele espionava de dentro da embaixada russa, preocupava-se com a tensão pessoal que estava sofrendo e refletia que ele poderia "sobressaltar-se a qualquer momento" e desertar. Se esse momento chegasse, a primeira-ministra insistia para que ele e sua família recebessem todos os devidos cuidados. O agente russo não era uma mera "galinha poedeira de informações", disse ela, mas uma figura heroica, meio imaginária, trabalhando pela liberdade sob condições de extremo perigo. Seus relatos eram transmitidos por seu secretário particular, numerados e marcados como "altamente confidenciais e pessoais" e "UK Eyes A", o que significava que não deveriam ser compartilhados com outros países. A primeira-ministra os consumia avidamente: "Ela lia palavra por palavra, anotava, fazia perguntas e os papéis voltavam com suas marcas sobre eles, sublinhando, colocando pontos de exclamação e comentários." Nas palavras de seu biógrafo, Charles Moore, Thatcher ficava "muito entusiasmada pelo segredo em si e pelo romance da espionagem", mas também tinha consciência de que o russo estava fornecendo uma visão política única e preciosa: "Os despachos de Gordievsky transmitiam a ela, como nenhuma outra informação havia feito, como a liderança soviética reagia aos fenômenos ocidentais e à pessoa dela." O espião abriu uma janela para o pensamento do Kremlin, pela qual ela espreitava com fascínio e gratidão. "Provavelmente nenhum primeiro-ministro britânico jamais acompanhou o caso de um agente com tanta atenção pessoal quanto a que a Sra. Thatcher dedicava a Gordievsky."

Enquanto a inteligência britânica estava caçando Koba, a KGB trabalhava duro para tentar garantir que Thatcher perdesse as eleições gerais de 1983. Aos olhos do Kremlin, Thatcher era "a Dama de Ferro" – um apelido destinado a ser um insulto pelo jornal do Exército que o cunhara, mas com o qual ela se deleitava – e a KGB vinha organizando "medidas ativas" para enfraquecê-la desde que ela chegara ao poder em 1979, inclusive publicando artigos negativos através de jornalistas simpáticos à esquerda. A KGB ainda tinha contatos na esquerda e Moscou se apegava à ilusão de que poderia influenciar a eleição em favor do Partido Trabalhista, cujo líder, afinal, ainda estava listado nos arquivos da KGB como um "contato confidencial". Em um intrigante prenúncio dos tempos modernos, Moscou estava preparada para usar truques sujos e interferência oculta para mover a balança da eleição democrática em favor do candidato que escolhera.

Se os trabalhistas tivessem vencido, Gordievsky se veria em uma posição verdadeiramente bizarra: passar segredos da KGB para um governo cujo primeiro-ministro já fora destinatário do dinheiro da KGB. No fim das contas, a encarnação anterior de Michael Foot como agente Boot permaneceu um segredo bem guardado; os esforços da KGB para interferir na eleição não tiveram impacto para mudar o resultado e, em 9 de junho, Margaret Thatcher obteve uma vitória esmagadora, impulsionada pelo sucesso na Guerra das Malvinas no ano anterior. Armada de um novo mandato, secretamente munida pelas informações de Gordievsky sobre a psicologia do Kremlin, Thatcher voltou seus olhos para a Guerra Fria. O que ela viu foi profundamente alarmante.

Na segunda metade de 1983, o Oriente e o Ocidente pareciam estar caminhando para um conflito armado e talvez apocalíptico, impulsionado por uma "combinação potencialmente letal do discurso de Reagan com a paranoia soviética". Falando ao Parlamento inglês, o presidente americano prometeu depositar "o marxismo e o leninismo no monte de cinzas da história". O fortalecimento militar dos Estados Unidos continuou em ritmo acelerado, acompanhado por uma série de operações psicológicas, que incluíam penetrações no espaço aéreo soviético, e operações navais clandestinas, para demonstrar quão perto a OTAN poderia chegar das bases militares russas. Elas foram projetadas para alimentar a ansiedade russa e conseguiram: a Operação Ryan subiu um degrau, enquanto as estações da KGB eram bombardeadas com ordens para encontrar evidências de que os Estados Unidos e a OTAN estavam preparando um ataque nuclear surpresa.

Em agosto, um telegrama pessoal do chefe da Primeira Diretoria-Geral (e futuro chefe da KGB), Vladimir Kryuchkov, instruía as *rezidenturas* a monitorar preparativos para a guerra: por exemplo, a "infiltração secreta de equipes de sabotagem com armas nucleares, bacteriológicas e químicas" na União Soviética. As estações da KGB que relatavam atividades suspeitas eram elogiadas; as que não o faziam eram fortemente criticadas e avisadas para trabalharem melhor. Guk foi forçado a admitir "deficiências" em seus esforços para descobrir "planos específicos americanos e da OTAN para a preparação de um ataque-surpresa de mísseis nucleares contra a União Soviética". Gordievsky descartou a Operação Ryan como uma "farsa", mas seus relatórios ao MI6 não deixavam margem para dúvidas: a liderança soviética estava genuinamente temerosa, preparada para o combate e em pânico o suficiente para acreditar que sua sobrevivência poderia depender de uma ação preventiva, situação que piorou dramaticamente após um trágico acidente no mar do Japão.

Nas primeiras horas de 1º de setembro de 1983, um avião interceptador soviético derrubou um 747 da Korean Airlines que havia se desviado para o espaço aéreo soviético, matando todos os 269 passageiros e tripulantes. O abate do voo KAL 007 fez as relações Leste-Oeste despencarem. De início, Moscou não admitiu ter tido nenhum papel no ataque, mas depois alegou que se tratava de um avião espião que violara o espaço aéreo soviético em deliberada provocação por parte dos Estados Unidos. Ronald Reagan condenou o "massacre aéreo coreano" como "um ato de barbárie [e] brutalidade desumanas", alimentando a indignação doméstica e internacional e se deleitando com o que um funcionário americano chamou de "o júbilo da mais completa arrogância". O Congresso concordou com um novo aumento nos gastos com a defesa. Por sua vez, Moscou interpretou a raiva ocidental sobre o KAL 007 como uma histeria moral fabricada, preparatória para um ataque. Em vez de um pedido de desculpas, o Kremlin acusou a CIA de um "ato criminoso e provocativo". Uma série de telegramas mais urgentes chegou à estação da KGB de Londres, com instruções para proteger os soviéticos contra possíveis ataques, culpar os Estados Unidos e coletar informações para reforçar as teorias conspiratórias de Moscou. A estação da KGB de Londres foi mais tarde elogiada pelo Centro por seus "esforços para neutralizar a campanha antissoviética sobre o avião sul-coreano". Doente e acamado com o que acabaria por ser uma doença fatal, Andropov atacou o que chamou de "psicose militarista ultrajante" dos americanos. Gordievsky contrabandeou os telegramas da embaixada e repassou-os para o MI6.

A queda do KAL 007 foi consequência de uma incompetência humana básica por parte de dois pilotos, um coreano e um russo. Mas o relatório de Gordievsky ao MI6 mostrou como, sob pressão da escalada da tensão e da intolerância mútua, uma tragédia comum havia se transformado em uma situação política extremamente perigosa.

A esse feroz caldo de desconfianças, mal-entendidos e agressões acrescentou-se um evento que levou a Guerra Fria à beira de uma guerra real.

Able Archer 83 era o codinome de um exercício militar da OTAN, realizado de 2 a 11 de novembro de 1983, destinado a simular um conflito crescente, culminando em um ataque nuclear. Esse tipo de simulação já havia sido realizado muitas vezes no passado por ambos os lados. O Able Archer envolveu quarenta mil tropas dos Estados Unidos e da OTAN na Europa Ocidental e foi implantado e coordenado por comunicações criptografadas. O exercício de treinamento criado pelo comando imaginou uma situação em que as Forças Azuis (OTAN) defendiam seus aliados depois que as Forças Laranja (países do Pacto de Varsóvia) enviaram tropas para a Iugoslávia, antes de invadir a Finlândia, a Noruega e, por fim, a Grécia. À medida que o conflito imaginário se intensificava, uma guerra convencional ia se avolumando a ponto de envolver armas químicas e nucleares, permitindo que a OTAN treinasse procedimentos de liberação nuclear. Nenhuma arma de verdade foi utilizada. Era uma guerra fictícia, mas, na atmosfera febril após o incidente com o KAL 007, alarmistas do Kremlin viram algo muito mais sinistro: um ardil destinado a encobrir os preparativos para um primeiro ataque nuclear do tipo que Andropov já vinha prevendo e a Operação Ryan vinha investigando havia mais de três anos. A OTAN começou a simular um ataque nuclear realista no exato momento em que a KGB estava tentando detectar um. Várias características sem precedentes do Able Archer reforçaram as suspeitas soviéticas de que aquilo era mais do que um jogo: uma explosão de comunicações secretas entre os Estados Unidos e o Reino Unido um mês antes (na verdade, uma resposta à invasão americana de Granada); a participação inicial dos líderes ocidentais; e diferentes padrões de movimentos de oficiais em bases americanas na Europa. Mais tarde o secretário do Gabinete, sir Robert Armstrong, informou à Sra. Thatcher que os soviéticos tinham respondido com profundo alarme porque o exercício "ocorreu durante um importante feriado soviético [e] teve a forma de uma verdadeira atividade militar, com alertas reais, parecendo mais do que um mero exercício".

Em 5 de novembro, a *rezidentura* de Londres recebeu um telegrama do Centro avisando que, tão logo os Estados Unidos e a OTAN decidissem lançar um primeiro ataque, seus mísseis seriam lançados nos sete a dez dias seguintes. Guk recebeu ordens de realizar uma vigilância urgente para detectar qualquer "atividade incomum" em locais-chave: bases nucleares, centros de comunicação, bunkers do governo e, acima de tudo, o número 10 da Downing Street, onde os funcionários estariam trabalhando freneticamente para se preparar para a guerra, "sem informar a imprensa". Em uma instrução que diz muito sobre suas prioridades, a KGB orientou seus oficiais a monitorar evidências de que membros da "elite política, econômica e militar" estavam evacuando suas famílias de Londres.

O telegrama, passado por Gordievsky ao MI6, foi o primeiro indicativo recebido pelo Ocidente de que os soviéticos estavam respondendo ao exercício de forma incomum e profundamente alarmante. Dois (ou talvez três) dias depois, um segundo telegrama urgente foi enviado à *rezidentura* da KGB, relatando, erroneamente, que as bases americanas tinham sido colocadas em alerta. O Centro ofereceu várias explicações, "uma das quais foi que a contagem regressiva para um primeiro ataque nuclear tinha começado sob a cobertura do Able Archer". (Na verdade, as bases estavam meramente aumentando a segurança após o ataque terrorista à embaixada dos Estados Unidos em Beirute.) A informação de Gordievsky chegou tarde demais para o Ocidente interromper o exercício. A essa altura, a União Soviética já havia começado a preparar seu arsenal nuclear: aeronaves na Alemanha Oriental e na Polônia foram equipadas com armas nucleares, cerca de setenta mísseis SS-20 com alvos na Europa Ocidental foram colocados em alerta máximo e submarinos soviéticos que transportavam mísseis balísticos nucleares foram plantados sob o gelo ártico para evitar sua detecção. A CIA relatou atividade militar nos países bálticos e na Tchecoslováquia. Alguns analistas acreditam que a União Soviética realmente preparou seus misseis balísticos intercontinentais e se colocou em alerta para o lançamento, mas evitou fazê-lo no último momento.

Em 11 de novembro, o Able Archer foi encerrado na data prevista; os dois lados lentamente baixaram suas armas, decretando o fim de um terrível impasse, que era completamente desnecessário e passou despercebido pelo público em geral.

Os historiadores discordam sobre quão perto o mundo chegou da guerra. A história autorizada do MI5 descreve o Able Archer como "o momento mais perigoso desde a Crise dos Mísseis de Cuba de 1962". Outros argumentam que Moscou sabia o tempo todo que tudo não passava de um exercício e que os preparativos soviéticos para a guerra nuclear eram um truque de intimidação já conhecido pelos americanos. O próprio Gordievsky estava tranquilo: "Na ausência de outros indicadores, senti que aquilo era mais um reflexo adicional e perturbador da crescente paranoia em Moscou, não um motivo de preocupação urgente."

Dentro do governo britânico, porém, aqueles que leram os relatórios de Gordievsky e o fluxo de telegramas de Moscou acreditavam que a catástrofe nuclear havia sido evitada por pouco. Nas palavras de Geoffrey Howe, ministro das Relações Exteriores: "Gordievsky nos deixou sem nenhuma dúvida quanto ao excepcional, mas genuíno, temor russo de um real ataque nuclear. A OTAN deliberadamente mudou alguns aspectos do treinamento, de modo a deixar os soviéticos sem dúvida de que se tratava apenas de um exercício." De fato, ao se afastar da prática padrão, a OTAN pode ter agravado a impressão de alguma intenção sinistra. Um relatório subsequente do Comitê Conjunto de Inteligência concluiu: "Não podemos descartar a possibilidade de que pelo menos alguns oficiais soviéticos tenham interpretado o Able Archer... como uma ameaça real."

Margaret Thatcher estava profundamente preocupada. A combinação do medo soviético com a retórica de Reagan poderia ter terminado em uma guerra nuclear, mas os Estados Unidos não estavam totalmente cientes da situação que haviam parcialmente criado. Algo precisava ser feito, e ela ordenou que "fosse removido o perigo de que, por um erro de cálculo em relação às intenções ocidentais, a União Soviética reagisse de forma exagerada". O Ministério das Relações Exteriores deveria "analisar urgentemente como abordar os americanos sobre possíveis equívocos soviéticos sobre um ataque-surpresa da OTAN". O MI6 concordou em "compartilhar as revelações de Gordievsky com os americanos". A distribuição do material de Nocton subiu mais um grau: o MI6 disse especificamente à CIA que a KGB achava que um jogo de guerra tinha sido um prelúdio deliberado à eclosão da guerra.

"Não vejo como eles poderiam acreditar nisso", disse Ronald Reagan quando foi informado de que o Kremlin tinha temido um ataque nuclear durante o Able Archer. "Mas é algo para se pensar."

Na verdade, o presidente dos Estados Unidos já havia pensado muito sobre a probabilidade de um apocalipse nuclear. Um mês antes ele havia ficado "muito deprimido" depois de assistir a *O dia seguinte*, um filme sobre uma cidade americana do Meio-Oeste destruída em um ataque nuclear. Pouco depois do Able Archer, ele participou de uma reunião no Pentágono retratando o impacto "extraordinariamente medonho" de uma guerra desse tipo. Mesmo que os Estados Unidos "vencessem" um conflito daqueles, 150 milhões de vidas americanas provavelmente seriam perdidas. Reagan descreveu a reunião como "um abrir de olhos". Naquela noite ele escreveu em seu diário: "Sinto que os soviéticos estão... tão paranoicos sobre serem atacados... que devíamos dizer a eles que ninguém aqui tem intenção de fazer algo assim."

Tanto Reagan quanto Thatcher viam a Guerra Fria como uma ameaça comunista à pacífica democracia ocidental: graças a Gordievsky, eles estavam agora cientes de que a ansiedade soviética poderia representar um perigo maior para o mundo do que a agressão. Em suas memórias, Reagan escreveu: "Três anos me ensinaram algo surpreendente sobre os russos: muitas pessoas no topo da hierarquia soviética tinham um medo genuíno dos Estados Unidos e dos americanos... Eu comecei a perceber que muitos oficiais soviéticos nos temiam não apenas como inimigos, mas como potenciais agressores, capazes de lançar armas nucleares contra eles em um primeiro ataque."

O Able Archer marcou um ponto de virada, um momento de terrível confronto da Guerra Fria, que não foi detectado pela mídia ocidental nem pelo público e que desencadeou um degelo lento, mas perceptível. O governo Reagan começou a moderar seu discurso antissoviético. Thatcher resolveu iniciar um diálogo com Moscou. Ela sentiu que havia chegado a hora de ir além da retórica de "império do mal" e pensar como o Ocidente poderia encerrar a Guerra Fria. A paranoia do Kremlin começou a diminuir, particularmente após a morte de Andropov em fevereiro de 1984, e, embora os oficiais da KGB tivessem sido orientados a permanecer alertas para sinais de preparação nuclear, o impulso da Operação Ryan começou a esmorecer.

Gordievsky foi parcialmente responsável. Até então, seus segredos tinham sido levados para os Estados Unidos em pequenos e altamente seletivos fragmentos; a partir de agora, suas informações seriam compartilhadas com a CIA em porções cada vez maiores, ainda que continuassem cuidadosamente camufladas. Foi dito que a informação sobre o alarme soviético durante o Able Archer teria vindo de "um oficial de inteligência tchecoslovaco encarregado de monitorar os principais exercícios da OTAN". Gordievsky ficou feliz pelo fato de o MI6 compartilhar suas informações com a CIA. "Oleg queria isso", contou um de seus controladores britânicos. "Ele queria causar um impacto." E causou.

A CIA tinha vários espiões na URSS, mas nenhuma fonte capaz de oferecer aquele tipo de "visão real da psicologia soviética" e fornecer "documentos originais que traíam um nervosismo genuíno pelo medo de que um ataque preventivo pudesse ocorrer a qualquer momento". Robert Gates, vice-diretor de inteligência da CIA, leu os relatórios baseados nas informações de Gordievsky e percebeu que a agência havia deixado escapar algo: "Minha primeira reação ao relato não foi apenas que poderíamos ter tido uma grande falha de inteligência; o aspecto mais assustador em relação ao Able Archer foi saber que podíamos ter estado à beira de uma guerra nuclear sem sequer saber." De acordo com um resumo interno secreto da CIA sobre o susto causado pelo Able Archer, escrito dez anos depois, "a informação de Gordievsky foi uma epifania para o presidente Reagan... Seu aviso oportuno para Washington através do MI6 impediu que as coisas fossem longe demais".

Do Able Archer em diante, a essência das informações políticas de Gordievsky era repassada a Ronald Reagan na forma de um resumo regular, que se originava de uma única fonte. Tempos depois, Gates escreveu: "Nossas fontes na União Soviética eram indivíduos que nos forneciam informações sobre exércitos, pesquisas e desenvolvimentos militares. O que Gordievsky estava nos oferecendo eram elementos sobre o modo de pensar da liderança – e esse tipo de informação era para nós tão escasso quanto pelos em ovos." Reagan ficava "muito comovido" com o que lia, sabendo que vinha de um homem que arriscava a própria vida em algum lugar no cerne do sistema soviético. As informações do MI6 eram "tratadas como as mais sagradas na CIA, reveladas apenas a um grupo seleto, que as lia em cópia impressa, sob condições estritas", antes de serem seladas novamente e enviadas para o Salão Oval. A inteligência de Gordievsky foi a base da "convicção de Reagan de que um esforço maior tinha que ser feito não apenas para reduzir a tensão, mas para acabar com a Guerra Fria". A CIA ficou agradecida, porém frustrada e profundamente curiosa quanto à fonte daquele fluxo constante de segredos.

Os espiões tendem a fazer afirmações extravagantes sobre seu ofício, mas a realidade é que a espionagem não costuma fazer uma diferença duradoura. Os políticos valorizam as informações confidenciais porque são secretas, o que não necessariamente as torna mais confiáveis do que informações abertamente acessíveis e com frequência as torna menos. Se o inimigo tem espiões em seu campo e você tem espiões no dele, o mundo pode ser um lugar um pouco mais seguro, mas você termina onde começou, em algum lugar no espectro enigmático e inquantificável do "Eu sei que você sabe que eu sei...".

No entanto, muito raramente os espiões causam um impacto profundo no curso da história. A quebra do código da Enigma encurtou a Segunda Guerra Mundial em pelo menos um ano. A espionagem bem-sucedida e mentiras estratégicas sustentaram a invasão aliada da Sicília e os desembarques do Dia D. A penetração soviética na inteligência ocidental nas décadas de 1930 e 1940 deu a Stalin uma vantagem crucial em suas negociações com o Ocidente.

O panteão de espiões que mudaram o mundo é pequeno e seleto, e Oleg Gordievsky faz parte dele: ele revelou o funcionamento interno da KGB em um momento histórico crucial, expondo não apenas o que a inteligência soviética estava fazendo (e não fazendo), mas o que o Kremlin estava pensando e planejando. Assim, transformou a maneira como o Ocidente enxergava a União Soviética. Ele arriscou a própria vida para trair seu país e tornou o mundo um pouco mais seguro. Como uma análise secreta da CIA afirmou, o susto do Able Archer foi "o último paroxismo da Guerra Fria".

■ ■ ■

Milhares de pessoas encheram a Praça Vermelha para o funeral de Yuri Andropov em 14 de fevereiro de 1984. Entre os dignitários internacionais presentes estava Margaret Thatcher, vestida com um elegante traje de luto e parecendo ligeiramente mais cheinha do que o habitual graças a uma garrafa de água quente escondida sob seu casaco para afastar o frio de Moscou. Ela comentou com o vice-presidente americano George Bush que "o funeral foi uma dádiva de Deus" para as relações Ocidente-Oriente. Ela se comportou com brilhantismo. Enquanto outros líderes ocidentais "conversavam desatentamente" durante o funeral e até zombaram quando o caixão de Andropov foi derrubado pelos que o carregavam, ela permaneceu "adequadamente solene" o tempo inteiro. Um corpulento guarda-costas britânico, os bolsos volumosos com o que a KGB assumiu ser armamento, seguiu-a de volta para a recepção no Kremlin e tirou deles um par de sapatos de salto alto para a primeira-ministra trocar. Ela passou quarenta minutos conversando com o sucessor de Andropov, o idoso e adoentado Konstantin Chernenko, e disse-lhe que "eles tinham a chance, talvez a última chance, de garantir acordos fundamentais de desarmamento". A impressão que ela teve de Chernenko foi a de alguém incrivelmente velho, um fóssil vivo do passado comunista. "Pelo amor de Deus, tentem achar um jovem russo", pediu ela aos assessores no avião de volta para casa. Na verdade, as autoridades já haviam identificado alguém que poderia servir de interlocutor pelo lado soviético, um astro em ascensão no Politburo chamado Mikhail Gorbachev.

Thatcher havia desempenhado o seu papel com perfeição, seguindo um roteiro que tinha sido escrito, em parte, por Gordievsky. Antes do funeral, James Spooner lhe pediu dicas sobre como Thatcher deveria se apresentar: era importante que ela demonstrasse decoro e simpatia, mas avisou que os russos eram melindrosos e defensivos. "Oleg forneceu um resumo completo sobre como ela deveria se comportar", contou o oficial do MI6 responsável pela análise e distribuição do "produto" do caso. "Na tribuna, ela usou um vestido preto e um chapéu de pele, adotando uma postura de muita seriedade. Foi uma atuação sedutora. Thatcher tinha uma visão da psicologia deles. Sem a ajuda de Oleg, ela teria sido muito mais dura. Graças a ele, ela soube qual era a melhor maneira de se portar. Os russos prestaram atenção."

De volta à embaixada soviética em Londres, o embaixador Popov contou aos funcionários, em uma reunião incluindo o contingente da KGB, que a presença da Sra. Thatcher no funeral tinha causado ótimo impacto em Moscou. "A sensibilidade da primeira-ministra na ocasião e seu impressionante cérebro político causaram uma profunda impressão", relatou Popov. "A Sra. Thatcher fez de tudo para encantar seus anfitriões."

Ali estava um ciclo de inteligência perfeito: Gordievsky estava informando a primeira-ministra sobre como reagir aos soviéticos e depois relatando a reação soviética a esse comportamento. Espiões geralmente fornecem fatos, deixando o destinatário analisá-los; com sua perspectiva singular, Gordievsky foi capaz de interpretar para o Ocidente o que a KGB estava pensando, esperando e temendo. "Essa é a essência da contribuição de Oleg", disse o analista do MI6. "Entrar na mente do outro, entrar em sua lógica, sua racionalidade."

A espionagem de Gordievsky foi, ao mesmo tempo, positiva e negativa: em sua forma positiva, forneceu segredos importantes, avisos prévios e entendimentos; em sua forma negativa, mas igualmente útil, ofereceu garantias de que a estação da KGB na Grã-Bretanha era, em geral, incorrigível, tão desastrosa, ineficiente e ameaçadora quanto o homem que a dirigia. Arkadi Guk desprezava seus chefes do Centro, mas corria para cumprir suas exigências, por mais ridículas que as considerasse. Quando ele ouviu na BBC que um exercício de mísseis de cruzeiro tinha ocorrido em Greenham Common, o *rezident* apressou-se em fabricar um relatório indicando que ele sabia sobre o teste de antemão. Quando manifestações antinucleares em massa ocorreram na Grã-Bretanha, Guk reivindicou crédito insistindo, falsamente, que "medidas ativas" da KGB haviam motivado os protestos. O suicídio de dois cidadãos soviéticos em Londres, um da delegação comercial e outro a esposa de um oficial, fizeram as suspeitas de Guk entrarem em alerta. Ele enviou os corpos de volta a Moscou com ordens para saber se tinham sido envenenados, o que os legistas da KGB confirmaram obedientemente – mesmo que um tivesse se enforcado e a outra tivesse se jogado de uma varanda. Aquele, pensou Gordievsky, era "mais um sinal de como a paranoia soviética estava alimentando as próprias neuroses". O *rezident* da KGB encobria com cuidado a própria incompetência sobre o caso Bettaney assegurando a Moscou que era tudo um elaborado ardil criado pela inteligência britânica.

Guk guardava seus segredos de forma zelosa, mas Gordievsky conseguia colher uma quantidade surpreendente de informações úteis, desde fofocas até informações de importância política e nacional. A KGB controlava uma série de ilegais na Grã-Bretanha e, embora a Linha N operasse de maneira semi-independente dentro da *rezidentura*, Gordievsky avisava o MI5 sempre que conseguia informações sobre a rede de espionagem clandestina. No auge da greve dos mineiros em 1984-1985, o russo soube que o Sindicato Nacional dos Mineiros havia contatado Moscou para solicitar apoio financeiro. A KGB se opôs a financiá-los. O próprio Gordievsky disse aos colegas da agência que seria "indesejável e improdutivo" que Moscou fosse descoberta financiando ações coletivas. Mas o Comitê Central do Partido Comunista soviético pensou o contrário e aprovou a transferência de mais de 1 milhão de dólares do Banco Soviético de Comércio Exterior (no fim, o banco suíço destinatário ficou desconfiado e a transferência nunca aconteceu). Thatcher desacreditou os mineiros como "o inimigo interno" – uma parcialidade reforçada pela descoberta de que o inimigo de fora estava preparado para financiar a greve.

O radar de espionagem de Gordievsky foi capaz de detectar outros inimigos longe de Moscou. Em 17 de abril, uma policial chamada Yvonne Fletcher foi morta a tiros de metralhadora disparados da embaixada da Líbia, na St. James' Square, no centro de Londres. No dia seguinte, a KGB recebeu um telegrama do Centro repassando "informações confiáveis de que o tiroteio havia sido pessoalmente ordenado por Kadhafi" e relatando que "um matador experiente da estação de inteligência líbia em Berlim Oriental voara para Londres para supervisionar o assassinato". Gordievsky imediatamente repassou o telegrama para o MI6, reforçando o argumento para uma resposta vigorosa. O governo Thatcher rompeu relações diplomáticas com a Líbia, invadiu a embaixada, expulsou os capangas de Kadhafi e escorraçou, com eficácia, o terrorismo líbio da Grã-Bretanha.

A espionagem às vezes demora para dar frutos. Gordievsky havia alertado pela primeira vez o MI6 sobre as atividades de Arne Treholt em 1974, mas o serviço de segurança norueguês levou uma década para agir, em parte para proteger a fonte. Enquanto isso, o glamouroso astro da esquerda norueguesa havia se tornado chefe da seção de imprensa do Ministério das Relações Exteriores do país. No início de 1984, Gordievsky foi informado de que os noruegueses estavam prontos para atacar e perguntavam se ele se opunha; como Oleg tinha fornecido a primeira dica, sua segurança poderia ser comprometida se Treholt fosse preso. Gordievsky não hesitou: "Claro. Ele é um traidor da OTAN e da Noruega, então é claro que vocês devem prendê-lo o mais rápido possível."

Treholt foi detido no aeroporto de Oslo em 20 de janeiro de 1984 pelo chefe da contrainteligência norueguesa. Acreditava-se que ele estava indo para Viena encontrar-se com Gennadi "Crocodilo" Titov, seu controlador da KGB e parceiro de almoços nos últimos treze anos. Cerca de 65 documentos confidenciais foram encontrados em sua pasta. Outros oitocentos estavam em sua casa. Inicialmente ele negou ter espionado, mas, quando lhe mostraram uma foto em que aparecia com Titov, Treholt vomitou violentamente e falou: "O que posso dizer?"

Titov também foi interceptado pelo serviço de inteligência norueguês. Um acordo lhe foi oferecido: se ele concordasse em mudar de lado ou desertasse para o Ocidente, receberia meio milhão de dólares americanos. Ele recusou e foi expulso do país.

Em seu julgamento, Treholt foi acusado de infligir "danos irreparáveis" à Noruega, passando segredos a agentes soviéticos e iraquianos em Oslo, Viena, Helsinque, Nova York e Atenas. Ele foi acusado de receber 81 mil dólares da KGB. Os jornais o descreveram como o "maior traidor da Noruega desde Quisling", o colaborador nazista cujo nome se tornou um substantivo inglês que significa traidor. O juiz observou que ele abrigava "opiniões irrealistas e exageradas sobre a própria importância". Ele foi considerado culpado de traição e passou vinte anos na prisão.

No fim do verão de 1984, James Spooner foi transferido para outro posto, sendo sucedido como controlador por Simon Brown, que falava russo e tinha sido chefe da seção soviética, a P5, e que seguira Bettaney disfarçado de mendigo. Brown fora introduzido no caso Nocton em 1979, quando, como chefe de estação em Moscou, era responsável por monitorar os locais de sinal para a Operação Pimlico, o plano de fuga do russo. Não houve a mesma química pessoal imediata que Gordievsky experimentara com Spooner. Durante o primeiro encontro, Veronica serviu aipo no almoço e colocou a chaleira para ferver. Brown estava nervoso. "Pensei: se eu não falar russo fluente, ele vai pensar que sou um idiota. Então, para meu horror, quando toquei a fita de volta, tudo que pude ouvir foi o ruído crescente da água fervendo na chaleira e o barulho de um homem mastigando aipo." Sarah Page, secretária do MI6, estava sempre presente em tais reuniões, silenciosamente inabalável e tranquilizadora: "Sua presença relaxante fez muito para humanizar e acalmar aos poucos a atmosfera um tanto carregada."

Enquanto isso, Gordievsky continuava com seu trabalho diurno, o cultivo de contatos políticos, alguns deles simpatizantes soviéticos genuínos e outros, como Rosemary Spencer, fornecendo úteis grãos de milho para os pintos. A pesquisadora do Escritório Central Conservador não era a única agente de acesso controlado que não sabia que Gordievsky era um espião duplo trabalhando para a inteligência britânica, sendo usada pelo MI5 para alimentá-lo com informações. Neville Beale, um membro conservador do Conselho da Grande Londres e ex-presidente da Associação Conservadora de Chelsea, era outro. Ele forneceu a Gordievsky tediosos documentos do conselho que não eram confidenciais, mas que comprovavam a sua habilidade em extrair informações oficiais.

O Centro muitas vezes mandava sugestões para possíveis recrutas, a maioria totalmente impraticável e improvável. Em 1984, um telegrama pessoal chegou do Centro, instruindo Gordievsky a se reconectar com Michael

Foot, o ex-agente Boot. Depois de sua esmagadora derrota eleitoral, Foot deixara o cargo de líder trabalhista, mas permaneceu como deputado e figura de destaque da esquerda. O telegrama observava que, embora Foot não tivesse mantido nenhuma interação com a KGB desde o fim da década de 1960, "poderia ser útil restabelecer o contato". Se ficassem sabendo que um espião controlado pelo MI6 estava ativamente tentando recrutar uma das figuras políticas mais importantes da Grã-Bretanha, a consequência seria catastrófica. "Faça corpo mole", aconselhou o MI6. "Saia dessa, se puder." Gordievsky enviou uma mensagem de volta ao Centro dizendo que encontraria um jeito de falar com Foot em uma festa, revelaria "gentilmente" que sabia de seus contatos passados e sondaria as suas simpatias. Então ele não fez nada e esperou que o Centro esquecesse a ideia – o que aconteceu, por um tempo.

Nos dois primeiros anos, o caso Nocton produziu milhares de relatórios de inteligência e contrainteligência, alguns com apenas algumas frases, outros de muitas páginas. Eles foram divididos e enviados para o MI5, Margaret Thatcher, seções de Whitehall e do Ministério das Relações Exteriores e, cada vez mais, a CIA. Outros aliados selecionados recebiam pistas ocasionais de contrainteligência, mas apenas quando interesses importantes estavam em jogo. A CIA estava em uma categoria especial, a de "nação favorecida".

O MI6 estava extremamente satisfeito com Gordievsky, assim como a KGB. Os chefes em Moscou ficavam impressionados com o fluxo constante de informações que ele produzia como chefe da Linha PR; o MI6 o alimentava com dados interessantes o suficiente em meio ao milho para pintos para manter a KGB gorda e satisfeita; até Guk estava contente com ele, sem saber que seu bem-sucedido subordinado estava prestes a levar sua carreira de espião a um fim vergonhoso.

O julgamento de Michael Bettaney foi aberto no Old Bailey em 11 de abril de 1984, sob a mais rígida segurança, com as janelas do tribunal tapadas, uma forte presença policial e um link de chamadas telefônicas codificadas com a sede do MI5, caso fosse necessária alguma consulta durante os procedimentos. As evidências eram tão secretas que a maior parte do julgamento ocorreu a portas fechadas, sem público ou repórteres. Bettaney usava um terno listrado e uma gravata de bolinhas. Ele insistiu que sua motivação tinha sido "pura e ideológica – não era homossexual, não estava sendo chantageado e não trabalhava para obter lucros".

Após cinco dias de depoimento, Bettaney foi condenado a 23 anos de prisão.

— Você escolheu a traição como modo de conduta — disse lorde Lane, o presidente do Tribunal Criminal Central, ao pronunciar a sentença. — É bastante claro para mim que, em muitos aspectos, o senhor é pueril. Também está claro para mim que o senhor é teimoso e perigoso. Não teria hesitado em revelar nomes aos russos, o que muito certamente teria levado à morte mais de uma pessoa.

A imprensa aceitou a autodescrição de Bettaney como um espião comunista porque era mais fácil entender um homem que havia sofrido uma "conversão política gradual, mas finalmente esmagadora". Os jornais viram em Bettaney o que queriam ver: "O palerma de tweed tornou-se um traidor perverso", clamou *The Sun*. "A inteligência da Guerra Fria jamais se enfraquece", disse *The Times*. *The Daily Telegraph* imergiu em ondas homofóbicas tentando mostrar que ele era homossexual e, portanto, não confiável. "Bettaney parecia apreciar a companhia da comunidade universitária homossexual e artística." O jornal de esquerda *The Guardian* foi o mais compreensivo: "Em sua mente, ele estava usando sua posição no MI5 para tentar impedir que a Grã-Bretanha e os aliados ocidentais se arrastassem para uma nova guerra mundial." Em Washington, as instituições americanas se inquietaram (e zombaram) com a forma como a inteligência britânica tinha sido outra vez vítima de espionagem interna. "O presidente está realmente alarmado", disse um porta-voz da Casa Branca. Uma fonte da CIA afirmou ao *The Daily Express*: "Temos que nos questionar mais uma vez sobre a segurança da comunidade de inteligência britânica." Um inquérito subsequente da Comissão de Segurança condenou a falha do MI5 em detectar o perigo representado pelo instável Bettaney. *The Times* até se perguntou se não chegara a hora de fundir o MI5 e o MI6 em uma única agência de informações: "Afinal, a KGB opera tanto em casa quanto no exterior."

O que nenhum jornal adivinhou foi que o primeiro traidor do MI5 condenado tinha sido exposto por um espião do MI6 dentro da KGB. Gordievsky salvara a Grã-Bretanha de uma catástrofe em seu serviço secreto e, mais uma vez, abrira caminho para o próprio avanço profissional.

Arkadi Guk foi identificado no testemunho ao tribunal como o chefe de estação da KGB. O corpulento general russo foi fotografado deixando sua casa em Kensington ao lado da esposa, de óculos gatinho. Sua foto foi publicada nas primeiras páginas sob a manchete "Guk, o espião", o desajeitado chefe da espionagem soviética que tinha "recusado a primeira oportunidade da KGB desde a Segunda Guerra Mundial de recrutar um agente de penetração dentro do Serviço de Segurança". Guk na verdade parecia até gostar da atenção e estava "desfilando como um astro de cinema".

Ali estava a oportunidade perfeita para se livrar dele, abrindo caminho para Gordievsky subir ainda mais na hierarquia da KGB e ampliar seu acesso a materiais secretos. O MI6 pediu a expulsão imediata de Guk. Whitehall tinha pouco apetite por mais uma disputa diplomática. Não haveria uma segunda chance para se livrar do *rezident*, observou Christopher Curwen, o novo diretor de contrainteligência e segurança do MI6: "Guk sempre teve o maior cuidado de não se envolver diretamente em operações de controle de agentes e é provável que seja ainda mais cuidadoso no futuro." Alguns no MI5 também argumentaram contra a mudança, assinalando que um novo oficial de segurança tinha acabado de ser colocado em Moscou e certamente seria expulso por vingança se Guk fosse demitido. Mas isso, insistiu o MI6, era um preço que valia a pena pagar. Com Guk fora do caminho e Nikitenko se aproximando do fim de sua missão, Gordievsky poderia assumir como *rezident* da KGB em Londres. "Há muita coisa em jogo", argumentou um alto funcionário. "Nada menos do que a chance de acesso a todas, ou praticamente todas, as operações da KGB contra o nosso país." Uma carta foi redigida para que a Sra. Thatcher enviasse ao Ministério das Relações Exteriores, afirmando que, como Guk tinha sido identificado publicamente, ele precisava ser expulso. Lançando mão de um pequeno e inteligente detalhe, foi escrito "Gouk" na carta. Era assim que *The Daily Telegraph*, diferentemente dos outros jornais britânicos, escrevia. Thatcher era leitora do *Telegraph*. A pista para o Ministério das Relações Exteriores estava implícita: a primeira-ministra tinha lido sobre o chefe espião russo em seu jornal matinal e o queria fora, então, se o Ministério das Relações Exteriores continuasse a bloquear a expulsão, ela levaria para o lado pessoal. O truque funcionou.

Em 14 de maio de 1984, Guk foi declarado *persona non grata* por "atividades incompatíveis com seu status diplomático" e teve uma semana para arrumar suas malas e deixar a Grã-Bretanha. Como esperado, os soviéticos imediatamente reagiram, expulsando de Moscou o novo oficial de segurança.

Uma festa de despedida foi realizada na embaixada soviética na noite anterior à partida de Guk, com comida e bebida fartas e uma sucessão de discursos em homenagem ao *rezident* que estava de partida. Quando chegou a vez de Gordievsky falar, ele abusou da bajulação. "Eu devo ter soado um pouco lisonjeiro demais e ligeiramente falso." Depois, cambaleante, Guk se levantou e murmurou "Você aprendeu muito com o embaixador", cujo talento para discursos hipócritas era uma piada corrente na embaixada. Embora já estivesse bastante bêbado, Guk percebia que seu subalterno estava feliz em vê-lo partir. No dia seguinte, o general voou de volta para Moscou e desapareceu na mais completa obscuridade. Ele tinha envergonhado a KGB ao chamar atenção para si mesmo. Isso, muito mais do que sua extraordinária incompetência, era imperdoável.

Leonid Nikitenko foi nomeado *rezident* interino e imediatamente começou a manobrar para tornar a nomeação permanente. Gordievsky tornou-se seu vice, com maior acesso aos telegramas e arquivos da estação da KGB. O MI6 foi subitamente inundado de novas informações. O prêmio final estava agora ao alcance: se ele pudesse abrir caminho até o escritório do *rezident*, toda a lista de segredos da estação estaria ao seu alcance. A única coisa em seu caminho era Nikitenko.

Leonid Nikitenko era um dos homens mais inteligentes da KGB e um dos poucos que viam seu trabalho como uma vocação. Ele iria chefiar a Diretoria K, o ramo de contrainteligência da KGB. Um oficial da CIA que o conhecera o descreveu como "um homem de peito largo, cheio de vida... ele amava o drama do jogo de espionagem e não havia dúvidas de que era bom nisso. Ele se sentia em casa naquele universo secreto e saboreava cada momento, um ator em um palco que havia montado para si mesmo, desempenhando um papel que ele mesmo tinha escrito". Depois de mais de quatro anos no Reino Unido, o oficial de contrainteligência de olhos amarelados já estava atrasado para ser mandado de volta a Moscou, mas Nikitenko cobiçava o cargo de *rezident*. Um trabalho da KGB no exterior geralmente durava três anos, mas o Centro às vezes estendia o tempo, então ele lançou uma campanha vigorosa para demonstrar que era o melhor homem para desempenhá-lo; ou, mais precisamente, para mostrar que Gordievsky não era. Os dois homens nunca tinham gostado um do outro: uma guerra pela sucessão de Guk havia começado, ainda mais intensa porque não era declarada.

O MI6 se perguntou se deveria intervir mais uma vez e declarar Nikitenko *persona non grata*, deixando Gordievsky em uma rota clara para o topo. O efeito dominó estava funcionando e os oficiais do caso passaram a chamá-lo de "efeito Nocton". A estratégia era tentadora. Se Gordievsky pudesse ser alavancado para a primeira posição, então seu tempo em Londres renderia o resultado máximo e, ao término de sua função, ele poderia desertar. Entretanto, depois de algum debate, decidiu-se que expulsar Nikitenko seria um passo maior do que a perna e "com possibilidades de ser contraproducente". Expulsar dois oficiais da KGB em rápida sucessão não era incomum por conta da atmosfera febril daqueles tempos; mas remover todos os três chefes imediatos de Gordievsky poderia parecer um padrão.

Maksim Parshikov, o colega mais próximo de Gordievsky, notou que seu amigo agora "parecia ter encontrado o seu lugar. A partir do momento em que foi promovido a vice-*rezident*, Oleg parecia suavizado, liberado e se comportava com mais calma e naturalidade". Alguns achavam que ele estava ficando presunçoso. Mikhail Lyubimov, seu amigo e ex-colega, estava de volta a Moscou tentando começar uma carreira como escritor após sua demissão. "Ele e eu trocávamos cartas, e eu ficava chateado quando ele não respondia prontamente, às vezes enviando apenas uma carta para duas das minhas – o poder estraga as pessoas, e ser vice-*rezident* em Londres é um alto cargo." Lyubimov não tinha ideia de como seu velho amigo andava ocupado, fazendo dois trabalhos secretos ao mesmo tempo enquanto planejava outra promoção.

A família havia se estabelecido com tranquilidade em Londres. As meninas estavam crescendo rápido, falando inglês fluentemente e frequentando uma escola cristã. Um século antes, o próprio Karl Marx se surpreendera com a rapidez com que seus filhos se adaptaram à vida na Grã-Bretanha. "A ideia de deixar o país de seu precioso Shakespeare os intimida; eles se tornaram ingleses até os ossos", disse a Sra. Marx. Gordievsky ficara igualmente surpreso, mas encantado por ser o pai de duas meninas inglesas. Leila também estava gostando cada vez mais da vida ali. Seu inglês melhorou, mas era difícil fazer amigas, pois as esposas eram proibidas de se encontrar com cidadãos britânicos se estivessem desacompanhadas. Ao contrário de Gordievsky, permanentemente à flor da pele entre seus colegas, ela conseguia se misturar bem com os outros membros da comunidade da KGB, tomando chá e fofocando alegremente com as esposas dos outros funcionários da embaixada. "Eu cresci em uma família de oficiais da KGB", explicou ela uma vez. "Meu pai era oficial, minha mãe era oficial. Quase todos no nosso distrito, onde passei minha juventude, trabalhavam para a KGB. Os pais de todas as minhas amigas e colegas de classe eram oficiais. Portanto, nunca considerei a agência monstruosa ou associada a algo horrível. Era toda a minha vida, o meu dia a dia." Ela estava orgulhosa da rápida ascensão do marido e estimulava sua ambição de se tornar *rezident*. Muitas vezes, ele parecia preocupado e, de vez em quando, olhava intensamente para o nada, como se estivesse preso a outro mundo. Roía as unhas o tempo todo. Alguns dias, ele parecia particularmente alvoroçado, tenso, com estresse nervoso. Ela atribuía isso à pressão de seu importante trabalho.

Gordievsky amava a sociabilidade de Leila, sua vitalidade e dedicação à vida familiar. Sua doçura ingênua, sua total falta de desconfiança no mundo, tudo isso era um antídoto para os subterfúgios que ele precisava enfrentar. Ele nunca se sentira tão próximo dela, apesar das mentiras que só ele conhecia e que os mantinham separados. "Eu era muito feliz no casamento", refletiu. De tempos em tempos, ele se perguntava se poderia contar a ela o seu segredo e atraí-la para uma cumplicidade que tornaria a união mais verdadeira e completa. Ela acabaria descobrindo quando, e se, ele finalmente desertasse para a Grã-Bretanha. Quando o MI6 gentilmente o sondou sobre como sua esposa reagiria quando esse momento chegasse, ele foi inflexível: "Ela vai aceitar. É uma boa esposa."

De tempos em tempos, ele criticava Moscou na frente de Leila. Em uma ocasião, um pouco empolgado, descreveu o regime comunista como "ruim, errado e criminoso".

– Ora, pare de tagarelar – zangou-se Leila. – É só conversa, você não pode fazer nada sobre isso, então de que adianta reclamar?

Irritado, Gordievsky disparou de volta:

– Talvez eu *possa* fazer alguma coisa. Talvez um dia você veja que eu *fui* capaz de fazer algo a respeito.

Bem a tempo, ele se controlou. "Eu sabia que, se tivesse continuado, teria contado mais ou lhe dado alguma pista."

Mais tarde ele refletiu: "Ela não teria entendido. Ninguém teria entendido. Ninguém. Nunca contei a ninguém. Era impossível. Estritamente impossível. Foi solitário. Foi muito solitário." Havia uma solidão escondida no âmago de seu casamento.

Gordievsky adorava a esposa, mas não podia confiar a verdade a ela. Leila ainda era da KGB. E ele, não.

Naquele verão, de férias em Moscou, Oleg foi convocado à sede da Primeira Diretoria-Geral para "discussões de alto nível" sobre seu futuro. Nikolai Gribin, o garoto prodígio do violão que ele conhecera na Dinamarca e que agora chefiava o Departamento Britânico-Escandinavo, era a "simpatia em pessoa" e acenou-lhe com duas possíveis promoções: o cargo de vice-chefe em Moscou e o de *rezident* em Londres. Educadamente, porém com firmeza, Gordievsky indicou sua preferência pelo trabalho em Londres. Gribin aconselhou que ele tivesse paciência: "Quanto mais perto alguém se move para o posto de chefe de estação, maior o perigo, mais intensas as intrigas." Mas ele prometeu dar a Gordievsky todo o seu apoio.

A conversa mudou para a política e Gribin mencionou uma nova estrela que estava brilhando no firmamento comunista, um homem chamado Mikhail Gorbachev. Filho de um operador de colheitadeira, Gorbachev tinha subido rapidamente dentro da hierarquia comunista, tornando-se membro do Politburo antes dos 50 anos. Ele era apontado como o provável sucessor do moribundo Chernenko. A KGB, revelou Gribin, tinha "chegado à conclusão de que Gorbachev era a melhor aposta para o futuro".

Margaret Thatcher também.

Ela havia identificado em Gorbachev o enérgico líder russo pelo qual ela ansiava: um reformista, um homem de visão, que tinha viajado para fora do bloco soviético, em contraste com a gerontocracia soviética de mente fechada. O Ministério das Relações Exteriores havia sondado e, no verão de 1984, Gorbachev aceitou um convite para visitar a Grã-Bretanha no mês de dezembro seguinte. Charles Powell, secretário particular da Sra. Thatcher, comentou que a visita apresentava "uma oportunidade única para entrar na mente da próxima geração de líderes soviéticos".

Era também uma oportunidade para Gordievsky. Como chefe de inteligência política na *rezidentura*, ele seria responsável por informar Moscou sobre o que Gorbachev deveria esperar; como agente britânico, ele também estaria informando o MI6 sobre os preparativos russos para a visita. Excepcionalmente na história da inteligência, um espião estava em posição de moldar, até mesmo coreografar, um encontro entre dois líderes mundiais, espionando e reportando-se a ambos os lados: Gordievsky poderia aconselhar Gorbachev sobre o que dizer a Thatcher, ao mesmo tempo sugerindo o que Thatcher poderia dizer a Gorbachev. E, se a reunião rendesse bons frutos, essa situação aumentaria as chances de Gordievsky de garantir o cargo de *rezident* – e todas as informações que a posição lhe traria.

A notícia de que o futuro líder soviético ia a Londres mergulhou a estação da KGB local em um frenesi de preparativos. Instruções de Moscou chegavam a todo momento, exigindo informações detalhadas sobre todos os aspectos da vida britânica: política, militar, tecnológica e econômica. A greve prolongada dos mineiros era de particular interesse: eles ganhariam? Como eram financiados? Greves, é claro, eram proibidas na União Soviética. O Centro queria todos os detalhes sobre o que Gorbachev devia esperar de seus anfitriões e se a inteligência britânica poderia estar planejando surpresas desagradáveis. Quando Khrushchev visitou Londres em 1956, o MI6 grampeou seu hotel, monitorou seus telefonemas e até enviou um membro da força de elite da Marinha dinamarquesa para inspecionar o casco do cruzador soviético no qual ele havia chegado.

O legado da desconfiança corria profundamente em ambos os lados. Gorbachev era um membro dedicado do Partido, uma criação do sistema soviético; Thatcher era uma opositora estridente do comunismo, filosofia que ela condenava como imoral e opressiva. "Existe consciência no Kremlin?", perguntara ela um ano antes em um discurso na Fundação Winston Churchill, nos Estados Unidos. "Eles alguma vez se perguntam qual é o propósito da vida? Para que é tudo isso? Não. Seu credo é estéril de consciência, imune às provocações do bem e do mal." A história enquadrou Gorbachev como um progressista liberal. O futuro arquiteto da *glasnost* (abertura) e da *perestroika* (reestruturação) transformaria a União Soviética, colocando em movimento forças que acabariam por desmantelá-la. Mas pouco disso era visível em 1984. Thatcher e Gorbachev estavam em lados opostos de um vasto abismo político e cultural. Um encontro bem-sucedido não poderia ser assegurado; uma aproximação exigiria alguns delicados toques de diplomacia e engenharia sub-reptícia.

A KGB via a visita à Grã-Bretanha como uma oportunidade para fortalecer o controle de Gorbachev. "Envie o melhor relatório possível", disse Gribin a Gordievsky. "Dessa forma, vai parecer que ele tem um intelecto superior."

Gordievsky e sua equipe começaram a trabalhar. "Nós realmente arregaçamos as mangas", lembrou Maksim Parshikov. "Produzimos memorandos aprofundados sobre todos os aspectos de fundamental importância na política britânica e detalhes sobre todos os participantes britânicos." Tudo que Gordievsky juntou para Nikitenko passar para a KGB em Moscou, ele também entregou ao MI6. Mais do que isso, a inteligência britânica alimentou o espião com informações para introduzir em seus relatórios a Moscou: temas para discussão, possíveis pontos de concordância e discordância, como a greve dos mineiros, dicas de como interagir com as personalidades envolvidas. O serviço de inteligência britânico estava efetivamente definindo a agenda para as próximas reuniões e informando ambos os lados.

Mikhail e Raisa Gorbachev chegaram a Londres em 15 de dezembro de 1984, para uma visita que duraria oito dias. Haveria tempo para compras e passeios turísticos, incluindo uma devota peregrinação ao assento na Biblioteca Britânica onde Marx escreveu *O Capital*, mas a visita era, em essência, uma prolongada iniciativa diplomática, uma vez que os adversários da Guerra Fria cautelosamente sondaram um ao outro em uma série de reuniões em Chequers, a casa de campo da primeira-ministra. Todas as noites Gorbachev exigia um memorando detalhado de três ou quatro páginas com uma "previsão da linha que a reunião do dia seguinte tomaria". A KGB não tinha essa informação. Mas o MI6 tinha. Ali estava a oportunidade perfeita para garantir que as duas equipes estivessem na mesma página, enquanto Gordievsky demonstrava seu valor para os chefes de Moscou. O MI6 obteve a pauta da reunião do Ministério das Relações Exteriores elaborada para Geoffrey Howe, o ministro do Exterior, listando os pontos que ele levantaria com Gorbachev e sua equipe. O relatório foi entregue a Gordievsky, que correu de volta para a estação da KGB, digitou-o às pressas em russo e entregou ao oficial de relatórios para colocar no memorando diário. "Sim!", exclamou Nikitenko quando o leu. "Isso é exatamente do que precisamos."

O resumo do Ministério das Relações Exteriores de Geoffrey Howe tornou-se o resumo da KGB de Mikhail Gorbachev. "O roteiro foi seguido palavra por palavra."

A visita de Gorbachev à Grã-Bretanha foi um sucesso retumbante. Com todas as suas diferenças ideológicas, Thatcher e Gorbachev pareciam estar em sintonia. Claro, houve momentos de tensão: Thatcher fez um sermão para o visitante sobre os méritos da livre iniciativa e da concorrência; Gorbachev insistiu que "o sistema soviético era superior" e a convidou para ver por si mesma como os povos soviéticos viviam suas vidas "alegremente". Eles divergiram sobre o destino dos dissidentes, incluindo o físico Andrei Sakharov, e a corrida armamentista. Em um momento particularmente tenso, Thatcher acusou a União Soviética de financiar os mineiros. Gorbachev negou. "A União Soviética não transferiu fundos para o Sindicato Nacional dos Mineiros", afirmou ele, antes de olhar de soslaio para seu chefe de propaganda, um membro da delegação, e acrescentar: "Tanto quanto eu sei." Era mentira, e a Sra. Thatcher sabia disso. Em outubro, o próprio

Gorbachev havia autorizado pessoalmente um plano para fornecer aos mineiros em greve 1,4 milhão de dólares.

Mesmo com toda a disputa verbal, os dois líderes se deram bem. Era quase como se eles estivessem trabalhando a partir do mesmo script, o que, de certa forma, estavam. O resumo diário da KGB para Gorbachev voltava "com passagens sublinhadas para demonstrar gratidão ou satisfação". Ele o lia com atenção. "Ambos os lados estavam sendo informados por nós", disse um analista do MI6. "Estávamos fazendo algo novo – realmente tentando usar a informação, não a distorcer, gerenciar relações e abrir novas possibilidades. Éramos um punhado de pessoas trabalhando loucamente no auge da história."

Observadores perceberam a "palpável química humana em ação". No fim das discussões, Gorbachev declarou-se "muito satisfeito". Thatcher sentiu o mesmo: "A personalidade dele não poderia ter sido mais diferente do ventriloquismo da maioria dos políticos soviéticos." Gordievsky relatou o "feedback entusiasmado de Moscou" ao MI6.

Em uma nota para Reagan, a Sra. Thatcher escreveu: "Consegui encontrar um homem com quem é possível negociar. Na verdade, eu gostei dele – não há dúvida de que é completamente leal ao sistema soviético, mas está preparado para ouvir, ter um diálogo genuíno e pensar por si mesmo." Essa expressão tornou-se o bordão da visita, uma abreviatura para a liderança mais vigorosa que surgiria quando Chernenko morreu e foi finalmente sucedido, em março de 1985, por Gorbachev: "Um homem com quem é possível negociar."

O avanço da possibilidade de negociações só foi possível, em grande parte, graças a Gordievsky.

O Centro ficou satisfeito. Gorbachev, o candidato preferido da KGB para a liderança, havia demonstrado qualidades de estadista e a *rezidentura* londrina havia se destacado. Nikitenko recebeu uma comenda especial "por administrar tão bem a viagem". Mas grande parte do crédito reverteu para Gordievsky, o capacitado chefe da inteligência política que tinha produzido os tais resumos tão detalhados e bem informados com base em dados coletados de suas muitas fontes britânicas. Gordievsky era agora o primeiro colocado para o cargo de *rezident*.

E, ainda assim, em meio à satisfação de um trabalho bem-feito tanto para a KGB quanto para o MI6, uma ponta aguda de ansiedade se alojou na mente de Gordievsky.

No meio da visita de Gorbachev, Nikitenko convocou seu vice. Na mesa diante dele, o *rezident* interino havia espalhado os memorandos enviados para Gorbachev, completados com suas anotações.

O especialista em contrainteligência da KGB fixou Gordievsky com seus inabaláveis olhos amarelados.

– Hum. Um relatório muito bom sobre Geoffrey Howe – afirmou Nikitenko e depois fez uma ligeira pausa. – Parece até um documento do Ministério das Relações Exteriores.

11
ROLETA-RUSSA

Burton Gerber, chefe da seção soviética da CIA, era um especialista na KGB, com ampla experiência operacional na guerra de espionagem contra a União Soviética. Um esguio nativo de Ohio, assertivo e obstinado, ele fazia parte da nova geração de oficiais de inteligência americanos, não atingidos pela paranoia do passado. Ele estabeleceu as chamadas "Regras Gerber", que sustentavam que todas as ofertas de espionagem para o Ocidente deveriam ser levadas a sério, cada pista deveria ser perseguida. Um de seus hobbies mais estranhos era o estudo de lobos, e havia mesmo algo lupino na forma como Gerber caçava suas presas na KGB. Tendo servido em Moscou em 1980 como chefe de estação da CIA, ele havia retornado a Washington no início de 1983 para assumir a divisão mais importante da agência: o controle de espiões atrás da Cortina de Ferro. Havia muitos. A incerteza da década anterior dera lugar, sob o comando do diretor da CIA Bill Casey, a um período de intensa atividade e consideráveis conquistas, particularmente na esfera militar. Dentro da União Soviética, a agência tinha mais de cem operações secretas em andamento e pelo menos vinte espiões ativos, mais do que em qualquer época: dentro da GRU, do Kremlin, da estrutura militar e dos institutos científicos. A rede de espionagem da CIA incluía vários oficiais da KGB, mas nenhum do calibre do misterioso agente que fornecia material de alto nível para o MI6.

O que Burton Gerber não sabia sobre a espionagem na URSS não valia a pena saber, com uma exceção importante: ele desconhecia a identidade do espião da KGB na Grã-Bretanha. E isso o incomodava.

Gerber tinha visto o material que estava sendo fornecido pelo MI6 e ficou impressionado e intrigado. A gratificação psicológica de todo o trabalho de inteligência reside em saber mais do que seus adversários, mas também mais do que seus aliados. Na visão abrangente e global de Langley, a CIA tinha o direito de saber tudo e qualquer coisa que quisesse.

A relação da inteligência anglo-americana era próxima e mutuamente colaborativa, mas também desigual. Com seus vastos recursos e sua rede mundial de agentes, a CIA rivalizava apenas com a KGB na capacidade de coleta de informações. Quando servia aos interesses dos Estados Unidos, a CIA compartilhava informações com seus aliados, mas, como em todas as agências de inteligência, as fontes eram rigorosamente protegidas. O compartilhamento de informações secretas era uma via de mão dupla, mas, na opinião de alguns agentes, os americanos tinham o direito de saber tudo. O MI6 estava fornecendo informações da mais alta qualidade, mas, não importa quantas vezes a CIA sugerisse que gostaria de saber de onde vinham, os britânicos se recusavam a dizer, com uma polidez irritante e obstinada.

As pistas se tornaram menos sutis. Em uma festa de Natal, Bill Graver, chefe da CIA em Londres, chamou de lado o controlador do bloco soviético do MI6. "Ele me agarrou, me colocou contra a parede e disse: 'Você pode me contar mais sobre essa fonte? Precisamos ter alguma garantia de que essa informação é confiável, porque é uma questão bem quente.'" O oficial britânico balançou a cabeça. "Não vou revelar quem é, mas você pode ter certeza de que temos total confiança nele e que ele tem autoridade para garantirmos a autenticidade dessas informações."

Graver recuou.

Na mesma época, o MI6 pediu um favor à CIA. Durante anos, altos oficiais da inteligência britânica vinham pressionando o departamento técnico em Hanslope para desenvolver uma câmera secreta eficaz, mas o conselho do MI6 sempre vetou esse pedido alegando não poder arcar com tais despesas. O MI6 ainda estava usando a antiga câmera Minox. A CIA, no entanto, havia recrutado um relojoeiro suíço para desenvolver uma engenhosa câmera em miniatura escondida dentro de um isqueiro comum, que poderia tirar fotos perfeitas quando usada em conjunto com um pequeno fio de 28 centímetros e um alfinete. Com um pedaço de goma de mascar, o fio era preso na parte inferior do isqueiro; quando o alfinete na extremidade ficava em cima de um documento, media a distância ideal de foco e o botão em cima do isqueiro podia ser pressionado para clicar no obturador. O alfinete e o fio podiam ficar escondidos atrás de uma lapela. O isqueiro parecia totalmente inocente. Ele até acendia cigarros. Essa seria a câmera ideal para Gordievsky. Quando chegasse a hora de desertar, ele poderia levá-la para a *rezidentura* e então, fotograficamente falando, "esvaziar o cofre". Em uma decisão que subiu até Bill Casey, a CIA finalmente concordou em oferecer ao MI6 uma das câmeras, mas, antes que fosse entregue, um diálogo intrigante aconteceu.

CIA: "Você precisa disso para algum propósito em particular?"
MI6: "Temos alguém infiltrado."
CIA: "Vamos receber as informações?"
MI6: "Não necessariamente. Não podemos garantir isso."

O MI6 não estava cedendo a exigências, persuasão ou suborno e Gerber estava frustrado. Os britânicos tinham alguém muito bom e o escondiam. Como a avaliação secreta subsequente da CIA sobre o susto do Archer Able assinalou, "as informações que chegavam à CIA vinham principalmente da inteligência britânica e eram fragmentadas, incompletas e ambíguas. Além disso, os britânicos protegiam a identidade da fonte, cuja boa-fé não podia ser verificada de forma independente". As informações estavam chegando ao presidente: era um tanto embaraçoso não saber de onde vinham.

E assim, com a aprovação de seus superiores, Gerber lançou uma discreta caça ao espião. No início de 1985, ele instruiu um investigador da CIA a agir com intenção de descobrir a identidade do superespião britânico. O MI6 não deveria, em hipótese alguma, perceber o que estava acontecendo. Gerber não via isso como uma traição, e ainda menos como espionagem ao aliado; era apenas um acerto de pendências, uma verificação cruzada prudente e legítima.

Aldrich Ames era o chefe de contrainteligência soviética da CIA. Milton Bearden, um agente que assumiu a divisão soviética, escreveu: "Burton Gerber estava determinado a identificar a fonte britânica e designou o chefe de contrainteligência da Divisão Soviética e do Leste Europeu, Aldrich Ames, para descobri-la." Mais tarde Gerber alegou que não havia pedido a Ames especificamente que fizesse o trabalho de detetive, mas a outro oficial não identificado que fosse "habilitado para realizar esse tipo de verificação". O oficial estaria trabalhando ao lado de Ames, o chefe de contrainteligência.

O cargo de Ames impressionava, mas a seção do departamento soviético responsável por erradicar espiões e avaliar quais operações eram vulneráveis a penetração era considerada um trabalho de bastidores na CIA de Casey, "um campo de despejo para desajustados vagamente talentosos".

Ames tinha 43 anos, era um burocrata com dentes podres, um problema com bebida e uma noiva que gastava demais. Todos os dias ele deixava seu pequeno apartamento alugado em Falls Church, lutava em meio ao tráfego até Langley e se sentava à mesa, "ruminando pensamentos sombrios sobre o futuro". Ames tinha uma dívida de cerca de 47 mil dólares. Ele fantasiava sobre roubar um banco. Uma avaliação interna observou sua "desatenção para assuntos de higiene pessoal". O almoço era quase sempre líquido e longo. Rosario passava "seu enorme tempo livre gastando o dinheiro de Rick" e reclamando que não era o suficiente. Sua carreira estava estagnada. Aquela seria sua última promoção. A CIA o havia decepcionado. Ele também estava ressentido com seu chefe, Burton Gerber, que o repreendera por levar Rosario a Nova York à custa da agência. Talvez a agência devesse ter visto que Ames não era um bom funcionário, mas, como aconteceu com Bettaney no MI5, mera estranheza de comportamento, excesso de álcool e um registro de trabalho irregular não eram motivos para suspeita. Na CIA, Ames era parte do mobiliário: ultrapassado, porém familiar.

A posição e o tempo de casa de Ames lhe davam acesso aos arquivos de todas as operações destinadas a Moscou. Mas havia um espião soviético enviando informações valiosas para a CIA a distância, cuja identidade ele desconhecia: um agente de alto nível, controlado pelos britânicos.

Identificar um único espião dentro do vasto aparelho do governo soviético era uma tarefa assustadora. Nas palavras de Sherlock Holmes: "Uma vez que você elimina o impossível, o que resta, não importa quão improvável seja, só pode ser a verdade." Era isso que a CIA começava a fazer. Não era tão elementar, mas todo espião deixa pistas. Os investigadores da agência começaram a vasculhar as informações fornecidas pelo misterioso informante dos britânicos naqueles últimos três anos e a tentar identificar o homem (ou a mulher) por um processo de eliminação e triangulação.

A investigação deve ter sido mais ou menos assim.

Os detalhes sobre a Operação Ryan fornecidos pelo MI6 indicavam que a fonte era um oficial da KGB e, embora o material tivesse vindo de um funcionário de nível médio, a qualidade sugeria alguém em uma posição alta. A regularidade dos relatórios implicava que o indivíduo estava se encontrando com o MI6 com frequência, o que, por sua vez, indicava que ele devia estar fora da União Soviética e, possivelmente, no próprio Reino Unido – um palpite reforçado pelo fato de que ele parecia estar "a par de informações sobre a Inglaterra". Um espião individual pode ser identificado pelo que produz, mas também pelo que não produz. As informações que eram passadas pelos britânicos continham poucos dados técnicos ou militares, mas muita inteligência política de alto grau. A probabilidade, portanto, era de que ele estivesse trabalhando na Linha PR da Primeira Diretoria-Geral. Um agente dentro da

KGB teria, sem dúvida, apontado vários espiões ocidentais trabalhando para os soviéticos. Então, onde os soviéticos haviam perdido agentes nos últimos tempos? Haavik e Treholt na Noruega. Bergling na Suécia. Só que a exposição mais dramática de um espião nos últimos tempos ocorrera na Grã-Bretanha, com a prisão e o julgamento amplamente divulgado de Michael Bettaney.

A CIA compreendia bem a estrutura da KGB. O Terceiro Departamento da PDG juntava a Escandinávia e a Grã-Bretanha. O padrão parecia apontar para alguém ali.

Uma análise do banco de dados de agentes conhecidos e suspeitos da KGB indicou que apenas um daqueles indivíduos estava na Escandinávia quando Haavik e Bergling foram presos, e na Grã-Bretanha quando Treholt e Bettaney foram pegos: um diplomata soviético de 47 anos que havia surgido no radar na Dinamarca no início da década de 1970. Uma referência cruzada localizou o nome de Oleg Gordievsky no arquivo da CIA sobre Standa Kaplan. Um olhar mais atento revelou que os dinamarqueses tinham identificado aquele homem como um provável oficial da KGB, mas os britânicos lhe concederam um visto como diplomata em 1981, violando diretamente as próprias regras. Os britânicos também haviam expulsado vários oficiais da KGB, inclusive o *rezident*, Arkadi Guk. Estariam eles abrindo caminho para o seu espião? Finalmente, uma busca nos registros da CIA da Dinamarca na década de 1970 denunciou que "um oficial de inteligência dinamarquês havia deixado escapar que o MI6 recrutara um oficial da KGB em 1974, enquanto ele estava servindo em Copenhague". Um telegrama para a estação da CIA em Londres estabeleceu que Oleg Gordievsky se encaixava no perfil.

Em março, Burton Gerber tinha certeza de que identificara o espião que a Grã-Bretanha escondera por tanto tempo.

A CIA tinha conquistado uma pequena mas satisfatória vitória profissional sobre o MI6. Os britânicos achavam que sabiam algo que os americanos não sabiam; mas agora a CIA sabia de algo que o MI6 não sabia que a agência americana sabia. É assim que o jogo acontece. Oleg Gordievsky recebeu da CIA o codinome aleatório Tickle, uma palavra discreta para combinar com uma pequena e inofensiva rivalidade internacional.

...

De volta a Londres, Gordievsky aguardava qualquer contato de Moscou com uma excitação crescente, misturada a um mal-estar nauseante. Ele era a primeira escolha para assumir como *rezident*, mas o Centro, como de costume, não demonstrava ter pressa. As observações sinistras de Nikitenko sobre as instruções extraordinariamente bem informadas de Gordievsky durante a visita de Gorbachev continuavam a assombrá-lo e ele repreendeu a si mesmo por não tê-las disfarçado o suficiente.

Em janeiro ele foi instruído a voar de volta para Moscou para "instruções de alto nível".

Dentro da inteligência britânica, a convocação desencadeou um debate. Considerando a ameaça velada de Nikitenko, alguns temiam uma armadilha. Seria aquele o momento de providenciar a deserção de Oleg? O espião já havia desempenhado um papel nobre. Alguns argumentavam que era muito grande o risco de deixá-lo voltar para a Rússia. "Havia uma sorte em potencial ali. Se desse errado, não iríamos perder apenas um agente altamente colocado. Estávamos sentados em um tesouro de informações que até então tinha uma circulação limitada, porque não podia ser explorado e compartilhado em sua totalidade sem um potencial comprometimento de Oleg."

Mas o prêmio estava ao alcance de Oleg e ele próprio estava confiante. Não havia sinal de perigo vindo de Moscou. A convocação era provavelmente uma evidência de que ele tinha vencido sua luta pelo poder contra Nikitenko. "Não estávamos muito preocupados, nem ele mesmo estava", lembrou Simon Brown. "A lentidão em confirmá-lo no posto era uma preocupação, mas a visão de Oleg era de que ele provavelmente ficaria bem."

Ainda assim, foi oferecida ao espião a oportunidade de desistir. "Com toda a sinceridade, dissemos a ele: 'Se você quiser sair agora, a decisão é sua.' Teria sido uma amarga decepção se ele tivesse desertado. Oleg estava tão entusiasmado quanto nós. Ele não via nenhum grande perigo em voltar."

Para garantir, na última reunião antes da partida de Oleg, Veronica Price e ele ensaiaram cuidadosamente a Operação Pimlico passo a passo.

Ao chegar à sede da PDG em Moscou, Gordievsky foi recebido calorosamente por Nikolai Gribin, o chefe do departamento, contando que ele "havia sido escolhido como o melhor candidato para suceder Guk". O anúncio oficial só seria feito no fim do ano. Alguns dias depois, ele foi apresentado em uma conferência interna da KGB como "o *rezident* nomeado para Londres, o camarada Gordievsky". Gribin ficou furioso pelo fato de a nomeação ter sido prematuramente divulgada aos seus colegas da KGB, mas Gordievsky ficou aliviado e encantado: a notícia da promoção fora revelada.

Sua satisfação foi apenas um pouco prejudicada quando ele soube do destino de um colega, Vladimir Vetrov, um coronel da KGB da Linha X, que se dedicava à espionagem técnica e tecnológica. Depois de trabalhar em Paris por vários anos, Vetrov começara a espionar para o serviço de inteligência francês. Ele forneceu mais de quatro mil documentos e informações que levaram à expulsão de 47 oficiais da KGB da França. De volta a Moscou, em 1982, Vetrov teve uma discussão violenta com sua namorada dentro de um carro. Quando um policial ouviu a comoção e bateu à janela, Vetrov, pensando que estava prestes a ser preso por espionagem, o esfaqueou e matou. Na prisão, ele revelou descuidadamente que havia se envolvido em "algo grande" antes de sua apreensão. Investigações subsequentes revelaram a amplitude de sua traição. O agente, que havia recebido da inteligência francesa o infeliz codinome Farewell, foi executado em 23 de janeiro, poucos dias antes de Gordievsky voar de volta para Londres. Vetrov era um maníaco assassino que tinha causado a própria ruína, mas sua execução foi um lembrete do que acontecia com traidores da KGB descobertos espionando para o Ocidente.

No fim de janeiro de 1985, quando Gordievsky retornou a Londres com a notícia de sua nomeação, a alegria no MI6 foi irrestrita – ou teria sido, se também não fosse totalmente secreta. No esconderijo de Bayswater, as reuniões assumiram uma nova urgência e euforia. Aquele fora um golpe sem precedentes: o agente duplo logo assumiria a estação da KGB em Londres, com acesso a todos os segredos. Depois disso, ele certamente voaria mais alto. Havia indícios de que seria promovido novamente e poderia acabar como general da KGB. Trinta e seis anos antes, Kim Philby havia escalado até o posto de chefe da estação do MI6 em Washington, D.C., um espião da KGB no coração do poder ocidental. Agora o MI6 estava fazendo com a KGB o que a KGB já fizera com o MI6. A mesa tinha virado. As possibilidades pareciam ilimitadas.

Gordievsky aguardou a confirmação formal de sua nomeação em um atordoamento eufórico. Uma mudança no comportamento do amigo fez Maksim Parshikov perceber algo claramente estranho: "Seus cabelos esparsos e grisalhos de repente adquiriram uma cor vermelho-amarelada." Da noite para o dia, o cabelo de Gordievsky mudou de soviético grisalho para um punk exótico. Seus colegas zombavam dele pelas costas. "Será que uma jovem amante teria aparecido em cena? Ou, cinco minutos antes de assumir como *rezident* da KGB em Londres, teria Oleg inesperadamente se tornado gay?" Quando Parshikov perguntou o que tinha acontecido com seu cabelo, Oleg esclareceu, com algum constrangimento, que usara acidentalmente a tintura de cabelo de sua esposa achando que era xampu, uma explicação bem pouco convincente, uma vez que as mechas escuras de Leila tinham uma cor bastante diferente do chamativo tom ocre da nova tintura de Gordievsky. Quando o "erro com o xampu assumiu um caráter regular, paramos de perguntar". Parshikov concluiu: "Todo mundo tem direito às suas esquisitices."

Nikitenko foi instruído a se preparar para seu retorno a Moscou. Ele estava furioso por ter sido preterido por um subalterno com apenas três anos de experiência na Grã-Bretanha e foi bastante falso em suas congratulações.

Gordievsky não assumiria oficialmente como *rezident* até o fim de abril; nesse ínterim, Nikitenko foi o menos cooperativo e o mais desagradável possível, lançando veneno nos ouvidos de seus superiores e depreciando o novo indicado para qualquer um que se dispusesse a escutá-lo. Mais preocupante, ele se recusou a entregar telegramas que o futuro *rezident* tinha o direito de ler. Talvez isso fosse apenas uma vingança mesquinha, disse Gordievsky a si mesmo, mas havia algo sobre a atitude de Nikitenko que cheirava a algo pior do que apenas inveja.

Para Gordievsky e a equipe Nocton, o caso entrou em um limbo peculiar. Quando Nikitenko finalmente partisse para assumir seu novo cargo na sede da agência, no departamento de contrainteligência, Gordievsky teria as chaves do cofre da KGB e o MI6 decerto teria uma colheita abundante.

Doze dias antes de Gordievsky assumir como *rezident*, Aldrich Ames ofereceu seus serviços à KGB.

Ames era truculento. Tinha mau hálito e seu trabalho era péssimo. Ele se achava subestimado pela CIA. Mais tarde, porém, daria uma explicação mais simples para suas ações: "Eu fiz isso pelo dinheiro." Ele precisava pagar as compras de Rosario na Neiman Marcus e os jantares no restaurante The Palm. Queria sair de seu apartamento de um quarto, indenizar sua ex-mulher, fazer uma festa de casamento cara e comprar seu carro.

Ames escolheu vender a pátria para a KGB para comprar o Sonho Americano que achava que merecia. Gordievsky nunca se interessou pelo dinheiro. Ames não se interessava por nada além do dinheiro.

No início de abril, Ames telefonou para um funcionário da embaixada soviética chamado Sergey Dmitriyevich Chuvakhin e sugeriu que se encontrassem. Chuvakhin não era um dos quarenta oficiais da KGB trabalhando na embaixada, e sim um especialista em controle de armas e uma "pessoa de interesse" para a CIA, considerado um alvo legítimo para uma abordagem. Ames contou aos colegas que estava sondando o oficial russo como um possível contato. A reunião foi "sancionada" tanto pela CIA quanto pelo FBI. Chuvakhin concordou em encontrá-lo para um drinque às quatro da tarde do dia 16 de abril no bar do Mayflower Hotel, não muito longe da embaixada soviética na 16th Street.

Ames estava nervoso. Esperando no bar, ele bebeu um vodca martíni e depois outros dois. Como, após uma hora, Chuvakhin ainda não tinha aparecido, Ames decidiu "improvisar": caminhou, um tanto vacilante, pela Connecticut Avenue até a embaixada soviética, entregou ao recepcionista o pacote que daria a Chuvakhin e foi embora.

O pequeno pacote estava endereçado ao *rezident* da KGB em Washington, general Stanislav Androsov. Dentro, havia outro envelope, endereçado a Androsov sob seu pseudônimo operacional, Kronin. Uma nota escrita à mão dizia: "Eu sou H. Aldrich Ames, chefe do setor de contrainteligência soviética na CIA. Servi em Nova York, onde usei o codinome Andy Robinson. Preciso de 50 mil dólares e, em troca do dinheiro, aqui estão informações sobre três agentes que estamos controlando na União Soviética." Os nomes listados eram todos indivíduos que os soviéticos tinham "incitado" à CIA, posando como potenciais recrutas, mas que eram, na realidade, infiltrados da KGB. "Aqueles não eram traidores de verdade", afirmou Ames mais tarde. Ao revelá-los, ele convenceu a si mesmo que não estava prejudicando ninguém nem criando obstáculos para alguma operação da CIA. O envelope também continha uma página rasgada do catálogo telefônico interno da CIA com o nome de Ames sublinhado com tinta amarela.

Ames havia projetado cuidadosamente a sua abordagem para incluir quatro elementos distintos que estabeleceriam sua seriedade: informações sobre operações atuais nenhum mero provocador teria revelado; um codinome anterior que seria conhecido pela KGB de seu tempo em Nova York; conhecimento do codinome secreto do *rezident*; e prova de sua identidade e seu trabalho na CIA. Isso certamente chamaria a atenção dos soviéticos e faria o dinheiro chegar às suas mãos.

Conhecendo o funcionamento da KGB, Ames sabia que a resposta não seria imediata: o "agente voluntário" seria investigado em Moscou, inquéritos seriam feitos, a possibilidade de uma provocação seria explorada e, depois de algum tempo, o Centro aceitaria a sua oferta. "Eu tinha certeza de que eles responderiam positivamente", escreveu mais tarde. E foi o que aconteceu.

...

Duas semanas depois, em 28 de abril de 1985, Oleg Gordievsky tornou-se o *rezident* de Londres, o oficial mais graduado da KGB na capital inglesa. A entrega do cargo por Nikitenko foi peculiar. Pela tradição, o chefe da estação deixava uma pasta trancada contendo importantes documentos secretos. Com Nikitenko em segurança no avião para Moscou, Oleg abriu a pasta e encontrou apenas um envelope marrom contendo duas folhas de papel: fotocópias das cartas que Michael Bettaney havia enfiado na caixa de correio de Guk dois anos antes, cujo conteúdo já havia sido divulgado em todos os jornais britânicos. Seria algum tipo de piada? Uma lembrança sugerindo a incompetência de Guk? Um aviso? Ou estaria Nikitenko enviando uma mensagem ameaçadora? "Teria sido porque ele não confiava em mim e sentia que não podia deixar nada que ainda fosse secreto?" Mas, se fosse esse o caso, por que deixar uma mensagem velada? Provavelmente Nikitenko estava apenas tentando desestabilizar o rival que havia conseguido o posto que ele tanto cobiçava.

O MI6 também ficou intrigado: "Estávamos esperando as joias da Coroa e não as recebemos. Nós nos perguntávamos se ficaríamos sabendo que membros do Gabinete eram agentes de longa data da KGB ou se descobriríamos mais Bettaneys, mas não aconteceu. Isso foi um alívio, mas misturado com decepção." Gordievsky começou a ler os arquivos da *rezidentura* e a reunir para o MI6 o que certamente provaria ser um tesouro de novas informações.

...

Como Ames previra, a KGB levou tempo para responder à sua proposta, mas depois o fez com entusiasmo. No início de maio, Chuvakhin ligou para Ames e sugeriu que eles "se reunissem para um drinque na embaixada soviética no dia 15 de maio e então saíssem para almoçar em um restaurante local". Na verdade, Chuvakhin não estava nem entusiasmado nem desinteressado. Ele era um verdadeiro especialista em controle de armas e não queria ser arrastado para algum jogo de espionagem desonesto e perigoso. "Deixe um de seus rapazes fazer esse trabalho sujo", disse ele quando instruído a entrar em contato com Ames e marcar a reunião. A KGB rapidamente o colocou na linha: Ames o havia escolhido e Chuvakhin entraria no jogo, querendo ou não.

A KGB estivera ocupada nas três semanas anteriores. A carta de Ames fora imediatamente passada ao coronel Viktor Cherkashin, chefe de contrainteligência da embaixada soviética. Percebendo a importância da carta, Cherkashin a enviou em uma transmissão altamente codificada para Kryuchkov, chefe da Primeira Diretoria-Geral, que procurou Viktor Chebrikov, presidente da KGB, que logo autorizou a retirada de 50 mil dólares em dinheiro da Comissão Industrial Militar. A KGB era um animal complicado, mas sabia se mover rápido quando necessário.

Na quarta-feira, 15 de maio, Ames reapareceu, como combinado, na embaixada soviética, tendo informado à CIA e ao FBI que estava seguindo com seus esforços anteriores de abordar o especialista militar. "Eu sabia o que estava fazendo. Estava determinado a fazer com que desse certo." Chuvakhin encontrou Ames no saguão da embaixada e o apresentou ao oficial Cherkashin, que o levou a uma pequena sala de conferências no porão. Nenhuma palavra foi trocada. Indicando por gestos que a sala poderia ser grampeada, o sorridente Cherkashin entregou um bilhete a Ames: "Aceitamos a sua oferta e estamos muito satisfeitos em fazê-lo. Gostaríamos que usasse Chuvakhin como intermediário para nossas discussões. Ele poderá lhe pagar e estará disponível para almoçar com você." Na parte de trás da nota, Ames escreveu: "Ok. Muito obrigado."

Mas isso não foi tudo.

Há uma pergunta que todo controlador deve fazer a um espião recém-recrutado: você sabe de algum infiltrado em nosso serviço? Seu lado tem algum espião dentro da nossa agência que poderia denunciá-lo? Gordievsky tinha respondido essas mesmas perguntas quando concordou em espionar para a Grã-Bretanha. Cherkashin era altamente treinado. É inconcebível que ele não tivesse perguntado se Ames estava ciente de algum espião dentro da KGB que pudesse descobrir que ele estava se oferecendo para trocar de lado e depois relatasse isso à CIA. Ames, por sua vez, devia estar esperando a pergunta. Ele tinha conhecimento de mais de uma dúzia desses agentes, incluindo dois dentro da própria embaixada soviética; e um, o mais graduado de todos, sendo controlado pelos britânicos.

Ames mais tarde alegou que não identificou Gordievsky pelo nome. Sua traição sistemática de todos os agentes soviéticos nos livros da CIA não ocorreria por mais um mês. Em memórias publicadas em 2005, Cherkashin alegou que a dica crucial sobre Gordievsky não veio de Ames, mas de um informante sombrio, "um jornalista britânico baseado em Washington". A CIA descarta isso como uma desinformação destinada a melhorar a imagem da KGB, com "todas as indicações de ser uma pista falsa".

A maioria dos analistas de inteligência que estudaram o caso Gordievsky concorda que, em algum momento durante seu contato inicial com os russos, Ames revelou que havia um espião de alto nível dentro da KGB trabalhando para a inteligência britânica. Ele podia não saber o nome dele a essa altura, ainda mais se não estivesse conduzindo a investigação pessoalmente. Entretanto, por certo sabia que a investigação sobre a identidade de um espião do MI6 de codinome Tickle estava em andamento e é muito provável que tenha passado isso durante a reunião "muda" no porão da embaixada soviética, em uma mensagem de advertência rabiscada em um pedaço de papel. Mesmo que ele ainda não divulgasse um nome, isso teria sido suficiente para liberar os cães de caça da Diretoria K.

Quando Ames saiu de sua reunião subterrânea, Chuvakhin o esperava no saguão. "Vamos almoçar", disse ele.

Os dois homens sentaram-se a uma mesa de canto no restaurante Joe and Mo's e começaram a conversar e a beber. Não se sabe exatamente o que foi dito durante aquele almoço "longo e regado a álcool". Mais tarde Ames apresentou a implausível alegação de que eles passaram o tempo discutindo o controle de armas. É possível que, entre o terceiro e o quarto martíni, Ames tenha confirmado a existência de um espião soviético trabalhando para os britânicos. Mais tarde, porém, ele admitiu: "Minha memória está um tanto confusa."

No fim da refeição, Chuvakhin, que havia bebido bem menos que Ames, entregou-lhe um saco plástico cheio de papéis. "Aqui estão alguns comunicados de imprensa que acredito que você vai achar interessantes", disse ele, apenas no caso de o FBI estar ouvindo com um microfone direcional. Os homens apertaram as mãos e o russo apressou-se em voltar para a embaixada. Apesar de todo o álcool em seu organismo, Ames entrou em seu carro e foi para casa. Na George Washington Parkway, ele estacionou em uma clareira com vista para o Potomac e abriu a sacola: no fundo, sob uma papelada sortida da embaixada, havia um pacote retangular embrulhado, do tamanho de um pequeno tijolo. Ele rasgou um canto. Ames ficou "totalmente exultante". Dentro, havia um maço de quinhentas notas de 100 dólares.

Enquanto o americano contava seu dinheiro, Chuvakhin, de volta à embaixada soviética, informou tudo a Cherkashin e o oficial da KGB compôs outra mensagem criptografada para ser aberta pelo próprio Chebrikov.

Quando Ames chegou em casa, uma das maiores caçadas da história da KGB já estava em andamento.

■ ■ ■

Na quinta-feira, 16 de maio, um dia após a primeira reunião de Ames com Cherkashin, um telegrama urgente de Moscou caiu sobre a mesa do recém-nomeado *rezident* da KGB em Londres.

Enquanto o lia, Oleg Gordievsky sentiu um frio de apreensão lhe subir pela espinha.

"Com a finalidade de confirmar sua nomeação como *rezident*, por favor, apresente-se em Moscou em dois dias para assuntos importantes com os camaradas Mikhailov e Alyoshin." Aqueles eram os codinomes operacionais de Viktor Chebrikov e Vladimir Kryuchkov, o presidente da KGB e o presidente da Primeira Diretoria-Geral, respectivamente. A convocação veio do mais alto posto da KGB.

Gordievsky disse à sua secretária que tinha um compromisso, correu para a cabine telefônica mais próxima e convocou uma reunião de emergência com seu controlador do MI6.

Simon Brown estava esperando no esconderijo de Bayswater quando Oleg chegou algumas horas depois. "Ele parecia preocupado", lembrou-se Brown. "Claramente preocupado, mas não em pânico."

Durante as 48 horas seguintes, o MI6 e Gordievsky teriam que decidir se ele deveria responder à intimação e retornar a Moscou ou se seria melhor encerrar o caso e levá-lo, com sua família, para um local seguro.

"Oleg começou a analisar os prós e os contras: seu raciocínio imediato era que, embora a situação fosse incomum, não era necessariamente suspeita. Poderia haver muitas outras razões lógicas para ele ter sido chamado."

Moscou estivera estranhamente silenciosa desde sua nomeação. Gordievsky esperava pelo menos uma nota de congratulações de Gribin e, mais preocupante, ele não havia recebido o importante telegrama contendo os códigos de comunicação cifrados da *rezidentura*. Por outro lado, seus colegas da KGB não demonstravam nenhum traço de suspeita e pareciam ansiosos para agradar a ele.

Gordievsky se perguntou se estava se preocupando à toa: talvez, junto com o trabalho de Guk, ele tivesse herdado também a paranoia de seu antecessor.

Mais de um oficial do MI6 comparou a situação ao dilema de um apostador. "Você acumulou uma grande pilha de fichas. Deve apostar tudo em uma última volta da roleta? Ou é melhor pegar o que ganhou e sair da mesa?" Calcular as probabilidades não era uma questão fácil, as apostas eram astronomicamente altas: uma vitória poderia render riquezas incalculáveis, com acesso aos segredos mais íntimos da KGB, mas um fracasso poderia significar que Gordievsky estaria arruinado para sempre ou que desapareceria por meses sem nenhuma confirmação quanto ao seu destino. Enquanto isso, nada que fosse de sua reserva de informações poderia ser usado e mais amplamente disseminado. E para o próprio Gordievsky significaria, em última análise, o seu fim.

Havia algo estranho no tom da mensagem, ao mesmo tempo categórico e cortês. De acordo com a tradição da KGB, o próprio presidente nomeava os *rezidents*, particularmente em países-alvo tão importantes quanto o Reino Unido. Chebrikov não se encontrava em Moscou em janeiro, quando Oleg recebera o cargo, portanto isso poderia não ser nada além de uma confirmação formal, uma cerimônia com o homem mais poderoso da KGB. Talvez o fato de que ele ainda não havia recebido a "bênção" da agência explicasse a falta das informações que Nikitenko devia ter deixado e o não envio dos códigos cifrados. Se a KGB suspeitava que ele fosse um traidor, por que não fora chamado de imediato em vez de dali a dois dias? Talvez estivessem tentando não assustá-lo com um chamado de urgência. Mas, se eles sabiam que ele era um espião, por que não enviaram os matadores do 13º Departamento, especialistas em sequestro, para arrastá-lo de volta para a Rússia? E, se eram procedimentos rotineiros, por que a falta de aviso prévio? Gordievsky tinha sido informado sobre seu novo cargo três meses antes. Que outras discussões seriam necessárias? E o que as tornava tão vitais e urgentes que sua importância não podia ser revelada em um telegrama? A convocação vinha do chefe da KGB: ou isso era alarmante, ou um sinal da estima de que Gordievsky passara a ser merecedor.

Brown tentou se colocar na mente da KGB. "Se soubessem com certeza, não teriam se comportado assim, correndo o risco de lhe dar tempo para escapar. Eles teriam aguardado, feito um jogo mais longo, o alimentado com milho para os pintos e esperado. Poderiam tê-lo chamado de uma forma mais profissional. Poderiam ter forjado a morte de sua mãe ou algo assim."

A reunião terminou sem chegar a uma conclusão. Gordievsky concordou com um novo encontro no esconderijo na noite seguinte, sexta-feira, 17 de maio. Enquanto isso, reservou uma passagem no voo de domingo para Moscou e não deu a mínima pista de que pudesse haver algo errado.

Maksim Parshikov estava saindo do estacionamento da embaixada para um almoço quando, para sua surpresa, Gordievsky "se colocou na frente do carro e falou agitado através da janela aberta: 'Fui convocado para Moscou. Venha depois do intervalo para podermos conversar'". Duas horas depois, Parshikov encontrou o novo *rezident* "andando nervoso de um lado para outro" em seu escritório. Gordievsky explicou que tinha sido chamado de volta para receber a bênção final de Chebrikov. Isso não era anormal em si mesmo, mas a maneira como tinha acontecido era estranha: "Ninguém me enviou nenhuma carta pessoal para me alertar de antemão. Mas não tem importância. Vou por alguns dias e descubro o que está acontecendo. Você vai ficar em meu lugar na minha ausência. Aguente firme e não faça nada até eu voltar."

De volta ao Century House, uma "assembleia do chefe e dos mandachuvas" se reuniu no escritório de "C" para discutir a situação: Chris Curwen, o recém-nomeado chefe; John Deverell, do MI5, controlador da seção do bloco soviético, e Simon Brown, o oficial do caso de Gordievsky. Não havia uma sensação de alarme. Mais tarde, alguns agentes do MI6 alegaram ter tido sérias preocupações, mas os espiões, como todas as pessoas, tendem a reivindicar o conhecimento completo de um problema só depois que ele já aconteceu. O caso estava à beira do triunfo total e Veronica Price e Simon Brown, os oficiais mais próximos do caso, não viram nenhuma razão clara para cancelar tudo. Deverell informou que o MI5 não tinha detectado nenhuma indicação de que a KGB havia descoberto o seu espião. "Chegamos à conclusão de que realmente não sabíamos se era seguro ele voltar", contou o controlador do bloco soviético. Ficou acordado que a decisão deveria ser tomada pelo próprio Gordievsky. Ele não seria forçado a ir a Moscou, mas também não seria encorajado a jogar a toalha. "Foi uma maneira de fugir da responsabilidade", comentou um oficial do MI6 analisando a situação em retrospecto. "A vida de Oleg estava em jogo e devíamos tê-lo protegido."

A chave para o sucesso do jogo é a intuição, o sexto sentido que permite que um jogador preveja eventos e leia a mente de um adversário. O que a KGB sabia, se é que sabia de alguma coisa?

Na realidade, Moscou não sabia quase nada.

Havia um consenso de que o coronel Viktor Budanov, da Diretoria K, o ramo de contrainteligência, era o "homem mais perigoso da KGB". Na década de 1980, ele servira na Alemanha Oriental, onde um dos oficiais da KGB sob seu comando era o jovem Vladimir Putin. Dentro da Diretoria K, seu papel era investigar "desenvolvimentos anormais", manter a segurança dentro dos vários setores de inteligência da Primeira Diretoria-Geral, extinguir a corrupção nas fileiras e eliminar espiões. Um comunista dedicado, alto e magro, ele tinha uma cara de raposa e a mente de um advogado altamente treinado. Sua abordagem de trabalho era metódica e detalhada. Ele se via como um detetive que cumpria as regras, não como um agente de vingança. "Sempre seguimos rigorosamente a letra da lei, pelo menos durante o meu tempo, nas divisões de contrainteligência e inteligência da KGB da União Soviética. Eu nunca tive que lançar uma operação que pudesse ter infringido a lei no território soviético." Ele pegava o espião através de evidências e dedução.

Budanov tinha sido informado por seus superiores de que havia um espião graduado na KGB. Ele ainda não tinha um nome, mas tinha um lugar. Como o traidor estava sendo controlado pela inteligência britânica, poderia ser alguém de dentro da *rezidentura* de Londres. Antes de deixar a estação inglesa, Leonid Nikitenko, um experiente oficial de contrainteligência, enviara uma série de relatórios críticos questionando a confiabilidade de Gordievsky. A denúncia de Ames e as suspeitas não verificadas de Nikitenko podiam apontar para o novo *rezident*. Gordievsky era suspeito, mas não era o único. O próprio Nikitenko era outro. Parshikov, um terceiro, embora ainda não tivesse sido chamado de volta. E havia outros. O alcance do MI6 era global e o espião podia estar em qualquer lugar. Budanov não sabia com certeza que Gordievsky era o traidor, mas sabia que, uma vez que o homem estivesse de volta a Moscou, sua culpa ou sua inocência poderiam ser apuradas sem o risco de fuga.

A manhã seguinte, sexta-feira, dia 17, trouxe um segundo telegrama urgente do Centro endereçado a Gordievsky e uma medida de tranquilidade. "Quanto à sua viagem a Moscou, lembre-se de que você terá que falar sobre a Grã-Bretanha e os problemas britânicos, então prepare-se bem para discussões específicas, com muitos fatos." Isso soou mais como uma reunião regular, com o excesso habitual de demandas de informação. Gorbachev, no poder havia apenas três meses, vinha se interessando muito pela Grã--Bretanha depois de sua bem-sucedida visita no ano anterior. Chebrikov era conhecido por ser um defensor do protocolo. Talvez não houvesse nada com que se preocupar.

Naquela noite, Gordievsky e seus controladores se reuniram mais uma vez no apartamento secreto. Veronica Price preparou salmão defumado e pão integral. O gravador estava ligado.

Simon Brown expôs a situação. Nenhuma inteligência fora captada pelo MI6 sugerindo que a intimação de Oleg era algo além de rotina. Entretanto, se Gordievsky quisesse desertar, estava livre para fazê-lo e ele e sua família ficariam sob proteção pelo resto de suas vidas. Se decidisse continuar, a Grã-Bretanha ficaria eternamente em dívida para com ele. O caso estava em uma encruzilhada. Se Gordievsky saísse, eles colheriam os enormes ganhos já conseguidos e iriam direto para o banco. Mas, se ele voltasse de Moscou e fosse pessoalmente abençoado como *rezident* pelo chefe da KGB, seria como acertar na loteria.

Brown mais tarde refletiu: "Se ele decidisse não ir, não seria dissuadido nem teríamos tentado. Acho que ele percebeu que éramos sinceros. Eu tentei o máximo possível ser imparcial."

O oficial do caso terminou com uma declaração: "Se você acha que isso pode ser algo ruim, é melhor parar. A decisão final tem que ser sua. Mas, se voltar e as coisas derem errado, vamos executar o plano de extração."

É bastante possível que duas pessoas ouçam as mesmas palavras e entendam coisas completamente diferentes. Foi o que aconteceu. Brown pensou que estava oferecendo a Oleg uma saída, enquanto lhe lembrava que isso o faria desperdiçar uma oportunidade de ouro. Gordievsky entendeu que estava sendo instruído a ir a Moscou. Ele esperava ouvir de seu controlador que já tinha feito o suficiente e que deveria sair do pódio com honra. Mas Brown não lhe deu tal orientação. A decisão era de Gordievsky.

Por longos minutos, curvado e imóvel, o russo permaneceu em silêncio absoluto, perdido em seus pensamentos. Então ele resolveu: "Estamos quase lá, parar agora seria abandonar o dever e tudo que fiz. Há um risco, mas é um risco controlado e estou preparado para assumir. Eu vou."

Como observou um oficial do MI6: "Oleg sabia que queríamos que ele continuasse e bravamente nos atendeu, na ausência de sinais claros de perigo."

Veronica Price, arquiteta do plano de fuga, concentrou-se totalmente em seu trabalho.

Mais uma vez ela repassou com Gordievsky todos os arranjos para a Operação Pimlico. Mais uma vez ele estudou as fotografias do local de encontro. Elas tinham sido tiradas no inverno, quando a grande rocha na entrada da clareira se destacava contra a neve. Ele se perguntou se seria capaz de reconhecê-la quando as árvores recuperassem todo o seu vigor.

Durante todo o tempo que Gordievsky atuou na Grã-Bretanha, o plano de fuga permaneceu preparado e pronto. Cada novo oficial do MI6 enviado para Moscou era cuidadosamente informado sobre os detalhes, via uma foto do espião denominado Pimlico (embora nunca soubessem seu nome) e treinava os procedimentos para o contato de passagem, o ponto de coleta e a extração: a complexa pantomima dos sinais de fuga e reconhecimento. Antes de deixar a Grã-Bretanha, os oficiais e seus cônjuges eram levados para uma floresta perto de Guildford e praticavam como sair e entrar depressa do porta-malas de um automóvel, a fim de perceber exatamente o que poderia estar envolvido no resgate daquele espião sem nome e de sua família. Ao assumir algum posto, todo oficial era instruído a dirigir para a Rússia a partir da Grã-Bretanha, via Finlândia, a fim de familiarizar-se com a rota, o local de encontro e a passagem pela fronteira. Quando Simon Brown passou pelo posto de controle de fronteira pela primeira vez, em 1979, contou sete pegas empoleiradas na barreira e logo se lembrou da velha rima infantil sobre contar essas aves. "Sete para um segredo nunca ser revelado."

Sempre que Gordievsky estava em Moscou, e por várias semanas antes de chegar e depois de partir, a equipe do MI6 era instruída a monitorar o local de sinalização na Kutuzovsky Prospekt não apenas semanalmente, mas todas as noites. A noite de terça-feira era o melhor momento para ele enviar o sinal, já que a equipe de extração seria capaz de chegar ao ponto de encontro em apenas quatro dias, ou seja, na tarde do sábado seguinte. Mas, em caso de emergência, a equipe poderia entrar em ação em qualquer dia: um sinal na sexta-feira, por exemplo, significaria que a extração teria que ocorrer na quinta-feira seguinte, por causa dos horários de funcionamento restritos da oficina que forneceria as placas numéricas. Um oficial deixou um relato vívido do fardo extra que isso colocava nos ombros dos espiões britânicos: "Todas as noites, por cerca de dezoito semanas não totalmente previsíveis por ano, tínhamos que verificar a padaria, ao lado de um conjunto de painéis que exibiam horários de ônibus, apresentações de shows e exemplares do jornal *Pravda*, onde esperávamos – e sempre temíamos – que Pimlico fosse aparecer. No inverno era ainda pior: ficava escuro e nebuloso demais para verificar a área por qualquer meio que não fosse a pé; a neve varrida das calçadas era tão alta que você mal conseguia identificar alguém a mais de 30 metros de distância. E quantas vezes por semana pode uma esposa alegar que se esquecera de comprar pão e pedir: 'Você se importaria de sair à rua, onde faz 25 graus negativos, para comprar a última remessa de pão velho'?"

Preparar-se para a Operação Pimlico era uma das tarefas mais importantes da estação do MI6: um plano de fuga dedicado a salvar um espião que quase nunca estava em Moscou, de prontidão para o momento em que ele pudesse estar. Cada oficial do MI6 mantinha à mão, em seu apartamento, um par de calças cinza, uma bolsa verde da Harrods e um estoque de KitKats e barras de chocolate Mars.

Um refinamento foi adicionado ao plano. Se, depois de chegar a Moscou, Gordievsky descobrisse que estava em apuros, ele poderia alertar o MI6: deveria ligar para Leila, em seu número de casa em Londres, e perguntar como as crianças estavam indo na escola. O telefone estava grampeado e o MI5 estaria ouvindo. Se a chamada de perigo chegasse, o MI6 seria informado e a equipe na Rússia seria colocada em alerta total.

Por último, Veronica Price lhe entregou dois pequenos pacotes. Um continha comprimidos: "Isso pode ajudá-lo a ficar alerta", disse ela. O outro era uma pequena bolsa de rapé da James J. Fox, uma tabacaria de St. James. Se ele o polvilhasse sobre si mesmo quando entrasse no porta-malas do carro, haveria uma chance de os cães farejadores na fronteira não sentirem seu odor e talvez também disfarçasse o cheiro de qualquer produto químico que a KGB pudesse ter pulverizado em seus sapatos ou roupas. Uma equipe de oficiais do MI6 sediada em Londres estaria esperando em um ponto de encontro isolado no lado finlandês da fronteira para transportar Oleg para a Grã-Bretanha. Se esse momento chegasse, disse Veronica, ela estaria lá pessoalmente para recebê-lo.

Naquela noite, Gordievsky contou a Leila que voaria para Moscou para "discussões de alto nível" e que retornaria a Londres em poucos dias. Ele parecia nervoso e ansioso. "Oleg ia ser confirmado como *rezident*. Eu estava animada também." Leila percebeu que as unhas dele estavam roídas até o sabugo.

...

Sábado, 18 de maio de 1985, foi um dia de intensa espionagem em três capitais.

Em Washington, Aldrich Ames depositou 9 mil dólares em dinheiro em sua conta bancária. Ele disse a Rosario que o dinheiro era um empréstimo de um velho amigo. A euforia de sua traição estava começando a desaparecer e a realidade a se impor: qualquer um dos espiões da CIA poderia ficar sabendo de sua abordagem à KGB e expô-lo.

Em Moscou, a KGB se preparou para a chegada de Gordievsky.

Viktor Budanov mandou fazer uma busca completa no apartamento na Leninsky Prospekt, mas nada incriminador foi encontrado além de literatura ocidental questionável. A bela edição dos sonetos de Shakespeare não atraiu atenção especial. O apartamento foi grampeado, inclusive o telefone, pelos técnicos da Diretoria K. Câmeras ocultas foram instaladas nas luminárias. Na saída, o chaveiro da KGB trancou cuidadosamente a porta do apartamento.

Enquanto isso, Budanov vasculhou o arquivo de Gordievsky. Com exceção do divórcio, na superfície seu registro não trazia nenhuma mancha: filho e irmão de ilustres oficiais da KGB, casado com a filha de um general da KGB, um membro dedicado do Partido, que tinha subido ao topo por sua diligência e seu talento. Porém, um olhar mais atento teria revelado outro lado do camarada Gordievsky. O dossiê da investigação da KGB jamais foi divulgado, então é impossível dizer exatamente o que os investigadores sabiam, e quando.

Havia muito para Budanov refletir: a estreita amizade de Gordievsky na universidade com um desertor tchecoslovaco; seu interesse pela cultura ocidental, incluindo literatura proibida; a afirmação de sua ex-mulher de que ele era uma fraude de duas caras; o fato de ele ter lido todos os arquivos britânicos antes de assumir o posto em Londres; e a velocidade suspeita com que seu visto havia sido emitido.

Como a CIA antes dele, Budanov procurou padrões. A KGB perdera uma série de ativos valiosos na Escandinávia: Haavik, Bergling e Treholt. Teria Gordievsky, na Dinamarca, ficado sabendo desses agentes e informado a inteligência ocidental? Havia também Michael Bettaney. Nikitenko poderia confirmar que Gordievsky tinha sido informado da bizarra oferta do inglês para espionar para a KGB. Os britânicos haviam descoberto Bettaney com uma rapidez impressionante.

Em uma cuidadosa inspeção, o registro de trabalho de Gordievsky poderia ter demonstrado algumas características interessantes. Nos primeiros meses em sua função na Grã-Bretanha, seu desempenho fora tão ruim que consideraram mandá-lo de volta para casa, mas então o alcance de seus contatos se ampliou significativamente, assim como a profundidade e a qualidade de seus relatórios de inteligência. A decisão do governo britânico de expulsar Igor Titov e Arkadi Guk em rápida sucessão parecera normal à época, mas não agora. Budanov também podia ter tomado conhecimento das suspeitas anteriores de Nikitenko, notadamente a maneira como Gordievsky havia produzido relatórios durante a visita de Gorbachev que pareciam ter sido copiados diretamente das reuniões do Ministério das Relações Exteriores.

No fundo dos arquivos havia outra pista em potencial. Em 1973, durante sua segunda missão na Dinamarca, Gordievsky teve contato direto com a inteligência britânica. Um conhecido oficial do MI6, Richard Bromhead, havia se aproximado dele e o convidado para almoçar. Gordievsky aceitara o convite seguindo o procedimento correto: informando seu *rezident* e obtendo permissão formal antes de encontrar o inglês em um hotel de Copenhague. Seus relatórios da época indicavam que o contato não dera em nada. Será que não? Teria Bromhead recrutado Gordievsky onze anos antes?

As evidências circunstanciais eram bastante danosas, mas ainda não condenatórias. Budanov mais tarde se vangloriaria em uma entrevista para o *Pravda* de que Gordievsky fora "identificado por mim pessoalmente entre centenas de oficiais que serviam na Primeira Diretoria-Geral da KGB". Porém, naquela fase, ele ainda não tinha provas concretas: sua mente jurídica meticulosa só ficaria satisfeita ao pegar o espião em flagrante ou se obtivesse uma confissão, de preferência nessa ordem.

Em Londres, a equipe Nocton no 12º andar do Century House estava agitada e nervosa.

"Havia ansiedade e um grande peso de responsabilidade", afirmou Simon Brown. "Podíamos tê-lo condenado à morte. Eu achei que aquela decisão era certa, caso contrário teria tentado persuadi-lo a não concordar com ela. Parecia um risco calculado, uma aposta controlada. Mas estávamos nos arriscando desde o início. Isso é da natureza do trabalho."

Antes de partir, Gordievsky tinha que concluir uma tarefa para a KGB: uma entrega para um agente ilegal, recém-chegado à Grã-Bretanha, que operava sob o codinome Dario. Em geral, um oficial da Linha N da *rezidentura* lidava com as operações ilegais na Grã-Bretanha, mas aquela fora considerada importante o suficiente para o novo chefe da estação executar em pessoa.

Em março Moscou havia enviado 8 mil libras em notas de vinte não rastreáveis, com ordens para transferir o dinheiro para Dario.

O dinheiro poderia muito bem ter sido entregue ao ilegal na chegada, mas a KGB nunca optava pela simplicidade quando podia inventar algo mais complexo. A Operação Ground foi uma lição sobre o excesso de complicações.

Primeiro o departamento técnico da *rezidentura* criou um tijolo artificial oco, onde o dinheiro seria ocultado. Dario sinalizaria que estava pronto para a coleta deixando uma marca de giz azul em um poste no lado sul da Audley Square, perto da embaixada americana. Gordievsky foi instruído a depositar o tijolo de dinheiro, dentro de um saco plástico, na margem entre uma passagem e uma cerca alta no lado norte de Coram's Fields, um parque em Bloomsbury. Dario reconheceria o recebimento seguro com um pedaço de chiclete em cima de um poste de concreto perto do pub Ballotbox, em Sudbury Hill.

Gordievsky descreveu os detalhes operacionais para Brown, que os passou para o MI5.

Na noite de sábado, 18 de maio, Gordievsky levou suas filhas para brincar em Coram's Fields. Às 19h45 ele colocou o tijolo e a sacola plástica no local combinado. As únicas pessoas nas redondezas eram uma mulher empurrando um carrinho de bebê e um ciclista mexendo na corrente de sua bicicleta. A mulher era uma das maiores especialistas em vigilância do MI5. O carrinho dela continha uma câmera escondida. O ciclista era John Deverell, o chefe da Seção K. Alguns minutos depois, um homem apareceu, andando depressa. Ele se inclinou para pegar a sacola, parando o suficiente para a câmera escondida capturar uma imagem de seu rosto. Deverell o seguiu enquanto ele se apressava para o norte, então ele desapareceu na estação de metrô de King's Cross. Deverell acorrentou sua bicicleta bem depressa e correu para a escada rolante, mas era tarde demais: o homem fora engolido pela multidão. O MI5 também não conseguiu identificar quem enfiou um pedaço de chiclete em um poste de concreto do lado de fora de um pub comum no noroeste de Londres. Dario fora bem treinado. Gordievsky enviou um telegrama a Moscou relatando a conclusão bem-sucedida da Operação Ground. O simples fato de ele ter sido autorizado a realizar uma missão tão importante foi, por si só, um motivo para pensar que continuavam confiando nele.

Ainda dava tempo de desistir. Em vez disso, na tarde de domingo ele beijou a esposa e as duas filhas. Sabia que talvez nunca mais voltasse a vê-las. Tentou não demonstrar, mas deu um beijo um pouco mais longo em Leila e abraçou Anna e Maria um pouco mais forte. Então entrou em um táxi e foi para o aeroporto de Heathrow.

Às quatro da tarde de 19 de maio, em um ato de grande bravura, Oleg Gordievsky embarcou no voo da Aeroflot para Moscou.

TERCEIRA PARTE

12
GATO E RATO

Em Moscou, Gordievsky checou as fechaduras outra vez, rezando para que estivesse enganado. Mas não, a terceira fechadura, que ele nunca usava e para a qual nem tinha a chave, havia sido girada. A KGB estava atrás dele. "É isso", pensou, enquanto uma gota de suor de medo escorria pelas suas costas. "Logo serei um homem morto." No momento que a KGB escolhesse, ele seria preso, interrogado até que o último segredo lhe fosse arrancado e então morto – a "punição final", a bala de um executor em sua cabeça e uma sepultura não identificada.

Porém, enquanto os pensamentos aterrorizados de Gordievsky corriam e derrapavam, seu treinamento começou a vir à tona. Ele sabia como a KGB funcionava. Se a Diretoria K tivesse descoberto toda a extensão de sua espionagem, ele nunca teria chegado à própria porta: teria sido preso no aeroporto e naquele instante estaria numa cela do porão da Lubyanka. A KGB espionava todo mundo. Talvez a invasão do apartamento fosse apenas bisbilhotice de rotina. Estava claro que, se suspeitavam dele, os investigadores ainda não tinham provas suficientes para pegá-lo.

Paradoxalmente, considerando sua falta de restrições morais, a KGB era uma organização bastante legalista. Gordievsky era então um coronel. Ele não poderia de repente ser detido por suspeita de traição. Havia regras rígidas quanto a torturar coronéis. A sombra do Grande Expurgo de 1938, quando tantos inocentes haviam perecido, ainda existia. Em 1985, provas precisavam ser reunidas, um julgamento precisava ser realizado e uma sentença precisava ser devidamente proferida. O investigador da KGB Viktor Budanov estava fazendo o que o MI5 tinha feito com Michael Bettaney e o que toda agência eficiente de contrainteligência faz:

vigiando o suspeito, ouvindo, esperando que ele cometa um erro ou entre em contato com seu controlador, antes de atacar. A diferença era a seguinte: Bettaney não sabia que estava sob vigilância, Gordievsky, sim. Ou pensava que sim.

Só que ele ainda precisava entrar no apartamento. Um dos outros residentes do bloco era um serralheiro da KGB com um conjunto de ferramentas que ficou feliz em ajudar o vizinho e companheiro agente que tinha perdido sua chave. Uma vez dentro do apartamento, Gordievsky verificou discretamente qualquer outro sinal de uma visita da KGB. Sem dúvida, o lugar havia sido grampeado. Se os técnicos tivessem plantado câmeras, estariam observando seu comportamento com todo o cuidado, de olho em atitudes suspeitas, como a busca de escutas. Dali em diante ele deveria assumir que cada palavra que dissesse estava sendo ouvida, cada movimento assistido, cada telefonema gravado. Ele deveria se comportar como se não houvesse nada fora do comum. Deveria aparentar calma, casualidade e confiança; tudo que, na verdade, não sentia. O apartamento parecia arrumado. No armário de remédios ele encontrou uma caixa de lenços umedecidos selada com papel-alumínio. Alguém tinha enfiado um dedo, rompendo o lacre. "Pode ter sido Leila", disse a si mesmo. O buraco podia estar lá havia anos. Ou podia ter sido um pesquisador da KGB procurando pistas. Em uma caixa debaixo de sua cama havia livros de autores que os censores soviéticos considerariam subversivos: Orwell, Solzhenitsyn, Maximov. Lyubimov já avisara que exibi-los em estantes abertas era um risco. A caixa não parecia ter sido remexida. Gordievsky lançou um olhar ao longo da estante e notou que a edição dos sonetos de Shakespeare ainda estava no lugar, aparentemente intacta.

Quando ligou para a casa do chefe, Gordievsky achou Nikolai Gribin estranho: "Não havia calor ou entusiasmo em sua voz."

Ele mal dormiu naquela noite, com o medo e as perguntas girando em sua mente. "Quem me traiu? Quanto a KGB sabe?"

Na manhã seguinte, foi para o Centro. Não detectou nenhuma vigilância, o que por si só não significava nada. Gribin o encontrou no Terceiro Departamento. Seus modos pareciam quase normais, mas não completamente. "É melhor começar a se preparar", comentou Gribin. "Os dois chefões vão convocá-lo para uma discussão." Eles conversaram de forma casual sobre o que Chebrikov e Kryuchkov poderiam perguntar ao novo *rezident* de Londres. Gordievsky disse ter levado notas extensas, conforme instruído: sobre a economia britânica, relações com os Estados Unidos e desenvolvimentos em ciência e tecnologia. Gribin assentiu.

Uma hora depois ele foi chamado ao escritório de Viktor Grushko, vice-chefe da Primeira Diretoria-Geral. Normalmente afável, o ucraniano parecia tenso e "incansavelmente inquiridor".

– E Michael Bettaney? – perguntou ele. – Parece que era um homem de verdade, afinal, e queria mesmo cooperar conosco. Ele poderia ter se tornado um segundo Philby.

– É claro que ele era real – respondeu Gordievsky. – E teria sido muito melhor do que Philby, *muito* mais valioso. (Um enorme exagero.)

– Mas como foi que cometemos um erro desses? – pressionou-o Grushko. – Ele era genuíno desde o início?

– Eu achei que sim. Não consigo imaginar por que o camarada Guk não concordou.

Houve uma pausa antes de Grushko continuar:

– Guk foi expulso. Mas ele não tinha feito nada sobre Bettaney. Ele nem fizera contato. Então por que eles o chutaram?

Algo na expressão de Grushko fez o estômago de Gordievsky revirar.

– Eu acho que o erro dele foi se comportar demais como um homem da KGB, sempre dirigindo por toda parte em seu Mercedes, se gabando de seu cargo e bancando o general. Os britânicos não gostam desse tipo de coisa.

O assunto foi descartado.

Poucos minutos depois, o oficial designado para receber Gordievsky no aeroporto foi convocado por Grushko e fortemente repreendido por sua ineficiência.

– O que aconteceu? Você tinha que encontrar Gordievsky e levá-lo para casa. Onde você estava?

O homem gaguejou que acabara indo para a parte errada do aeroporto. A cena parecia um teatro. Teria a KGB deliberadamente deixado de enviar alguém para recebê-lo a fim de seguir seus movimentos assim que desembarcasse?

Gordievsky voltou ao seu escritório, mexeu em suas anotações e esperou pela convocação do chefe da KGB indicando que ele estava seguro ou a batida em seu ombro por parte da seção de contrainteligência significando o seu fim. Nenhuma das duas coisas aconteceu. Ele foi para casa enfrentar outra noite de dúvidas, outra noite imaginando coisas terríveis. O dia seguinte foi igual. Ele teria ficado entediado, não fosse pelo grande pavor que sentia. No terceiro dia, Gribin disse que ia sair mais cedo do trabalho e ofereceu uma carona a Gordievsky.

– E se chegar alguma convocação e eu tiver ido embora? – indagou ele.

– Não há nenhuma chance de eles o chamarem esta noite – respondeu Gribin.

Enquanto os dois seguiam lentamente pelo trânsito intenso na chuva, Gordievsky comentou, da maneira mais casual possível, que um trabalho importante precisava ser feito em Londres.

– Se não houver nada que me detenha em Moscou, eu gostaria de voltar para lidar com isso. Há uma reunião importante da OTAN se aproximando e o ano parlamentar está terminando. Meu pessoal precisa de orientação sobre o gerenciamento de contatos...

Gribin abanou a mão um tanto despreocupado demais.

– Ora, bobagem! As pessoas geralmente ficam fora por meses cada vez. Ninguém é indispensável.

O dia seguinte foi encenado com a mesma mistura de tormento interior e farsa exterior; o seguinte também. Uma estranha dança enganosa estava em andamento, com Gordievsky e a KGB fingindo estar no mesmo passo enquanto um esperava o outro tropeçar. A tensão era incessante e não compartilhada. Ele não detectou nenhuma vigilância, mas um sexto sentido lhe dizia que olhos e ouvidos estavam por toda parte, em cada canto, em cada sombra. O Grande Irmão o estava observando; ou, mais precisamente, o homem no ponto de ônibus, a vovó com seu samovar no saguão. Ou talvez não. À medida que os dias passavam sem incidentes, Gordievsky começou a se perguntar se seu medo seria imaginário. Então veio a prova de que não era.

Em um corredor do Terceiro Departamento ele esbarrou em um colega da Diretoria S (responsável pela rede de ilegais) chamado Boris Bocharov, que o elogiou: "Oleg, o que está acontecendo na Grã-Bretanha? Por que todos os ilegais foram retirados?" Gordievsky lutou para disfarçar sua surpresa. A ordem para afastar os espiões mais infiltrados só poderia significar uma coisa: a KGB sabia que tinha sido comprometida no Reino Unido e estava urgentemente desmantelando a sua rede ilegal. Dario, o destinatário do tijolo cheio de dinheiro, tinha durado menos de uma semana como espião disfarçado em Londres. Ele nunca foi identificado.

Um pacote estranho o esperava em sua mesa e nele se lia "Confidencial para o Sr. Grushko". Tinha chegado na mala diplomática da *rezidentura* de

Londres e, como Gordievsky era o *rezident*, os funcionários tinham assumido que ele era o primeiro destinatário lógico. Com as mãos tremendo, ele sacudiu o pacote e ouviu um barulho seco e o tilintar de uma fivela lá dentro. Era certamente a sua pasta, que ele tinha deixado em sua mesa em Londres, contendo uma série de papéis importantes. A KGB estava reunindo provas. Mantenha a calma, disse a si mesmo. Comporte-se normalmente. Deixou o pacote no escritório de Grushko e voltou para sua mesa.

"As pessoas dizem que, quando os soldados ouvem a artilharia começar, entram em pânico. Foi o que aconteceu comigo. Eu não conseguia sequer me lembrar do plano de fuga. Mas então pensei: 'O plano não é confiável, de qualquer maneira. É melhor esquecer isso e apenas esperar pela bala na nuca.' Fiquei paralisado."

Naquela noite ele ligou para o apartamento de Kensington. Leila atendeu. Dispositivos de gravação em Londres e Moscou foram acionados.

– Como as crianças estão indo na escola? – perguntou, enunciando as palavras com clareza.

Não detectando nada incomum, Leila respondeu que as meninas estavam indo bem. Eles conversaram por alguns minutos e Oleg desligou.

Gribin, com falsa cordialidade, convidou Gordievsky para passar o fim de semana em sua datcha. Ele tinha sido instruído a ficar o tempo todo perto de seu subalterno, no caso de ele deixar algo escapar. Gordievsky educadamente recusou o convite, explicando que não tinha visitado a mãe e a irmã, Marina, desde seu retorno a Moscou. Gribin insistiu que eles se encontrassem e anunciou que ele e sua esposa visitariam Gordievsky em sua casa. Por várias horas, sentados em torno de uma mesa de centro com tampo de imitação de mármore, conversaram sobre a vida em Londres, de como as meninas estavam crescendo e falando inglês como nativas. Sua filha Maria até aprendera a oração do Pai-Nosso em inglês. Para um ouvinte casual, Gordievsky parecia um pai orgulhoso descrevendo os prazeres de uma missão no estrangeiro para um colega próximo de longa data enquanto tomavam uma amigável xícara de chá. Na realidade, uma brutal e não declarada luta psicológica estava em andamento.

Na manhã de segunda-feira, dia 27 de maio, Gordievsky estava em farrapos por causa da privação de sono e da tensão. Antes de sair de casa, engolira uma das pílulas de Veronica Price, um estimulante à base de cafeína frequentemente usado por estudantes que tentam virar a noite debruçados sobre os livros. Quando chegou ao Centro, Gordievsky estava se sentindo melhor, a tensão sobrepujando a exaustão.

Ele estava sentado à sua mesa havia poucos minutos quando o telefone tocou; era a linha exclusiva do escritório do chefe do departamento.

Gordievsky sentiu uma pequena onda de esperança. Talvez a tão esperada reunião com os chefes da KGB estivesse prestes a acontecer.

– São os chefes? – perguntou ele quando Viktor Grushko entrou na linha.

– Ainda não – respondeu Grushko sem alterar a voz. – Há duas pessoas que querem discutir com você a penetração de agentes de alto nível na Grã-Bretanha.

O local do encontro, acrescentou, seria do lado de fora do prédio. Grushko também iria. Tudo aquilo era bastante incomum.

Com crescente apreensão, Gordievsky deixou sua pasta sobre a mesa e foi para o saguão. Grushko apareceu um momento depois e o conduziu a um carro estacionado no meio-fio. O motorista atravessou os portões dos fundos e, cerca de apenas 1 quilômetro depois, parou ao lado de um complexo de muros altos usado para abrigar os visitantes e convidados da Primeira Diretoria-Geral. Conversando de forma amigável, Grushko levou Gordievsky a um pequeno bangalô, uma construção de aparência agradável com uma cerca baixa, aparentemente desprotegido. O dia já estava abafado e quente, mas lá dentro era fresco e arejado. Quartos levavam a uma longa sala central, com poucos móveis, porém novos e elegantes. À porta, dois serviçais, um homem de 50 e poucos anos e uma mulher mais jovem, os aguardavam. Ambos saudaram Gordievsky com extrema deferência, como se ele fosse um dignitário estrangeiro visitante.

Quando se sentaram, Grushko mostrou uma garrafa.

– Veja, eu tenho um pouco de conhaque armênio – disse com entusiasmo, servindo duas taças.

Eles beberam. Os criados trouxeram pratos e uma travessa de sanduíches de queijo, presunto e caviar de salmão vermelho.

Nesse momento, dois homens entraram na sala. Gordievsky não reconheceu nenhum deles. O mais velho, em um terno escuro, tinha a pele marcada e rígida de um bebedor e fumante inveterado. O mais jovem era mais alto, com um rosto longo e traços angulares. Nenhum deles sorriu. Grushko não fez apresentações, informou apenas que os dois homens "querem falar com você sobre como controlar um agente muito importante na Grã-Bretanha". A ansiedade de Gordievsky subiu mais um grau. "Eu pensei:

'Isso é um absurdo. Não há nenhum agente importante na Grã-Bretanha. Há alguma outra razão para tudo isso.'" Grushko continuou alegremente:

– Vamos comer primeiro – disse ele, como se fosse o anfitrião de um almoço de trabalho.

O criado serviu mais conhaque. Os homens drenaram seus copos e Gordievsky seguiu o exemplo. Outra garrafa apareceu. Outra rodada foi servida e bebida. Os estranhos quase não conversavam. O homem mais velho fumava um cigarro atrás de outro.

Então, com uma rapidez chocante, Gordievsky sentiu sua consciência ser arrastada para um mundo de sonhos alucinados, no qual ele parecia estar vendo a si mesmo, de longe, semiconsciente, através de uma lente refratária e deformada.

O conhaque de Gordievsky fora batizado com algum tipo de soro da verdade, provavelmente uma droga psicotrópica fabricada pela KGB conhecida como SP-17, uma mistura de pentotal sódico e anestésico barbitúrico de ação rápida, sem cheiro, sabor ou cor, um coquetel químico projetado para corroer as inibições e soltar a língua. Enquanto o empregado servira aos outros três homens bebida da primeira garrafa, o copo de Gordievsky tinha sido discretamente preenchido com o líquido da outra.

O homem mais velho era o general Sergei Golubev, o chefe da Diretoria K, o ramo da KGB encarregado da contrainteligência interna. O outro era o coronel Viktor Budanov, o principal investigador da KGB.

Eles começaram a fazer perguntas e Gordievsky se viu respondendo, apenas vagamente atento ao que estava dizendo. No entanto, uma parte do cérebro dele ainda estava consciente e na defensiva. "Fique alerta", disse a si mesmo. Gordievsky estava lutando por sua vida, em um miasma de suor e medo, através de uma névoa de conhaque batizado. Ele tinha ouvido que a KGB às vezes usava substâncias em vez de tortura física para extrair segredos, mas estava totalmente despreparado para aquele ataque químico repentino a seu sistema nervoso.

Gordievsky nunca conseguiu explicar exatamente o que aconteceu nas cinco horas seguintes. No entanto, mais tarde ele se lembrou de fragmentos, estilhaços de algum pesadelo, reunidos através de uma névoa farmacológica: cenas subitamente vívidas, trechos de palavras e frases, os rostos apavorantes de seus interrogadores.

De todas as pessoas, foi Kim Philby, o velho espião britânico que ainda vivia no exílio de Moscou, que veio em seu auxílio. "Nunca confesse", Philby havia aconselhado seus alunos da KGB. Enquanto a droga psicoativa agia, as palavras de Philby voltavam: "Como Philby, eu estava negando tudo. Negar, negar, negar. Foi instintivo."

Budanov e Golubev pareciam querer conversar sobre literatura, Orwell e Solzhenitsyn.

– Por que você tem todos esses livros antissoviéticos? – exigiram saber.
– Você usou seu status diplomático para importar coisas que sabia que eram ilegais.

– Não, não – Gordievsky ouviu a si mesmo dizer. – Como oficial de inteligência política, eu precisava ler livros assim, eles me deram conhecimentos essenciais.

De repente, ao seu lado estava Grushko, todo sorrisos:
– Muito bem, Oleg! A conversa está sendo excelente. Continue! Conte tudo.

Então ele se foi novamente e os dois interrogadores se inclinaram sobre ele mais uma vez.

– Nós sabemos que você é um agente duplo. Temos provas irrefutáveis de sua culpa. Confesse! *Priznaysya!*

– Não! Eu não tenho nada para confessar.

Tombado para o lado e encharcado de suor, ele sentia a consciência ir e voltar.

Budanov, com a voz suave que se usa para controlar uma criança teimosa, disse:

– Você confessou muito bem há alguns minutos. Agora, por favor, repita e confirme o que disse. Confesse novamente!

– Eu não fiz nada – retrucou Oleg, agarrando-se à sua mentira como um homem afogado.

Ele lembra que, em algum momento, levantou-se, correu para o banheiro e vomitou violentamente na pia. De um canto da sala, os dois serviçais pareciam encará-lo com nojo, toda a deferência tendo se desfeito. Ele pediu água e bebeu avidamente, derramando-a na frente da camisa. Grushko aparecia em um momento e desaparecia no outro.

Os interrogadores pareciam tão consoladores quanto acusatórios. Às vezes o admoestavam gentilmente:

– Como é que você, um comunista, pode ter orgulho de sua filha ter aprendido o Pai-Nosso?

Em seguida tentavam encurralá-lo, exibindo os nomes de espiões e desertores por seus codinomes.

– E Vladimir Vetrov? – perguntou Budanov, referindo-se ao oficial da KGB executado um ano antes por colaborar com a inteligência francesa. – O que você sabe dele?

– Eu não sei de que você está falando – respondeu Gordievsky.

Então Golubev lançou mão de seu trunfo.

– Sabemos quem o recrutou em Copenhague – rosnou. – Foi Richard Bromhead.

– Bobagem! Isso não é verdade.

– Você escreveu um relatório sobre ele.

– Claro, eu o encontrei uma vez e escrevi um relatório da reunião. Mas ele nunca se concentrou em mim. Ele costumava falar com todo mundo...

Budanov tentou outra tática:

– Sabemos que seu telefonema para sua esposa foi um sinal para o serviço de inteligência britânico. Admita.

– Não – insistiu ele. – Isso não é verdade.

Negar, negar, negar.

Os dois interrogadores se recusavam a desistir.

– Confesse! – berravam eles. – Você já fez isso uma vez. Confesse novamente!

Sentindo que sua força de vontade diminuía, Gordievsky reuniu uma faísca de desafio e disse aos dois interrogadores da KGB que eles não eram melhores do que a polícia secreta de Stalin, extraindo confissões falsas de pessoas inocentes.

Cinco horas após o primeiro gole de conhaque, a luz na sala pareceu desaparecer de repente. Gordievsky sentiu uma fadiga mortal engoli-lo, sua cabeça caiu para trás e o espião mergulhou na escuridão.

...

Gordievsky acordou em uma cama limpa, com a luz do sol da manhã entrando pela janela, vestindo apenas uma camiseta e cueca. Sua boca estava seca e a cabeça doía com uma intensidade absurda, que ele nunca tinha experimentado. Por um momento, não teve ideia de onde estava ou do que tinha acontecido. Então, lentamente, em fragmentos, com um horror crescente, alguns dos eventos do dia anterior começaram a retornar. Uma onda de náusea o atingiu quando ele se colocou sentado na cama.

"É o fim", pensou. "Eles sabem de tudo."

Porém, contra esse fato havia um argumento, sugerindo que a KGB poderia não saber de tudo: ele ainda estava vivo.

O serviçal, de novo obsequioso, chegou com o café. Gordievsky bebeu uma xícara atrás de outra. Com a cabeça ainda latejando, vestiu seu terno, pendurado com cuidado perto da porta. Estava amarrando os sapatos quando os dois interrogadores reapareceram. Gordievsky se preparou. Será que o café estava drogado? Será que estava prestes a voltar para aquela neblina química? Mas não. Seu cérebro nublado parecia cada vez mais claro.

Os dois homens o encaravam, intrigados.

– Você foi muito rude conosco, camarada Gordievsky – disse o mais jovem. – Você nos acusou de reviver o espírito de 1937, o Grande Terror.

A atitude de Budanov era taciturnamente ressentida. A acusação de Gordievsky de que ele não era melhor do que um açougueiro stalinista tinha ofendido seu sentido de decoro legal. Ele se considerava um investigador, um defensor das regras, um caçador da verdade, um interrogador, em busca de fatos e não de provas falsas e não um inquisidor.

– O que você falou não é verdade, camarada Gordievsky, e eu vou provar isso.

Gordievsky estava atordoado. Ele esperava que seus interrogadores demonstrassem a arrogância triunfante dos caçadores que tinham nas mãos a sua presa e agora iriam matá-la. Em vez disso, eles pareciam ofendidos e frustrados. Através de sua perplexidade, Gordievsky experimentou uma clareza repentina e com ela uma pequena onda de esperança: os dois interrogadores, ele percebeu, não tinham conseguido o que queriam.

– Se eu fui rude, peço desculpas – gaguejou. – Eu não me lembro.

Houve um silêncio constrangedor. Então Budanov o quebrou:

– Um carro está vindo para levá-lo para casa.

Uma hora depois, desgrenhado e perplexo, Gordievsky se viu em frente ao apartamento na Leninsky Prospekt; mais uma vez ele estava trancado do lado de fora, tendo deixado suas chaves sobre a mesa de seu escritório. Mais uma vez o vizinho serralheiro teve que ajudá-lo a entrar. Era o meio da manhã. Gordievsky caiu em uma cadeira, mais consciente do que nunca de estar sendo observado, e tentou recordar os eventos da noite anterior.

Seus interrogadores pareciam saber sobre Richard Bromhead. Eles também pareciam ter percebido que seu telefonema para Leila era uma dica para a inteligência britânica. Mas não sabiam ainda a magnitude de sua espionagem. Ele estava certo de que, apesar das exigências furiosas de uma confissão de culpa, tinha mantido suas negativas. O soro da verdade não funcionara corretamente. Talvez a pílula que ele havia engolido naquela manhã tivesse sido suficiente para neutralizar os efeitos do pentotal sódico, um efeito colateral fortuito que Veronica Price não previra quando lhe dera os comprimidos. Mesmo assim, qualquer esperança persistente de que ainda estivesse acima de qualquer suspeita havia se dissipado. A KGB estava em seu encalço. Os interrogadores voltariam.

À medida que os efeitos colaterais das drogas se dissipavam, a náusea era substituída pelo pânico. No meio da tarde, ele não aguentava mais a tensão. Ligou para Grushko no escritório e tentou parecer normal.

– Sinto muito se fui rude com aqueles camaradas, mas eles eram muito estranhos – disse.

– Não, não – retrucou Grushko. – Eles são excelentes camaradas.

Em seguida, telefonou para Gribin, seu chefe de departamento.

– Algo extraordinário aconteceu e estou muito preocupado – afirmou Gordievsky.

Ele descreveu ter sido levado para o bangalô, conhecido os dois estranhos e depois desmaiado. Fingiu não se lembrar de nada do interrogatório.

– Não se preocupe, amigo – disse Gribin, mentindo com voz suave. – Tenho certeza de que não é nada sério.

...

Enquanto isso, em Londres Leila estava começando a se perguntar por que seu marido não tinha ligado novamente. Então veio a explicação. Na manhã de 28 de maio, um funcionário da embaixada chegou ao apartamento sem avisar. Oleg tinha adoecido, explicou ele, um pequeno problema cardíaco.

– Não é nada muito sério, mas você terá que ir a Moscou imediatamente com as meninas. O motorista da embaixada virá buscá-las. Como esposa do *rezident*, vocês vão voar de primeira classe. Leve apenas bagagem de mão, pois todos estarão de volta a Londres muito em breve.

Leila fez as malas depressa enquanto o oficial esperava no corredor. "Eu estava preocupada com Oleg, é claro. Por que ele não ligou para me tranquilizar, mostrando que estava bem? Era estranho. Talvez o problema cardíaco fosse mais sério do que o oficial estava deixando transparecer. As meninas estavam animadas por terem um feriado-surpresa em Moscou."

As três já estavam esperando na porta da frente quando o carro da embaixada estacionou.

∎ ∎ ∎

Depois de uma noite praticamente insone, Gordievsky se vestiu, tomou mais dois comprimidos e foi para o Centro, fingindo que aquele era só mais um dia de trabalho, mas sabendo que poderia ser seu último. Estava sentado à sua mesa havia apenas alguns minutos quando o telefone tocou e ele foi chamado, mais uma vez, ao escritório de Grushko.

Lá, enfileirado atrás de uma mesa enorme, um tribunal da KGB o esperava. Ao lado de Grushko estava Gribin, com o rosto impassível, e do outro, Golubev, o chefe da Diretoria K. Gordievsky não foi convidado a se sentar.

Um notável ato do teatro da espionagem se seguiu.

– Sabemos muito bem que você está nos enganando há anos – declarou Grushko, como um juiz que proferia uma sentença. – No entanto, decidimos que você pode ficar na KGB. Seu trabalho em Londres está encerrado. Você terá que se mudar para um departamento não operacional. Deve tirar quaisquer férias que estejamos lhe devendo. A literatura antissoviética em sua casa deve ser entregue à biblioteca da Primeira Diretoria-Geral. Lembre-se, nos próximos dias, e para sempre, *sem telefonemas para Londres*.

Grushko fez uma pausa e então acrescentou, com tom quase conspiratório:

– Se você soubesse de que fonte inesperada ouvimos falar de você...

Gordievsky ficou atordoado e momentaneamente sem palavras. A estranheza da cena parecia exigir algum drama de sua parte. Adotando um ar de perplexidade que era apenas meio falso, ele disse:

– Sinto muito pelo que aconteceu na segunda-feira. Acho que havia algo errado com a bebida ou com a comida... Eu estava me sentindo mal. Eu me senti péssimo.

Golubev, o interrogador, pareceu acordar nesse momento e afirmou, de maneira surreal:

– Que absurdo. Não havia nada de errado com a comida. Estava deliciosa. Os sanduíches com as ovas de salmão estavam excelentes. Assim como os de presunto.

Gordievsky se perguntou se estaria tendo alucinações mais uma vez. Ali estava ele sendo acusado de traição e o investigador-chefe estava defendendo a qualidade dos sanduíches da KGB.

Gordievsky dirigiu-se a Grushko:

– Viktor Fyodorovich, quanto ao que você diz sobre eu os estar enganando há um longo tempo, eu não sei a que está se referindo. Mas, qualquer que seja a sua decisão, eu vou aceitá-la, como oficial e como cavalheiro.

E então, irradiando inocência ferida e honra militar, ele se virou e marchou para fora.

De volta à sua mesa, Gordievsky sentiu a cabeça girar. Ele tinha sido acusado de trabalhar para um serviço de inteligência inimigo. Oficiais da KGB foram mortos por muito menos. No entanto, os chefes decidiram mantê-lo na folha de pagamento e lhe disseram para tirar férias.

Um momento depois, Gribin entrou em seu escritório. Durante a cena estranha na sala de Grushko, ele não tinha dito uma única palavra. Agora olhava com tristeza para Gordievsky.

– O que posso lhe dizer, amigo?

Gordievsky pressentiu uma armadilha.

– Kolya, não sei exatamente de que se trata, mas suspeito que eu tenha sido ouvido dizendo algo crítico sobre os líderes do Partido e agora há uma grande intriga acontecendo.

– Se ao menos fosse isso – murmurou Gribin. – Se ao menos fosse uma questão de alguma indiscrição gravada pelos microfones. Mas receio que seja algo muito, muito pior do que isso.

Gordievsky adotou um olhar de perplexidade.

– O que eu posso dizer?

Gribin o encarou com intensidade.

– Tente levar tudo filosoficamente – afirmou ele, fazendo suas palavras soarem como uma sentença de morte.

De volta ao apartamento, Gordievsky tentou extrair sentido de tudo que tinha acontecido. A KGB não costumava ser clemente. Se soubessem uma fração da verdade, ele estaria perdido. Mas o fato de ele ainda não estar no porão da Lubyanka só podia significar que os investigadores não tinham provas decisivas de sua culpa. "Naquele momento eu não sabia o que a KGB tinha ou não descoberto, mas estava claro que eu me encontrava, de fato, sob pena de morte, mesmo que a sentença estivesse suspensa, pendente de mais investigações." A KGB estava fazendo um longo jogo. "Eles decidiram brincar comigo", pensou. "Como um gato com um rato." Depois de algum tempo, o gato fica entediado com o jogo e assusta o rato até a morte ou o mata.

Viktor Budanov tinha um ponto a provar. Gordievsky acreditava que a pílula de Veronica o tinha salvado. Mas, na verdade, poderia ter sido seu comentário desafiador no meio do interrogatório, comparando os investigadores aos assassinos de Stalin, a explicação para ele ainda estar vivo. Budanov ficara irritado por aquela comparação. Ele queria provas. Deixaria Gordievsky pensar que estava seguro, mas iria mantê-lo sob vigilância até que ele perdesse o controle, confessasse ou tentasse entrar em contato com o MI6, momento em que Budanov atacaria. Não havia razão para pressa, já que não havia nenhum lugar para onde o homem correr. Nenhum espião suspeito jamais escapara da União Soviética enquanto estava sob vigilância da KGB. Em geral, a Sétima Diretoria usava seu pessoal de vigilância para seguir um suspeito, mas nesse caso foi combinado o uso de uma equipe da PDG. Grushko insistia: uma vez que aquele era um problema do seu departamento, era o seu departamento que iria resolvê-lo e quanto menos pessoas fora da diretoria soubessem o que estava acontecendo, melhor (para a carreira de Grushko, entre outras coisas). Os Vigias não poderiam ser pessoas que Gordievsky fosse capaz de reconhecer e, assim, uma equipe de vigilância do departamento chinês foi destacada para o trabalho. Eles não foram informados exatamente sobre quem era o suspeito ou de que ele era suspeito; foram apenas orientados a segui-lo, relatar seus movimentos e não o deixar fora de vista. Uma vez que a família de Gordievsky estivesse em Moscou, haveria ainda menos chance de ele tentar fugir. Leila e as duas meninas seriam mantidas reféns sem saber. Uma segunda invasão durante o dia foi feita ao apartamento de Gordievsky e seus sapatos e roupas foram pulverizados novamente com pó radioativo, invisível a olho nu, mas que podia ser visto com óculos especiais e rastreado com o uso de um contador Geiger adaptado. Aonde quer que fosse, Gordievsky deixaria uma trilha radioativa.

Budanov estava decepcionado porque o soro da verdade não havia funcionado como esperado, embora Gordievsky parecesse não se lembrar do que havia sido dito durante o interrogatório. A investigação estava prosseguindo conforme o planejado.

...

Em Londres, a equipe do caso Nocton já estava profundamente alarmada. "Foram duas semanas muito longas", comentou Simon Brown. O MI5 relatou que Gordievsky telefonara de Moscou para sua esposa, mas a conversa não havia sido totalmente gravada e eles não perceberam se o espião fizera ou não a importante referência à educação das filhas. Teria Gordievsky sinalizado que estava em apuros? "Não havia evidências suficientes para tirar uma conclusão." Quando perguntaram ao oficial sênior do MI6 em contato com a equipe do M15 que estava na escuta se o alarme combinado com Gordievsky poderia não ter sido percebido, ele ofereceu uma citação de Horácio, *Indignor quandoque bonus dormitat Homerus*, frequentemente traduzida como "Até o bom Homero cochila às vezes". Os especialistas mais bem treinados também podiam ser pegos cochilando.

Então veio o golpe fatal. O Serviço de Segurança informou que Leila Gordievsky e suas duas filhas tinham reservas em um voo para Moscou. "Quando ouvi isso, meu sangue congelou", lembrou Brown. A súbita chamada da família de Gordievsky só poderia significar uma coisa: ele estava nas mãos da KGB e era impossível intervir. "Impedi-las de viajar seria uma sentença de morte para ele."

Um telegrama urgente foi enviado para a estação do MI6 em Moscou, com instruções para ficarem em alerta máximo para a ativação da Operação Pimlico. Entretanto, dentro da equipe de Londres havia um profundo pessimismo e uma suposição generalizada de que o caso tinha acabado. "Como a família estava sendo levada de volta a Moscou, parecia certo que Gordievsky já devia estar preso. Uma fuga soava excepcionalmente improvável. O espião fora descoberto. Mas como? O que teria dado errado?"

Brown lembrou: "Foi um período terrível. Toda a equipe Nocton estava em choque. Parei de ir ao escritório, porque todos andavam de um lado para outro como zumbis. Com o passar do tempo, eu me convenci de que tínhamos cometido um erro irremediável e Oleg estava morto."

De todos os oficiais do MI6, Veronica Price era emocionalmente a mais próxima de Gordievsky. Desde 1978, protegê-lo era seu dever mais urgente, uma preocupação diária. Seu modo de agir permaneceu ativo e profissional, mas ela estava muito preocupada. "Eu achei que tínhamos feito tudo que podíamos com os planos", disse ela. "Agora dependia do pessoal de Moscou assumi-los." Veronica não se permitiu ficar tensa em excesso. Seu protegido, sua responsabilidade especial, tinha sido perdido, mas ela estava confiante de que ele seria encontrado e salvo.

Veronica foi informada de que os mosquitos poderiam ser ferozes na fronteira russo-finlandesa no início do verão. Então ela comprou repelente.

...

O visconde Roy Ascot, que mais tarde se tornaria conde, era o chefe da estação do MI6 em Moscou e possivelmente o espião de sangue mais azul que a Grã-Bretanha já viu nascer. Seu bisavô tinha sido primeiro-ministro britânico. Seu avô paterno, a quem seu nome homenageava, fora um acadêmico e advogado, um dos mais brilhantes de sua geração, e morrera na Primeira Guerra Mundial. Seu pai, o segundo conde, tinha sido um administrador colonial. As pessoas tendem a bajular a aristocracia ou a dispensá-la. Ser uma pessoa elegante e sofisticada é um bom disfarce para a espionagem, e o visconde Ascot era um espião excepcionalmente bom. Depois de ingressar no MI6 em 1980, ele aprendeu russo e foi enviado para Moscou em 1983, aos 31 anos.

Antes de deixar a Grã-Bretanha, Ascot e sua esposa, Caroline, tinham sido informados sobre Pimlico. Cônjuges de oficiais do serviço eram tratados como adjuntos não remunerados da estação MI6, com acesso a segredos de alto grau quando necessário. Filha de um arquiteto, Caroline, a viscondessa Ascot, era erudita, criativa e inabalavelmente discreta. Os Ascot viram uma fotografia de Gordievsky e foram informados em detalhes sobre os planos para fazer o contato de passagem e a extração. Veronica Price o descreveu pessoalmente para eles, sem nunca revelar seu nome, onde ele poderia estar ou o que ele fazia. Todos se referiam a ele como Pimlico. "Veronica parecia saída de um romance de John Le Carré. Em sua expressão facial, suas maneiras e seu comportamento, ela descreveu o homem como um verdadeiro herói. Ela o admirava e achava que havia algo único nele. Ela falou: 'Pimlico é uma pessoa absolutamente notável.'"

Durante os dois anos anteriores à sua missão em Moscou, os Ascot viajaram de carro de e para Helsinque várias vezes, para se familiarizarem com a rota de fuga e o ponto de encontro. Apenas cinco pessoas em Moscou sabiam da operação: Ascot e sua esposa; seu vice, Arthur Gee, um oficial experiente que logo deveria assumir o lugar de Ascot como chefe de estação, e sua esposa, Rachel; e a secretária do MI6, Violet Chapman. Todos os cinco viviam no complexo de expatriados na Kutuzovsky Prospekt. Todo mês, um dos oficiais se dirigia ao Mercado Central para procurar um homem com uma sacola do Safeway. Sempre que Gordievsky voltava para a Rússia de licença, e por várias semanas antes e depois, um deles verificava o local de sinalização na frente da padaria do outro lado da avenida todas as noites, fizesse chuva ou sol. A rota era deliberadamente irregular. Violet podia enxergar o local da escadaria externa de seu apartamento. Quando chegava a sua vez, Ascot e Gee monitoravam o local a pé ou ao voltar de carro para casa. "Tivemos que fazer certas mudanças para que não se construísse um padrão que pudesse ser percebido por aqueles que sabíamos que estavam observando e ouvindo. Você pode imaginar o número de conversas artificialmente alimentadas e interrompidas para o sincronismo dessa manobra." A equipe mantinha um estoque de chocolate à mão, pronto para dar o sinal de reconhecimento. "Uma grande quantidade de barras de chocolate velhas e não comidas costumava se acumular nos bolsos de nossos casacos, bolsas e porta-luvas." Ascot adquiriu uma aversão definitiva a KitKats.

Ascot sabia de cor a rota de fuga e não pensava muito nisso. "Era um plano complexo e sabíamos quão frágil a coisa toda era. Parecia muito improvável que fosse acontecer." A Operação Pimlico previa a extração de até quatro pessoas, dois adultos e duas meninas. Ascot tinha três filhos com menos de 6 anos de idade: fazê-los sentar calmamente no banco de trás de seu carro já era difícil o suficiente. Ele não queria nem imaginar como elas reagiriam ao serem enfiadas em um porta-malas. Mesmo que o espião conseguisse escapar da vigilância por tempo suficiente para chegar à fronteira, o que parecia improvável, as chances de os oficiais do MI6 escaparem da KGB e chegarem ao ponto de encontro sem serem interceptados eram, ele calculou, quase nulas.

"A KGB estava em cima de nós." Os apartamentos dos diplomatas estavam grampeados, assim como seus carros e telefones. A KGB ocupava o andar acima: "Todas as noites você os via carregando suas fitas em caixas da Cruz Vermelha, depois de passarem o dia sentados lá em cima nos ouvindo." Eles suspeitavam fortemente da presença de câmeras escondidas. Sempre que Caroline ia às compras, era seguida por um comboio de três carros da KGB. Ascot às vezes era acompanhado por nada menos que cinco. Os carros dos oficiais suspeitos do MI6 foram pulverizados com o mesmo pó radioativo colocado nos sapatos de Gordievsky. Se a poeira aparecesse nas roupas de alguém que eles suspeitavam espionar para a Grã-Bretanha, isso seria prova do contato. Além disso, a KGB às vezes pulverizava os calçados de suspeitos de espionagem com um odor químico imperceptível aos humanos, mas facilmente rastreado por cães farejadores. Cada oficial do MI6 mantinha dois pares de sapatos idênticos para que pudesse calçar um que não estivesse contaminado, caso necessário. O outro era mantido dentro da estação na embaixada, selado em um saco plástico. Esses eram conhecidos como sapatos "à prova de cães". A única maneira de marido e mulher se comunicarem em casa era passando notas, na cama, debaixo dos lençóis. Geralmente eram escritas, com caneta-tinteiro com tinta solúvel, em papel higiênico, que poderia então ser jogado no vaso sanitário. "Estávamos sob vigilância constante. Quase não havia privacidade, nunca, em lugar nenhum. Era exaustivo e bem estressante." Até mesmo na embaixada, o único lugar onde era possível ter certeza de que uma conversa não fosse ouvida era a "sala à prova de escutas" no porão, "uma espécie de contêiner cercado por ruídos dentro de um espaço vazio".

O primeiro sinal de mudança de ritmo havia chegado na segunda-feira, 20 de maio, com um telegrama avisando que Pimlico estava agora em alerta máximo. "Sentimos que algo estava errado", escreveu Ascot. "Tentamos resistir a essa sensação, mas, ao contrário das muitas semanas dos três anos anteriores, sabíamos que cada noite poderia ser real." Quinze dias depois da partida de Leila e das meninas, uma mensagem de Londres insistia que o local de sinalização fosse monitorado com uma vigilância ainda maior. "Os telegramas diziam: 'Nada com que se preocupar'", lembrou Ascot, "então claramente havia algo com que se preocupar".

■ ■ ■

Gordievsky estava esperando no aeroporto quando sua esposa e suas filhas chegaram a Moscou. A KGB também. Leila estava de bom humor. Um funcionário da Aeroflot a havia acompanhado, com as meninas, até o avião em Londres, e outro as recebera em Moscou e as acompanhara desde a saída da cabine da primeira classe. Elas foram levadas para o início da fila da imigração. Ser a esposa do *rezident* tinha suas vantagens. Ela ficou aliviada ao ver Gordievsky esperando no portão de desembarque. "Ótimo. Ele está bem", pensou.

Um olhar para o rosto abatido de Gordievsky e sua expressão sombria mudou essa sensação. "Ele estava horrível, parecia estressado e tenso." No carro, ele explicou:

– Estou em apuros. Não podemos voltar para a Inglaterra.

Leila ficou surpresa.

– Por que não?

Gordievsky respirou fundo e mentiu:

– Há um complô contra mim e os mexeriqueiros estão trabalhando, mas sou inocente. Alguma conspiração está se formando nos bastidores. Só porque fui nomeado *rezident*, um bom cargo, com muitos candidatos, certas pessoas resolveram me caluniar. Estou em uma posição muito difícil. Não acredite no que possa ouvir sobre mim. Não sou culpado de nada. Sou um oficial honesto, sou um cidadão soviético e sou leal.

Leila tinha sido criada dentro da KGB e estava familiarizada com as fofocas e intrigas maliciosas que rondavam o Centro. Seu marido tinha subido alto e rápido dentro da organização, então é claro que seus colegas desonestos e invejosos estariam tentando prejudicá-lo. Após o choque inicial, o otimismo inato de Leila ressurgiu. "Eu sou prática, pragmática, tenho os pés no chão. Ingênua, talvez, às vezes. Apenas aceitei. Eu era a mulher dele." A conspiração contra ele acabaria e sua carreira voltaria aos trilhos, como tinha acontecido antes. Ele devia tentar relaxar e esperar até a crise passar. Tudo acabaria bem.

Leila não percebeu o carro da KGB seguindo-os após saírem do aeroporto. Gordievsky não o apontou.

Ele não contou à esposa que tinha sido obrigado a entregar seu passaporte diplomático e que estava de licença indefinidamente. Também não revelou que sua caixa de livros ocidentais fora confiscada e que tinha sido instruído a assinar um documento admitindo a posse de literatura antissoviética. Para os microfones escondidos, e benefício de Leila, ele manteve a farsa, reclamando em voz alta da injustiça e do enredo infundado contra ele:

– É um ultraje tratar um coronel da KGB assim.

Ela não sabia que seus colegas não o encaravam mais e que ele se sentava diante de uma mesa vazia o dia todo. Oleg não contou que o apartamento deles estava grampeado nem que estavam sob vigilância 24 horas por dia. Não contou nada, e ela acreditou no marido.

Mas Leila podia ver que Oleg estava sob profunda tensão psicológica. Sua aparência estava péssima, com olhos fundos e avermelhados. Ele começou a beber rum cubano todas as noites, anestesiando-se até dormir. Também começou a fumar, tentando acalmar seus nervos em frangalhos. Em duas semanas, perdeu mais de 6 quilos. Ela o fez ver uma médica, uma amiga da família, que ficou chocada com o que ouviu através do estetoscópio. "O que há de errado com você?", perguntou a mulher. "Seus batimentos cardíacos estão irregulares. Você está com medo. De que você tem tanto medo?" Ela prescreveu sedativos. "Ele era como uma fera presa em uma jaula", lembrou Leila. "Meu papel era acalmá-lo. 'Eu sou a sua rocha'", falei. "Não se preocupe. Beba se quiser. Eu não me importo."

À noite, encharcado de rum e em pânico, Gordievsky refletia sobre suas limitadas opções. Deveria contar a Leila? Deveria tentar fazer contato com o MI6? Poderia ativar o plano de fuga e tentar escapar? Mas, se fizesse isso, deveria levar Leila e as meninas também? Por outro lado, conseguira sobreviver ao interrogatório com drogas e não tinha sido preso. A KGB estaria mesmo recuando? Se eles ainda não tinham provas para condená-lo, uma tentativa de fuga seria tola e prematura. Ele acordava exausto, ainda longe de uma decisão, a cabeça latejando e o coração palpitando.

Foi sua mãe que o convenceu de que ele precisava fazer uma pausa. As muitas vantagens da adesão à KGB incluíam acesso a vários spas de saúde e centros de férias. Um dos mais exclusivos era um spa terapêutico em Semyonovskoye, menos de 100 quilômetros ao sul de Moscou, construído pelo então presidente da KGB Andropov em 1971 para "o descanso e a cura dos líderes do Partido Comunista e do governo soviético". Ainda agindo com a falsa desculpa de que tudo continuava como deveria ser, as autoridades da KGB concederam a Gordievsky permissão para uma estadia de duas semanas no spa.

Antes de partir, ele ligou para seu velho amigo Mikhail Lyubimov, o antigo *rezident* da KGB em Copenhague que tentava ganhar a vida como escritor. "Estou de volta. Parece que permanentemente", disse Gordievsky com uma "voz irregular". Eles concordaram em se encontrar. "Fiquei atordoado com sua aparência", escreveu Lyubimov. "Pálido como a morte, nervoso, com movimentos inquietos e discurso confuso. Ele explicou seus problemas dizendo que alguns livros de Solzhenitsyn e outros proscritos tinham sido vistos em sua casa em Londres, isso havia sido relatado por seus inimigos na *rezidentura* e, em Moscou, a situação tinha explodido como um problema sério." Lyubimov, sempre entusiasmado, tentou animá-lo: "Esqueça, cara. Por que não deixa a KGB e escreve um livro? Você sempre gostou de história e é muito inteligente." Mas Gordievsky parecia inconsolável, bebendo um copo de vodca atrás de outro. ("Um novo fenômeno", observou Lyubimov. "Sempre pensei nele como uma das poucas pessoas na KGB que não bebiam.") Gordievsky comentou que estava indo a um spa para "reparar seu sistema nervoso" e depois desapareceu na noite de Moscou. Lyubimov ficou preocupado o bastante com o estado mental de seu velho amigo para ligar para Nikolai Gribin, com quem ainda mantinha um bom relacionamento. "O que há de errado com Oleg? Ele não é o homem que era. O que aconteceu para levá-lo a esse ponto?" Gribin "murmurou algo sobre o resort da KGB em Semyonovskoye, onde um *rezident* malsucedido poderia ser curado", e acrescentou: "Ele estará lá em breve." Então desligou.

Enquanto a data de sua partida se aproximava, Gordievsky chegou a uma decisão. Antes de partir para o spa, ele daria o sinal no Mercado Central indicando que precisava passar uma mensagem. Em seu retorno, três domingos depois, ele iria ao local de contato de passagem na Catedral de São Basílio. Ainda não tinha decidido o que mandar ao MI6. Só sabia que precisava fazer contato antes de perder completamente a sanidade.

Enquanto isso, os investigadores da KGB assistiam e sondavam, varriam os arquivos, entrevistavam todos com quem Gordievsky tinha trabalhado, procurando as pistas que provariam sua culpa e selariam seu destino.

Budanov estava preparado para ser paciente. Não precisou esperar muito tempo.

...

Em 13 de junho de 1985, Aldrich Ames cometeu um dos mais espetaculares atos de traição na história da espionagem: entregou o nome de nada menos que 25 indivíduos que espionavam para a inteligência ocidental contra a União Soviética.

No mês que se seguiu ao seu primeiro pagamento pela KGB, Ames chegara a uma conclusão brutalmente lógica. Qualquer um dos numerosos espiões da CIA dentro da inteligência soviética poderia saber o que ele estava tramando e expô-lo. A única maneira de se proteger, portanto, era revelar à KGB todo e qualquer ativo que pudesse traí-lo, para que os russos pudessem varrê-los e executá-los: "Assim, eles não representariam nenhuma ameaça." Ames sabia que estava emitindo uma sentença de morte para cada pessoa identificada, mas essa, argumentou, era a única maneira de garantir que ele ficaria seguro e rico.

"Todas as pessoas da minha lista de 13 de junho sabiam dos riscos que estavam correndo. Se um deles soubesse de mim, teria contado à CIA e eu teria sido preso e jogado na cadeia... Não era nada pessoal. Era simplesmente parte das regras do jogo."

Naquela tarde, Ames se encontrou com Sergey Chuvakhin no Chadwick's, um restaurante popular de Georgetown, e lhe entregou 3 quilos de relatórios de inteligência em uma sacola de compras, uma vasta coleção de segredos que havia acumulado nas semanas anteriores e que mais tarde se tornariam conhecidos pelo nome nada romântico de "O Grande Entulho": telegramas confidenciais, memorandos internos e relatórios de agentes, uma "enciclopédia de espionagem, um 'quem é quem' que revelou a identidade de todos os importantes oficiais da inteligência soviética que trabalhavam para os Estados Unidos". E um que trabalhava para o Reino Unido, que ele quase certamente havia mencionado em seu primeiro encontro. E forneceu um nome: o espião do MI6 que a CIA tinha identificado três meses antes, de codinome Tickle, era Oleg Gordievsky. Burton Gerber alegou que Ames havia descoberto o nome "por coincidência". Milton Bearden, prestes a se tornar vice de Gerber na seção soviética, alega que Ames fizera o trabalho de detetive ele mesmo.

A vasta inteligência cedida por Ames foi rapidamente entregue a Moscou e uma enorme operação de limpeza teve início. Pelo menos dez espiões pereceriam nas mãos da KGB e mais de cem operações de inteligência foram comprometidas. Logo após o grande despejo, Ames recebeu uma mensagem, via Chuvakhin, de Moscou: "Parabéns, você agora é um milionário!"

Aquela era a prova que Budanov estava esperando, a evidência positiva da traição de Gordievsky, vinda diretamente da CIA. Ainda assim, a KGB não atacou. O motivo nunca ficou totalmente evidente, mas uma combinação de complacência, desatenção e excesso de ambição parece ser a explicação mais provável: a diretoria de contrainteligência estava preocupada em prender as duas dúzias de espiões identificados por Ames; Budanov ainda queria pegar Gordievsky em flagrante com o MI6 para causar o máximo de constrangimento à Grã-Bretanha.

E, de qualquer forma, sob vigilância constante, Gordievsky não poderia escapar.

■ ■ ■

Na manhã de 15 de junho de 1985, o terceiro sábado do mês, Gordievsky saiu do apartamento carregando uma sacola do Safeway, usando o boné de couro cinza que havia comprado na Dinamarca e um par de calças cinza. Ele andou 500 metros até o supermercado mais próximo, se controlando para não olhar para trás, a primeira regra para fugir da vigilância. As lições que tinha aprendido no treinamento, 27 anos antes, estavam retornando à sua mente. Entrou em uma farmácia e olhou através da vitrine enquanto fingia examinar as prateleiras. Em seguida, entrou em um banco cuja escada proporcionava uma vista da rua; então foi a uma lanchonete bem movimentada. Depois, caminhou por um longo beco estreito entre dois blocos de apartamentos, virou a esquina e se enfiou em um dos blocos, subiu dois lances das escadas comunitárias e inspecionou a rua. Nenhum sinal de vigilância, o que não significava que não havia alguma. Caminhou, pegou um ônibus, desceu algumas paradas depois, chamou um táxi, pegou uma rota alternativa até o bloco de apartamentos onde sua irmã mais nova, Marina, morava com o marido. Subiu as escadas principais, passou pela porta do apartamento sem bater e, em seguida, desceu pela escada dos fundos, foi até o metrô e dirigiu-se para leste, mudou de trem, saltou, cruzou a plataforma e dirigiu-se para oeste outra vez. Finalmente, chegou ao Mercado Central.

Às onze horas assumiu seu posto debaixo do relógio e fingiu estar esperando por um amigo. O lugar estava lotado de compradores das manhãs de sábado, mas ele não viu ninguém carregando uma bolsa da Harrods. Depois de dez minutos, saiu. Teria o MI6 visto o seu sinal indicando que ele precisava fazer um contato de passagem na Catedral de São Basílio dali a três domingos? Ele teria que esperar mais duas semanas antes de descobrir se o sinal fora captado.

Dois dias depois, Gordievsky se viu em um quarto espaçoso, com vista para o rio Lopasnaya, em um dos resorts para oficiais mais luxuosos da Rússia. Mas também descobriu que tinha um colega de quarto, um homem na casa dos 60 anos que o seguia por toda parte. Muitos dos hóspedes eram claramente espiões e informantes, plantados para vigiá-lo e ouvi-lo. Gordievsky embalara a sacola do Safeway em sua bagagem. Em parte por superstição, uma relutância em se separar de seu sinal de fuga, mas também por medida prática: ele poderia precisar chegar ao local de sinalização com pressa. Uma tarde, encontrou seu colega de quarto inspecionando a preciosa sacola de compras.

– Por que você tem uma sacola estrangeira? – indagou o homem.

Gordievsky arrancou-a de sua mão.

– Nunca se sabe quando pode haver algo nas lojas que valha a pena comprar – respondeu com rispidez.

No dia seguinte, correndo na floresta, ele viu, espreitando na vegetação rasteira, oficiais de vigilância, que apressadamente deram as costas e fingiram estar urinando. O spa em Semyonovskoye era, na realidade, uma prisão confortável, onde a KGB poderia ficar de olho em Gordievsky e esperar que ele baixasse a guarda.

O spa tinha uma boa biblioteca, contendo uma série de livros de mapas. Sub-repticiamente, ele estudou a região fronteiriça entre a Rússia e a Finlândia, tentando memorizar seus contornos. Ele corria todos os dias, recuperando a forma física. Quanto mais pensava na fuga, menos impraticável ela parecia. Aos poucos, através da névoa paralisante do medo, ele estava se aproximando de uma decisão: "Não há alternativa. Se eu não fugir, vou morrer. Sou um homem morto tirando férias."

13
PROVERKA

Gordievsky retornou do spa em Semyonovskoye revigorado, apreensivo, mas também, pela primeira vez desde que chegara à Rússia, resoluto: ele tinha que fugir. Primeiro alertaria seus amigos britânicos de que a KGB estava atrás dele deixando uma mensagem escrita no local de contato na São Basílio; em seguida, enviaria o sinal de fuga da Operação Pimlico e fugiria. As chances de sucesso eram muito baixas. Se ele tivesse sido traído por um espião dentro do MI6, a KGB estaria à espreita. Talvez eles estivessem esperando que ele fizesse exatamente esse movimento e preparassem uma armadilha. Mas pelo menos ele morreria tentando, livre daquela teia infernal de vigilância e suspeita, esperando os investigadores darem o próximo passo.

Arriscar a própria vida era a parte mais fácil daquela decisão. E sua família? Ele deveria tentar levar Leila e suas filhas com ele ou deixá-las em Moscou? Durante uma década de espionagem, ele fizera muitas escolhas difíceis, mas nada remotamente tão agonizante quanto aquela: uma decisão que colocava lealdade contra prudência, uma escolha entre sobrevivência e amor.

Ele se viu estudando atentamente as filhas, então com 5 e 3 anos, e tentando imprimi-las em sua memória: Maria, conhecida como Masha, tão ativa e brilhante, uma atleta natural como o pai; Anna, pequena e gordinha, fascinada por animais e insetos. À noite ele ouvia as meninas falando em suas camas, em inglês. "Eu não gosto daqui", dizia Masha à irmã mais nova. "Quero voltar para Londres." Será que ele ousaria levá-las quando tentasse escapar? Sentindo o conflito interior do marido, mas ignorando sua verdadeira causa, Leila disse à sogra que temia que Oleg estivesse tendo algum tipo de crise desencadeada por problemas no trabalho. Sempre prática, Olga Gordievsky aconselhou-a a distraí-lo com pequenos projetos, tarefas domésticas ou consertos do carro, por exemplo. Leila não o pressionou por explicações nem o repreendeu pela bebida, embora isso a alarmasse profundamente. Sua solicitude gentil e seu senso instintivo de que o homem que ela amava estava passando por algum inferno interior privado, que estava impedido de compartilhar, tornavam a decisão iminente ainda mais difícil de suportar.

Incluir Leila e as meninas no plano de fuga aumentaria radicalmente a probabilidade de fracasso. Gordievsky fora treinado para fugir da vigilância, mas elas não. Uma família de quatro pessoas era muito mais fácil de ser notada do que um único homem viajando sozinho. Por mais que estivessem sedadas, as filhas poderiam acordar no porta-malas, chorar ou se sufocar; com certeza ficariam aterrorizadas. Se fossem pegos, a inocente Leila seria considerada cúmplice de espionagem e tratada de acordo. Seria interrogada, presa ou algo pior, e sem dúvida seria condenada ao ostracismo. Suas filhas seriam párias. Ele havia escolhido aquele caminho, elas não. Que direito tinha de expô-las a tal perigo? Gordievsky era um pai rígido e um marido exigente, mas muito amoroso. A ideia de abandonar a família lhe causava tanta angústia que ele se via ofegante, dobrando o corpo pela dor física. Se conseguisse fugir, talvez os britânicos depois conseguissem persuadir o Kremlin a liberar sua família para o Ocidente. Trocas de espiões eram parte da aritmética estabelecida da Guerra Fria. Mas isso poderia levar anos, se acontecesse. Era possível que ele nunca mais voltasse a ver a família. Talvez fosse melhor arriscar e tentar escapar juntos, unidos, qualquer que fosse o resultado, não obstante o perigo. Pelo menos teriam sucesso ou fracassariam juntos.

Mas, em meio a esses pensamentos, contorcia-se uma dúvida. Espiões lidam com confiança. Ao longo de uma vida de espionagem, Gordievsky desenvolvera um dom para detectar lealdade, suspeita, convicção e fé. Ele amava Leila, mas não confiava inteiramente nela; e, em uma parte de seu coração, tinha medo dela.

Filha de um general da KGB, mergulhada em propaganda desde a infância, Leila era uma cidadã soviética leal e incondicional. Apesar de ter gostado da exposição à vida ocidental, jamais se entregara totalmente como o marido fizera. Será que ela colocaria sua responsabilidade política acima da lealdade conjugal? Em todas as culturas totalitárias o indivíduo é encorajado a considerar os interesses da sociedade antes do bem-estar pessoal: da Alemanha nazista à Rússia comunista, do Camboja sob o Khmer Vermelho à Coreia do Norte atual, a disposição para trair os mais próximos em prol de um bem maior era a marca final do patriotismo comprometido e da pureza ideológica. Se ele se revelasse a Leila, ela renunciaria ao marido? Se lhe contasse sobre o plano de fuga e pedisse que ela se juntasse a ele, ela iria? Ela o denunciaria? O fato de Gordievsky não ter certeza se o amor de sua esposa era mais forte do que seu comunismo, ou vice-versa, era a comprovação de quão longe a ideologia e a política corrompiam o instinto humano. Ele tentou um teste decisivo.

Uma noite, na varanda de seu apartamento, fora do alcance dos microfones, ele tentou sondar a lealdade da própria esposa em uma "incitação" clássica da KGB.

– Você gostou de Londres, certo? – indagou.

Leila concordou que sua vida na Grã-Bretanha tinha sido mágica. Já sentia falta dos cafés do Oriente Médio na Edgware Road, dos parques e da música.

Ele prosseguiu:

– Você se lembra de que disse que queria que as meninas fossem para escolas inglesas?

Leila assentiu, imaginando para onde a conversa estava se encaminhando.

– Eu tenho inimigos aqui. Nunca seremos mandados de volta para Londres. Mas tenho uma ideia: poderíamos ir para o Azerbaijão, de férias, para visitar sua família e depois atravessar as montanhas para a Turquia. Poderíamos fugir e voltar para a Grã-Bretanha. O que você acha, Leila? Devemos fugir?

Havia uma fronteira militarizada de quase 18 quilômetros entre o Azerbaijão e a Turquia. Gordievsky, é claro, não tinha nenhuma intenção de tentar atravessá-la. Era apenas um teste. "Eu queria avaliar a reação dela à ideia." Se ela concordasse, seria um sinal de que estava disposta, em algum nível, a desafiar a lei soviética e fugir com ele. Oleg poderia então apresentá-la à Operação Pimlico e revelar a verdadeira razão pela qual precisava escapar. Se ela se recusasse e fosse interrogada após seu desaparecimento, poderia dar uma pista falsa da rota de fuga e enviar os caçadores para a fronteira entre a Turquia e o Azerbaijão.

Leila olhou para o marido como se ele estivesse delirando.

– Não seja ridículo.

Ele logo mudou de assunto. E, em seu interior, uma terrível convicção se enraizou. "Meu coração estava doendo tanto que eu mal podia suportar pensar naquela hipótese." A lealdade de sua esposa não era confiável e ele devia continuar a enganá-la.

Essa conclusão pode ter sido errada. Muitos anos depois, Leila foi perguntada se, caso soubesse do plano de fuga, teria contado às autoridades. "Eu o teria deixado escapar", respondeu. "Oleg tinha feito sua escolha moral e, por isso, pelo menos, merece respeito. Boa ou ruim, o homem fez a sua escolha de vida, fez isso porque considerava necessário. Sabendo do perigo mortal que ele corria, minha alma não carregaria o pecado de mandá-lo para a morte." No entanto, ela não revelou se estaria preparada para se juntar a ele na tentativa de fuga. Ainda na varanda, Gordievsky disse a ela novamente:

– Há uma conspiração, as pessoas estão com muita inveja da minha nomeação para *rezident*. Mas, se algo acontecer comigo, não acredite em nada que alguém lhe diga; sou um oficial orgulhoso, um oficial russo, e não fiz nada de errado.

Ela acreditou no marido.

Gordievsky não era dado à introspecção, mas à noite, com Leila dormindo pacificamente ao seu lado, se perguntava que tipo de pessoa havia se tornado e se sua vida dupla tinha "inibido drasticamente o [seu] desenvolvimento emocional". Ele nunca dissera a Leila quem era de verdade. "Isso significava que nunca tínhamos sido verdadeiramente próximos, como teria acontecido em circunstâncias normais: eu sempre neguei a ela a minha essência. Enganar um parceiro intelectualmente é mais ou é menos cruel do que enganá-lo fisicamente? Quem saberia responder?"

Mas sua decisão estava tomada. "A prioridade era salvar a minha pele." Ele tentaria escapar sozinho. Pelo menos assim, refletiu, Leila poderia dizer à KGB, com toda a honestidade, que não tinha conhecimento de nada.

A decisão de não levar a família foi um monumental ato de sacrifício, ou de autopreservação egoísta, ou as duas coisas. Ele se convenceu de que não tinha escolha, que é o que todos dizemos a nós mesmos quando somos forçados a fazer uma escolha terrível.

O pai de Leila, um idoso general da KGB, possuía uma datcha no Azerbaijão, às margens do mar Cáspio, onde Leila costumava passar as férias quando criança. Ficou combinado que ela e as meninas se juntariam à sua família azerbaijana para férias prolongadas de verão. Masha e Anna estavam animadas com a perspectiva de passar um mês na casa do avô, nadando e brincando ao sol.

A despedida de Gordievsky de sua família foi uma agonia, principalmente porque Leila e as meninas não tinham noção de seu significado. O momento mais triste de sua vida aconteceu em uma correria banal, à porta de um movimentado supermercado. Leila estava distraída, apressada para comprar roupas e outros suprimentos de última hora para a viagem de trem para o sul. As garotas já tinham desaparecido na loja antes que ele pudesse abraçá-las. Leila lhe deu um beijo rápido na face e um aceno alegre. "Isso poderia ter sido um pouco mais afetuoso", disse ele, um pouco para si mesmo, uma censura a um homem prestes a cometer um ato de deserção que terminaria, na melhor das hipóteses, em uma separação por tempo indeterminado e, na pior, em sua prisão, desonra e execução. Leila não o ouviu. Ela desapareceu na loja lotada em busca das filhas sem olhar para trás. E o coração dele se partiu.

...

No domingo, 30 de junho, após três horas de *proverka*, exausto e enrijecido pela tensão, Gordievsky chegou à Praça Vermelha, lotada de turistas russos.

No Museu de Lenin, ele foi para os banheiros do porão, trancou-se em um cubículo, tirou do bolso uma caneta esferográfica e um envelope. Abriu o envelope, as mãos tremendo, e escreveu, em letras maiúsculas:

ESTOU SOB FORTE SUSPEITA E EM SÉRIOS APUROS, PRECISO DE EXTRAÇÃO DEPRESSA. CUIDADO COM PÓ RADIOATIVO E ACIDENTES DE CARRO

Gordievsky suspeitava que tinha sido pulverizado com pó espião. Ele sabia que a KGB tinha uma técnica desagradável de avançar e bater contra carros que pudessem estar envolvidos em uma operação de espionagem para forçar as pessoas dentro dele a saírem.

Como último ato de evasão, ele entrou na GUM, a vasta loja de departamentos que corre ao longo da Praça Vermelha, e se moveu rapidamente de uma seção a outra, subindo e descendo escadas, ao longo de um corredor e descendo por outro. Qualquer um que o observasse teria assumido que era um comprador excessivamente excitado mas irremediavelmente indeciso; ou que estava tentando despistar uma possível vigilância.

Foi só naquele momento que ele viu uma falha no plano de contato de passagem. Ele deveria ser reconhecido pelo boné, mas os homens não podiam usar chapéu na São Basílio. (A religião fora proibida na Rússia comunista, mas o respeito religioso ainda era estranhamente observado.) Aquele contratempo se tornou irrelevante um momento depois, quando ele entrou na vasta catedral poucos minutos antes das três da tarde, foi até as escadas e encontrou o caminho barrado por uma grande placa: ANDARES SUPERIORES FECHADOS PARA REFORMA.

A escadaria na qual ele deveria deixar sua mensagem estava lacrada com fita adesiva. Perplexo, a camisa encharcada com suor de adrenalina e medo, ele olhou em volta, fingindo admirar o interior da catedral, imaginando se a senhora de cinza ainda poderia estar por ali. Não havia ninguém na multidão que se encaixasse naquela descrição. As pessoas pareciam estar observando-o. No metrô, rasgou o envelope em pedaços cuidadosamente dentro do bolso, mastigou cada fragmento até virar polpa e cuspiu-os um por um. Perto do desespero, chegou em casa três horas depois de ter saído, imaginando quando, ou mesmo se, a equipe de vigilância da KGB o havia perdido e encontrado novamente.

O contato de passagem havia fracassado. A equipe do MI6 em Moscou não tinha captado o sinal no Mercado Central em 15 de junho.

A razão era simples. O MI6 já sabia que o último andar da Catedral de São Basílio estava fechado para reforma. "Tivemos que trabalhar na suposição de que, antes de lançar o sinal do Mercado Central, ele teria verificado a localização da São Basílio e percebido que não daria para começar por ali."

Muitos anos depois, Ascot considerou o sinal perdido como uma bênção: "Graças a Deus. A Praça Vermelha era um lugar horrível para um contato de passagem, apinhada de pessoal da KGB. Tentei proibir aquele ponto de encontro. Teríamos sido pegos."

A KGB esperou e assistiu.

Em Londres, o MI6 tentava imaginar o que teria acontecido com seu espião, a esperança esmorecendo.

O MI6 continuou a monitorar o local de sinalização de fuga. Todas as noites, às sete e meia, Ascot, Gee ou a secretária Violet iam até a calçada fora da padaria, às vezes de carro (o tempo de sinal tinha sido escolhido para coincidir com um momento conveniente, quando eles normalmente estariam voltando do trabalho), às vezes a pé. Estavam comprando muito mais pão do que podiam comer. Ficou combinado que, se um deles avistasse o homem com a bolsa do Safeway, ele ou ela ligaria para Ascot e deixaria uma mensagem sobre o jogo de tênis: esse seria o sinal entre eles de que Pimlico estava em andamento.

Do outro lado da cidade, Gordievsky se perguntava como sua vida tinha chegado àquela situação: um inimigo do povo, prestes a abandonar sua família, bebendo demais, tomando sedativos de tarja preta, tentando reunir coragem para ativar um plano que provavelmente era suicida. Ele fez outra visita a Mikhail Lyubimov, que ficou mais uma vez chocado com a mudança no comportamento de Gordievsky. "Ele parecia ainda pior. Tirou nervosamente de sua pasta uma garrafa aberta de Stolichnaya e se serviu com a mão trêmula." Lyubimov, tocado e triste, convidou-o para ficar em sua datcha em Zvenigorod: "Podemos conversar e relaxar." Lyubimov foi embora com a impressão de que seu velho amigo estava perto de cometer suicídio.

De volta ao apartamento, perguntas ricocheteavam por toda a mente exausta e embriagada de Gordievsky. Por que o contato de passagem teria fracassado? O MI6 o teria abandonado? Por que a KGB ainda estava brincando com ele? Quem o havia traído? Ele conseguiria fugir?

William Shakespeare tem uma resposta para a maioria das perguntas da vida. Em *Hamlet*, o maior escritor da língua inglesa ponderou sobre a natureza do destino e a coragem quando os desafios da vida parecem esmagadores. "Quando as desgraças chegam, não vêm como espiões solitários, mas em batalhões."

Na segunda-feira, 15 de julho de 1985, Oleg Gordievsky pegou o seu exemplar dos *Sonetos* de Shakespeare.

Ele tinha deixado uma pilha de roupas de molho na pia da cozinha e então colocou o livro sob elas, na água com sabão. Depois de dez minutos, o livro estava encharcado.

O único lugar no apartamento que ele tinha certeza de ser um ponto cego era um pequeno depósito fora do corredor. Dentro, à luz de uma vela, Gordievsky retirou a folha de papel úmido, extraiu a fina folha de celofane e leu as instruções de fuga: o trem de "Paris" para "Marselha", as distâncias, e o marco do KM 836. Se emitisse o sinal no dia seguinte, terça-feira, e fosse reconhecido, Oleg poderia ser pego no sábado. A simples familiaridade das instruções era reconfortante. Ele jogou o exemplar encharcado dos *Sonetos* na lixeira. Naquela noite dormiu com as instruções sobre uma bandeja de latão na mesa de cabeceira, debaixo de um jornal, com uma caixa de fósforos ao lado. Se a KGB invadisse durante a noite, ele teria tempo para destruir a prova incriminatória.

Na manhã seguinte, da terça-feira, 16 de julho, ele leu o plano de fuga pela última vez dentro do depósito e então viu a folha de celofane queimar em um flash acre. O telefone tocou. Era o pai de Leila, Ali Aliyev, o general aposentado da KGB. O velho sabia que seu genro estava com problemas no trabalho e a filha lhe pedira que cuidasse de Gordievsky enquanto a família estivesse fora.

– Venha jantar às sete da noite – disse Aliyev. – Vou preparar um bom frango ao alho.

Gordievsky pensou rápido. O convite para as sete coincidia com a hora do sinal de fuga. Os bisbilhoteiros da KGB que escutavam no telefone grampeado ficariam desconfiados se ele recusasse; e, se aceitasse, eles o estariam esperando na casa de seu sogro em Davitkova, na periferia da cidade, no exato momento em que, com sorte, estaria livre de vigilância no local de sinalização na Kutuzovsky Prospekt.

– Obrigado – respondeu ele. – Vai ser ótimo.

Gordievsky queria parecer elegante para seu encontro com o MI6, mesmo que a KGB o estivesse esperando. Vestiu terno e gravata, calçou sapatos, que provavelmente eram radioativos, e pegou seu chapéu dinamarquês de couro. Em seguida pegou a sacola plástica do Safeway com o logotipo vermelho brilhante na gaveta de sua mesa.

O telefone tocou de novo. Era Mikhail Lyubimov, convidando-o para passar uns dias em sua datcha na semana seguinte. Pensando rapidamente, Gordievsky aceitou o convite. Iria na segunda-feira, disse, pegaria o trem que chegava a Zvenigorod às 11h13 e viajaria no último vagão. No caderno ao lado do telefone ele anotou "Zvenigorod 11h13". Ali estava outra trilha falsa para a KGB. Na segunda-feira seguinte ele estaria na prisão ou na Grã-Bretanha ou morto.

Às quatro da tarde ele deixou o apartamento e, pelas duas horas e meia seguintes, realizou a mais rigorosa operação de "lavagem a seco" que já fizera: lojas, ônibus, metrô, dentro e fora dos blocos de apartamentos, parando para comprar algumas provisões para encher a sacola do Safeway, tentando despistar qualquer um que o seguisse, movendo-se de maneira rápida e errática o suficiente para tornar impossível manter a vigilância, mas não tão rápido que tornasse isso óbvio. Só os rastreadores mais habilidosos poderiam tê-lo seguido através daquele labirinto fabricado. Às 6h45 ele emergiu da estação Kievsky do metrô. Não detectou ninguém a segui-lo. Ele estava "na sombra", ou assim fervorosamente esperava.

A terça-feira, 16 de julho, teve uma gloriosa noite de verão, clara e brilhante. Ele caminhou lentamente em direção à padaria e matou o tempo comprando um pacote de cigarros. Dez minutos mais cedo para o sinal das sete e meia, assumiu a posição na beira da calçada, do lado de fora da padaria. O tráfego pesado na avenida incluía numerosas limusines oficiais levando para casa membros do Politburo e funcionários da KGB. Ele acendeu um cigarro. De repente, a beira da calçada lhe pareceu um lugar ingenuamente visível para ficar parado. Havia muita gente passando, lendo as placas de aviso e os horários de ônibus ou fingindo fazê-lo. O lugar parecia estranhamente movimentado. Um Volga preto, o veículo favorito da KGB, saiu do tráfego e parou na calçada. Dois homens de terno escuro saltaram. Ele hesitou. O motorista parecia encará-lo. Os dois homens entraram na loja e ressurgiram com uma caixa-forte: era só um recolhimento de dinheiro rotineiro. Ele tentou respirar de novo. Acendeu outro cigarro.

Era a vez de Arthur Gee monitorar o local de sinalização, mas o trânsito estava lento.

Roy e Caroline Ascot estavam saindo para jantar com um conhecido russo, um ex-diplomata. Quando pararam na Kutuzovsky Prospekt em seu Saab rumo ao leste, um carro de vigilância se colocou atrás, como de costume. Era fácil identificar os veículos da KGB: as escovas do lava-jato da KGB, por razões desconhecidas, não conseguiam alcançar determinado ponto no meio do capô, então todos os carros tinham um revelador triângulo de sujeira na frente. Ascot olhou para a ampla avenida e congelou: um homem estava em frente à padaria segurando uma sacola com um padrão vermelho conhecido, "como um farol entre as monótonas sacolas de compras soviéticas". Eram 19h40. Segundo as instruções, Gordievsky deveria permanecer no local não mais do que meia hora.

"Arthur não o viu", pensou Ascot, xingando baixinho. "Meu coração foi direto para os dedos dos pés." Ele cutucou Caroline nas costelas, apontou para o outro lado da rua e desenhou no painel a forma da letra P, de Pimlico. Caroline resistiu à vontade de girar no banco da frente e olhar: "Entendi exatamente o que ele quis dizer".

Ascot tinha dez segundos para decidir se daria a volta com o carro e faria o sinal de reconhecimento. Havia barras de KitKat no porta-luvas. Mas a KGB já estava quase tocando o seu para-choque e qualquer mudança de comportamento levantaria suspeitas. A KGB sabia, por ter grampeado o telefone, que eles estavam saindo para jantar: fazer uma curva de repente, saltar do carro e comer uma barra de chocolate enquanto caminhavam pela calçada levaria a KGB direto para Pimlico. "Segui em frente, sentindo como se o mundo tivesse desabado e eu tivesse feito a coisa errada pelos motivos certos." O jantar foi um inferno. O anfitrião era um membro do Partido Comunista dos mais ferrenhos e passou a noite inteira "falando sobre a grandeza de Stalin". Tudo que Ascot conseguia pensar era no espião com a sacola do Safeway esperando em vão por um homem com uma barra de chocolate.

Na verdade, enquanto Ascot dirigia rumo ao leste pela Kutuzovsky, Arthur

Gee passou pela padaria em seu Ford Sierra, desacelerou um pouco e observou a calçada. Parecia haver muitas pessoas andando por ali, um movimento visivelmente maior do que o normal para um dia útil. E lá, na beira da calçada, ele tinha quase certeza de que havia um homem usando um boné pontudo e segurando uma sacola incomum. Se ela estampava um grande S vermelho, ele não sabia exatamente.

Gee seguiu em frente, a adrenalina correndo por seu corpo, virou no final da avenida, entrou no complexo e foi para o estacionamento. Tentando parecer sem pressa, pegou o elevador para o apartamento, largou a maleta e gritou para Rachel: "Preciso comprar pão!"

Ela imediatamente entendeu o que estava acontecendo. "Já tínhamos toneladas de pão."

Gee vestiu suas calças cinza e pegou a sacola da Harrods e uma barra de chocolate Mars na gaveta da cozinha. Eram 19h45.

O elevador demorou uma eternidade. Ele caminhou até o viaduto, lutando contra a vontade de correr. O homem tinha ido embora. Ele se perguntou se seria capaz de reconhecê-lo, pois só vira uma fotografia pouco nítida de Pimlico parado do lado de fora de um açougue em um subúrbio dinamarquês. "Eu estava tão convencido de que tinha visto alguém", lembrou Gee. Ele entrou na fila na padaria, mantendo um olho na rua, que parecia ainda mais lotada do que antes. Gee decidiu passar outra vez, com a mão na sacola da Harrods que estava em seu bolso. Então ele o viu.

Um homem de estatura média, segurando uma sacola do Safeway, à sombra de uma loja. Ele estava fumando um cigarro. Por um momento, Gee hesitou. Veronica nunca descrevera Pimlico como um fumante, e esse não era o tipo de detalhe que ela teria omitido.

Gordievsky viu Gee no mesmo instante. A ponto de ir embora, ele havia se afastado da beira da calçada. Não foram as calças cinza do homem que primeiro chamaram a sua atenção nem a maneira como ele tirou um saco verde do bolso, uma barra de chocolate e arrancou o invólucro preto. Foi o comportamento dele. Para os olhos famélicos de Gordievsky, o homem que caminhava em sua direção mastigando parecia total e inequivocamente britânico.

Seus olhares se cruzaram por menos de um segundo. Gordievsky ouviu-se "gritar em silêncio": "Sim! Sou eu!" Gee deu outra mordida deliberada na barra de Mars, olhou para o lado lentamente e seguiu adiante.

Ambos sabiam, com clara convicção, que o sinal tinha sido dado e reconhecido.

O general Aliyev estava irritado quando Gordievsky chegou ao seu apartamento, suado e apologético, quase duas horas atrasado. Seu frango com alho especial havia passado do ponto. No entanto, o genro parecia estranhamente "exultante" e devorou a refeição queimada com muito gosto.

Roy e Caroline Ascot voltaram de seu excruciante jantar por volta da meia-noite, acompanhados por cinco carros de vigilância. Ao lado do telefone estava um bilhete da babá dizendo que Arthur Gee tinha ligado e deixado uma mensagem.

O tenista alemão Boris Becker havia vencido Wimbledon pela primeira vez aos 17 anos. A mensagem dizia: "Você gostaria de vir aqui assistir a um vídeo da partida de tênis neste fim de semana?"

Com um largo sorriso, Ascot mostrou a mensagem para a esposa. Gee tinha captado o sinal de fuga, afinal. "Fiquei aliviado por ele ter visto. Mas era como a chegada do Armagedom."

A Operação Pimlico havia sido acionada.

...

A equipe de vigilância da KGB já havia perdido Gordievsky duas vezes. Em ambas as ocasiões, ele logo apareceu novamente, mas sabia que eles seriam mais atentos a partir de então, se fossem realmente bons em seu trabalho. O que, estranhamente, não eram.

A decisão de utilizar uma equipe de vigilância da Primeira Diretoria-Geral, e não dos profissionais experientes da Sétima Diretoria, foi tomada por razões de política interna. Viktor Grushko não queria que a história da traição de Gordievsky se espalhasse. O vice-chefe da PDG estava determinado a resolver aquele problema embaraçoso e possivelmente prejudicial à sua carreira. Mas a equipe alocada para ficar na cola do suspeito estava acostumada a seguir diplomatas chineses, um trabalho tedioso que exigia pouca imaginação ou habilidade. Eles não sabiam quem era Gordievsky ou o que ele tinha feito; não tinham ideia de que estavam seguindo um espião treinado e um traidor perigoso. E assim, quando Gordievsky saiu de sua visão, eles assumiram que era acidental. Admitir o fracasso não era algo que impulsionasse uma carreira na KGB. Então, em vez de relatar que o alvo tinha desaparecido duas vezes, eles ficaram apenas aliviados quando ele apareceu novamente e mantiveram a boca fechada.

Na manhã de quarta-feira, 17 de julho, Gordievsky deixou o apartamento e, usando todos os truques do manual antivigilância, seguiu em direção à estação Leningrado, na praça Komsomolskaya, para comprar uma passagem de trem. No banco ele sacou 300 rublos em dinheiro, se perguntando se a KGB estaria monitorando a sua conta. Entrou em um centro comercial e depois se dirigiu a um conjunto habitacional próximo, onde havia uma estreita passagem entre altos edifícios de apartamentos, dispostos em dois blocos de três unidades. Virou a esquina no fim do caminho, correu 30 metros até a escada mais próxima e subiu um andar. Da janela, viu um homem acima do peso, de paletó e gravata, sair correndo de repente, parar e olhar de um lado para outro, claramente agitado. Gordievsky mergulhou na sombra. O homem falou algo em um microfone de lapela e correu. Um momento depois, um Lada bege, outro veículo favorito da KGB, veio sacudindo pelo caminho em ritmo acelerado: o homem e a mulher no banco da frente estavam falando em um microfone. Gordievsky sufocou uma nova onda de terror. Ele sabia que a KGB o estava seguindo. Mas aquela era a primeira vez que os despistava abertamente. Eles deviam estar seguindo o padrão clássico de vigilância da KGB: um carro na frente, dois outros nas proximidades para apoio, dois oficiais em cada, ligados por rádio – um para seguir a pé sempre que necessário, o outro, de carro. Ele esperou cinco minutos, depois desceu, caminhou rapidamente até a rua principal, pegou um ônibus, um táxi, o metrô e finalmente chegou à estação Leningrado. Lá, com nome falso, reservou uma passagem de quarta classe para o trem das cinco e meia da tarde para Leningrado saindo na sexta-feira, 19 de julho, pagando em dinheiro. Quando chegou em casa, viu o Lada bege estacionado um pouco abaixo na rua.

...

Simon Brown estava de férias. O oficial do caso ainda estava se inteirando da sombria situação: um dos agentes mais eficazes já recrutados pela inteligência britânica tinha sido enviado de volta para Moscou e, ao que tudo indicava, direto para uma emboscada da KGB. Inevitavelmente, perguntas estavam sendo feitas: como Gordievsky tinha sido descoberto? Havia outro espião dentro do MI6? O medo, pesado e familiar, da traição interna aflorou mais uma vez. Quanto a Gordievsky, ele devia estar definhando em uma cela da KGB, se já não estivesse morto. A relação entre um agente e um controlador é um amálgama peculiar entre o lado profissional e o emocional. Um bom controlador fornece estabilidade psicológica, apoio financeiro, estímulo, esperança e uma estranha espécie de amor, assim como a promessa de proteção. Recrutar e controlar um espião carrega um dever de cuidado, o compromisso implícito de que a segurança dele sempre virá em primeiro lugar e os riscos jamais superarão as recompensas. Todos os oficiais de caso sentem o fardo desse pacto, e Brown, um homem sensível, sentia isso de forma mais aguda do que a maioria. Ele tinha feito tudo certo, mas o caso dera errado e a responsabilidade era, em última análise, dele. Brown tentava não pensar no que Gordievsky devia estar passando, mas aquela imagem era tudo que ele tinha na cabeça. Perder um agente pode dar a sensação de trair alguém muito próximo.

P5, o chefe da seção operacional soviética, estava em seu escritório no Century House às sete e meia da manhã de quarta-feira, 17 de julho, quando o telefone tocou. Um telegrama duplamente criptografado fora enviado durante a noite pelo escritório de Moscou, escondido entre o fluxo regular de mensagens do Ministério das Relações Exteriores. Dizia: "PIMLICO DECOLOU. PESADA VG [VIGILÂNCIA]. EXTRAÇÃO EM ANDAMENTO. INFORME." P5 desceu correndo para o escritório de "C". Christopher Curwen tinha sido informado sobre o caso, mas pareceu momentaneamente atordoado.

– Nós temos algum plano? – indagou.

– Sim, senhor – disse P5. – Temos.

Brown estava no jardim, tentando se distrair lendo um livro ao sol, quando P5 ligou: "Acho que seria bom se você viesse para cá." Sua voz tinha um tom neutro.

Um minuto depois de desligar, Brown se deu conta: "Era quarta-feira. Isso significava que algo tinha acontecido na terça-feira. Devia ser o sinal de fuga. A esperança de repente deu um salto. Gordievsky talvez ainda estivesse vivo."

O trem de Guildford até Londres pareceu demorar uma vida. Brown subiu ao 12º andar e encontrou a equipe atropelada em preparações febris.

"De repente, começou e não parou mais", lembrou Brown.

Depois de uma série de reuniões apressadas, Martin Shawford voou para Copenhague para alertar o serviço de inteligência dinamarquês e coordenar os planos antes de voar para Helsinque e preparar as bases, entrar em contato com a estação do MI6 de lá, alugar veículos e fazer o reconhecimento do ponto de encontro perto da fronteira finlandesa.

Supondo que Gordievsky e sua família fossem contrabandeados com sucesso através da fronteira russa, uma segunda fase do plano de fuga começaria, porque chegar à Finlândia não significava que Gordievsky estivesse seguro.

Como Ascot observou: "Os finlandeses tinham um acordo com os russos para entregar à KGB quaisquer fugitivos da União Soviética que caíssem em suas mãos." O termo "finlandização" passou a significar qualquer pequeno Estado acovardado e submisso a um vizinho muito mais poderoso, mantendo uma soberania teórica, mas efetivamente em uma situação de servidão. Oficialmente, a Finlândia era neutra na Guerra Fria, mas a União Soviética manteve muitas das condições de controle no país: a Finlândia não podia se juntar à OTAN nem permitir tropas ocidentais ou sistemas de armamentos em seu território; livros e filmes antissoviéticos foram banidos. Os finlandeses se ressentiam profundamente do termo "finlandização", mas ele representava com precisão a conjuntura de um país forçado a olhar para os dois lados, interessado em ser visto como ocidental, mas relutante e incapaz de alienar a União Soviética. O cartunista finlandês Kari Suomalainen descreveu uma vez a posição desconfortável de seu país como "a arte de se curvar ao Oriente sem mostrar o traseiro para o Ocidente".

Alguns meses antes, o controlador do bloco soviético do MI6 tinha feito uma visita à Finlândia para se encontrar com Seppo Tiitinen, chefe do Serviço de Inteligência de Segurança finlandês (SUPO). O visitante do MI6 fez uma pergunta hipotética:

– Se tivéssemos um desertor que precisássemos trazer pela Finlândia, imagino que vocês prefeririam que o tirássemos sem envolvê-los.

Tiitinen respondeu:

– Com certeza. Conte-nos sobre isso depois.

Os finlandeses não queriam saber nada de antemão e, se Gordievsky fosse interceptado na Finlândia pelas autoridades finlandesas, ele quase certamente seria devolvido à União Soviética. Se não fosse e os soviéticos descobrissem que ele estava lá, os finlandeses ficariam sob intensa pressão para capturá-lo. E, se não o fizessem, a KGB era perfeitamente capaz de enviar um esquadrão de forças especiais Spetsnaz para fazer o trabalho. Os soviéticos eram conhecidos por monitorar aeroportos finlandeses, então embarcar a família em um avião em Helsinque não era uma opção.

Em vez disso, dois carros transportariam os fugitivos por cerca de 1.300 quilômetros até o extremo norte da Finlândia; um carro seria dirigido por Veronica e Simon, o outro por dois oficiais da inteligência dinamarquesa: Jens Eriksen, conhecido como "Asterix", que havia trabalhado com Richard Bromhead uma década antes, e seu parceiro, Björn Larsen. Ao sul de Tromsø, na remota fronteira de Karigasniemi, eles entrariam na Noruega e em território da OTAN. A equipe debateu se enviaria um jato militar Hercules C-130 para pegá-los, mas, em vez disso, decidiu que um voo comercial atrairia menos atenção. De Hammerfest, cidade mais ao norte da Europa dentro do Círculo Ártico, eles seriam levados para Oslo e se conectariam com outro voo comercial para Londres. Os dinamarqueses tinham feito parte do caso desde o início e os dois oficiais do PET dirigiriam o outro veículo de fuga e acompanhariam a equipe de extração por todo o caminho para Hammerfest. "Foi em parte cortesia, mas também poderíamos precisar de cobertura dinamarquesa para entrar na Noruega: alguma ajuda escandinava local no caso de termos algum contratempo."

Veronica Price recuperou a caixa de sapatos marcada PIMLICO, contendo quatro passaportes dinamarqueses falsos para Gordievsky e a família com o sobrenome Hanssen. Ela embalou repelente de mosquitos, roupas limpas e um kit de barbear. Gordievsky certamente precisaria fazer a barba. Ela esperava que a equipe de Moscou se lembrasse de trazer pneus sobressalentes adicionais, em boas condições, no caso de algum furar. Isso também estava no plano de fuga.

Por quase dois meses a equipe Nocton (agora renomeada Pimlico) havia esperado, sombria, inativa e ansiosa. Agora estavam todos animados e, de repente, operando em ritmo frenético.

"O tom mudou completamente", lembrou Brown. "Era uma sensação surreal. Era algo que vínhamos praticando havia anos. De repente, todos nós estávamos pensando: 'Meu Deus, temos que fazer isso de verdade... Será que vai funcionar?'"

Na sala à prova de som da embaixada britânica em Moscou, o pessoal da estação do MI6 se reuniu para ensaiar uma cena de teatro amador.

A viagem à Finlândia em dois carros diplomáticos exigia uma história de fachada em que a KGB, que tudo ouvia, acreditasse. Para tornar as coisas ainda mais complicadas, um novo embaixador britânico, sir Bryan Cartledge, chegaria a Moscou na quinta-feira e um coquetel seria realizado em sua homenagem na embaixada na noite seguinte. Os dois carros precisavam estar no ponto de encontro ao sul da fronteira finlandesa exatamente às duas e meia da manhã de sábado, mas suspeitas logo surgiriam na KGB se Ascot e Gee, dois dos diplomatas seniores de Cartledge, não estivessem presentes para brindar sua chegada. Eles precisavam de uma emergência crível. Antes de sair de casa, Gee tinha passado um bilhete para sua esposa, escrito em papel higiênico. "Você vai ter que ficar doente", dizia ele.

A história seria assim: Rachel Gee de repente desenvolveria uma dor extremamente forte nas costas. Embora fosse uma mulher de considerável vitalidade, ela havia sofrido de asma e outros problemas de saúde no passado, um fato que seria conhecido pela KGB, que tudo ouvia. Ela e o marido concordariam em dirigir até Helsinque para ver um especialista. Caroline Ascot, sua amiga próxima, sugeriria que ela e o marido fossem também e "fizessem daquilo um passeio de fim de semana". Os dois casais dirigiriam dois carros separados e concordariam em fazer algumas compras na capital finlandesa. Os Ascot levariam sua filha de 15 meses, Florence, deixando seus outros dois filhos com a babá. "Decidimos que seria um disfarce melhor se levássemos o bebê." Eles então iriam ao coquetel do embaixador na sexta-feira, partiriam logo depois, dirigiriam durante a noite para Leningrado e atravessariam a fronteira finlandesa para fazer a consulta médica em Helsinque no fim da tarde de sábado.

A atuação começou naquela tarde, com cada um dos quatro interpretando um papel. No apartamento, Rachel Gee começou a reclamar, para os microfones escondidos da KGB, de uma dor aguda nas costas. As queixas foram aumentando com o passar do dia. "Atuei com todo o empenho", disse ela. Sua amiga Caroline Ascot foi ver se podia ajudar. "Havia uma grande quantidade de gemidos de minha parte e muitos 'coitadinha' de Caroline", lembrou Rachel. Sua imitação de uma mulher com dor foi tão convincente que sua sogra, que por acaso estava hospedada com ela, ficou alarmada. Gee levou sua mãe para um passeio, longe dos microfones, para explicar que Rachel não estava mal de verdade. "Rachel atuou maravilhosamente bem", contou Ascot. Arthur Gee ligou para um médico amigo na Finlândia pelo telefone grampeado para pedir conselhos. Ele também telefonou para várias companhias aéreas para perguntar sobre voos, mas rejeitou-os por motivos de custo. "Por que não vamos também?", sugeriu Caroline quando Rachel lhe informou que teriam que dirigir até a Finlândia. A cena então mudou para o apartamento dos Ascot. Quando Caroline contou ao marido que ele iria dirigir durante a noite para a Finlândia, com a bebê, para levar a pobre Rachel a um médico e fazer algumas compras, Ascot deu uma demonstração de extrema relutância. "Ai, meu Deus. Que trabalho. Temos mesmo que fazer isso? O novo embaixador está chegando. Estou com muito trabalho...", antes de finalmente concordar com a viagem.

Em algum lugar nos arquivos russos há um conjunto de transcrições de escuta que, juntas, formam um pequeno e estranho melodrama encenado pelo MI6 apenas para os ouvidos da KGB.

Ascot e Gee se perguntaram se toda aquela farsa seria uma perda de tempo e se o plano de fuga estaria condenado ao fracasso. "Algo não cheira bem", disse Gee. Ambos haviam percebido o que pareciam ser níveis extraordinariamente altos de atividade no local de sinalização na noite de terça-feira, com inúmeros veículos e pedestres perambulando, talvez indicando aumento de vigilância. Se a KGB se mantivesse perto deles até a fronteira finlandesa, seria impossível parar na clareira e pegar os fugitivos sem serem vistos, e a operação fracassaria. Gee nem tinha certeza se o homem com a bolsa do Safeway era realmente Pimlico. A KGB podia ter descoberto o plano de fuga e enviado um substituto, enquanto mantinha o verdadeiro Pimlico sob custódia.

A vigilância também parecia mais pesada em torno da embaixada e do complexo diplomático. "Meu medo era de que fosse tudo uma cilada", explicou Gee. A KGB poderia estar fazendo o próprio teatro: atraindo o MI6 para uma armadilha que levaria à exposição e à expulsão de ambos os oficiais por "atividades incompatíveis", além de uma violenta explosão diplomática que envergonharia o governo britânico e atrasaria as relações anglo-soviéticas em um momento vital. "Mesmo que estivéssemos caminhando para uma emboscada, eu sabia que não tínhamos escolha a não ser seguir em frente de qualquer maneira. O sinal de fuga tinha sido enviado." Ascot ainda não sabia a identidade de Pimlico, mas Londres decidiu revelar quem ele era: um coronel da KGB, um agente que trabalhava para eles havia muito tempo e por quem valia a pena correr aquele risco monumental. "Foi um estímulo à nossa determinação", escreveu Ascot.

O MI6 manteve o Century House a par dos preparativos, embora o número de telegramas trocados entre Londres e Moscou fosse mantido no mínimo, no caso de a KGB perceber o aumento de atividade e desconfiar de algo.

Em Londres também havia inquietação dentro do diminuto círculo que sabia dos avanços da Operação Pimlico. "Tinha gente dizendo que era muito perigoso. Se desse errado, iria destruir as relações anglo-soviéticas, diziam." Vários mandarins do Ministério das Relações Exteriores, incluindo o próprio ministro Geoffrey Howe, estavam extremamente duvidosos em relação ao plano de fuga, porém ninguém estava mais preocupado do que Sir Bryan Cartledge, o recém-nomeado embaixador da Grã-Bretanha em Moscou.

Cartledge deveria chegar à Rússia na quinta-feira, dia 18 de julho. Ele havia sido informado sobre Pimlico dois meses antes, mas avisado de que era altamente improvável que a operação fosse implementada. Agora fora informado de que o MI6 planejava, dois dias após sua chegada, contrabandear um oficial graduado da KGB para fora da Rússia no porta-malas de um carro. A extração tinha sido meticulosamente planejada e ensaiada, explicou o MI6, mas também era altamente arriscada, e, obtendo ou não sucesso, haveria grandes repercussões diplomáticas. Diplomata de carreira com um belo pedigree acadêmico, Sir Bryan já havia servido na Suécia, no Irã e na Rússia antes de assumir seu primeiro cargo de embaixador na Hungria. A nomeação para embaixador em Moscou era o ponto alto de sua carreira. Ele não ficou nada satisfeito. "Pobre Bryan Cartledge", lembrou Ascot. "Ele tinha acabado de começar um novo trabalho e recebeu aquela bomba nas mãos... Viu o seu último posto de embaixador descendo pelo ralo." Se a equipe de fuga fosse pega em flagrante, havia a possibilidade de que o novo embaixador fosse até mesmo declarado *persona non grata* antes de ter apresentado suas credenciais ao Kremlin, um começo diplomático humilhante. O novo embaixador registrou sua forte objeção e argumentou que a operação tinha que ser cancelada.

Uma reunião foi convocada no Ministério das Relações Exteriores. Estava presente a delegação do MI6, composta pelo chefe Christopher Curwen, seu vice, P5 e o controlador do bloco soviético, além de vários funcionários daquele ministério, inclusive Bryan Cartledge e David Goodall, o subsecretário adjunto. Goodall, de acordo com um dos presentes, "estava em pânico" e repetia: "O que nós vamos fazer?" Cartledge continuava fumegando de raiva. "É um completo desastre. Eu tenho que partir para Moscou em dois dias e em uma semana vou estar de volta." O vice-chefe do MI6 foi inflexível: "Se não prosseguirmos com isso, o Serviço Secreto nunca mais será capaz de manter a cabeça erguida."

Naquele momento, juntou-se à reunião Sir Robert Armstrong, o secretário do Gabinete, que vinha de Downing Street. Ele jogou sua pasta de couro com toda a força sobre a mesa: "Tenho certeza de que a primeira-ministra sentirá que temos um esmagador dever moral de salvar esse homem." Isso pôs fim ao debate. Sir Bryan Cartledge parecia "um homem indo para a forca", enquanto o contingente do Ministério das Relações Exteriores se dirigia para informar seu ministro, que tinha acabado de voltar de uma cerimônia fúnebre. Howe permaneceu hesitante.

– E se der errado? – perguntou ele. – E se o carro for revistado?

Mas o novo embaixador teve o mérito de afirmar:

– Diremos que é uma provocação grosseira. Diremos que eles empurraram o companheiro para o porta-malas do carro.

– Hmmm – comentou Howe, duvidoso. – Talvez funcione...

A Operação Pimlico ainda necessitava de autorização do mais alto nível.

A Sra. Thatcher teria que dar seu selo pessoal de aprovação para o plano de fuga. Mas a primeira-ministra estava na Escócia, com a rainha.

...

Gordievsky começou a se preparar, parecendo fazer o tipo de coisas que um homem que estava prestes a escapar não faria. A atenção aos detalhes ajudava a manter o medo sob controle. Ele estava em uma missão, não era mais uma mera presa, mas, de novo, um profissional. Seu destino havia retornado às suas mãos.

Passou grande parte da quinta-feira com sua irmã mais nova, Marina, e sua família, em seu apartamento em Moscou. Uma alma doce e discreta, Marina teria ficado horrorizada ao saber que seu único irmão vivo era um espião. Ele também visitou a mãe. Olga tinha 78 anos e estava frágil. Ao longo da infância de Oleg, ela apresentara um espírito de resistência silenciosa, em contraste com a timidez e a resiliência de seu pai. De todos os membros da família, a mãe viúva era a que tinha maior probabilidade de compreender suas atitudes. Ela nunca o teria denunciado, mas, como qualquer mãe, também teria tentado dissuadi-lo de seguir pelo caminho que ele estava prestes a tomar. Oleg a abraçou e não falou nada, sabendo que, a fuga sendo bem-sucedida ou falhando, provavelmente nunca mais a veria. Uma vez em casa, ele ligou para Marina a fim de marcar outro encontro no início da semana seguinte: uma pista falsa para manter a farsa de que ele ainda estaria em Moscou depois do fim de semana. Quanto mais arranjos e compromissos ele fizesse para o futuro, melhores seriam as suas chances de desviar a atenção da KGB. Parecia um tanto manipulador de sua parte usar a família e os amigos como distração, mas eles certamente entenderiam, mesmo que nunca o perdoassem.

E então Gordievsky fez algo excepcionalmente imprudente... e muito engraçado.

Ele ligou para Mikhail Lyubimov e confirmou que iria se hospedar em sua datcha na semana seguinte. Lyubimov disse que estava ansioso por isso. Sua nova namorada, Tanya, também estaria lá. Eles encontrariam Gordievsky na segunda-feira, às 11h13, na estação de Zvenigorod.

Gordievsky mudou de assunto.

– Você leu "Mr. Harrington's Washing", de Somerset Maugham? – perguntou.

Era um dos contos da série Ashenden. Lyubimov o havia apresentado às obras de Maugham uma década antes, quando ambos estavam na Dinamarca. Gordievsky sabia que seu amigo tinha as obras completas.

– É muito bom. Você devia lê-lo outra vez – prosseguiu Gordievsky. – Está no volume quatro. Procure-o e você vai entender o que eu quero dizer.

Depois de mais alguma conversa, eles desligaram.

Gordievsky tinha acabado de plantar um adeus codificado a Lyubimov e uma pista literária inequívoca: "Mr. Harrington's Washing" conta a história de um espião britânico que escapa da Rússia revolucionária através da Finlândia.

No conto, ambientado em 1917, o agente secreto britânico Ashenden viaja no Expresso Transiberiano em uma missão na Rússia. Durante a viagem, no vagão do trem para Petrogrado, ele conhece um empresário americano, o Sr. Harrington, um homem carinhosamente loquaz, mas irritantemente enfadonho. Enquanto a Revolução engole o país, Ashenden instiga Harrington a pegar o trem para o norte antes que as forças revolucionárias se aproximem, mas o americano se recusa a sair sem suas roupas, que haviam sido enviadas para a lavanderia do hotel. Harrington é morto a tiros na rua pela multidão logo após recuperar suas roupas lavadas. A história é sobre riscos – "O homem sempre achou mais fácil sacrificar sua vida do que aprender a tabuada" – e sobre fugir a tempo. Ashenden pega o trem e foge pela Finlândia.

Era altamente improvável que os bisbilhoteiros da KGB fossem versados na literatura inglesa do início do século XX e ainda mais improvável que fossem capazes de decifrar a pista em menos de 24 horas. Mas assim mesmo era uma aposta arriscada.

Sua rebelião sempre fora, em parte, cultural, um desafio ao filistinismo da Rússia soviética. Deixar uma pista obscura da literatura ocidental fora a sua despedida, uma demonstração de sua superioridade cultural. Se ele escapasse ou não, a KGB vasculharia as transcrições de suas conversas telefônicas mais tarde e perceberia que todos haviam sido ridicularizados: eles o odiariam anda mais, mas talvez o admirassem também.

...

A visita anual para uma estada com a rainha em Balmoral era uma das tarefas ministeriais importantes de que Margaret Thatcher menos gostava. A tradição que decretava que os primeiros-ministros passassem alguns dias do verão como convidados no castelo real escocês era, como declarou Thatcher, uma "tediosa perda de tempo". A rainha também não tinha muita vontade de passar tempo com Thatcher, zombando de seu sotaque de classe média com "uma pronúncia igual à dos atores do Royal Shakespeare por volta de 1950". Em vez de se hospedar no castelo, Thatcher ficava alojada em uma pequena casa na propriedade, onde passava seus dias com suas caixas vermelhas e uma única secretária, o mais longe possível do régio mundo de gaitas de fole, filés Wellington e cães da raça Corgi.

Na quinta-feira, 18 de julho, Christopher Curwen marcou um encontro urgente para ver o secretário particular de Thatcher, Charles Powell, no número 10 da Downing Street. Lá, em uma sala de reunião privada, "C" explicou que a Operação Pimlico havia sido ativada e exigia a autorização pessoal da primeira-ministra.

Charles Powell era o conselheiro mais confiável de Thatcher e estava a par dos segredos mais íntimos de seu governo. Um dos poucos funcionários que tinham sido informados sobre o caso Nocton, ele mais tarde descreveu a tentativa de fuga como "a coisa mais secreta de que eu já ouvira falar". Nem ele nem Thatcher tinham sido informados do nome real do homem que ela chamava de "Sr. Collins". Powell tinha certeza de que ela daria sua aprovação, mas o plano de fuga era "sensível demais para o telefone". Ela teria que dar a autorização pessoalmente e só Powell poderia perguntar a ela. "Eu não podia contar a ninguém no Gabinete o que estava acontecendo."

Naquela tarde, Powell deixou Downing Street sem dizer aonde ia, pegou um trem para Heathrow e pegou um voo, que ele mesmo havia reservado, para Aberdeen. ("Era tão secreto que mais tarde tive problemas para que reembolsassem minhas despesas.") Lá, ele alugou um carro e foi para oeste, sob forte chuva. O Castelo de Balmoral, residência de verão da Família Real desde 1852, é uma grande pilha de granito adornada com torres e situada em 20 mil hectares de pântanos escoceses; em uma escura e úmida noite escocesa, ele era muito difícil de encontrar. O tempo estava correndo e Powell estava exausto e ansioso quando finalmente chegou aos enormes portões maciços do castelo em seu pequeno carro alugado.

O funcionário na guarita estava ao telefone, conduzindo uma discussão de alto nível sobre um assunto de considerável preocupação real: a rainha queria pegar emprestado o videocassete da rainha-mãe para assistir ao seriado *Dad's Army*. Isso estava se provando algo difícil de organizar.

Powell tentou interromper a conversa, mas foi silenciado com um olhar frio. Olhares frios são ensinados na escola dos funcionários da Casa Real.

Durante os vinte minutos seguintes, enquanto Powell batia o pé e olhava para o relógio, o funcionário continuou a discutir sobre o videocassete, seu exato paradeiro e a necessidade de levá-lo de uma sala do castelo para outra. Finalmente o problema foi resolvido. Powell explicou quem era e que precisava ver a primeira-ministra com urgência. Depois de outro longo atraso, ele foi levado à presença do secretário particular da rainha, Sir Philip Moore, mais tarde barão Moore de Wolvercote, repleto de condecorações e guardião dos segredos da rainha. Moore era um cortesão com um arraigado senso de cautela e de protocolo. Na aposentadoria, viria a ser um assistente real permanente. Ele não gostava de ser apressado.

– Por que deseja ver a Sra. Thatcher? – perguntou.

– Não posso revelar – disse Powell. – É segredo.

O senso de decoro de Moore foi despertado.

– Não podemos ter pessoas vagando pela propriedade de Balmoral sem saber por que estão aqui.

– Bem, o senhor vai ter que me deixar, porque eu preciso ver a primeira-ministra. Agora.

– Por que o senhor precisa vê-la?

– Não posso revelar isso.

– Mas o senhor tem que me dizer.

– Não tenho, não.

– O que quer que o senhor diga à primeira-ministra, ela dirá à rainha e Sua Majestade me dirá. Então, por favor, me diga o que o senhor quer falar com ela.

– Não. Se a primeira-ministra quiser dizer à rainha e a rainha quiser lhe contar, é problema delas. Mas eu não posso.

O cortesão real fumegou de raiva. Quando você é um secretário particular, nada pode ser mais aflitivo do que outro secretário particular querendo ser mais confidencial do que você.

Powell se levantou.

– Vou procurar a primeira-ministra.

Com o ar ferido de um homem que testemunhou uma intolerável demonstração de maus modos, Moore convocou um lacaio, que conduziu Powell por uma porta lateral, atravessou o jardim úmido e o levou por um caminho até o que parecia ser "uma espécie de galpão de jardim".

Margaret Thatcher estava apoiada na cama, cercada por papéis. "Ela ficou *muito* surpresa em me ver."

Powell levou apenas alguns minutos para explicar a situação, e Thatcher, um tempo ainda menor para autorizar a Operação Pimlico. O espião sem nome tinha desempenhado um papel vital em seu mandato, correndo alto risco pessoal.

– Temos que honrar nossas promessas ao nosso agente – afirmou ela.

Mais tarde Powell observou: "Ela o admirava muito, embora isso fosse contrário a alguns de seus princípios – odiava traidores. Mas ele era diferente. De outro nível. Ela guardava um enorme respeito por aqueles que enfrentavam o regime."

O "Sr. Collins", fosse quem fosse, tinha prestado um grande serviço ao Ocidente e, agora que estava em perigo, a Grã-Bretanha deveria fazer tudo que estivesse ao alcance para salvá-lo, quaisquer que fossem as repercussões diplomáticas.

O que a Sra. Margaret Thatcher não sabia – e jamais descobriu – era que havia autorizado uma operação já em andamento. Se tivesse se recusado a aprovar a tentativa de fuga, não haveria como informar Gordievsky de que ninguém o estaria esperando no ponto de encontro. Ele teria sido abandonado.

Pimlico não podia mais ser interrompida.

14
SEXTA-FEIRA, 19 DE JULHO

10h, embaixada britânica, Moscou

À medida que o horário da partida se aproximava, a crescente excitação de Roy Ascot competia com um pavor cada vez maior. Ele havia passado a maior parte da noite rezando. "Eu tinha certeza de que, por mais que nos preparássemos, somente a oração nos ajudaria durante a operação." O MI6 nunca tinha tentado contrabandear ninguém através da fronteira russa. Se Pimlico chegasse sozinho ao encontro, já seria bastante difícil, mas se, como esperado, levasse a esposa e as duas filhas, a chance de sucesso era mínima. "Eu pensei: 'Esse homem vai levar um tiro.' O plano não tinha como funcionar. Todos sabíamos como a coisa toda era frágil. Estávamos cumprindo uma promessa e precisávamos colocá-lo em prática, mesmo sabendo que não havia muita esperança. Eu calculava as chances de sucesso em vinte por cento ou menos."

Um telegrama chegou do Century House. Os chefes em Londres "detectaram sinais de instabilidade" por parte da gestão da embaixada e compuseram uma mensagem "para dar ânimo". "A primeira-ministra aprovou pessoalmente essa operação e expressou total confiança em sua capacidade de realizá-la. Todos nós aqui acreditamos em vocês e estamos confiantes de que obterão sucesso." Ascot mostrou a mensagem a Cartledge para demonstrar a "liberação da operação pelos mais altos níveis de Londres".

Então outro empecilho potencialmente letal emergiu. Para deixar a União Soviética de carro, diplomatas estrangeiros precisavam de permissão formal e placas especiais. Às sextas-feiras a oficina autorizada a fazer as placas fechava ao meio-dia. O Ford de Gee foi emplacado sem problemas, mas o Saab de Ascot foi enviado de volta com a mensagem: "Desculpe. Não podemos emplacar esse veículo porque sua esposa não tem carteira de motorista." A bolsa de Caroline tinha sido roubada no mês anterior, contendo sua licença soviética, e, para obter uma nova, enviara a licença britânica para as autoridades consulares. O documento ainda não havia sido devolvido. Diplomatas não tinham permissão para dirigir sozinhos; sem um copiloto com uma licença soviética válida, Ascot não poderia obter as placas oficiais; sem essas placas eles não poderiam deixar a União Soviética. Pimlico estava prestes a naufragar ao colidir com uma pequena mas irremovível rocha da burocracia russa. Às onze da manhã, uma hora antes de as autoridades de trânsito fecharem para o fim de semana, Ascot ainda estava se esforçando para pensar em uma solução quando um pacote chegou do Ministério das Relações Exteriores soviético contendo a licença britânica de Caroline e uma nova soviética. "Tivemos uma hora para emplacar nosso carro. Eu não podia acreditar, fora um golpe de sorte incrível." Mas, pensando bem, Ascot se perguntou se o retorno inesperado e oportuno da licença realmente era um acaso ou parte da armadilha da KGB: "Tínhamos nos livrado do último obstáculo para viajar, mas tudo parecia oportuno demais."

11h, Leninsky Prospekt, Moscou

Gordievsky passou a manhã limpando o apartamento de cima a baixo. Em pouco tempo a KGB chegaria para despedaçá-lo, rasgar o assoalho, demolir a biblioteca página por página e desmontar cada peça de mobília. Entretanto, algum orgulho estranho o fez decidir que sua casa deveria estar "em perfeitas condições" quando eles aparecessem para destruí-la: lavou os lençóis, arrumou a louça, lavou suas roupas no tanque e as pendurou para secar. Na varanda, deixou dinheiro para Leila, 220 rublos, o suficiente para cobrir as despesas domésticas por alguns dias. Foi um pequeno gesto... de quê? De seus cuidados? Desculpas? Arrependimento? Ela provavelmente nunca veria o dinheiro. A KGB certamente o confiscaria ou roubaria. No entanto, assim como a limpeza meticulosa do apartamento, ele estava enviando uma mensagem que dizia mais sobre ele, talvez, do que ele próprio imaginava: Gordievsky queria ser considerado um bom homem; queria que a KGB, que ele havia enganado tão amplamente, o respeitasse. Não deixou nenhuma nota de justificativa, nenhuma explicação para ter traído a União Soviética. Se o pegassem, a KGB extrairia tudo isso e, dessa vez, sem algo tão gentil quanto o soro da verdade. Ele deixou um apartamento impecável e um bocado de roupa limpa. Como o Sr. Harrington, ele não fugiria sem lavar suas roupas.

Então Gordievsky se preparou para se livrar do esquadrão de vigilância da KGB pela quarta e última vez. O sincronismo era crucial. Se saísse do apartamento e escapasse de seus Vigias muito cedo, eles poderiam finalmente detectar o que estava em andamento, o que ligaria o alarme. Por outro lado, se saísse tarde demais, poderia não ser capaz de completar sua "lavagem a seco" e chegaria à estação ferroviária com a KGB ainda em sua cola.

Ele arrumou a bagagem, escassa o suficiente, em um saco plástico comum: uma jaqueta leve, seu boné de couro dinamarquês, sedativos e um pequeno atlas rodoviário soviético que cobria a região da fronteira finlandesa, sem dúvida impreciso, uma vez que a área era militarmente sensível.

Mas se esqueceu de embalar o tabaco.

11h, Motel Vaalimaa, Finlândia

A ponta finlandesa da Operação Pimlico estava seguindo de acordo com o cronograma. A equipe se reuniu em um pequeno motel a cerca de 16 quilômetros da fronteira. Veronica Price e Simon Brown, viajando com passaportes falsos, haviam chegado a Helsinque na noite anterior e dormido em um hotel no aeroporto. Martin Shawford, o jovem oficial do MI6 encarregado de coordenar as providências na Finlândia, estava esperando quando eles se reuniram no estacionamento do hotel, seguido, alguns minutos depois, pelos dois oficiais dinamarqueses do PET, Eriksen e Larsen. Coincidentemente, os veículos tinham sido todos reservados na mesma empresa de aluguel no aeroporto e, para horror de Shawford, três carros idênticos estavam no estacionamento: três Volvos bem vermelhos, novinhos, com placas numéricas sequenciais. "Parecíamos uma convenção. Não dava para chamar mais atenção." Pelo menos um carro teria que ser trocado antes do dia seguinte.

O ponto de encontro no lado finlandês da fronteira fora selecionado quando Veronica Price formulou o plano pela primeira vez. Oito quilômetros a noroeste da fronteira, uma trilha florestal virava à direita e levava à floresta. Cerca de um quilômetro e meio ao longo dela, à esquerda, havia uma pequena clareira, onde os caminhões que carregavam madeira viravam, cercada por árvores e invisível para quem estivesse na estrada principal: o local ficava perto o suficiente da fronteira para garantir que Oleg e sua família não ficassem apertados no porta-malas do carro por um minuto além do necessário, mas longe o bastante da zona de segurança.

As equipes combinadas do MI6 e do PET fizeram um completo reconhecimento da área ao redor do ponto de encontro. A floresta finlandesa de pinheiros se estendia por todos os lados. Não havia casas à vista. Ali eles se encontrariam com a equipe de fuga, rapidamente moveriam os fugitivos dos carros do MI6 para os veículos finlandeses e depois se dividiriam em dois grupos. A equipe finlandesa se reuniria em um segundo ponto de encontro na floresta, cerca de 16 quilômetros mais adiante, onde poderiam verificar a saúde dos fugitivos, trocar suas roupas e falar livremente, sem medo de serem ouvidos nos carros diplomáticos grampeados. Enquanto isso, a equipe de Moscou pegaria a estrada em direção a Helsinque e esperaria no primeiro posto de gasolina. A equipe de fuga começaria a longa jornada ao norte até a fronteira da Finlândia com a Noruega: Leila e uma das crianças viajariam no carro dos dinamarqueses; Gordievsky e a outra menina, com Brown e Veronica. Shawford se juntaria à equipe do MI6 de Moscou no posto de gasolina, conversaria com Ascot e Gee e faria uma importante ligação da cabine telefônica na área de estacionamento.

A chamada seria automaticamente encaminhada para o controlador do bloco soviético, que estaria esperando com a equipe de P5 no Century House. O telefone do posto de gasolina poderia estar sendo monitorado pela KGB ou pela inteligência finlandesa, de modo que o resultado de Pimlico teria que ser relatado em linguagem velada. Se Gordievsky e sua família estivessem fora e seguros, Shawford diria que seu feriado de pesca tinha sido bem-sucedido. Se, no entanto, a fuga tivesse falhado, ele relataria que não conseguira pescar nada.

Tendo verificado completamente a área do ponto de encontro, a equipe dirigiu de volta para Helsinque, trocou um de seus Volvos vermelhos brilhantes por outro modelo e dispersou-se, indo para hotéis separados.

12h, Kutuzovsky Prospekt, Moscou

Nos apartamentos diplomáticos, Caroline Ascot e Rachel Gee fizeram as malas. Elas não podiam levar roupas pessoais, já que todo o espaço no porta-malas do carro seria necessário para acomodar Pimlico e sua família. Em vez disso, as duas montaram algumas bolsas de viagem vazias, que ficaram realisticamente volumosas quando recheadas com almofadas, mas que podiam ser dobradas quando esvaziadas. O kit de fuga, montado pela primeira vez oito anos antes, foi recuperado do cofre da embaixada britânica: garrafas de água e copos de plástico infantis com canudos (que eram mais fáceis para as meninas beberem no apertado porta-malas), duas grandes garrafas vazias para urinar e quatro "cobertores espaciais" feitos de folhas plásticas finas reflexivas, do tipo que reduz a perda de calor em casos de hipotermia ou esforço. Acreditava-se que sensores de calor e câmeras infravermelhas na fronteira soviética fossem capazes de captar um corpo escondido, mas ninguém no MI6 tinha certeza de como a tecnologia funcionava, se é que existia. Os fugitivos teriam que ficar apenas de roupa íntima antes de puxar os cobertores sobre si mesmos; seria quente dentro do porta-malas e quanto menor a temperatura do corpo, menor a possibilidade de atrair os cães farejadores.

Caroline montou um piquenique – cesta, toalhas, sanduíches e batatas chips – que eles poderiam colocar na clareira como forma de camuflagem. Os fugitivos poderiam levar um tempo para emergir do esconderijo. Poderiam se atrasar para chegar ao ponto de encontro. Poderia haver outras pessoas na clareira, que talvez ficassem desconfiadas se quatro estrangeiros aparecessem de repente no local sem um propósito óbvio. Os dois casais precisavam ter uma explicação inocente para sair da estrada e um piquenique inglês forneceria um disfarce perfeito. Caroline também preparou uma bolsa de viagem para Florence, com roupas, comida de bebê e fraldas sobressalentes. Rachel Gee levou seus dois filhos pequenos e a sogra ao parque. De vez em quando ela parava e punha a mão nas costas, como se estivesse com dor. Sua atuação foi tão convincente que a mãe de Gee perguntou ao filho: "Tem certeza de que ela não está doente? Ela não me parece nada bem."

15h, embaixada britânica, Moscou

O adido naval adjunto, um dos vários especialistas militares da embaixada, chegou de volta a Moscou após uma viagem à Finlândia e, sem saber, acrescentou mais tensão aos trabalhos: ele relatou que tinha sido interpelado pelos guardas de fronteira da KGB em Vyborg, tanto ao sair quanto ao reentrar na União Soviética. Contra todas as regras diplomáticas, os guardas exigiram revistar seu carro e o adido não se opôs. "O idiota permitiu que um cão farejasse o veículo", esbravejou Ascot. Se as autoridades fronteiriças estavam desrespeitando a convenção e usando cães farejadores para revistar veículos diplomáticos britânicos, o plano de fuga estava condenado. Quatro pessoas amontoadas no porta-malas de dois carros exalam forte odor. O adido tinha, sem saber, estabelecido um precedente perigoso no pior momento possível.

Ascot escreveu às pressas uma nota diplomática formal de protesto do embaixador ao Ministério das Relações Exteriores reclamando que o carro do adido fora revistado e deixando claro que a imunidade diplomática britânica havia sido violada. A nota não foi enviada, mas Ascot fez uma cópia indicando que tinha sido, juntamente com uma tradução para o russo das cláusulas pertinentes da Convenção de Viena. Se a KGB tentasse revistar os carros na fronteira, ele iria brandir a carta falsa. Mas não havia nenhuma garantia de que isso desse certo: se os guardas de fronteira quisessem ver o que havia dentro do porta-malas dos veículos, nenhum protesto oficial os impediria.

Houve ainda um último detalhe burocrático. Violet, a secretária do MI6, digitou uma cópia das instruções de fuga em papel solúvel. Se a KGB os prendesse, o *aide-mémoire* "poderia ser dissolvido na água ou, mais desconfortavelmente, na boca". Em uma emergência extrema, a equipe do MI6 poderia comer a Operação Pimlico.

16h, Leninsky Prospekt, Moscou

Gordievsky vestiu um suéter verde fino, calças de veludo verde desbotadas e sapatos marrons velhos, selecionados de trás do armário, na esperança de que pudessem ter escapado da contaminação por pó radioativo ou outro produto químico usado para alertar cães farejadores. O traje foi escolhido por ser semelhante à sua roupa verde de corrida, para que o porteiro (e qualquer Vigia da KGB) deduzisse que ele estava saindo para se exercitar. Ele trancou a porta do apartamento. A KGB a abriria de novo em algumas horas. "Eu estava abandonando ali não apenas a minha casa e os meus pertences, mas a minha família e a minha vida." Ele não levou fotografias nem objetos que lhe trouxessem lembranças sentimentais. Não fez nenhuma chamada de despedida para a mãe ou a irmã, embora soubesse que provavelmente nunca mais veria nenhuma das duas. Não deixou nenhuma nota de explicação ou justificativa. Não fez nada que pudesse parecer fora do comum no dia mais extraordinário de sua vida. O porteiro sequer lhe dirigiu um olhar quando ele passou pelo saguão. Gordievsky tinha exatamente uma hora e meia para iniciar o percurso de Moscou a Leningrado e despistar seus perseguidores pela última vez.

Em suas primeiras corridas de *proverka*, ele havia entrado no centro comercial mais próximo. Dessa vez, atravessou a avenida e entrou em uma área arborizada que seguia por todo o comprimento da rua. Assim que ficou fora de visão, apertou o passo e foi aumentando cada vez mais, aos poucos, até estar praticamente correndo. O gordo oficial da KGB jamais conseguiria acompanhá-lo. No fim do parque, ele cruzou a rua, voltou e entrou nas lojas pelo lado oposto. Sacolas plásticas eram raras o suficiente para chamarem a atenção, então ele comprou uma valise barata, de couro artificial, enfiou seus poucos pertences nela e saiu pelos fundos. Seguiu meticulosamente todos os passos treinados para fugir da vigilância: pulou em um vagão do metrô quando a porta estava se fechando, desceu após duas paradas, esperou a composição seguinte e, então, aguardou que todos os passageiros da plataforma embarcassem até as portas se fecharem e pegou um trem na direção oposta; esquivou-se por uma rua, voltou e entrou em outra, entrou em uma loja pela porta da frente e saiu pelos fundos.

A estação Leningrado estava repleta de pessoas e de policiais. Por coincidência, 26 mil jovens esquerdistas de 157 países estavam chegando a Moscou para o XII Festival Mundial da Juventude e dos Estudantes, que se iniciaria na semana seguinte, anunciado como uma celebração de "solidariedade anti-imperialista, paz e amizade". Em um comício, Gorbachev discursaria: "Aqui, na pátria do grande Lenin, você pode sentir por si mesmo quão profundamente nossos jovens são dedicados aos nobres ideais de humanidade, paz e socialismo." A maioria dos participantes do encontro não tinha ido por Lenin, mas pela música: entre os artistas convidados, estariam Dean Reed, o cantor pró-soviético nascido nos Estados Unidos que havia se estabelecido atrás da Cortina de Ferro, a dupla pop britânica Everything But the Girl e o cantor Bob Dylan, que havia sido convidado pelo poeta soviético Andrei Voznesensky. Muitos dos jovens delegados estavam chegando da Escandinávia via Finlândia. Gordievsky ficou alarmado ao ver a polícia de choque patrulhando a estação, mas depois tentou se tranquilizar: com tantas pessoas cruzando a fronteira norte, os guardas poderiam estar preocupados demais para prestar atenção nos carros diplomáticos que passavam na outra direção. Ele comprou pão e salsicha em uma barraca. Até onde sabia, ninguém o estava seguindo.

O trem noturno para Leningrado consistia em grande parte de vagões de quarta classe, com seis beliches em cada compartimento, aberto para um corredor. Gordievsky descobriu que estava no mais alto. Pegou lençóis limpos e fez sua cama. A bilheteira, uma estudante que trabalhava para ganhar algum dinheiro durante as férias, não pareceu prestar nenhuma atenção especial nele. Às cinco e meia precisamente o trem partiu. Por algumas horas, Gordievsky ficou deitado no beliche, mastigando seu jantar escasso e tentando manter a calma, enquanto, sob ele, seus companheiros de viagem faziam palavras cruzadas juntos. Engoliu dois sedativos e, em poucos minutos, caiu em um sono profundo, embalado por exaustão mental, medo e substâncias químicas.

19h, embaixada britânica, Moscou

O coquetel para o embaixador foi um grande sucesso. Sir Bryan Cartledge, que havia chegado na noite anterior, fez um breve discurso, do qual o grupo do MI6 não se lembra de uma única palavra sequer. Rachel ficou em casa, gemendo para os microfones escondidos e emitindo um "soluço estranho". Depois de uma hora de bate-papo diplomático sob os enormes lustres, os dois oficiais da inteligência apresentaram suas desculpas, explicando que precisariam dirigir durante a noite até Leningrado para levar Rachel a um médico na Finlândia. Dos presentes, apenas o embaixador, o ministro David Ratford e a secretária do MI6 Violet Chapman sabiam o verdadeiro propósito de sua viagem. No fim da festa, Violet pegou o "pacote de remédios" da Operação Pimlico no cofre da embaixada e o entregou a Ascot: pílulas tranquilizantes para os adultos e um par de seringas para sedar duas menininhas apavoradas.

De volta à Kutuzovsky Prospekt, enquanto os homens carregavam os carros, Rachel foi até o quarto onde seus filhos estavam dormindo e lhes deu um beijo de boa-noite. Ela se perguntou quando iria vê-los novamente. "Se formos pegos", refletiu, "vamos ficar presos por muito tempo." Gee ajudou a esposa, que mal podia mexer as costas e mancava, a entrar no Ford Sierra, acomodando-a no banco da frente.

Por volta das 23h15, o comboio de dois carros entrou na ampla avenida e seguiu para o norte, com Gee assumindo a liderança no Ford e Ascot em seu Saab. Os dois casais levaram um estoque abundante de fitas-cassete com músicas para a longa viagem até Helsinque.

Um único carro de vigilância da KGB os acompanhou até Sokol, nos arredores da cidade, e depois foi embora. Quando alcançaram a autoestrada, Ascot e Gee não detectaram nenhum automóvel os seguindo. Isso não era necessariamente reconfortante. Esse não era o único método de vigilância veicular da KGB. Ao longo de todas as principais estradas havia Postos Estatais de Inspeção de Automóveis (postos GAI) a intervalos regulares, capazes de identificar a passagem de um carro sob observação, mandar mensagem de rádio para alertar o próximo posto e, se necessário, manter contato com quaisquer carros de vigilância que pudessem estar fora de vista.

Dentro dos carros, a atmosfera era tenebrosa e tensa. Como eles acreditavam que os veículos estavam grampeados, gravando ou transmitindo som para outro veículo que não podiam ver, era imperativo que a encenação não tivesse nenhuma falha. O teatro estava entrando em seu segundo ato. Ascot resmungou sobre ter que dirigir centenas de quilômetros com um bebê pequeno bem no momento da chegada do novo embaixador. Ninguém mencionou a fuga ou o homem que, naquele momento, ou pelo menos assim esperavam, estava em um trem rumando para Leningrado.

"Isso tem que ser alguma armadilha", refletiu Gee enquanto Rachel dormia. "Não há como nos safarmos desta situação."

Sábado, 20 de julho

3h30, trem de Moscou para Leningrado

Gordievsky acordou no beliche de baixo, com uma dor de cabeça gigantesca, e, por um longo e irreal momento, não teve ideia de onde estava. Um jovem o encarava do leito superior, com uma expressão estranha: "Você caiu", disse ele. Os sedativos o haviam mergulhado em um sono tão profundo que, quando o trem freou de repente, ele rolou do beliche e caiu no chão, cortando a têmpora. Sua camisa estava coberta de sangue. Ele cambaleou para o corredor para tomar um pouco de ar. No compartimento seguinte, um grupo de moças do Cazaquistão conversava animadamente. Ele abriu a boca para participar, mas, quando o fez, uma das mulheres recuou horrorizada: "Se você disser uma palavra para mim, eu vou gritar." Só então ele percebeu como sua aparência devia estar: desgrenhado, manchado de sangue e instável sobre os próprios pés. Ele se afastou, pegou sua sacola e recuou para o fim do corredor. Ainda faltava mais de uma hora para o trem chegar a Leningrado. Os outros passageiros o denunciariam por estar bêbado? Ele foi procurar a bilheteira, entregou-lhe uma nota de 5 rublos e disse "Obrigado por sua ajuda", embora ela não tivesse feito nada além de fornecer seu lençol. Ela lhe lançou um olhar intrigado, com o que parecia ser um indício de censura. Mas embolsou o dinheiro assim mesmo. O trem seguiu sacudindo através da escuridão que se dissipava.

4h, autoestrada Moscou-Leningrado

A meio caminho de Leningrado, nas colinas Valday, a equipe de fuga dirigia sob um espetacular amanhecer, que levou Ascot ao lirismo: "Uma névoa espessa havia subido dos lagos e rios, estendendo-se em longos cinturões ao lado das colinas e através das árvores e aldeias. A terra lentamente se amalgamava em formas substanciais naquelas margens espumadas de violeta e rosa. Três planetas lançavam seu brilho intenso em perfeita simetria, um à esquerda, um à direita, um logo à nossa frente. Passamos por figuras solitárias já ceifando o feno, colhendo ervas ou levando vacas para pastar ao longo das encostas e barrancos de terras comunitárias. Foi uma visão deslumbrante, um momento idílico. Era difícil acreditar que qualquer mal pudesse surgir em um dia com um começo como aquele."

Florence dormia feliz em sua cadeirinha, no banco de trás do carro.

Católico devoto, um homem espiritual, Ascot pensou: "Estamos em uma diretriz e estamos comprometidos com ela – há apenas uma diretriz e é nela que devemos continuar."

No segundo carro, Arthur e Rachel Gee estavam experimentando o próprio momento transcendente enquanto o sol emergia do horizonte e a luz inundava as serras russas cobertas de névoa.

O álbum *Brothers in Arms*, do Dire Straits, estava tocando na fita cassete, com a guitarra virtuosa de Mark Knopfler compondo a trilha sonora do amanhecer.

A letra dizia:

Essas montanhas cobertas de névoa
São agora um lar para mim
Mas minha casa é na planície
E sempre será assim
Todos voltarão um dia
Para seus vales e fazendas, terras calmas
E não vão mais sofrer
Para que sejamos irmãos de armas

Através desses campos de aniquilamento
Batismos de fogo
Eu vi todo o seu sofrimento
Enquanto a batalha se acirrava
E, embora eu estivesse tão ferido
Em meio ao medo e à confusão,
Vocês não me abandonaram,
Meus irmãos de armas

"Pela primeira vez eu pensei: 'Tudo vai dar certo'", lembrou Rachel.

Naquele momento, um Fiat marrom de nariz arrebitado, fabricado na União Soviética e conhecido como Zhiguli, o carro de vigilância padrão da KGB, encaixou-se atrás do comboio a uma distância de menos de 70 metros. "Estávamos sendo seguidos."

5h, estação ferroviária principal, Leningrado

Gordievsky foi um dos primeiros passageiros a desembarcar quando o trem parou. Caminhou rapidamente até a saída, sem ousar olhar para trás para ver se a bilheteira já estava conversando com os funcionários da estação e apontando para o homem estranho que tinha caído de seu leito e, em seguida, lhe dado uma boa gorjeta. Não havia táxis fora da estação. Entretanto, vários carros particulares estavam circulando, os motoristas anunciando as tarifas. Gordievsky entrou num deles. "Para a estação Finlândia", ordenou.

Gordievsky chegou à estação Finlândia às 5h45. A praça em frente, quase deserta, era dominada por uma gigantesca estátua de Lenin, comemorando a ocasião em que, em 1917, o grande teórico da Revolução chegou da Suíça para assumir o comando dos bolcheviques. Na tradição comunista, a estação Finlândia é um símbolo da liberdade revolucionária e do nascimento da União Soviética; para Gordievsky também representava o caminho para a liberdade, mas na direção oposta, em todos os sentidos, à de Lenin.

O primeiro trem em direção à fronteira saiu às 7h05. Ele o levaria até Zelenogorsk, cerca de 90 quilômetros a noroeste de Leningrado e quase a meio caminho da fronteira finlandesa. De lá ele poderia pegar um ônibus que o levaria pela estrada principal em direção à fronteira em Vyborg. Gordievsky subiu a bordo e fingiu dormir. O trem seguiu dolorosamente devagar.

7h, sede da KGB, Centro, Moscou

Não ficou claro exatamente quando a KGB percebeu que Gordievsky tinha ido embora. Porém, ao amanhecer do dia 20 de julho, a equipe de vigilância da Primeira Diretoria-Geral (departamento chinês) devia ter ficado seriamente preocupada. Ele tinha sido visto pela última vez na sexta-feira à tarde, correndo para o bosque na Leninsky Prospekt e carregando um saco plástico. Nas três ocasiões anteriores em que havia desaparecido, Gordievsky reaparecera em poucas horas. Dessa vez ele não tinha voltado para o apartamento. Não estava com a irmã nem com o sogro nem com o amigo Lyubimov nem em qualquer outro endereço conhecido.

Naquele momento, a atitude mais sensata teria sido dar o alarme. A KGB poderia então ter iniciado uma caçada imediata, revirado o apartamento de Gordievsky atrás de pistas de seu paradeiro, arrastado cada um de seus amigos e parentes para um interrogatório, redobrado a vigilância do pessoal diplomático britânico e fechado todas as rotas de fuga, por ar, mar e terra. Entretanto, não há evidências de que a equipe de vigilância tenha agido dessa forma na manhã de 20 de julho. Em vez disso, eles devem ter feito o que os cumpridores de horários fazem em todas as autocracias que punem o fracasso honesto: não agiram e esperaram o problema se resolver por si mesmo.

7h30, Leningrado

A equipe de extração do MI6 estacionou do lado de fora do Hotel Astoriya de Leningrado. O carro de vigilância marrom da KGB os seguira por todo o caminho até o centro de Leningrado antes de desaparecer. "Eu presumi que tínhamos um novo Vigia", escreveu Ascot. Eles abriram os porta-malas dos carros. "Vasculhamos ostensivamente o interior para mostrar à vigilância que não havia nada a esconder e que nossos porta-malas estavam genuinamente cheios de bagagem." Gee e as duas mulheres entraram para alimentar a bebê e tomar café da manhã ("ovos cozidos repugnantes e um pão duro como um pedaço de pau"), enquanto Ascot permaneceu em seu carro, fingindo dormir. "A KGB estava bisbilhotando e eu não queria que as pessoas olhassem dentro dos carros." Dois homens se aproximaram e olharam pela janela; em ambas as ocasiões, Ascot fingiu acordar com um sobressalto e os encarou.

Ele calculou que a viagem de 160 quilômetros para o norte até a clareira levaria cerca de duas horas. Então precisavam sair de Leningrado às 11h45 para chegar lá com bastante tempo para o encontro às duas e meia. O carro que os tinha seguido até Leningrado e agora os sujeitos curiosos ao redor do seu automóvel sugeriam um grau preocupante de interesse da KGB. "Naquele momento eu percebi que eles iam nos seguir até a fronteira, e isso me tirou qualquer entusiasmo." Os poderosos carros ocidentais podiam ultrapassar um único carro soviético e se manter distantes o suficiente para desviar para a clareira sem serem vistos. Mas e se a KGB também colocasse um carro de vigilância na frente como fazia às vezes? Se Pimlico não tivesse conseguido se livrar da vigilância, eles poderiam estar se dirigindo para uma emboscada. "Acima de tudo, eu temia que dois grupos de vigilância da KGB planejassem se juntar no ponto de encontro, fazendo um movimento de pinça. O otimismo que ainda me restava estava evaporando depressa."

Com duas horas para esperar, Ascot sugeriu que gastassem o tempo fazendo uma peregrinação irônica ao Instituto e Convento Smolny, um dos locais mais venerados do comunismo. Originalmente, o Instituto Smolny para Donzelas Nobres, uma das primeiras escolas da Rússia para educação feminina (apenas aristocratas), era um grande edifício palladiano que fora usado por Lenin como seu quartel-general durante a Revolução de Outubro, tornando-se a sede do governo bolchevique até que este fosse transferido para o Kremlin, em Moscou. Estava cheio do que Ascot chamava de "leninismo".

Nos jardins do Smolny, o quarteto sentou-se em um banco e se amontoou, ostensivamente, sobre um guia de turismo. "Foi um último conselho de guerra, ensaiando tudo", afirmou Ascot. Se eles alcançassem com sucesso o local de encontro, o conteúdo dos porta-malas precisaria ser reorganizado para acomodar os passageiros. Rachel prepararia os itens para o piquenique, enquanto os homens retirariam a bagagem. Enquanto isso, Caroline caminharia até a entrada da clareira, com Florence nos braços, e olharia para os dois lados da estrada. "Se alguma coisa parecesse estranha, ela tiraria seu lenço da cabeça." Mas, se não houvesse nada de anormal, Gee abriria o bagageiro de seu carro para sinalizar a Pimlico que era seguro emergir. Qualquer microfone ouviria a conversa, então a coleta deveria ser conduzida sem palavras. Se ele fosse o único fugitivo, ficaria escondido no porta-malas do carro de Gee. A suspensão do Ford era mais alta do que a do Saab e o peso extra do corpo seria ligeiramente menos perceptível. "Arthur vai liderar a saída do local de encontro", escreveu Ascot. "E eu vou proteger a retaguarda de qualquer tentativa de baterem contra o porta-malas."

O quartel-general de Lenin era um lugar bastante apropriado para uma conspiração. "Na verdade, era como se fizéssemos um gesto obsceno para a KGB."

Antes de retornar aos seus veículos para a última etapa, eles desceram até a margem do Neva e observaram o rio fluindo por um cais abandonado, "agora repleto de ônibus sem rodas e enferrujados, fardos rasgados de celofane flutuando junto às ervas daninhas". Ascot sugeriu que aquela poderia ser uma boa oportunidade para uma breve comunicação com o Todo-Poderoso. "Nós quatro tivemos um momento de reflexão – nos sentimos muito conectados a algo além – e realmente precisávamos disso."

Nos arredores de Leningrado, eles passaram por um grande posto policial GAI com uma torre de vigia. Momentos depois, um Lada Zhiguli azul, com dois passageiros do sexo masculino e uma antena de rádio alta, enfiou-se atrás deles. "Aquela foi uma visão deprimente", escreveu Ascot. "Mas o pior ainda estava por vir."

8h25, Zelenogorsk

Gordievsky desceu do trem e olhou em volta. A cidade de Zelenogorsk, conhecida até 1948 pelo seu nome finlandês, Terijoki, já havia acordado e a estação estava movimentada. Parecia impossível que ele tivesse sido seguido até ali, mas em Moscou a equipe de vigilância já devia ter soado o alerta. O posto de fronteira em Vyborg, 95 quilômetros ao norte, poderia já estar de prontidão. Segundo o plano de fuga, ele deveria pegar um ônibus para percorrer o resto do caminho e descer no marco do KM 836, a 836 quilômetros de Moscou e a 25 quilômetros da cidade fronteiriça. Na rodoviária, ele comprou uma passagem para Vyborg.

O velho ônibus desgastado estava meio cheio e, enquanto ele chiava saindo de Zelenogorsk, Gordievsky tentou se acomodar no assento duro e fechou os olhos. Um jovem casal se sentou na frente dele. Eram falantes e amigáveis. Eles também estavam, de uma forma que é quase típica da Rússia, estupendamente bêbados às nove horas da manhã.

– Para onde você está indo? – perguntaram, em meio a soluços. – De onde você vem?

Gordievsky deu uma resposta murmurada. Como é hábito dos bêbados puxarem conversa, eles repetiram a pergunta ainda mais alto. Ele respondeu que ia visitar amigos em uma vila perto de Vyborg, desenterrando um nome do seu estudo do miniatlas. Mesmo para seus ouvidos, aquilo soou como mentira. Mas pareceu satisfazer o casal, que continuou a falar de maneira inconsequente e, cerca de vinte minutos depois, cambaleou e desceu, acenando alegremente.

Florestas densas alinhadas em ambos os lados da estrada, coníferas misturadas com bétulas e álamos, interrompidas por uma clareira ocasional com mesas de piquenique. Seria um lugar fácil de se perder, mas também um bom lugar para se esconder. Ônibus turísticos circulavam na direção oposta, levando jovens escandinavos para o festival de música. Gordievsky observou um grande número de veículos militares, inclusive blindados. A área da fronteira estava fortemente militarizada e algum tipo de exercício de treinamento parecia estar acontecendo.

A estrada fazia uma curva para a direita e, de repente, as fotografias que Veronica Price lhe mostrara tantas vezes pareceram ganhar vida. Ele não tinha visto o marco do KM 836, mas tinha certeza de que aquele era o lugar. Levantando-se, olhou para fora da janela. O ônibus estava quase vazio agora e o motorista o fitava pelo espelho com uma expressão curiosa. O sujeito parou o ônibus. Gordievsky hesitou. O ônibus começou a se mover outra vez. O espião atravessou o corredor, uma mão sobre a boca.

– Desculpe, estou me sentindo mal. Você pode me deixar sair?

Irritado, o motorista parou mais uma vez e abriu a porta. Assim que o ônibus se afastou, Gordievsky se inclinou sobre a vala à beira da estrada, fingindo que estava vomitando. Ele tinha se exposto muito. Pelo menos meia dúzia de pessoas se lembraria dele claramente: a bilheteira do trem, o jovem que o tinha encontrado apagado no chão do vagão, o casal bêbado e o motorista do ônibus, que com certeza se lembraria de um passageiro enjoado que parecia não saber para onde estava indo.

A entrada para a clareira ficava menos de 300 metros à frente, marcada pela rocha diferenciada. Ela fazia uma curva ampla em forma de D com uns 100 metros de comprimento, uma cortina de árvores ao lado da estrada e uma espessa vegetação rasteira. Uma trilha no ponto mais largo do D levava mais fundo na floresta, à direita. A superfície de terra da clareira estava empoeirada, mas o chão ao seu redor era alagadiço, com poças de água estagnada. Estava começando a esquentar e a terra exalava um aroma pungente e fétido. Ele ouviu o zumbido de um mosquito e sentiu a primeira picada. Depois outra. A floresta parecia estranhamente silenciosa. Ainda eram dez e meia. Os carros do MI6 só chegariam dali a umas quatro horas, se aparecessem.

O medo e a adrenalina podem ter um efeito estranho na mente... e no apetite. Gordievsky deveria ter permanecido escondido na vegetação. Deveria ter jogado o casaco por cima da cabeça e permitido que os mosquitos agissem livremente. Deveria ter esperado. Em vez disso, ele fez algo que foi, em retrospectiva, quase insano.

Decidiu que iria para Vyborg tomar uma bebida.

12h, rodovia de Leningrado para Vyborg

Os dois veículos do MI6 estavam saindo dos arredores de Leningrado, seguidos pelo Zhiguli azul da KGB, quando um carro da polícia soviética parou diante do Saab de Ascot e se posicionou à frente do pequeno comboio. Alguns momentos depois, uma segunda viatura passou na direção oposta, sinalizou, fez uma curva e se enfiou atrás do carro da KGB. Um quarto, um Zhiguli cor de mostarda, também da KGB, juntou-se ao final da coluna. "Ficamos encurralados", explicou Ascot. Ele trocou um olhar ansioso com Caroline, mas não disse nada.

Cerca de quinze minutos depois, a viatura que estava na frente de repente avançou e sumiu de vista. No mesmo instante, o carro azul da KGB acelerou, ultrapassou os dois casais britânicos e assumiu a frente do comboio. Menos de 2 quilômetros adiante, a viatura estava esperando em uma estrada secundária. Quando o comboio passou, ela saiu e assumiu a posição traseira. O comboio ficou confinado de novo, mas agora com a KGB na frente e as duas viaturas atrás, além do Zhiguli mostarda. Um clássico jogo de poder soviético tinha acabado de acontecer, coordenado pelo rádio e realizado como uma bizarra dança motorizada. "A KGB tinha dito à polícia: 'Vocês podem ficar, mas nós vamos executar esta operação.'"

Qualquer que fosse a ordem que eles escolhessem para seguir, aquela era uma vigilância intensa, sem nenhum esforço para disfarçar. Ascot continuou em frente, o coração apertado. "Naquele momento pensei que estávamos em um movimento de pinça. Eu nos vi entrando no local e dando de cara com um comitê de recepção e um monte de pessoas uniformizadas saindo dos arbustos."

As placas marcadoras de quilômetros estavam em contagem regressiva. "Eu não tinha nenhum plano para lidar com aquela situação: não imaginara que poderíamos estar nos movendo em direção a um encontro com a KGB alguns metros à frente e logo atrás de nós." Com um carro na frente e três atrás, seria impossível parar na clareira. "Se eles ainda estiverem conosco no ponto de encontro", pensou Ascot, "vamos ter que abortar." Pimlico – e sua família, se ele a tivesse levado – ficariam desamparados. Assumindo, é claro, que tivessem conseguido sair de Moscou.

12h15, um café ao sul de Vyborg

O primeiro carro na estrada seguindo em direção a Vyborg tinha sido um Lada, que obrigatoriamente parou no momento em que Gordievsky fez o sinal de carona. O hábito de pegar carona, conhecido como Avtostop, era comum na Rússia e incentivado pelas autoridades soviéticas. Mesmo em uma zona militar, um caroneiro solitário não era necessariamente suspeito. O jovem motorista estava bem-vestido, com roupas civis. Militar ou KGB, refletiu Gordievsky, mas, se fosse, era um agente sem a mínima curiosidade, pois não fez uma única pergunta e tocou música pop ocidental por todo o caminho até os limites da cidade. Quando Gordievsky ofereceu 3 rublos pela pequena viagem, o homem aceitou o dinheiro sem falar nada e foi embora sem olhar para trás. Alguns minutos depois, Oleg estava sentado para consumir um belo almoço: duas garrafas de cerveja e um prato de frango frito.

A primeira garrafa de cerveja desceu depressa e Gordievsky começou a sentir uma deliciosa sonolência quando a adrenalina diminuiu. Aquela coxa de frango era uma das coisas mais saborosas que ele já tinha comido. O café vazio nos arredores de Vyborg não chamava nenhuma atenção, era um lugar bem comum. A garçonete mal olhara para ele quanto anotou seu pedido. Ele começou a se sentir não exatamente seguro, mas estranhamente calmo e, de repente, exausto.

Vyborg havia mudado de nacionalidade várias vezes ao longo dos séculos: de sueca para finlandesa, para russa, para soviética, de novo finlandesa e soviética mais uma vez. Em 1917, Lenin passou pela cidade à frente de seu contingente de bolcheviques. Antes da Segunda Guerra Mundial, sua população era de oitenta mil pessoas e, embora a maioria fosse finlandesa, havia também suecos, alemães, russos, ciganos, tártaros e judeus. Durante a Guerra de Inverno entre a Finlândia e a União Soviética (1939-1940), praticamente toda a população foi evacuada e mais da metade dos edifícios foi destruída. Após batalhas intensas, foi ocupada pelo Exército Vermelho e anexada pela União Soviética em 1944, quando os últimos finlandeses foram expulsos e substituídos por cidadãos soviéticos. O local tinha a atmosfera gritante e inerte de todas as cidades que foram demolidas, etnicamente purificadas e reconstruídas de forma rápida e barata. Parecia irreal. Mas o café estava quente.

Gordievsky acordou com um sobressalto. Tinha dormido? De repente, era uma da tarde. Três homens entraram no café, ficaram olhando para ele, parecendo desconfiados. Eles estavam bem-vestidos. Tentando parecer calmo, ele pegou a segunda garrafa de cerveja, colocou em sua bolsa, deixou dinheiro na mesa e saiu. Preparando-se, ele caminhou casualmente para o sul; depois de 400 metros, ousou olhar para trás. Os homens ainda estavam dentro do café. Mas para onde fora o tempo? A estrada estava deserta. Com a hora do almoço, o trânsito diminuíra. Ele começou a correr. O suor já estava escorrendo depois de apenas algumas centenas de metros, mas ele pegou velocidade. Gordievsky ainda era um corredor talentoso. Apesar dos problemas dos últimos dois meses, ele permanecera em forma. Podia sentir seu coração bombeando, de medo e esforço, quando pegou o ritmo. Um caroneiro pode não chamar atenção, mas um homem correndo por uma estrada vazia certamente excitaria a curiosidade. Pelo menos ele estava correndo para o lado oposto ao da fronteira. Ele acelerou o passo. Por que não tinha permanecido no ponto de encontro? Seria capaz de correr os 25 quilômetros de volta para a clareira em uma hora e vinte minutos? Quase certamente não. Mas ele correu assim mesmo, o mais rápido que pôde. Gordievsky corria por sua vida.

13h, 3 quilômetros ao norte da vila de Vaalimaa, Finlândia

No lado finlandês da fronteira, a equipe de recepção do MI6 entrou em posição mais cedo. Eles sabiam que Ascot e Gee tinham saído de Moscou na hora certa na noite anterior, mas não tiveram mais notícias desde então. Veronica e Brown estacionaram seu Volvo vermelho fora da pista, na beira da clareira. Shawford e os dinamarqueses assumiram suas posições em ambos os lados da estrada. Se os dois carros chegassem com a KGB em seu encalço, Eriksen e Larsen usariam seu veículo para tentar bloquear os perseguidores ou mesmo bater. Eles pareciam bem animados com essa possibilidade. O ambiente era agradável e silencioso, estranhamente pacífico após a atividade frenética dos últimos quatro dias.

"Senti um extraordinário período de quietude no centro de um mundo em ebulição", lembrou Simon Brown. Ele tinha levado o *Hotel do lago*, o romance de Anita Brookner vencedor do Booker Prize. "Achei que, se eu pegasse um livro longo, seria como desafiar o destino, um destino tentador, então peguei uma obra mais curta." Os dinamarqueses cochilaram. Veronica Price fez uma lista mental de todos os detalhes do plano de fuga. Brown leu o mais devagar que pôde tentando "não pensar nos ponteiros do relógio". Pressentimentos sombrios continuavam se intrometendo em sua mente: "Eu me perguntava se iríamos acabar matando as crianças sem querer ao injetar drogas nelas."

13h30, rodovia de Leningrado para Vyborg

As autoridades russas ligadas à construção rodoviária tinham orgulho da estrada que ia de Leningrado até a fronteira finlandesa, a principal porta de entrada da Escandinávia para a União Soviética. A rodovia era mesmo espetacular, larga, devidamente asfaltada, com curvas bem programadas, placas e marcos de quilometragem limpos e bem-feitos. O pequeno comboio estava fazendo um bom progresso, cruzando-a a 120 quilômetros por hora, com o carro azul da KGB na frente, os veículos do MI6 encurralados no meio e, um pouco atrás, duas viaturas e o carro mostarda da KGB. Estava tudo fácil demais para a KGB, então Ascot decidiu dificultar as coisas.

"Eu estava sob vigilância havia anos e já conhecíamos o modo de agir da Sétima Diretoria da KGB. Embora muitas vezes eles soubessem que você sabia que eles estavam por perto, o que os ofendia e envergonhava era quando alguém deliberadamente indicava que os tinha visto: psicologicamente, nenhuma vigilância gosta de ser exibida pelo seu alvo como óbvia e incompetente. Eles odeiam quando o alvo mostra o dedo do meio, como se dissesse: 'Sabemos que vocês estão aí e sabemos o que estão fazendo.'" Por princípio, Ascot sempre ignorava a vigilância, ainda que aberta. Agora, pela primeira vez, ele pretendia quebrar a própria regra.

O visconde espião reduziu a velocidade para apenas 55 quilômetros por hora. O resto do comboio fez o mesmo. No marco do KM 800, Ascot desacelerou novamente, até estarem rastejando a uma velocidade de apenas 45 quilômetros por hora. O carro da KGB na frente desacelerou e esperou os britânicos o alcançarem. Outros automóveis começaram a se acumular atrás do comboio.

O motorista da KGB não gostou. Os britânicos estavam zombando dele, impedindo a progressão de propósito. "Finalmente o motorista da frente ficou irritado e disparou em alta velocidade. Ele não gostava de ser exposto." Alguns quilômetros à frente, o Zhiguli azul da KGB estava esperando em uma estrada secundária que levava à vila de Kaimovo. Ele se enfiou atrás dos outros carros de vigilância. O Saab de Ascot assumiu de novo a liderança.

Ele aumentou a velocidade de forma gradual. Gee fez o mesmo, mantendo uma distância de apenas 15 metros entre seu carro e o Saab à frente. Os quatro carros que os seguiam começaram a ficar para trás. A estrada à frente era reta e estava vazia. Ascot acelerou novamente. Eles estavam em alta velocidade, a cerca de 140 quilômetros por hora. Uma lacuna de mais de 800 metros se abriu entre Gee e os carros russos. Eles passaram pelo marco do KM 826. O ponto de encontro estava apenas 10 quilômetros à frente.

Ascot fez uma curva e teve que pisar no freio.

Uma coluna do Exército estava atravessando a estrada, da esquerda para a direita: tanques, morteiros, lançadores de foguetes, veículos blindados.

A van de uma padaria já estava parada à frente, esperando o comboio passar. Ascot parou atrás da van. Gee parou atrás dele. Os carros de vigilância os alcançaram e pararam logo atrás. Os soldados russos em cima dos tanques avistaram os carros estrangeiros, levantaram punhos cerrados e gritaram uma saudação irônica da Guerra Fria.

"É isso", pensou Ascot. "Acabou."

14h, rodovia de Leningrado, 16 km ao sul de Vyborg

Gordievsky ouviu o caminhão roncando atrás dele antes de enxergá-lo e fez o sinal de carona. O motorista o deixou entrar.

– Para que você quer ir lá? Não há nada lá – perguntou ele quando Gordievsky, ofegante, explicou que gostaria de ser deixado no marco do KM 836.

Gordievsky lançou para ele o que esperava ser um olhar conspiratório.

– Há algumas datchas na floresta... e uma mulher bem bonita está esperando por mim em uma delas.

O motorista do caminhão fez um som de aquiescência e sorriu com cumplicidade.

"Gostei desse cara", pensou Gordievsky quando, dez minutos depois, o motorista o deixou no ponto de encontro e foi embora com uma piscadela lasciva e 3 rublos no bolso. "Gostei desse russo."

Na clareira, ele se meteu cuidadosamente no meio da vegetação. Os mosquitos famintos lhe deram as boas-vindas. Um ônibus que transportava mulheres para a base militar virou em direção à clareira e seguiu pela estrada; Gordievsky se abaixou ainda mais na terra úmida, imaginando se teria sido visto. O silêncio era profundo, exceto pelos zumbidos dos mosquitos e as batidas de seu coração. Desidratado, ele bebeu a segunda garrafa de cerveja. A hora passava: 14h30h, 14h35.

Às 14h40, outro momento de loucura tomou conta de Gordievsky. Ele se levantou e voltou para a estrada, caminhando na direção pela qual os carros de fuga do MI6 deveriam estar chegando. Talvez pudesse economizar alguns minutos se os encontrasse na própria estrada. Após alguns passos, porém, ele recuperou a sanidade. Se os carros tivessem uma escolta da KGB, todos seriam pegos em campo aberto. Ele correu de volta para o acostamento e mergulhou no meio da vegetação rasteira mais uma vez.

– Espere – disse a si mesmo. – Controle-se.

14h40, marco do KM 826, rodovia de Leningrado para Vyborg

O último veículo do comboio militar finalmente cruzou a estrada. Ascot ligou o motor do Saab, deu a volta na van da padaria que estava parada e acelerou, com Gee apenas alguns metros atrás dele. Eles já estavam 100 metros à frente antes que o motorista do carro da KGB ligasse o motor. A estrada estava livre. Ascot pisou firme no acelerador. O *Messias* de Händel soava no toca-fitas. Caroline aumentou até o volume máximo. "O povo que caminhava em trevas viu uma grande luz... sobre os que viviam na terra da sombra da morte raiou uma luz." Ascot pensou sombriamente: "Tomara."

Os oficiais do MI6 tinham dirigido por aquela rota várias vezes antes e ambos sabiam que a curva estava apenas alguns quilômetros à frente. Em poucos instantes, eles estavam de volta aos 140 quilômetros por hora e os carros de escolta ficaram cerca de 500 metros atrás, a diferença aumentando constantemente. Um pouco antes do marco do KM 836, a estrada seguia reta por cerca de meio quilômetro e então subia novamente antes de uma curva acentuada para a direita. A clareira ficava à direita, cerca de 200 metros adiante. Estaria o acostamento cheio de russos fazendo piquenique? Caroline Ascot ainda não sabia se seu marido ia tentar a coleta do espião ou se passaria direto pelo acostamento. Gee também não sabia. Na verdade, nem Ascot sabia.

No topo do declive, quando Ascot entrou na curva, Gee olhou o espelho retrovisor e viu o Zhiguli azul começando a aparecer na reta, meio quilômetro atrás, um intervalo de meio minuto, talvez menos. Ele tinha ultrapassado os outros automóveis soviéticos.

A rocha surgiu no meio do cenário e, antes que ele mesmo pudesse se dar conta, Ascot já havia pisado no freio. Ele entrou no acostamento e parou cantando os pneus, com Gee apenas alguns metros atrás, os pneus derrapando e levantando uma nuvem de poeira. Estavam fora da visão da estrada, encobertos pelas árvores e pela rocha. O local estava deserto. Eram 14h47. "Por favor, meu Deus, não deixe que eles vejam a poeira", pensou Rachel. Assim que saltaram, eles ouviram o ruído de quatro motores Lada gritando em protesto, passando pela estrada principal, a menos de 50 metros de distância do outro lado das árvores. "Se apenas um deles olhar o espelho retrovisor agora", pensou Ascot, "vai nos ver." O barulho dos motores desapareceu. A poeira assentou. Caroline pegou Florence, amarrou seu lenço na cabeça e foi para o mirante na entrada da clareira. Seguindo o roteiro, Rachel pegou a cesta e abriu a toalha de piquenique. Ascot começou a transferir a bagagem para os bancos traseiros e Gee mudou-se para o banco do carona do Saab, preparando-se para abrir o porta-malas assim que Caroline desse o sinal de que tudo estava em ordem.

Naquele instante um mendigo surgiu do meio da vegetação rasteira, a barba por fazer, despenteado, coberto de lama, plantas e poeira, sangue seco preso no cabelo, uma valise em uma das mãos e uma expressão selvagem no rosto. "Ele não se parecia absolutamente nada com a fotografia", pensou Rachel. "Todas as fantasias que tivemos de conhecer um espião gracioso desapareceram na hora." Ascot pensou que a figura parecia um troll da floresta ou um lenhador dos contos dos irmãos Grimm.

Gordievsky reconheceu Gee como o homem com a barra de chocolate Mars. Gee mal o tinha visto do lado de fora da padaria e, por alguns segundos, se perguntou se aquela figura desgrenhada poderia ser a mesma pessoa. Por um instante, em uma trilha empoeirada de uma floresta russa, o espião e as pessoas enviadas para resgatá-lo se entreolharam em completa indecisão. A equipe do MI6 havia se preparado para quatro pessoas, inclusive duas crianças pequenas, mas Pimlico estava sozinho. Gordievsky esperava ser coletado por dois oficiais da inteligência. Veronica não tinha dito nada sobre uma mulher, muito menos duas mulheres que pareciam estar fazendo algum tipo de piquenique inglês, com xícaras de chá. E aquilo era uma criança? Teria o MI6 realmente trazido um bebê em uma perigosa operação de fuga?

Gordievsky olhou de um homem para outro e depois grunhiu, em inglês:

– Qual carro?

15
FINLÂNDIA

Ascot apontou para o porta-malas aberto do carro de Gee. Caroline correu de volta da entrada do acostamento com a bebê. Rachel pegou os sapatos enlameados, fedorentos e possivelmente radioativos de Gordievsky, amarrou-os em um saco plástico e os jogou sob o banco da frente do carro. Gordievsky entrou no porta-malas do Sierra e se deitou. Gee entregou-lhe água, o pacote de remédios e a garrafa vazia, indicando, por sinais, que ele devia se despir no bagageiro. O cobertor de alumínio foi colocado em cima dele. As mulheres empacotaram os itens do piquenique e os puseram na cesta nos bancos de trás. Gee fechou o porta-malas com cuidado e Gordievsky desapareceu na escuridão. Com Ascot na liderança, os dois carros voltaram para a estrada principal e aceleraram.

Toda a coleta levou oitenta segundos.

No marco do KM 852, o posto GAI de observação surgiu ao longe e, com ele, uma cena memorável. O Zhiguli cor de mostarda e as duas viaturas estavam estacionados, as portas abertas, do lado direito da estrada. Nenhum sinal do Zhiguli azul. Um homem da KGB à paisana conversava com cinco guardas de fronteira. "Todos eles se viraram rapidamente e olharam em nossa direção quando aparecemos", de boca aberta, enquanto os dois carros britânicos passavam, seus rostos registrando uma mistura de confusão e alívio. "O motorista do Zhiguli correu de volta para seu veículo assim que passamos", escreveu Ascot. "Ele tinha uma expressão tão confusa e incrédula que pensei que seríamos parados e pelo menos questionados sobre os nossos movimentos." Mas os carros de vigilância pararam logo atrás, como haviam feito antes. Teriam eles mandado uma mensagem por rádio para a fronteira, alertando os guardas para prestarem atenção em um grupo de diplomatas estrangeiros?

Teriam eles apresentado um relatório admitindo que perderam os diplomatas britânicos por alguns minutos? Ou, seguindo o comportamento soviético tradicional, teriam assumido que os estrangeiros tinham apenas parado fora da estrada para se aliviarem e ocultado o fato de que por alguns minutos ficaram sem vigilância? É impossível saber a resposta para essa pergunta, mas é fácil adivinhar.

Rachel e Arthur Gee podiam ouvir grunhidos e solavancos mudos vindos de dentro do porta-malas enquanto Gordievsky lutava para remover suas roupas no espaço constrito. Em seguida, um jato distinto, enquanto ele vomitava as cervejas do almoço. Rachel aumentou a música: *Os maiores sucessos do Dr. Hook*, uma compilação dos discos da banda de rock americana que incluía "Only Sixteen", "When You're in Love with a Beautiful Woman" e "Sylvia's Mother". O estilo da música do Dr. Hook é frequentemente descrito como "fácil de ouvir". Gordievsky não achou muito fácil. Mesmo amontoado no porta-malas escaldante do carro, fugindo para salvar a própria vida, ele encontrou tempo para ficar irritado com aquela música piegas, pouco sofisticada e sentimental. "Era um negócio horrível. Detestei."

Porém, o que mais preocupava Rachel não era o barulho que seu passageiro secreto estava fazendo, mas o cheiro: uma mistura de suor, sabão barato, tabaco e cerveja subindo da parte de trás do carro. Não era exatamente desagradável, mas era muito distinto e bem forte. Era o cheiro da Rússia. Não era algo que você encontraria em um carro inglês comum. Os cães farejadores certamente registrariam que alguma coisa ali cheirava bem diferente dos passageiros da frente.

Com certo contorcionismo, Gordievsky conseguiu tirar a camisa e as calças, mas o esforço o deixou sem fôlego. O calor já era intenso e o ar dentro do porta-malas parecia ficar cada vez mais denso. Ele engoliu uma pílula sedativa. Gordievsky imaginou a cena se os guardas de fronteira o encontrassem. Os britânicos fingiriam surpresa e alegariam que o fugitivo tinha sido plantado como uma provocação. Seriam todos levados. Ele seria arrastado para a Lubyanka, forçado a confessar e, em seguida, morto.

Em Moscou, a KGB devia estar ciente de que tinha um problema. No entanto, ninguém ainda havia feito nenhum movimento para fechar a fronteira terrestre mais próxima nem percebido a conexão entre o desaparecimento de Gordievsky e os dois diplomatas britânicos que haviam saído às pressas de um evento da embaixada na noite anterior para dirigir até a Finlândia. Em vez disso, a KGB pensou inicialmente que Gordievsky devia ter se matado e provavelmente estava no fundo do rio Moscou ou então bêbado em algum bar. Os fins de semana são letárgicos em todas as grandes burocracias, quando a segunda divisão vai trabalhar e o chefe relaxa. A KGB começou a procurar Gordievsky, mas sem nenhuma urgência particular. Afinal, para onde ele poderia correr? E, se ele tivesse cometido suicídio, que evidência de culpa poderia ser mais clara?

No 12º andar do Century House, Derek Thomas, subsecretário de Inteligência do Ministério das Relações Exteriores, juntou-se à equipe Pimlico no escritório de P5 para esperar pelo telefonema de Shawford e saber o resultado da "expedição de pesca" na Finlândia. No Ministério das Relações Exteriores, David Goodall, o subsecretário permanente, reuniu seus conselheiros seniores para aguardar notícias de Thomas. À uma e meia da tarde (três e meia na Rússia), Goodall, um católico romano devoto, olhou para o relógio e declarou: "Senhoras e senhores, eles devem estar cruzando a fronteira agora. Acho que seria apropriado fazer uma pequena oração." A meia dúzia de funcionários baixou a cabeça.

O tráfego se arrastava por Vyborg. Se a KGB pretendesse detê-los encenando um acidente de trânsito e batendo em um dos carros, isso aconteceria no centro da cidade. O Zhiguli mostarda tinha desaparecido. Então as viaturas foram embora. "Se eles vão nos pegar, será na fronteira", pensou Gee.

Rachel se lembrou do treinamento que eles tinham feito, por insistência de Veronica Price, na floresta de Guildford, espremidos no porta-malas de um carro, sob um cobertor espacial, ouvindo os ruídos do motor, a música do toca-fitas, os solavancos e as paradas inesperados e as vozes falando russo. "Na época, parecia uma bobagem." Agora, parecia instigante: "Todos sabíamos o que ele estava passando."

Gordievsky engoliu outra pílula e sentiu a mente e o corpo relaxarem um pouco. Puxou o cobertor espacial sobre a cabeça. Mesmo só de cueca, o suor escorria por suas costas e se acumulava no chão de plástico do bagageiro.

Dezesseis quilômetros ao norte de Vyborg, eles atingiram o perímetro da área de fronteira militarizada, um muro de cerca de malha coberto com arame farpado. A zona de fronteira tinha cerca de 20 quilômetros de largura. Entre aquele ponto e a Finlândia havia cinco barreiras separadas, três soviéticas e duas finlandesas.

Na primeira verificação de fronteira, o guarda lançou um "olhar duro" para o grupo, mas fez sinal para que passassem sem nenhuma verificação de documentos. Estava claro que as autoridades de fronteira haviam sido alertadas sobre a passagem dos veículos diplomáticos. No posto de controle seguinte, Ascot observou com cuidado o rosto dos guardas, "mas não senti nenhuma tensão especial no ar dirigida especificamente a nós".

No outro carro, Arthur Gee estava focado em uma ansiedade diferente. Ele estava tendo o que poderia ser chamado de momento "Será que eu deixei o ferro de passar ligado?". Ele não conseguia se lembrar se, na pressa, tinha trancado o porta-malas. Na verdade, ele nem tinha certeza se o fechara corretamente. Gee teve uma visão repentina e horrível da tampa se abrindo enquanto eles passavam pela área de fronteira, revelando o espião, em posição fetal, enrolado lá dentro. Ele parou o carro, pulou para fora, dirigiu-se para a beira da floresta e urinou nos arbustos. No caminho de volta, verificou, tão casualmente quanto podia, que o porta-malas estava trancado – como acontece com o ferro, que sempre está desligado. O atraso levou menos de um minuto.

O novo posto de controle os levou à fronteira em si. Os homens estacionaram os carros lado a lado na área cercada, juntando-se à fila na cabine da alfândega e imigração. Preencher a papelada para deixar a União Soviética podia ser bem demorado. Rachel e Caroline se prepararam para uma longa espera. Nenhum ruído veio do porta-malas. Rachel permaneceu no banco do passageiro, tentando parecer entediada e com dor. A bebê Florence estava agitada, desviando a atenção e abafando o barulho com seu choro. Caroline a tirou da cadeirinha e ficou conversando com Rachel pela porta aberta, balançando suavemente a bebê. Guardas de fronteira passaram entre as filas, olhando para a esquerda e para a direita. Rachel se preparou para "cuspir fogo" se eles tentassem revistar o veículo. Se insistissem, Ascot apresentaria a sua cópia da carta de protesto e dos termos da Convenção de Viena. Se eles ainda parecessem determinados a abrir o porta-malas, ele cuspiria seu fogo diplomático e diria que iriam retornar imediatamente a Moscou para fazer um protesto formal. Nesse momento, provavelmente todos seriam presos.

Dois ônibus de turistas estavam estacionados nas proximidades, os passageiros dormindo ou olhando de braços cruzados para fora das janelas. Ao redor da área cercada, erva de salgueiro selvagem crescia em uma profusão roxa. O cheiro de feno recém-cortado flutuava pelo estacionamento. A oficial na cabine da alfândega e imigração estava mal-humorada e era lenta, reclamando o tempo todo do trabalho extra causado pelo festival da juventude e do fluxo de jovens estrangeiros bêbados. Ascot bateu um papo em russo com ela, lutando contra a vontade de apressá-la.

Os guardas de fronteira estavam examinando com cuidado os outros carros, principalmente os dos empresários sediados em Moscou e visitantes finlandeses voltando para casa.

O ar estava quente e parado. Rachel ouviu uma tosse baixa no porta-malas e Gordievsky mudou de posição, balançando o carro muito ligeiramente. Sem saber que eles já estavam dentro da zona de fronteira, ele estava limpando a garganta, tentando garantir que não haveria nenhum pigarro involuntário. Rachel aumentou a música. "Only Sixteen", do grupo Dr. Hook, ecoou de maneira incongruente pela área de concreto.

Um guarda com um cão na coleira apareceu e ficou parado a 8 metros de distância, olhando atentamente para os carros britânicos e acariciando seu pastor-alemão. Um segundo cão farejador estava inspecionando um caminhão com contêineres. O primeiro se aproximou, ansioso e ofegante, repuxando a corrente. Rachel pegou casualmente um pacote de batatas chips, abriu e ofereceu a Caroline, deixando cair duas no chão.

O sabor queijo e cebola crocante britânico tem um aroma dos mais marcantes. Inventado em 1958 pelo magnata irlandês da batata crocante Joe "Spud" Murphy, queijo e cebola é uma mistura artificial pungente de cebola em pó, soro de leite em pó, queijo em pó, dextrose, sal, cloreto de potássio, intensificadores de sabor, glutamato monossódico, ribonucleotídeo dissódico, levedura, ácido cítrico e corante. Caroline havia comprado suas batatas chips importadas Golden Wonder na loja da embaixada, que estocava Marmite, biscoitos digestivos, geleia e outros produtos britânicos de primeira necessidade impossíveis de se obter na Rússia.

Os cães farejadores soviéticos quase certamente nunca haviam cheirado nada parecido com queijo e cebola. Ela ofereceu uma batata a um dos cães, que a devorou antes de ser puxado pelo treinador, que não sorria. O outro cão, no entanto, estava farejando o porta-malas do Sierra. Gordievsky podia ouvir vozes russas abafadas acima de sua cabeça.

Enquanto o cão circulava o carro, Caroline Ascot pegou uma arma que nunca havia sido implantada antes na Guerra Fria ou em qualquer outra. Ela colocou Florence em cima do porta-malas, diretamente sobre o espião escondido, e começou a trocar sua fralda – que a bebê, com um sincronismo imaculado, tinha acabado de encher. Ela então deixou cair a fralda suja e fedorenta ao lado do curioso pastor-alemão. "O cão se esgueirou, ofendido." Diversão olfativa nunca fez parte do plano. O ardil da fralda tinha sido completamente espontâneo e altamente eficaz.

Os homens voltaram com a papelada preenchida. Quinze minutos depois, um guarda de fronteira apareceu com os quatro passaportes, comparou-os a cada um dos ocupantes, entregou-os e educadamente acenou-lhes um adeus.

Uma fila de sete carros havia se formado na última barreira, um cinturão de arame farpado com duas torres de vigilância elevadas e guardas armados com metralhadoras. Por cerca de vinte minutos eles avançaram, cientes de que estavam sendo examinados de perto através dos binóculos nas torres. Gee estava agora à frente de Ascot. "Foi um momento estressante."

O último obstáculo era o controle de passaportes. Os oficiais soviéticos pareceram demorar séculos para examinar os passaportes diplomáticos britânicos antes de levantarem a barreira.

Eles estavam agora tecnicamente na Finlândia, porém havia ainda mais duas barreiras: a alfândega e a imigração finlandesas e o controle de passaportes finlandês. Seria necessário apenas um único telefonema dos soviéticos para fazê-los voltar. O oficial da alfândega finlandesa estudou os documentos de Gee e assinalou que o seguro do carro dele estaria desatualizado em poucos dias. Gee argumentou que eles voltariam para a União Soviética antes disso. O oficial deu de ombros e carimbou o documento. Gordievsky sentiu a porta do motorista fechar e um solavanco quando o carro se moveu novamente.

Os carros se afunilaram em direção à barreira final. Do outro lado, estava a Finlândia. Gee passou os passaportes pela grade. O oficial finlandês examinou-os lentamente, devolveu-os e saiu de sua cabine para levantar a cancela. Então seu telefone tocou. Ele voltou para a cabine. Arthur e Rachel Gee olharam para a frente em silêncio. Depois do que pareceu uma eternidade, o guarda da fronteira voltou, bocejando, e ergueu a cancela. Eram 16h15, horário de Moscou; 15h15 na Finlândia.

Dentro do porta-malas, Gordievsky ouviu o barulho dos pneus no asfalto quente e sentiu uma trepidação quando o Ford pegou velocidade.

De repente, música clássica explodiu do toca-fitas, no volume máximo, não mais o pop sentimentaloide do Dr. Hook, mas os sons retumbantes de uma peça orquestral que ele conhecia bem. Arthur e Rachel Gee ainda não podiam dizer ao seu passageiro, em palavras, que ele estava livre, mas podiam fazê-lo através da música, com os assombrosos acordes de abertura de um poema sinfônico escrito pelo compositor finlandês Jean Sibelius em celebração de sua terra natal.

Estavam tocando *Finlândia*.

...

Vinte minutos depois, os dois carros britânicos entraram na estrada florestal. A área parecia completamente diferente das fotografias que Ascot havia estudado em Londres: "Várias novas pistas haviam sido feitas na floresta e parecia haver muitos carros novos e elegantes estacionados nos acostamentos ao redor da área, com homens de semblante fechado, que eu nunca tinha visto antes, olhando para nós." Eram os dinamarqueses Eriksen e Larsen, "prontos para enfrentar a hostil perseguição soviética". Ascot não foi o único a se assustar com a movimentação repentina naquele local geralmente isolado. Um Mini marrom meio acabado surgiu, transportando uma idosa finlandesa que parecia envolvida em uma expedição de coleta de cogumelos. "Ela, compreensivelmente, tomou um susto e deu meia-volta." Por entre as árvores, Ascot avistou Martin Shawford, "uma figura loura inconfundível". Enquanto passava pelo Volvo e se preparava para estacionar, ele viu o rosto de Veronica pressionado contra a janela. Ela formou, sem emitir som, a pergunta "Quantos?". Ascot levantou um único dedo.

Gordievsky sentiu o carro dar mais um solavanco na trilha da floresta.

A cena que se seguiu foi como um sonho em câmera lenta, completamente silencioso. Brown e Veronica correram à frente. Os dinamarqueses pararam. Brown abriu o porta-malas. Lá estava Gordievsky, encharcado de suor, consciente, mas atordoado. "Ele estava seminu, naquela piscina de suor, e eu imediatamente senti que estava vendo uma criança recém-nascida no líquido amniótico, algum tipo de renascimento absurdo."

A luz do sol ofuscou a visão de Gordievsky por um instante. Tudo que ele conseguia enxergar era o céu azul, nuvens e árvores. Ele cambaleou para fora e se colocou de pé, ajudado por Brown. Veronica Price não aprovava demonstrações públicas de emoção, mas estava visivelmente abalada, "sua expressão era uma mistura de reconhecimento e amor". Ela balançou o dedo em uma falsa bronca, como se dissesse: "Meu Deus, você realmente andou aprontando."

Gordievsky agarrou as duas mãos dela, levou-as aos lábios e as beijou, um gesto russo de gratidão e libertação. Em seguida, caminhou trêmulo até onde Caroline Ascot e Rachel Gee estavam lado a lado. Curvando-se, ele beijou as mãos delas também, primeiro de uma, depois da outra. "Tudo que tínhamos visto era aquele touro enorme saindo dos arbustos e então, de repente, houve aquele gesto cortês e muito delicado. O cobertor espacial ainda estava sobre seus ombros. Ele parecia um atleta que tinha acabado de correr uma maratona."

Veronica Price pegou no braço dele e gentilmente o guiou para longe, alguns metros para dentro da floresta, fora do alcance de qualquer microfone nos carros britânicos.

Então finalmente ele falou, dirigindo-se a ela pelo codinome que costumava usar:

– Jean, eu fui traído.

Não havia tempo para mais conversa.

No segundo ponto de encontro, Gordievsky recebeu roupas limpas e as vestiu. Suas roupas sujas, sapatos, valise e papéis soviéticos foram empacotados e guardados no porta-malas do carro de Shawford, juntamente com os passaportes falsos para Leila e as meninas, as seringas e as roupas. Veronica assumiu o volante do carro finlandês, enquanto Brown e Gordievsky se acomodaram no banco de trás. Ela manobrou e entrou na autoestrada na direção norte. Gordievsky ignorou os sanduíches e o suco de frutas que Veronica tinha embalado. "Eu queria um uísque", diria ele mais tarde. "Por que eles não me trouxeram um uísque?" Brown esperava que ele estivesse histérico de exaustão, mas, em vez disso, Gordievsky parecia "perfeitamente controlado". Ele começou a contar sua história, descrevendo o interrogatório em que o drogaram, como ele havia escapado da vigilância e a maneira misteriosa como a KGB o havia seguido, mas sem o prender. "Assim que ele foi capaz de falar, foi direto para a análise do caso e como nós tínhamos tirado conclusões erradas." Brown gentilmente levantou a questão de sua família. "Era muito arriscado trazê-las", afirmou Gordievsky sem rodeios, olhando pela janela para o campo finlandês que ia se descortinando.

No posto de gasolina na estrada para Helsinque, Shawford se encontrou com Ascot e Gee, ouviu um relato rápido da fuga e dirigiu-se para a cabine telefônica. O telefone tocou na sala do P5 no Century House. Toda a equipe da Operação Pimlico se aglomerou ao redor da mesa. O controlador do bloco soviético agarrou o receptor.

– Como está o tempo? – perguntou ele.

– O tempo está excelente – respondeu Shawford enquanto o controlador do bloco soviético repetia as palavras para a equipe agrupada em volta da mesa. – A pesca foi muito boa. O sol está brilhando. Temos um convidado extra.

A mensagem causou uma confusão momentânea. Isso significava outro fugitivo além dos quatro membros da família? Gordievsky levara outra pessoa? Haveria cinco pessoas indo para a Noruega e, se assim fosse, como o "convidado" atravessaria a fronteira sem passaporte?

Shawford repetiu:

– Não. Só temos UM convidado. No total.

A equipe gritou em uníssono quando a chamada terminou. Mas a alegria era desigual. Sarah Page, a secretária do MI6 que tinha cuidado tanto de todos os pormenores do caso e agora estava grávida de oito meses, sentiu uma pontada de empatia por Leila e as crianças. "Ah, coitada da esposa e das filhas...", pensou. "Foram deixadas para trás. O que vai acontecer com elas?" Ela se virou para outra secretária e murmurou:

– E o custo humano?

O P5 ligou para "C". "C" ligou para Downing Street. Charles Powell contou a Margaret Thatcher. O controlador do bloco soviético dirigiu até Chevening House, a residência de campo do ministro das Relações Exteriores em Kent, para informar a Geoffrey Howe que Gordievsky havia atravessado a fronteira russa. No último momento ele decidiu não tomar champanhe – uma decisão sábia, pois Geoffrey Howe, que nunca apoiara de fato a Operação Pimlico, não estava em clima de celebração. Ele tinha um grande mapa da Finlândia aberto sobre uma mesa. O homem do MI6 apontou para a estrada onde Gordievsky deveria estar naquele momento, viajando para o norte.

– Quais são os seus planos na eventualidade de um esquadrão de ataque da KGB estar no rastro deles? – perguntou o ministro das Relações Exteriores. – E se der errado? E os finlandeses?

Naquela noite, no último andar do Klaus Kurki, o hotel mais elegante de Helsinque, Shawford organizou um jantar para a equipe de extração do MI6. Eles jantaram lagópode, uma ave do Ártico, assado e vinho clarete; pela primeira vez fora do alcance de microfones, a equipe do MI6 de Moscou descobriu o verdadeiro nome de Pimlico e o que ele tinha feito. Se a KGB ainda estivesse assistindo, teria notado que as costas doloridas de Rachel Gee estavam milagrosamente curadas.

Os dois carros de fuga passaram a noite seguindo em direção ao Círculo Ártico. Eles pararam apenas brevemente para abastecer e, uma vez, para permitir que Gordievsky raspasse três dias de barba junto a um riacho de montanha, usando um espelho retrovisor. Ele interrompeu o processo, pois os mosquitos o levaram de volta para o carro. "Ainda estávamos em território semi-hostil. Os russos poderiam ter montado alguma armadilha se quisessem. Estava perfeitamente dentro de suas possibilidades. Entretanto, quanto mais nos afastávamos da fronteira, mais confiantes nos sentíamos." Os oficiais dinamarqueses do PET ficaram perto. O sol ártico mergulhou brevemente abaixo do horizonte e, em seguida, subiu novamente. Gordievsky cochilava, meio acordado e meio barbado, e não falou quase nada. Pouco depois das oito horas da manhã de domingo, eles chegaram à fronteira da Finlândia com a Noruega, em Karigasniemi, onde havia uma única barreira do outro lado da estrada. O guarda mal se deu ao trabalho de examinar os três passaportes dinamarqueses e os dois britânicos antes de permitir a entrada dos veículos. Em Hammerfest eles passaram a noite em um hotel do aeroporto.

Ninguém prestou muita atenção no Sr. Hanssen, um cavalheiro dinamarquês bastante cansado, e seus amigos britânicos, que embarcaram no voo para Oslo na manhã seguinte e então pegaram uma conexão para Londres.

Na segunda-feira, Gordievsky estava em South Ormsby Hall, uma gigantesca casa de campo em Lincolnshire Wolds, cercado de criados, luz de velas, esplêndidos quartos com painéis e admiradores ansiosos para parabenizá-lo. Residência da família Massingberd-Mundy desde 1638, a propriedade era cercada por 1.300 hectares de parques e uma completa ausência de vizinhos curiosos. Seu proprietário, Adrian Massingberd-Mundy, era um contato do MI5 e ficou feliz em recepcionar um convidado de honra do Serviço. Ele se surpreendeu ao saber quem de fato era seu convidado e enviou um funcionário idoso à aldeia próxima, de bicicleta, para ficar pelas redondezas do bar e "verificar se havia falatório".

Apenas 48 horas antes, Gordievsky estava deitado no porta-malas de um carro, drogado, seminu, encharcado no próprio suor, vomitando de medo. Agora estava sendo servido por um mordomo. O contraste foi demais para ele. Oleg perguntou se poderia telefonar para a esposa na Rússia. O MI6 disse que não. Uma chamada alertaria a KGB de que ele estava na Grã-Bretanha, algo que os britânicos só queriam revelar quando tudo tivesse terminado. Exausto, ansioso, imaginando por que tinha sido levado para aquele palácio inglês no meio do nada, Gordievsky foi dormir em uma cama de dossel.

Naquela noite o MI6 enviou um telegrama ao chefe finlandês de espionagem, Seppo Tiitinen, explicando que oficiais da inteligência britânica haviam contrabandeado um desertor soviético para o Ocidente via Finlândia. A mensagem voltou: "Seppo está contente. Mas ele quer saber se houve uso de força." O MI6 lhe assegurou que a extração tinha sido concluída sem violência.

As consequências, as repercussões e os benefícios do mais bem-sucedido caso de espionagem da Grã-Bretanha foram sentidos muito antes de a notícia da surpreendente fuga de Gordievsky se espalhar.

Depois de um dia em Helsinque, durante o qual o carro de Gee foi completamente limpo para tentar remover qualquer evidência de que Gordievsky estivera em seu porta-malas, a equipe de extração dirigiu rapidamente de volta para Moscou. Eles sabiam que seriam declarados *personae non gratae* e expulsos da União Soviética assim que a KGB descobrisse o que tinha acontecido. Mas todos estavam exultantes. "Nunca senti tamanha alegria", disse Ascot. "Estávamos voltando para o império do mal e havíamos ganhado de lavada. Depois de dois anos e meio sendo intimidados, em um sistema que você sabia que sempre vencia, nós milagrosamente os enganamos." David Ratford, o *chargé d'affaires*, fez uma corrida de cinco minutos de júbilo pela embaixada. O embaixador, no entanto, não.

Alguns dias depois, Sir Bryan Cartledge apresentou formalmente suas credenciais ao Kremlin: uma fotografia cerimonial foi tirada, com a equipe da embaixada em torno do novo embaixador, todos usando trajes diplomáticos completos. Ascot e Gee estavam presentes – plenamente conscientes, assim como o embaixador, de que não ficariam ali por muito tempo.

Na segunda-feira de manhã, Mikhail Lyubimov estava na estação de Zvenigorod esperando o trem das 11h13. Mas Gordievsky não se encontrava no último vagão. Nem no trem seguinte. Irritado, mas preocupado, Lyubimov voltou para sua datcha. Estaria Gordievsky chapado, deitado em seu apartamento, ou algo pior teria acontecido com seu velho amigo, sempre tão pontual e confiável? "A bebida traz consequências", refletiu tristemente. Alguns dias depois, Lyubimov foi convocado para um interrogatório na sede da KGB.

Rumores sobre o desaparecimento de Gordievsky começaram a correr por toda a KGB, acompanhados de especulações e alguma desinformação deliberada. Durante semanas a Diretoria K continuou convencida de que ele ainda devia estar no país, bêbado ou morto. Uma busca na área de Moscou foi iniciada, incluindo lagos e rios. Alguns disseram que ele tinha escapado pelo Irã, disfarçado e usando documentos falsos. Budanov alegou que Gordievsky havia sido levado para um esconderijo britânico depois de escapar do spa terapêutico da KGB, sabendo muito bem que ele havia retornado de Semyonovskoye semanas antes de seu desaparecimento. Leila foi trazida de volta do Cáspio e levada para a prisão de Lefortovo para interrogatório: o questionamento, o primeiro de muitos, prosseguiu por oito horas.

– Onde está seu marido? – perguntaram eles inúmeras vezes.

Leila respondeu com aspereza:

– Ele é seu oficial. O senhor é que tem que me dizer onde ele está.

Quando os interrogadores revelaram que Gordievsky era suspeito de trabalhar para a inteligência britânica, ela se recusou a acreditar. "Isso parecia tão louco para mim." Porém, à medida que os dias iam se transformando em semanas, sem palavras, sem testemunhas, a verdade sombria se consolidou. Seu marido tinha ido embora. Mas Leila se recusava categoricamente a aceitar o que estava ouvindo sobre a traição do marido.

– Enquanto eu não ouvir da boca dele, não vou acreditar – disse ela aos interrogadores da KGB.

"Eu estava muito calma, eu era forte." Gordievsky avisara a ela que não acreditasse em nenhuma acusação contra ele, então foi isso que ela fez.

Gordievsky foi transferido de South Ormsby Hall para o Fort Monckton, a base de treinamento militar do MI6 em Gosport. Acima da casa da guarda daquele forte napoleônico, ele ficou alojado em uma suíte de hóspedes habitualmente usada pelo chefe, simples, mas confortável. Gordievsky não queria ser elogiado e mimado; queria começar a trabalhar e demonstrar – para si mesmo, acima de tudo – que o sacrifício tinha valido a pena. No entanto, no início ele parecia quase sufocado pela sensação de perda. Durante o primeiro depoimento de quatro horas ele se concentrou quase exclusivamente nas circunstâncias de sua fuga e no destino da esposa e das filhas. Tomou intermináveis xícaras de chá forte e garrafas de vinho tinto, de preferência Rioja. Ele pediu repetidamente notícias de sua família. Não havia nenhuma.

Nos quatro meses seguintes o Fort Monckton seria sua casa, privada, isolada e bem guardada. O princípio "só deve saber quem precisa saber" foi estritamente aplicado à identidade do misterioso ocupante da casa da guarda, mas logo muitos funcionários passaram a entender que aquele hóspede de longo prazo era alguém importante, pois era tratado como um convidado de honra.

O caso recebeu um novo codinome, o último, e bem apropriado para o momento de júbilo. Sunbeam, codinome Nocton, codinome Pimlico, era, dali em diante, Ovation. Como Sunbeam, Gordievsky havia fornecido informações sobre as operações escandinavas da KGB; como Nocton, em Londres, ele produzira informações que afetaram significativamente o pensamento estratégico em Downing Street e na Casa Branca; mas como Ovation o caso entraria em sua fase mais valiosa. Grande parte da inteligência que Gordievsky produzira ao longo dos anos tinha sido boa demais para ser usada, porque era muito específica e, portanto, potencialmente incriminadora. Para proteger sua segurança, as informações foram fracionadas, reembaladas, disfarçadas e distribuídas, com extrema parcimônia, apenas aos leitores mais restritos. Somente durante a fase de Londres o caso produziu centenas de relatórios individuais – documentos longos, relatórios políticos, ordens detalhadas de contrainteligência –, dos quais apenas alguns já tinham sido compartilhados fora da inteligência britânica, e assim mesmo de forma editada. A partir de então, os franceses poderiam ser informados de todos os dados de espionagem diretamente relacionados com a França; os alemães poderiam ser informados de quão perto o mundo tinha chegado do desastre durante o susto da Able Archer; a história completa de como Treholt, Haavik e Bergling tinham caído sob suspeita poderia ser revelada aos escandinavos. Com Gordievsky seguro na Grã-Bretanha e o caso operacional finalizado, a vasta quantidade das informações recolhidas ao longo dos onze anos anteriores poderia ser explorada ao máximo; era hora de descontar os cheques. A Grã-Bretanha tinha segredos para negociar em abundância. O apartamento no Fort Monckton tornou-se cenário de um dos mais extensos exercícios de coleta, compilação e distribuição de informações já realizados pelo MI6, pois uma sucessão de oficiais, analistas, secretários e outros pôde colher os frutos da espionagem de Gordievsky.

Após o sucesso da extração, uma série de novas perguntas surgiu. Quando a CIA e outros aliados ocidentais deveriam ser informados do golpe dado pelo MI6? Eles deveriam informar a mídia? Se sim, como? E, acima de tudo, como gerenciar as relações com a União Soviética? Será que a melhora na relação de Thatcher com Gorbachev, tão meticulosamente construída com a ajuda secreta de Gordievsky, sobreviveria àquela dramática reviravolta na guerra da espionagem? Acima de tudo, o MI6 tentava decidir o que fazer com Leila e as duas meninas. Talvez, com uma diplomacia cuidadosa, Moscou pudesse ser persuadida a libertá-las. A contínua e secreta campanha para tentar reunir Gordievsky a sua família recebeu o codinome Hetman (um termo histórico para um líder cossaco).

O MI6 nunca duvidou da honestidade de Gordievsky, mas alguns acharam que havia elementos em sua história difíceis de engolir. Em Whitehall, alguns céticos se perguntaram se "Gordievsky poderia ter se tornado um agente duplo durante seu tempo em Moscou e depois ter sido deliberadamente enviado de volta para a Grã-Bretanha". Por que ele não fora preso no momento em que chegara a Moscou? Os analistas atribuíram isso à complacência da KGB, uma abordagem legalista, uma determinação para prender o espião e seus manipuladores no ato, e ao medo. "Se você está na KGB e vai atirar em alguém, precisa ter provas inquestionáveis, porque você pode ser o próximo. Eles se esforçaram demais para obter provas concretas; foi isso que o salvou, além de sua coragem." Mas a descrição de Gordievsky de ter sido drogado e interrogado na datcha da Primeira Diretoria-Geral parecia pouco crível. Havia dúvidas sobre a sequência de eventos. Parecia tão melodramático. Finalmente, pairando sobre todo o caso, veio a pergunta mais perturbadora de todas: quem o havia traído?

Uma semana depois, a confirmação de que a história de Gordievsky era verdadeira chegou por meio de uma fonte inesperada: a própria KGB.

Em 1º de agosto, um oficial da KGB chamado Vitaly Yurchenko entrou na embaixada dos Estados Unidos em Roma e anunciou que desejava desertar. O caso Yurchenko é um dos mais estranhos da história da espionagem. Veterano da KGB, com 25 anos de serviço, o general havia subido na hierarquia até se tornar chefe do Quinto Departamento da Diretoria K da PDG, investigando suspeitas de espionagem por oficiais da agência. Além disso, ele esteve envolvido em "operações especiais no exterior" e no uso de "drogas especiais". Em março de 1985, tornou-se vice-chefe do Primeiro Departamento, responsável por coordenar os esforços da KGB para recrutar agentes nos Estados Unidos e no Canadá. Ele foi sucedido por Sergei Golubev, um dos homens que interrogaram Gordievsky. Yurchenko permaneceu ligado às atividades da Diretoria K e mantinha boas relações com Golubev.

Os motivos de Yurchenko permanecem obscuros, mas sua deserção parece ter sido motivada por um caso de amor fracassado com a esposa de um diplomata soviético. Quatro meses depois, ele desertaria de volta para a União Soviética, por razões que ainda não ficaram claras. Mais tarde os soviéticos alegaram que ele tinha sido sequestrado pelos americanos e que também não sabiam o que fazer com o agente. Yurchenko poderia ter ficado desequilibrado. Mas ele sabia vários segredos muito importantes.

A deserção de Yurchenko foi saudada como um grande triunfo para a CIA, a maior captura de um membro da KGB até o momento. O oficial nomeado para interrogar o desertor russo foi o especialista soviético em contrainteligência da CIA, Aldrich Ames.

No início, Ames estava preocupado com a notícia sobre um desertor veterano da KGB. E se Yurchenko soubesse que ele estava espionando para os soviéticos? Mas rapidamente ficou claro que o russo não tinha conhecimento da espionagem de Ames. "Ele não sabia nada sobre mim", disse Ames mais tarde. "Se soubesse, eu teria sido uma das primeiras pessoas a serem identificadas por ele em Roma."

Ames estava esperando na Base Aérea Andrews, perto de Washington, quando Yurchenko chegou da Itália na tarde de 2 de agosto.

A primeira coisa que ele perguntou ao desertor, a pergunta que todo oficial de inteligência é treinado para fazer a um agente voluntário antes mesmo de saírem da pista do aeroporto, foi: "Há alguma indicação importante que você conheça de que a CIA foi penetrada por algum espião da KGB?"

Yurchenko identificou dois espiões dentro da agência americana (inclusive um oficial da CIA), mas sua revelação mais importante, naquela mesma noite, foi sobre seu ex-colega Oleg Gordievsky, o *rezident* da KGB em Londres que tinha sido convocado de volta a Moscou como um suposto traidor, recebera um soro da verdade e fora interrogado pelos investigadores da Diretoria K. Yurchenko havia ouvido comentários na KGB de que Gordievsky estava em prisão domiciliar e era passível de execução. Ele não sabia que Gordievsky tinha escapado para a Grã-Bretanha; nem, é claro, Ames. O desertor russo também não sabia quem havia traído Gordievsky para a KGB. Mas Ames, sim.

A reação de Ames à notícia de que Gordievsky havia sido preso era um indicativo de um homem cujas vidas paralelas tinham se fundido tão completamente que ele não podia mais distingui-las. Ames vendera Gordievsky para a KGB. Mas seu primeiro instinto, ao descobrir as consequências de sua ação, foi avisar aos britânicos que seu espião estava em apuros.

"Meu primeiro pensamento foi: *Meu Deus, temos que fazer algo para salvá-lo! Temos que mandar um telegrama para Londres e contar aos britânicos.* Eu tinha dado o nome de Gordievsky à KGB. Eu fora o responsável pela prisão dele... Fiquei genuinamente preocupado com ele, porém, ao mesmo tempo, sabia que o tinha exposto. Sei que parece loucura, porque eu também era um agente da KGB." Talvez ele estivesse sendo deliberadamente hipócrita. Ou talvez ainda fosse só meio traidor.

A CIA enviou uma mensagem ao MI6: um desertor soviético recém-

-chegado estava relatando que um oficial superior da KGB, Oleg Gordievsky, havia sido drogado e interrogado, acusado de ser um suposto espião para os britânicos. O MI6 poderia lançar alguma luz? A CIA não revelou que sabia dessa informação. O telegrama de Langley surgiu como um alívio para a equipe Ovation: ali estava a prova independente de que a história de Gordievsky era verdadeira. Mas também significava que os americanos teriam que ser informados de que ele havia escapado.

Dois oficiais do MI6 voaram para Washington naquela tarde. No aeroporto, eles foram recebidos por um motorista e levados até Langley. Acompanhados por Burton Gerber, chefe de operações soviéticas da CIA, eles foram levados para a casa de Maryland do diretor da CIA Bill Casey, para um jantar preparado por sua esposa, Sophia. Os Casey iriam ao teatro mais tarde. Os dois oficiais britânicos forneceram um relato detalhado do caso Gordievsky: do recrutamento, passando por mais de uma década de valiosos serviços ao MI6, até, finalmente, sua fuga de tirar o fôlego. Eles explicaram que os Estados Unidos também tinham para com ele uma enorme dívida: as informações sobre a Operação Ryan, que expuseram a paranoia do Kremlin em um momento perigoso nas relações Leste-Oeste, tinham vindo de Gordievsky. No meio do relato, Sophia os interrompeu para dizer que era hora de sair para o teatro.

– Pode ir você – disse Casey. – Isto aqui é o melhor espetáculo da cidade.

Pelo resto da noite, o chefe da espionagem americana ouviu com admiração, gratidão e assombro. A gratidão era inteiramente genuína; a surpresa, não. Bill Casey não revelou a eles que a CIA já tinha um arquivo sobre Gordievsky, com o codinome Tickle.

■ ■ ■

Em 16 de setembro, um helicóptero militar deslizou sobre o mar em direção a Fort Monckton. "C" e vários de seus oficiais superiores estavam esperando no heliponto quando ele tocou o chão. Bill Casey saiu da aeronave. O chefe da CIA tinha voado secretamente para a Grã-Bretanha para fazer perguntas ao espião recém-extraído. Como advogado nova-iorquino, Casey conhecia bem a Inglaterra desde a época da guerra, quando servira em Londres, no Escritório de Serviços Estratégicos (OSS), o precursor da CIA em tempos de guerra, controlando espiões na Europa. Depois de comandar a campanha eleitoral de Ronald Reagan, ele foi nomeado para chefiar a CIA com a responsabilidade, nas palavras de Reagan, de "reconstruir a capacidade de inteligência dos Estados Unidos". Uma figura curvada, com o rosto de um cão de caça, Casey estava prestes a se envolver no caso Irã-Contras e morreria de um tumor cerebral dentro de dois anos. Mas, naquele momento, ele era provavelmente o espião mais poderoso do mundo, com um agudo reconhecimento das próprias habilidades. "Sou o melhor em todas as facetas do trabalho", declarou ele no início do segundo mandato de Reagan. "Tenho a capacidade de dimensionar uma situação assim que recebo as informações e de tomar decisões." Casey estava em Fort Monckton para obter algumas informações com Gordievsky e tomar algumas decisões. Reagan logo se encontraria com Mikhail Gorbachev, pela primeira vez, na Cúpula de Genebra. Casey queria a opinião de um especialista da KGB sobre o que ele deveria dizer ao líder soviético.

Durante o almoço na suíte de hóspedes acima da casa da guarda, com apenas "C" presente, Casey questionou Gordievsky sobre o estilo de negociação de Gorbachev, sua atitude com o Ocidente e suas relações com a KGB. O americano tomou notas em um grande bloco amarelo com linhas azuis. De vez em quando, a fala arrastada e a dentadura de Casey deixavam Gordievsky perplexo; "C" encontrou-se na estranha posição de ter que traduzir o inglês americano para o inglês britânico para que o russo entendesse. Casey ouvia atentamente, "como um estudante". Acima de tudo, o diretor da CIA queria entender a atitude de Moscou em relação à dissuasão nuclear e, em particular, a visão soviética sobre a Iniciativa Estratégica de Defesa (SDI). Andropov havia denunciado o "Star Wars" como uma tentativa deliberada de desestabilizar o mundo e permitir que o Ocidente atacasse a União Soviética sem medo de retaliação. Será que Gorbachev concordava com isso? Casey sugeriu uma encenação e um estranho teatro sobre a Guerra Fria se desenrolou na base secreta de treinamento do MI6.

– Você é Gorbachev – disse ele – e eu sou Reagan. Gostaríamos de nos livrar das armas nucleares. Para inspirar confiança, nós lhe daremos acesso ao "Star Wars". O que você diz?

Em lugar de uma destruição mutuamente assegurada por armas nucleares, Casey estava oferecendo uma defesa mutuamente garantida contra elas.

Gordievsky/Gorbachev ponderou por um momento e depois respondeu enfaticamente, em russo:

– *Nyet!*

Casey/Reagan ficou surpreso. Em sua conversa imaginária, os Estados

Unidos estavam na verdade propondo acabar com a ameaça de guerra nuclear compartilhando a tecnologia para torná-la obsoleta.

– Por que *nyet*? Estamos lhe dando tudo.

– Eu não confio em você. Você nunca nos daria tudo. Vai guardar algo que lhe dará vantagem.

– Então, o que eu faço?

– Se você desistir completamente da SDI, Moscou vai acreditar em você.

– Isso não vai acontecer. – Casey saiu do personagem por um momento. – É o projeto de estimação do presidente Reagan. Então, o que devemos fazer?

– Tudo bem – respondeu Gordievsky. – Então continue com ele. Você mantém a pressão. Gorbachev e seu povo sabem que não podem gastar mais do que você. Sua tecnologia é melhor do que a deles. Continue. Moscou gastaria tudo que possui tentando igualar "Star Wars" – acrescentou –, despejando dinheiro em uma corrida tecnológica armamentista que nunca poderia ganhar. A longo prazo, a SDI acabará arruinando a liderança soviética.

Alguns historiadores consideram a reunião em Fort Monckton outro momento crucial da Guerra Fria.

Na Cúpula de Genebra, no mês de novembro seguinte, o presidente americano se recusou a ceder em relação ao programa "Star Wars", assim como Gordievsky havia aconselhado, descrevendo-o como uma "defesa necessária". O primeiro teste da SDI foi anunciado enquanto a cúpula estava acontecendo. Mais tarde descrito como a "cúpula em frente à lareira", refletindo o fato de os dois líderes terem começado a derreter o gelo nas relações entre os dois países, Reagan "manteve-se firme" em seu projeto de estimação. Gorbachev deixou Genebra acreditando que o mundo era um "lugar mais seguro", mas também convencido de que a União Soviética teria que se reformar, e depressa, para alcançar o Ocidente. A *glasnost* e a *perestroika*, as políticas de reforma do governo Gorbachev, se seguiram, e depois uma onda de mudanças tumultuadas que, no fim, o presidente da União Soviética não teve mais o poder de controlar. A interpretação precisa de Gordievsky sobre a psicologia do Kremlin em 1985 não causou o colapso soviético, mas provavelmente ajudou.

O almoço com Bill Casey foi apenas a primeira de muitas reuniões com a CIA. Poucos meses depois, Gordievsky voou para Washington sob forte segurança para uma reunião secreta com o alto escalão do Departamento de

Estado, do Conselho de Segurança Nacional, do Departamento de Defesa e das agências de inteligência. Ele foi bombardeado com perguntas, às quais respondeu com paciência, profissionalismo e especificidades sem precedentes – não um mero desertor, mas um agente ampla e profundamente enraizado, com uma compreensão enciclopédica da KGB. Os americanos ficaram impressionados e gratos. Os britânicos ficaram orgulhosos de compartilhar a experiência de seu espião maior. "As informações de Gordievsky foram muito boas", comentou Caspar Weinberger, secretário de Defesa de Reagan.

Mas havia uma pergunta para a qual ele não encontrava a resposta: quem o traíra?

Na sede da CIA em Langley, Gordievsky foi levado para dar uma série de instruções a oficiais superiores. Em uma delas, ele foi apresentado a um homem alto e de óculos com um pequeno bigode que lhe pareceu particularmente amigável e que "ouvia silenciosa e pacientemente" cada palavra que ele dizia. A maioria dos oficiais da CIA tratou Gordievsky com mais formalidade, até com certa desconfiança, mas aquele "parecia diferente: seu rosto irradiava gentileza e bondade". "Fiquei tão impressionado com ele que pensei que tinha encontrado a personificação dos valores americanos: ali estavam a sinceridade, a honestidade e a decência sobre as quais eu tinha ouvido tanto."

Por doze anos Gordievsky vivera uma vida dupla, um oficial de inteligência, profissional dedicado, secretamente leal ao outro lado, desempenhando um papel. Ele era muito bom nisso. Aldrich Ames também era.

Epílogo
UM PASSAPORTE PARA PIMLICO

Um mês após a fuga de Gordievsky, o conselheiro científico da embaixada soviética em Paris ficou surpreso ao ser convidado, por um diplomata britânico que ele mal conhecia, para tomar chá na Aliança Francesa. Na tarde do dia 15 de agosto, ele foi até lá, sendo recebido por um inglês que nunca tinha visto.

– Tenho uma mensagem muito importante para você dar ao chefe da sua estação da KGB – disse o estranho.

O russo ficou pálido. Ele estava prestes a ser arrastado para alguma coisa muito obscura.

O inglês calmamente lhe informou que um oficial superior da KGB, até recentemente o *rezident* em Londres, estava vivo, bem e vivendo sob forte proteção no Reino Unido.

– Ele está muito feliz, mas gostaria de ter a família de volta ao seu lado.

Assim começou a Operação Hetman, a campanha para levar Leila e as meninas para o Reino Unido e reunir a família Gordievsky.

Dentro do MI6 houve um debate sobre como lidar com a situação. Uma carta formal estabelecendo um acordo com a KGB foi rejeitada por ser muito arriscada. "Qualquer documento escrito pode ser adulterado e usado de alguma forma contra nós." Ficou acordado que deveriam conversar pessoalmente com um diplomata soviético de boa-fé fora do Reino Unido e aquele azarado conselheiro fora selecionado como o melhor destinatário.

"Nunca vi um homem tão assustado", afirmou o oficial do MI6 portador da mensagem. "Ele foi embora tremendo."

Os termos eram simples. Graças a Gordievsky, os britânicos conheciam as identidades de todos os oficiais da KGB e da GRU na Grã-Bretanha.

Todos eles teriam que ir embora. Mas Moscou poderia "retirar as pessoas gradualmente, durante um longo período, desde que a família de Gordievsky fosse libertada". Assim o Kremlin manteria as aparências, seus espiões seriam discretamente ejetados sem nenhum alarde diplomático e a família seria reunida. No entanto, se Moscou rejeitasse um acordo e se recusasse a liberar Leila e as meninas, os espiões soviéticos em Londres seriam expulsos em massa. A KGB tinha duas semanas para responder.

Os temores de Gordievsky por sua família cresciam a cada dia. Seu orgulho em ter enganado a KGB era acompanhado de uma culpa que esmagava sua alma. As pessoas que ele mais amava eram prisioneiras da União Soviética. A oferta de Margaret Thatcher de fazer um acordo secreto com Moscou era extremamente heterodoxa, como Gordievsky reconheceu em uma carta enviada à primeira-ministra: "Deixar de lado os procedimentos e permitir que a abordagem não oficial avançasse foi um ato único de generosidade e humanidade."

Não funcionou.

A oferta de um arranjo secreto foi recebida em Moscou com incredulidade e, em seguida, com fúria. Naquele mês desde o desaparecimento de Gordievsky, a KGB vasculhara o país, relutante em acreditar que ele tinha escapado. Leila foi repetidamente interrogada sobre a localização do marido, assim como outros membros da família, inclusive a irmã mais nova e a mãe dele. Marina ficou apavorada. Olga Gordievsky ficou chocada. Todos os colegas e amigos foram questionados. Leila manteve uma postura digna, insistindo que seu marido fora vítima de algum complô ou de um terrível engano. Ela era seguida em todos os lugares por seis agentes de vigilância da KGB. Suas filhas eram observadas até no pátio da escola. Quase todos os dias ela era levada para a prisão de Lefortovo para mais perguntas. "Como você ficou sabendo que ele estava espionando para os britânicos?", indagavam eles repetidamente. Depois de algum tempo, ela surtou: "Olhe, vamos ser bem claros. Eu era uma esposa. Meu trabalho era limpar, cozinhar, fazer compras, dormir com ele, ter filhos, compartilhar a cama e ser sua amiga. Eu era boa nisso. Estou grata por ele não ter me contado nada. Durante seis anos da minha vida eu fui uma esposa perfeita. Fiz tudo por ele. Vocês, a KGB, têm milhares de funcionários cujo trabalho é investigar as pessoas; eles o investigaram e investigaram e o liberaram. E vocês vêm até mim e me culpam? Não acham que isso é estúpido? Vocês não fizeram seu trabalho. Não era *meu* trabalho, era *seu* trabalho. Vocês arruinaram minha vida."

Com o tempo, Leila passou a conhecer seus interrogadores. Um dia, um dos oficiais mais simpáticos perguntou a ela:

– O que você teria feito se soubesse que seu marido estava planejando escapar?

Houve uma longa pausa antes de Leila responder:

– Eu o teria deixado ir. Daria a ele três dias e, em seguida, como uma cidadã leal, teria relatado o caso. Mas, antes de fazer isso, eu me certificaria de que ele havia conseguido escapar.

O interrogador colocou a caneta sobre a mesa.

– Acho que não vamos colocar isso no relatório.

Leila já tinha problemas suficientes.

Mikhail Lyubimov foi chamado pela Diretoria K.

– Onde ele pode estar? – indagaram. – Ele tem alguma amante? Está escondido em uma cabana em algum lugar na região de Kursk?

Lyubimov, é claro, não fazia ideia. "Todos os aspectos da minha relação com Gordievsky foram vasculhados em busca de pistas de sua traição." Mas o ex-espião estava tão surpreso quanto todos os outros. "Minha teoria era simples e baseada em sua aparência quando o vi pela última vez: achei que ele tinha tido um colapso nervoso e possivelmente cometido suicídio."

Dez dias após o encontro em Paris, uma mensagem voltou do Centro, transmitida pelo conselheiro científico azarado, na forma de um "longo discurso sobre violações": Gordievsky era um traidor; sua família permaneceria na Rússia; não haveria acordo.

A Grã-Bretanha preparou sua resposta, a Operação Embase. Em setembro, o Ministério das Relações Exteriores divulgou a notícia da deserção de Gordievsky (embora ainda sem os detalhes sensacionais de sua fuga). Manchetes dramáticas se espalharam por todos os jornais: "O maior peixe que já caiu na rede", "Amigo Oleg, Mestre Espião", "O ás dos espiões da Rússia", "O Superespião que veio para o Ocidente", "Nosso homem na KGB". No mesmo dia o governo britânico expulsou 25 oficiais da KGB e da GRU identificados por Gordievsky: um grande expurgo de espiões soviéticos. Naquele dia Thatcher escreveu a Ronald Reagan: "Estamos deixando claro aos russos, sob minha autoridade pessoal, que, embora não possamos tolerar o tipo de ações de espionagem que Gordievsky revelou, continuamos a almejar uma relação construtiva com eles. Enquanto isso, acho que não é ruim que ele [Gorbachev] tenha sido apresentado, de forma tão inequívoca, no início de sua liderança, ao preço a ser pago pela dimensão e natureza das atividades da KGB nos países ocidentais."

A réplica de Moscou foi imediata. O embaixador, Sir Bryan Cartledge, foi convocado ao Ministério das Relações Exteriores por Vladimir Pavlovich Suslov, chefe do departamento responsável por lidar com embaixadas estrangeiras. Na mesa à sua frente, Suslov tinha a fotografia do novo embaixador cercado por sua equipe: com um olhar de águia, ele apontou dois dedos para as cabeças de Roy Ascot e Arthur Gee.

– Esses dois homens são criminosos políticos – afirmou.

A KGB havia começado a montar o quebra-cabeça. Cartledge se fez de ignorante:

– De que você está falando?

Suslov condenou as "atividades ostensivas" dos oficiais da inteligência britânica na embaixada, acrescentando que as autoridades soviéticas "estão cientes do papel atribuído aos primeiros-secretários Gee e Ascot". Suslov estava particularmente enfurecido por Rachel Gee ter "assumido o papel" de uma mulher com problemas de coluna. Ele então leu os nomes de 25 funcionários britânicos, incluindo os dois oficiais do MI6 e sua secretária, Violet Chapman, e afirmou que eles deveriam deixar a União Soviética até a terceira semana de outubro, o mesmo prazo que a Sra. Thatcher dera para a expulsão dos funcionários da KGB em Londres. A maioria daquelas pessoas não tinha nada a ver com inteligência, muito menos com a extração.

Sir Bryan Cartledge encontrou Ascot na sala à prova de escutas e lhe deu uma gigantesca reprimenda. O embaixador sabia que a primeira-ministra tinha dado seu selo pessoal de aprovação para a operação de fuga, mas as consequências estavam apenas começando. "Ele estava absolutamente furioso", lembrou Ascot. "Disse que tínhamos dizimado sua embaixada em um momento em que Thatcher desenvolvera um bom relacionamento com Gorbachev (em parte por causa do nosso amigo, mas eu não podia contar isso a Bryan). Há pessoas que se mostram mais eloquentes quando estão zangadas. Ele me falou que meu bisavô, o primeiro-ministro, estaria se revirando no túmulo." Na verdade, se o famoso ancestral de Ascot estivesse fazendo algo em seu túmulo, provavelmente seria dando vivas de satisfação e orgulho.

Em vão, Cartledge enviou um telegrama sem a mínima diplomacia a Londres pedindo o fim das expulsões por retaliação: "Nunca entre em uma competição de mau cheiro com um gambá: ele possui vantagens naturais significativas", escreveu. (Sua fúria só aumentou quando essa mensagem encontrou seu caminho, palavra por palavra, até a mesa da primeira-ministra.) Mas Thatcher não tinha terminado sua contenda odorífica com os soviéticos. Seu secretário do Gabinete, Sir Robert Armstrong, propôs mais quatro expulsões. Ela não achou que isso fosse "adequado" e insistiu que outros seis oficiais soviéticos fossem expulsos. Sem discussão, isso levou à expulsão imediata de mais seis diplomatas britânicos, elevando o total para 62 expulsões, 31 de cada lado. Os temores de Cartledge foram plenamente concretizados: "Perdi todos os meus falantes de russo de uma só vez... metade da nossa embaixada."

Gordievsky permaneceu escondido. De vez em quando saía do prédio e explorava a área circundante, mas sempre sob forte proteção. Ele fazia uma corrida diária ao redor do perímetro ou através da floresta, acompanhado por um oficial do MI6. Mas não podia conversar com estranhos nem contatar velhos amigos na Grã-Bretanha. O MI6 tentava fazer a nova vida parecer quase normal, mas seu único contato social era com membros da comunidade de inteligência e suas famílias. Ele estava sempre ocupado, mas se sentia solitário. A separação da própria família era um tormento constante, a completa ausência de notícias era uma fonte de angústia que, de vez em quando, eclodia em uma amarga recriminação. Para superar a tristeza, ele se jogou no processo das inquirições, insistindo em trabalhar até altas horas da noite. Ele oscilava entre a resignação e a esperança, orgulho do que tinha conseguido e tristeza pelo que havia lhe custado. Ele escreveu a Thatcher: "Embora eu tivesse rezado por encontrar minha esposa e minhas filhas o mais rápido possível, aceito e entendo as razões para a tomada de medidas decisivas... Entretanto, preciso continuar tendo esperanças de que possa ser encontrada alguma maneira de garantir a libertação da minha família, pois, sem elas, minha vida não tem sentido."

Thatcher respondeu: "Nossa ansiedade por sua família permanece e não vamos esquecê-las. Eu sou mãe e sei o tipo de pensamentos e sentimentos que o atravessam todos os dias. Por favor, não diga que a vida não tem sentido. Sempre há esperança." Confessando que queria encontrá-lo um dia, a primeira-ministra acrescentou: "Tenho plena consciência de sua coragem pessoal e de sua posição pela liberdade e pela democracia."

Dentro da KGB, a notícia de que Gordievsky havia fugido para a Grã--Bretanha desencadeou uma tempestade de mútuas recriminações e um longo jogo de apontar culpados. Chebrikov, chefe da KGB, e Kryuchkov, chefe da Primeira Diretoria-Geral, culparam a Segunda Diretoria-Geral, que era, teoricamente, responsável pela segurança interna e por operações de contrainteligência. Os chefes da PDG culparam a Diretoria K. Grushko culpou Gribin. Todos culparam a equipe de vigilância, que, como ocupava o nível mais baixo da hierarquia, não tinha mais para onde apontar o dedo. A KGB de Leningrado, responsável pela vigilância dos diplomatas britânicos, foi responsabilizada diretamente e muitos oficiais superiores foram demitidos ou rebaixados. Entre os afetados estava Vladimir Putin, que viu a maioria de seus amigos, colegas e protetores ser expurgada como consequência direta da fuga de Gordievsky.

Envergonhada e enfurecida, e ainda incerta de como Gordievsky tinha executado a sua fuga, a KGB respondeu com uma campanha de desinformação, plantando notícias falsas de que ele tinha sido contrabandeado para fora da embaixada durante a recepção diplomática, completamente disfarçado e com documentos falsos. Sua posição e importância foram minimizadas. A KGB alegaria mais tarde – como o MI6 já havia afirmado sobre Philby – que suspeitavam da deslealdade dele o tempo todo. Em suas memórias, Yevgeny Primakov, ex-ministro das Relações Exteriores, sugeriu que, sob interrogatório, Gordievsky havia se oferecido para mudar de lado mais uma vez. "Gordievsky estava perto de confessar quando começou a sondar a possibilidade de operar ativamente contra os britânicos e até ofereceu garantias de que poderia trabalhar com sucesso como um agente duplo. A liderança da KGB foi informada naquele dia. Oficiais da inteligência estrangeira estavam confiantes de que ele admitiria tudo no dia seguinte. Mas, de repente, uma ordem veio de cima para parar o interrogatório, remover a vigilância e enviar Gordievsky para um centro de saúde [...] De lá, ele fugiu através da fronteira finlandesa." A interpretação de Primakov não fazia sentido. Se Gordievsky só chegou "perto" de confessar, ele claramente não o fez; e, se ele não admitiu ser um espião para os britânicos, como poderia ter se oferecido para ser um agente duplo?

Tanto Primakov quanto Viktor Cherkashin, o primeiro controlador de Ames na KGB, insistiram que a KGB tinha sido alertada sobre a traição de Gordievsky por uma fonte anônima meses antes de seu retorno a Moscou. Mas, apesar de toda a bravata e dissimulação, a liderança da KGB sabia a verdade: eles tiveram o espião mais significativo da Guerra Fria ao seu alcance e o deixaram escapar por entre os dedos.

Dois dias após o banho de sangue diplomático anglo-soviético, um longo comboio de carros de passageiros, cerca de vinte no total, seguiu pela rodovia de Leningrado a Vyborg. Oito eram carros diplomáticos britânicos e todos os outros eram veículos de vigilância da KGB. Os diplomatas estavam sendo expulsos através da Finlândia: Ascot e Gee refizeram a rota de fuga, só que agora estavam sendo escoltados para fora do país "como uma parada de exibição de prisioneiros". Em sua bagagem, Gee tinha cuidadosamente guardado uma sacola da Harrods e uma fita-cassete da obra *Finlândia*, de Sibelius. Quando chegaram ao acostamento, com sua rocha característica, os carros da KGB desaceleraram e os oficiais soviéticos giraram em seus assentos para olhar o local enquanto passavam lentamente. "Eles então se deram conta."

A KGB, legalista até o fim, ainda não tinha terminado com Gordievsky. Em 14 de novembro de 1985 ele foi julgado à revelia por um tribunal militar, condenado por traição e sentenciado à morte. Sete anos depois, Leonid Shebarshin, que sucedeu Kryuchkov como chefe da PDG, deu uma entrevista na qual disse esperar que Gordievsky fosse assassinado na Grã-Bretanha e emitiu o que soou como uma ameaça pública de fazê-lo. "Tecnicamente", disse ele, "não é nada muito complicado."

Oleg Gordievsky tornou-se uma exposição itinerante de espionagem. Ele viajou por todo o mundo, acompanhado por uma série de guarda-costas do MI6, explicando como era a KGB e desmistificando aquela que era considerada a mais misteriosa das organizações. Entre outros países, ele foi a Nova Zelândia, África do Sul, Austrália, Canadá, França, Alemanha Ocidental, Israel, Arábia Saudita e toda a Escandinávia. Três meses após sua extração, foi realizado um encontro em Fort Monckton para o qual representantes de todos os serviços de inteligência foram convidados, juntamente com funcionários do governo e aliados, para examinar o material de Gordievsky e suas implicações para o controle de armas, relações Ocidente-Oriente e futuro planejamento de inteligência. As centenas de relatórios individuais foram empilhadas em uma única mesa de conferência, "como um enorme bufê", com o qual os espiões e controladores puderam se empanturrar por dois dias inteiros.

Na Grã-Bretanha, o MI6 comprou uma casa para Gordievsky nos subúrbios de Londres, onde ele vivia sob nome falso. O MI6 e o MI5 levaram as ameaças de morte a sério. Ele deu palestras, ouviu música e escreveu livros com o historiador Christopher Andrew, obras de um estudioso detalhista que ainda se destacam como os relatos mais abrangentes da inteligência soviética até hoje. Ele até deu entrevistas na televisão, disfarçado com uma peruca um tanto incongruente e uma barba falsa. A KGB sabia como ele era, mas não valia a pena arriscar. Quando as reformas de Gorbachev varreram a União Soviética e o império comunista começou a cambalear, seus conhecimentos foram cada vez mais procurados.

Em maio de 1986, Margaret Thatcher convidou-o para ir a Chequers, sua residência de campo oficial. Por quase três horas ela entrevistou o homem que conhecia como Sr. Collins: sobre controle de armas, estratégia política soviética e Gorbachev. Em março de 1987, ele lhe deu mais informações, dessa vez em Downing Street, antes que ela fizesse outra bem-sucedida visita a Moscou. No mesmo ano ele conheceu Ronald Reagan no Salão Oval, onde discutiram redes de espionagem soviéticas e posaram para as câmeras. A reunião durou 22 minutos (quatro minutos a mais, Gordievsky alegremente observou, do que o líder do Partido Trabalhista, Neil Kinnock, passara com o líder do mundo livre). "Nós o admiramos", disse Reagan, colocando um braço em volta do ombro do russo. "Agradecemos por tudo que fez pelo Ocidente. Obrigado. Não nos esquecemos de sua família e vamos lutar por ela."

Nos primeiros anos de liberdade ele ficou extremamente ocupado, mas muitas vezes profundamente triste.

A família de Gordievsky permaneceu prisioneira de uma KGB vingativa. Em um sonho recorrente, ele via a esposa e as filhas retornando ao salão de desembarque em Heathrow para uma alegre reunião, apenas para acordar e se dar conta de que estava sozinho.

Em Moscou, Leila vivia sob prisão domiciliar, mantida sob vigilância no caso de conseguir fugir, de alguma forma. Seu telefone estava grampeado. Suas cartas eram interceptadas. Não conseguia encontrar emprego e dependia dos pais para se sustentar. Um por um, seus amigos foram se afastando. Havia um vácuo absoluto. "Todos tinham medo de me ver. Mudei os nomes das crianças para Aliyev, porque Gordievsky é um nome pouco comum. Minhas filhas teriam sido desprezadas." Ela parou de cortar o cabelo e declarou que não iria cortá-lo novamente enquanto não se reunisse com o marido. Quando, anos mais tarde, um jornalista lhe perguntou como se sentiu quando soube que o marido havia desertado para a Grã-Bretanha, ela respondeu: "Eu só fiquei feliz por saber que ele estava vivo." Sob os termos da condenação de Gordievsky por traição, suas propriedades foram confiscadas: apartamento, carro, malas e o gravador de vídeo trazidos da Dinamarca. "A cama de acampamento com buracos no colchão, o ferro de passar. Eles gostaram especialmente do ferro porque era importado, um Hoover", contou Leila.

31 (acima) Leila e suas duas filhas logo após chegarem a Londres em 1982, em um café em frente à National Gallery, na Trafalgar Square.

32 (abaixo) Embaixada soviética, no número 13 da Kensington Palace Gardens. A estação da KBG (*rezidentura*) em Londres localizava-se no último andar e era um dos lugares mais paranoicos da face da Terra.

33 As duas filhas de Gordievsky e Leila: Maria e Anna. A família se adaptou rapidamente a Londres e as meninas cresceram falando inglês fluente e frequentando uma escola da Igreja Anglicana.

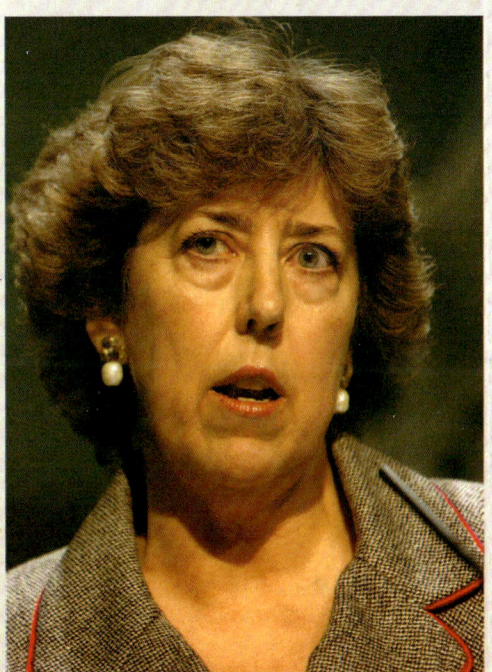

34 (acima) Michael Bettany, oficial do MI5 que se aproximou da KGB em Londres e se ofereceu para espionar para os soviéticos sob o codinome Koba, um dos apelidos de Stalin.

35 (abaixo) Eliza Manningham-Buller, membro-chave da força-tarefa secreta do MI5 e do MI6 formada para tentar identificar o espião dentro do Serviço de Segurança Britânico. Ela se tornou diretora-geral do MI5 em 2002.

36 (acima) General Arkadi Guk (à direita), *rezident* da KGB, com a esposa e o guarda-costas. Gordievsky o descreveu como "um sujeito enorme e pretensioso, com um cérebro medíocre e um bom estoque de golpes baixos".

37 (abaixo à esquerda) Residência de Guk no número 42 do Holland Park. No dia 3 de abril de 1983, Bettaney enfiou um pacote na caixa de correio contendo um documento ultrassecreto do MI5 e uma oferta para a divulgação de mais informações para a KGB. Guk não deu atenção, pensando ser uma "provocação" do MI5.

38 (abaixo à direita) Century House, quartel-general do MI6 até 1994: um edifício comum, mas o local mais secreto de Londres.

39 (acima à esquerda) Michael Foot, deputado trabalhista, futuro líder do partido e contato da KGB sob o codinome Boot.

40 (acima à direita) Jack Jones, descrito pelo primeiro-ministro britânico Gordon Brown como "um dos maiores líderes sindicais do mundo". Ele também trabalhava como agente duplo da KGB.

41 (abaixo) Oleg Gordievsky com Ron Brown, deputado trabalhista por Edimburgo (centro), e Jan Sarkocy, um espião tchecoslovaco que também conheceu Jeremy Corbyn, o futuro líder do partido. Gordievsky tentou recrutar Brown para a KGB em várias ocasiões, mas achava seu sotaque escocês completamente incompreensível.

42 (ao lado) A derrubada do voo KAL 007 por um avião de combate soviético em setembro de 1983 gerou uma série de protestos e elevou as tensões da Guerra Fria.

43 (abaixo) Margaret Thatcher participa do funeral do líder soviético Yuri Andropov em Moscou, no dia 14 de fevereiro de 1984. A primeira-ministra britânica desempenhou um papel "adequadamente solene", seguindo um roteiro escrito, em parte, por Gordievsky.

44 (acima) O futuro líder soviético Mikhail Gorbachev encontra Thatcher em Chequers, em dezembro de 1984. Mais tarde, ela o descreveria como "um homem com quem é possível negociar".

45 (abaixo à esquerda) Mikhail Lyubimov, o anglófilo oficial da KGB, com seu paletó de tweed e cachimbo inglês, apelidado de "Smiley Mike" pelo MI5, que tentou recrutá-lo como agente duplo.

46 (abaixo à direita) Sir Robert Armstrong, secretário do Gabinete, responsável por supervisionar os serviços de inteligência. Ele decidiu não informar a Thatcher que Michael Foot, seu oponente trabalhista, já atuara como contato pago da KGB.

47 O local de sinalização na Kutuzovsky Prospekt visto da lateral do Hotel Ukraine. Pode-se ter um vislumbre da padaria entre as árvores à esquerda na foto.

48 (acima) Catedral de São Basílio, na Praça Vermelha, onde Oleg Gordievsky tentou passar uma mensagem para o MI6 requisitando que a Operação Pimlico fosse ativada imediatamente. O contato de passagem falhou.

49 (abaixo à esquerda) Sacola do supermercado Safeway, o sinal de fuga enviado por Gordievsky no dia 16 de julho de 1985, às 19h30, no local de sinalização da Kutuzovsky Prospekt.

50 (abaixo à direita) Para indicar que o sinal fora recebido, um oficial do MI6 deveria passar por Gordievsky, fazer um breve contato visual e comer uma barra de chocolate Mars.

LOCAL DE ENCONTRO
(Marco do KM 836)

Norte

FLORESTA

Rota de acesso militar

Esconderijo na vala

FLORESTA

ESTRADA

Área de piquenique

ESTRADA

Rocha

VYBORG
26 km

ÁRVORES E ARBUSTOS

Marco do KM 836

LENINGRADO
160 km

FLORESTA

51 (acima) O ponto de encontro ao sul de Vyborg onde a equipe de fuga do MI6 combinou pegar Gordievsky para levá-lo através da fronteira finlandesa.

52 (abaixo) Um dos veículos de fuga, um Saab dirigido pelo visconde Roy Ascot, oficial do MI6.

53 (acima) A estrada para a liberdade: uma foto de reconhecimento tirada na rota de fuga em direção ao norte.

54 (abaixo) A equipe de extração do MI6 faz uma pausa para uma fotografia a caminho da Noruega, poucas horas depois que o espião fugitivo atravessou para a Finlândia. Da esquerda para a direita: Gordievsky, os agentes do MI6 Simon Brown e Veronica Price e o oficial de inteligência dinamarquês Jens Eriksen.

55 (acima) Uma das três barreiras militares da fronteira de Vyborg, entre a Rússia e a Finlândia.

56 (abaixo) Visão através do para-brisa do carro de um dos oficiais do MI6 expulsos da Rússia em consequência da Operação Pimlico. Os automóveis britânicos, acompanhados por um comboio de veículos da KGB, estão passando pelo ponto de encontro onde Gordievsky havia sido resgatado três meses antes.

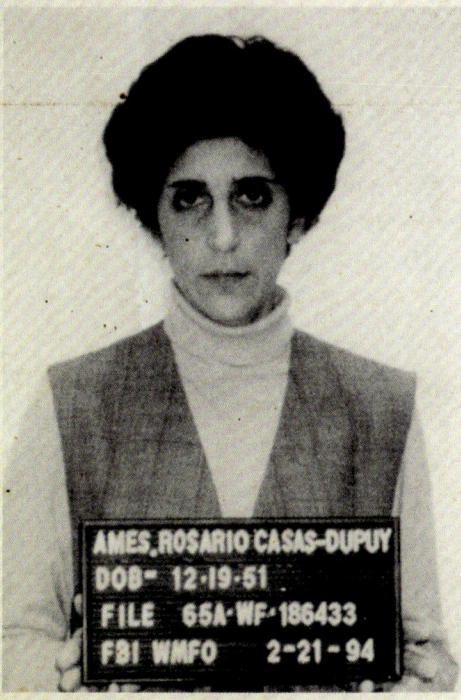

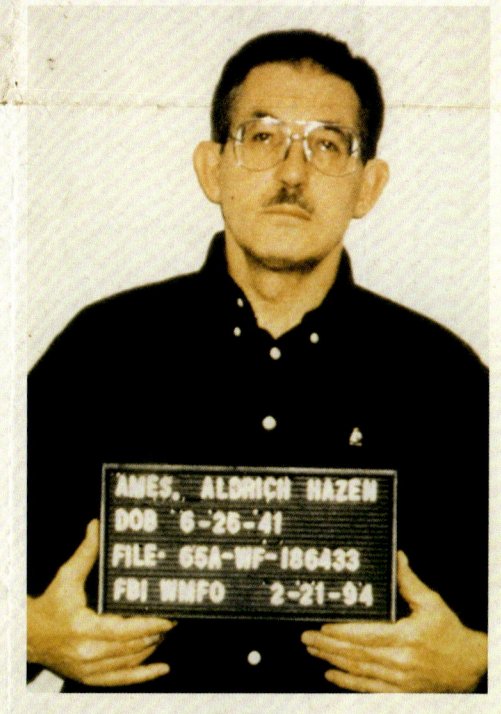

57 (acima) Prisão de Aldrich Ames em 21 de fevereiro de 1994, uma década depois de ele ter começado a espionar para a KGB. "Vocês estão cometendo um grande erro!", insistiu ele. "Vocês pegaram o homem errado!"

58 (abaixo) Fotografias da prisão de Rosario e Rick Ames. Ela foi liberada após completar sua sentença, mas Ames, Prisioneiro 40087-083, continua preso na Instituição Correcional Federal em Terre Haute, Indiana.

59 (ao lado) Gordievsky recebe a família, que chega de helicóptero ao Reino Unido, após seis anos de separação forçada.

60 (abaixo) Os Gordievsky reunidos, posando para fotos em Londres, mas o casamento rapidamente se desintegrou.

61 (topo) Gordievsky com Ronald Reagan no Salão Oval, em 1987. "Nós o admiramos", disse Reagan. "Agradecemos por tudo que fez pelo Ocidente."

62 (à esquerda) Em 2007, nas honras de aniversário da rainha, Gordievsky foi condecorado com a Distintíssima Ordem de São Miguel e São Jorge por "serviços prestados à segurança do Reino Unido".

63 (acima) O chefe da CIA, Bill Casey, que voou para o Reino Unido para uma reunião com Gordievsky algumas semanas após a sua fuga.

64 **O espião aposentado:** Oleg Gordievsky ainda vive, sob nome falso, em uma casa secreta em um subúrbio inglês, para onde se mudou logo após a sua fuga da Rússia.

Gordievsky tentou enviar telegramas, mas nunca chegaram até a esposa. Ele comprou presentes, inclusive roupas caras para as meninas, que embrulhou amorosamente e enviou para Moscou. Tudo foi apreendido pela KGB. Quando uma carta de Leila finalmente chegou, ele leu as primeiras linhas e percebeu que tinha sido ditada pela agência. "Eles o perdoaram", ela escreveu. "Você pode facilmente conseguir outro emprego." Seria uma armadilha para atraí-lo de volta? Estaria ela conspirando com a KGB? Ele conseguiu contrabandear, por meio de um oficial soviético, uma carta para ela na qual mantinha a alegação de que fora vítima de um complô, provavelmente pensando que isso a protegeria. Leila ficou chocada. Ela sabia que não era verdade. "Ele me disse: 'Não sou culpado de nada. Sou um oficial honesto, sou um cidadão leal, e assim por diante, e tive que fugir para o exterior.' Por que ele mentiu para mim de novo, eu não sei. Era surreal. Tentei entender. Havia algumas palavras sobre as crianças e ele falou que ainda me amava. Mas eu pensei: 'Você fez o que quis fazer – eu ainda estou aqui com as crianças. Você fugiu, mas nós somos prisioneiras.'" Eles estavam enganando um ao outro. Talvez estivessem enganando a si mesmos. A KGB disse a Leila que seu marido estava tendo "um caso com uma jovem secretária inglesa".

Leila foi informada pela KGB de que, se ela se divorciasse formalmente de Gordievsky, suas propriedades seriam devolvidas, inclusive o ferro de passar. "Eles sugeriram que eu devia pensar nas crianças." Ela concordou. A KGB mandou um táxi para levá-la ao tribunal de divórcios e pagou o imposto do processo. Ela retomou o seu nome de solteira. Leila acreditava que nunca mais o veria. "A vida seguiu em frente", escreveu ela. "As crianças foram para a escola, tiveram alguma alegria. Nunca me atrevi a chorar na frente das minhas filhas ou mostrar o que havia em minha alma. Mantive meu orgulho e um sorriso no rosto." Mas ela disse a um jornalista ocidental simpatizante, que conseguira uma breve entrevista, que ainda amava o marido e desejava estar com ele. "Mesmo que eu não seja sua esposa no papel, ainda sou sua esposa em espírito."

A campanha para tirar a família da União Soviética continuou por seis anos, incansável, porém infrutífera. "Tentamos abordá-los por meio dos finlandeses e noruegueses, mas não tínhamos o que oferecer", disse George Walker, o oficial do MI6 encarregado da Operação Hetman e agora um dos principais pontos de contato de Gordievsky com o Serviço. "Falamos com pessoas em países neutros e indivíduos ligados aos direitos humanos. Pedimos aos franceses, alemães, neozelandeses, a todos, para organizar e tentar aumentar a pressão para a libertação delas. O Ministério das Relações Exteriores estava constantemente trazendo o assunto à baila por meio dos embaixadores em Moscou." Quando Margaret Thatcher se encontrou com Gorbachev em março de 1987, ela imediatamente levantou a questão da família de Gordievsky. Charles Powell observou a reação do líder soviético. "Ele ficou branco de raiva e se recusou a responder." Eles se encontrariam mais duas vezes nos anos seguintes. Em ambas as ocasiões, Thatcher tocou no assunto e foi novamente repelida. "Mas isso não a deteve, isso jamais a deteve."

A KGB não cedia. "Oleg tinha feito todos eles de tolos", explicou Walker. A única punição que poderiam infligir a ele era não deixar sua esposa e as filhas irem embora.

Dois anos após a fuga, uma carta de Leila chegou a ele, levada por um motorista de caminhão finlandês que a postara em Londres, vindo de Helsinque. A carta, em russo, em três páginas de papel almaço, não fora escrita sob a direção da KGB. Ela era honesta e furiosa. Walker a leu: "Era a carta de uma mulher muito forte, capaz, extremamente irritada, dizendo: 'Por que você não me contou? Como pôde me abandonar? O que você está fazendo para nos resgatar?'" Qualquer esperança de que a história pudesse ter um final de conto de fadas começou a desaparecer. Traição, separação prolongada e desinformação tinham corroído o pouco que restava da confiança conjugal. Às vezes eles conseguiam fazer contato telefônico, mas as conversas eram tensas, além de serem ouvidas e gravadas. As meninas se tornaram tímidas e monossilábicas. Os diálogos pouco naturais em uma linha barulhenta pareciam apenas ampliar a distância, tanto física quanto psicológica. Walker observou: "Eu sabia desde o início que não seria uma reconciliação fácil. Teria sido extraordinariamente difícil sob qualquer circunstância. Porém, depois que li a carta, ficou claro que um entendimento seria bastante improvável." A Operação Hetman continuou assim mesmo. "Meu trabalho era ter certeza de que ainda nos lembrássemos daquela mulher."

A fuga tinha deixado a KGB atordoada e profundamente envergonhada, mas as cabeças que rolaram foram, como sempre, as menores. **Nikolai Gribin**, o chefe imediato de Gordievsky, foi rebaixado, embora não tivesse nenhuma responsabilidade pelo que havia acontecido. **Vladimir Kryuchkov**, o chefe da Primeira Diretoria-Geral, tornou-se presidente da KGB em 1988. Como seu vice, **Viktor Grushko** subiu com ele. **Viktor Budanov**, que havia liderado a investigação, foi nomeado chefe da Diretoria K e subiu ao posto de general. Após o colapso do comunismo, Budanov fundou a Elite Security. Em 2017, foi anunciado que a Elite havia ganhado um contrato de 2,8 milhões de dólares para proteger a embaixada dos Estados Unidos em Moscou, uma ironia que divertiu Mikhail Lyubimov, que observou que seria bastante improvável que a embaixada russa em Washington contratasse uma empresa ligada à CIA.

O Muro de Berlim, a barreira que desencadeou as primeiras agitações de revolta em Gordievsky, caiu em 1989, após uma onda de revoluções anticomunistas na Europa Oriental e Central. Com a *glasnost* e a *perestroika*, a KGB começou a afrouxar seu controle durante a desintegração da União Soviética. Os linhas-duras do Kremlin estavam cada vez mais insatisfeitos com as reformas de Gorbachev e, em agosto de 1991, um grupo de conspiradores liderados por Kryuchkov tentou tomar o poder. Ele dobrou o salário de todo o pessoal da KGB, ordenou que voltassem das férias e os colocou em alerta. O golpe desabou depois de três dias. Kryuchkov foi preso, juntamente com Grushko, e acusado de alta traição. Gorbachev moveu-se rapidamente contra seus inimigos na inteligência soviética: as 230 mil tropas da KGB foram colocadas sob o controle do Ministério da Defesa, a Diretoria K foi dissolvida e a maioria dos líderes foi demitida – com exceção de **Gennadi Titov**, agora um general. O "Crocodilo" estava de férias quando o golpe foi lançado e acabou promovido a chefe da contrainteligência. "A espionagem tornou-se muito mais difícil do que costumava ser", comentou ele melancolicamente poucos dias após a tentativa de golpe.

Kryuchkov foi substituído por Vadim Bakatin, um reformista democrático que começou a desmantelar o vasto sistema de espionagem e segurança que aterrorizara a União Soviética por tanto tempo. "Estou apresentando ao presidente planos para a destruição dessa organização", afirmou Bakatin. O novo chefe da KGB também seria o último. Um de seus primeiros atos foi anunciar que a família Gordievsky seria reunida. "Senti que era um problema antigo que deveria ser resolvido", disse Bakatin. "Quando perguntei aos meus generais, todos rebateram categoricamente: 'Não!' Mas decidi ignorá-los e considerar esse fato minha primeira grande vitória na KGB."

Leila Aliyeva Gordievsky e suas filhas, Maria (Masha) e Anna, desembarcaram em Heathrow em 6 de setembro de 1991 e foram transportadas de helicóptero para Fort Monckton, onde Gordievsky estava esperando para levá-las para casa. Havia flores, champanhe e presentes. Ele amarrou fitas amarelas, símbolos americanos de boas-vindas, por toda a casa, comprou roupa de cama nova para as meninas e acendeu todas as lâmpadas para criar "chamas alegres de luz".

Três meses depois de a família se reencontrar, a União Soviética foi dissolvida. Os jornais publicaram fotos da família passeando alegremente por Londres, uma imagem de harmonia doméstica e do poder do amor em um momento de tumultuada revolta política na Rússia. Ali estava um símbolo romântico oportuno para o fim do comunismo. Entretanto, depois de seis anos de afastamento forçado, também houve dores profundas. Masha, então com 11 anos, mal se lembrava do pai. Para sua filha mais nova, Anna, de 10 anos, ele era um estranho. Oleg esperava que Leila se acomodasse ao casamento como era antes. Ele a achou crítica e hostil, "exigindo explicações". Acusou-a de tornar as crianças deliberadamente dependentes dela. Para Leila, o retorno à Grã-Bretanha era apenas o último capítulo de uma história sobre a qual ela não tinha controle. Sua vida fora destruída pela política e as escolhas secretas feitas por um homem que ela amava profundamente, em quem confiava cegamente, mas que nunca havia conhecido de verdade. "Ele fez aquilo em que acreditava, e eu o respeito por isso. Mas não me perguntou. Ele me envolveu sem a minha permissão. Não me deu a oportunidade de escolher. Do ponto de vista dele, ele era meu salvador. Mas quem havia me colocado naquele buraco? Ele havia se esquecido da primeira parte. Não se pode chutar alguém de um penhasco e, em seguida, segurar sua mão e dizer: 'Eu a salvei!' Ele era russo demais." Leila não podia esquecer nem superar o que tinha acontecido com ela. Eles tentaram reconstruir uma vida familiar, mas o casamento que existira antes da fuga pertencia a outro mundo, outra época, e não podia ser resgatado. No fim, ela sentiu que a lealdade de Gordievsky a uma ideia tinha prevalecido sobre seu amor por ela. "A relação entre uma pessoa e o Estado é uma coisa, e a relação entre duas pessoas que se amam é completamente diferente", observou ela muitos anos depois. O casamento, já dissolvido aos olhos da lei soviética, chegou a um fim rápido e amargo. "Não havia sobrado nada", escreveu Oleg. Eles se separaram para sempre em 1993, a relação destruída pela batalha entre a KGB e o MI6, entre o comunismo e o Ocidente. O casamento tinha sido concebido em meio às contradições impossíveis da espionagem da Guerra Fria e morreu quando essa guerra estava terminando.

Leila hoje divide seu tempo entre a Rússia e o Reino Unido. Suas filhas, Maria e Anna, frequentaram escolas e universidades britânicas e permanecem na Grã-Bretanha. Elas não usam o nome Gordievsky. O MI6 continua com o seu dever de cuidar da família.

Os amigos e colegas de Gordievsky na KGB também não foram capazes de perdoá-lo. **Maksim Parshikov** foi levado de Londres, investigado pela KGB e demitido. Ele passou o resto da vida se perguntando por que Gordievsky tinha dado aquele salto para a traição. "É verdade que Oleg era um dissidente. Mas quem, na União Soviética, em sã consciência, não seria um dissidente nos anos 1980, pelo menos até certo ponto? A maioria de nós na *rezidentura* de Londres era um bando de dissidentes em diferentes graus, e todos nós gostávamos da vida no Ocidente. Mas só Oleg se tornou um traidor." **Mikhail Lyubimov** tomou a traição como uma ofensa pessoal: Gordievsky tinha sido seu amigo, eles haviam compartilhado segredos, música e as obras de Somerset Maugham. "Imediatamente após a fuga de Gordievsky, senti o punho da KGB. Quase todos os ex-colegas logo romperam contato comigo e se esquivavam de encontros... Ouvi rumores de que ordens ameaçadoras da KGB referiam-se a mim como o principal culpado da traição de Gordievsky." Só mais tarde ele entendeu a pista que Gordievsky lhe dera na véspera de sua fuga, referindo-se a "Mr. Harrington's Washing". Embora nunca tenha conseguido se tornar o Somerset Maugham russo, Lyubimov escreveu romances, peças e memórias e permaneceu um híbrido dos mais característicos da Guerra Fria: um soviético na lealdade, um inglês tradicional nos modos de ser. Ele se ressentia profundamente de ter sido usado para desviar a atenção da vigilância no momento crucial da fuga, transformado no que ele chamou, em inglês, de "red herring", ou seja, uma pista falsa, uma distração. Gordievsky tinha ultrajado seu senso de *fair play* britânico. Eles nunca mais se falaram.

Sir **Bryan Cartledge** ficou surpreso ao ver com que rapidez, após as expulsões de espiões, as relações entre a Grã-Bretanha e a União Soviética retomaram seu antigo fervor. Ele concluiu sua missão como embaixador na União Soviética em 1988. Em retrospecto, descreveu a extração como "uma vitória extraordinária". Gordievsky havia fornecido "um compêndio de conhecimento da estrutura da KGB e seu *modus operandi* [...] nos permitindo frustrá-los de forma abrangente, provavelmente por anos". **Rosemary Spencer**, pesquisadora do Escritório Central Conservador, ficou chocada ao descobrir que o charmoso diplomata russo de quem se tornara tão próxima a mando do MI5 estava trabalhando para o MI6 o tempo todo. Ela se casou com um dinamarquês e se mudou para Copenhague.

Os oficiais e controladores do caso Gordievsky no MI6 mantiveram sua ligação, uma célula secreta dentro do mundo secreto. Os outros oficiais – **Richard Bromhead, Veronica Price, James Spooner, Geoffrey Guscott,**

Martin Shawford, Simon Brown, Sarah Page, Arthur Gee, Violet Chapman, George Walker – ficaram nas sombras, onde permanecem, a seu pedido, porque esses não são seus nomes verdadeiros. Em uma audiência secreta com a rainha, Ascot e Gee receberam a Ordem do Império Britânico e Chapman foi agraciada com o título de Membro da Ordem do Império Britânico. **Philip Hawkins**, o escocês que fora o primeiro controlador de Gordievsky, deu uma resposta tipicamente seca quando soube da fuga: "Ah, então ele era mesmo sincero? Eu nunca acreditei que fosse."

John Deverell, o chefe da Seção K, passou a chefiar o MI5 na Irlanda do Norte. Ele morreu em 1994, juntamente com a maioria dos outros especialistas em inteligência irlandeses, quando seu helicóptero Chinook caiu no Mull of Kintyre. Em março de 2015, depois que **Roy Ascot** tomou seu assento na Câmara dos Lordes, um colega, o historiador Peter Hennessy, explodiu espetacularmente o seu disfarce: "Embora eu saiba que ele é muito discreto para falar sobre isso, o nobre visconde possui um lugar especial na história da inteligência como o oficial que secretamente ajudou aquele homem notável e corajoso, Oleg Gordievsky, a escapar da Rússia para a Finlândia." A filha de Ascot, cuja fralda suja havia desempenhado um papel tão insólito na Guerra Fria, tornou-se uma autoridade em arte russa. A KGB nunca conseguiu acreditar que o MI6 tivesse levado um bebê como cobertura em uma operação de extração.

Michael Bettaney foi solto em 1998, em liberdade condicional, tendo cumprido catorze anos de sua sentença de 23 anos. Em 1987, **Stig Bergling**, o espião sueco, saiu da prisão para uma visita conjugal à esposa e fugiu para Moscou, onde viveu com um belo soldo de 500 rublos por mês. Ele se mudou para Budapeste um ano depois e, em seguida, para o Líbano, onde trabalhou como consultor de segurança para Walid Jumblatt, o líder da milícia drusa. Em 1994 ele ligou para o serviço de segurança sueco e anunciou que queria voltar para casa. Depois de cumprir pena por mais três anos, ele foi solto por problemas de saúde. Bergling morreu de doença de Parkinson em 2015, logo após ferir uma enfermeira em sua casa de repouso com uma pistola de ar. **Arne Treholt** foi libertado e controversamente perdoado pelo governo norueguês em 1992, depois de cumprir oito anos em uma prisão de segurança máxima. Seu caso continua sendo fonte de polêmica na Noruega. A Comissão de Revisão de Casos Criminais norueguesa reabriu um inquérito sobre a condenação e concluiu, em 2011, que não havia base para sugerir que evidências haviam sido adulteradas, como alegaram os partidários de Treholt. Após sua libertação, ele se estabeleceu na Rússia e depois no Chipre, onde trabalha como empresário e consultor. **Michael Foot** processou o *The Sunday Times* em 1995 por causa de uma matéria sobre as memórias de Gordievsky com a manchete "KGB: Foot era nosso agente". Foot descreveu o artigo como uma "difamação ao estilo do macarthismo" e recebeu uma substancial indenização, parte da qual foi utilizada para financiar o funcionamento do *Tribune*. Ele morreu em 2010, aos 96 anos.

Para os serviços ocidentais de inteligência, o caso Gordievsky tornou-se um exemplo de como recrutar e controlar um espião, como usar a espionagem para informar e melhorar as relações internacionais e como, nas circunstâncias mais dramáticas, um espião em perigo pode ser salvo. Mas a questão de quem o traiu permanecia. Gordievsky tinha as próprias teorias: talvez sua primeira esposa, Yelena, ou seu amigo tchecoslovaco, Standa Kaplan, o tivessem denunciado; talvez Bettaney tivesse descoberto quem o havia exposto; ou teriam sido a prisão e o julgamento de Arne Treholt os fatos que alertaram a KGB? Não lhe ocorreu, ou ao MI6, suspeitar do simpático oficial americano que frequentemente se sentava do outro lado da mesa durante a sua maratona de reuniões com a CIA.

Depois de uma temporada em Roma, **Aldrich Ames** foi designado para o Grupo de Análise do Centro de Contrainteligência da CIA e teve acesso a novas informações sobre os agentes soviéticos, que passou diretamente para a KGB. O número de mortos aumentou, assim como o saldo de suas contas bancárias na Suíça e nos Estados Unidos. Ele comprou um Jaguar prata novinho, depois um Alfa Romeo. Gastou meio milhão de dólares, em dinheiro, em uma nova casa. Mandou pôr coroas de porcelana nos dentes manchados de nicotina. Os ares aristocráticos de Rosario forneceram cobertura, já que ele alegou que o dinheiro vinha de seus parentes ricos. A KGB garantiu que poderia ajudá-lo a escapar se ele alguma vez ficasse sob suspeita. "Estávamos preparados para fazer em Washington o que os britânicos tinham feito em Moscou com Gordievsky", disse seu controlador da KGB. Ames recebeu um total de 4,6 milhões de dólares dos soviéticos, uma quantia só um pouco mais surpreendente do que o fato de suas camisas com monograma e os novos dentes brilhantes passarem despercebidos por seus colegas da CIA por tanto tempo.

Na superfície, Gordievsky e Ames se comportaram de maneira semelhante. Ambos se voltaram contra suas organizações e seus países e aproveitaram sua experiência em inteligência para identificar espiões para o outro lado. Ambos traíram o juramento que haviam feito no início de suas carreiras e ambos pareciam viver apenas uma vida, mantendo a outra em segredo. É aí que qualquer semelhança termina. Ames espionou por dinheiro; Gordievsky foi impulsionado por convicções ideológicas. As vítimas de Ames foram erradicadas pela KGB e, na maioria dos casos, executadas; as pessoas que Gordievsky expôs, como Bettaney e Treholt, foram observadas, interceptadas, julgadas legalmente, presas e por vezes libertadas. Gordievsky arriscou sua vida por uma causa; Ames queria um carro melhor. Ames escolheu servir a um regime totalitário brutal, pelo qual não sentia afinidade, um país onde ele nunca teria pensado em viver; Gordievsky experimentou a liberdade democrática, tornou sua missão defender e apoiar esse modo de vida e essa cultura, finalmente se estabelecendo no Ocidente em troca de um enorme custo pessoal. No fim, a diferença entre eles é uma questão de julgamento moral: Gordievsky estava do lado do bem; Ames estava do seu próprio lado.

A CIA inicialmente atribuiu a perda de tantos de seus agentes soviéticos a outras causas além de um espião interno, inclusive a uma escuta em aposentos da própria agência ou a um código quebrado. O trauma persistente das caças a espiões de Angleton nas décadas de 1960 e 1970 tornou a possibilidade de traição interna muito dolorosa para ser considerada. Mas finalmente ficou claro que somente uma traição poderia explicar o nível de desgaste e, em 1993, o estilo de vida luxuoso de Ames finalmente atraiu a atenção. Ele foi colocado sob vigilância, seus movimentos rastreados e seu lixo vasculhado em busca de pistas. Em 21 de fevereiro de 1994, Rick e Rosario Ames foram presos pelo FBI. "Vocês estão cometendo um grande erro!", insistiu ele. "Vocês pegaram o homem errado!" Dois meses depois ele se declarou culpado de espionagem e foi condenado a prisão perpétua; em um acordo, Rosario foi presa por cinco anos por evasão fiscal e conspiração para cometer espionagem. No tribunal, Ames admitiu ter comprometido "praticamente todos os agentes soviéticos da CIA e outros serviços americanos e estrangeiros conhecidos por mim" e ter fornecido à União Soviética e à Rússia uma "enorme quantidade de informações sobre políticas externas de defesa e segurança dos Estados Unidos". Rick Ames é atualmente o Prisioneiro 40087-083 na Instituição Correcional Federal em Terre Haute, Indiana.

Gordievsky ficou espantado ao descobrir que o homem que ele considerava um modelo de patriota americano tentara assassiná-lo. "Ames arruinou a minha carreira e destruiu a minha vida", escreveu. "Mas ele não conseguiu me matar."

Em 1997, o jornalista americano Ted Koppel entrevistou Ames na prisão. Gordievsky foi entrevistado na Inglaterra de antemão e Koppel levou a gravação com ele para mostrar a Ames e avaliar sua reação. O homem traído se referiu diretamente ao seu traidor. "Aldrich Ames é um traidor", disse Gordievsky, enquanto Ames, vestido com uniforme de prisioneiro, estudava intensamente o vídeo na tela. "Ele só fez isso por dinheiro. É um bastardo ganancioso. Ele será punido pela própria consciência até o fim de seus dias. Você pode dizer a ele: 'O Sr. Gordievsky quase o perdoou!'"

Koppel virou-se para Ames quando a fita terminou.

– Você acredita nele quando afirma que quase o perdoou?

– Acho que sim – respondeu Ames. – Tudo que ele falou me pareceu muito forte. Eu comentei uma vez que os homens que traí tinham feito escolhas semelhantes e assumido riscos semelhantes. Qualquer pessoa razoável que estiver me ouvindo vai dizer: "Quanta arrogância!" Mas essa não é uma afirmação arrogante.

O tom de Ames era autojustificativo, quase presunçoso, pois ele insistia na equivalência moral entre suas ações e as do outro espião. Mas a visão de Gordievsky também levou Ames a pronunciar algo que soou próximo a um arrependimento:

– O tipo de vergonha e de remorso que eu sinto é algo que é, e sempre será, profundamente pessoal.

Oleg Gordievsky ainda vive sob nome falso em uma casa de uma rua suburbana bem comum na Inglaterra, para onde se mudou logo após sua fuga da Rússia. Seu imóvel é como qualquer outro por ali. Somente as sebes altas ao seu redor e o barulho revelador de um fio eletrônico invisível quando você se aproxima do local indicam que aquela casa pode ser um pouco diferente das outras. A ordem de execução ainda está em vigor e o MI6 continua a vigiar seu espião mais valioso da Guerra Fria. A raiva da KGB persiste. Em 2015, Sergei Ivanov, então chefe de gabinete de Vladimir Putin, culpou Gordievsky por prejudicar sua carreira na KGB: "Gordievsky me denunciou. Não posso dizer que sua vergonhosa traição e seu recrutamento pelo serviço de inteligência britânico acabaram com a minha vida, mas com certeza me causaram problemas no trabalho." Em 4 de março de 2018, um ex-oficial da GRU chamado Sergei Skripal e sua filha, Yulia, foram envenenados com uma substância neurotóxica russa. Como

Gordievsky, Skripal espionou para o MI6, mas foi capturado na Rússia, julgado, preso e depois trocado por um espião em 2010. Andrei Lugovoi, o ex-guarda-costas da KGB acusado de assassinar o desertor Alexander Litvinenko uma década antes, ofereceu uma resposta intrigante quando perguntado se a Rússia também havia envenenado Skripal: "Se tivéssemos que matar alguém, seria Gordievsky. Ele foi contrabandeado para fora do país e sentenciado à morte aqui, à revelia." Putin e seu pessoal não esqueceram. As medidas de segurança ao seu redor foram reforçadas após o envenenamento de Skripal. Sua casa está sob vigilância 24 horas por dia.

Hoje Gordievsky raramente sai de casa, embora amigos e ex-colegas do MI5 e do MI6 o visitem com frequência. Novos recrutas são ocasionalmente levados até ele para conhecer essa verdadeira lenda dos serviços secretos. Oleg ainda é considerado um alvo potencial para retaliação. Ele lê, escreve, ouve música clássica e acompanha de perto os desenvolvimentos políticos, particularmente de sua terra natal. Desde o dia em que cruzou a fronteira finlandesa, em 1985, ele jamais voltou à Rússia e afirma que não tem o desejo de fazê-lo: "Sou britânico agora." Ele nunca mais viu a mãe. Olga morreu em 1989, aos 82 anos. Até o fim, insistiu que seu filho era inocente. "Ele não é um agente duplo, mas um agente triplo, ainda trabalhando para a KGB." Oleg nunca teve a chance de contar a verdade para ela. "Eu teria gostado muito de dar a ela a minha versão dos fatos."

Como as vidas posteriores de tantos espiões atestam, a espionagem cobra um preço alto.

Oleg Gordievsky ainda tem uma vida dupla. Para seus vizinhos no subúrbio onde mora, o velho encurvado e barbudo que vive silenciosamente atrás das sebes altas é apenas mais um aposentado idoso, uma pessoa não muito importante. Na realidade, ele é o oposto disso: uma figura de profunda importância histórica e um homem notável, orgulhoso, astuto, irascível; seu jeito pensativo é iluminado por flashes repentinos de humor irônico. Às vezes é difícil gostar dele, mas impossível não admirá-lo. Ele diz que não tem arrependimentos, porém, de vez em quando, se interrompe e olha sombriamente para longe, para algo que só ele pode ver. É uma das pessoas mais corajosas que já conheci, e uma das mais solitárias.

Em 2007, nas honras de aniversário da rainha, Gordievsky foi condecorado com a Distintíssima Ordem de São Miguel e São Jorge por "serviços prestados à segurança do Reino Unido" – o mesmo título, ele gosta de salientar, concedido ao fictício James Bond. A mídia em Moscou informou, erroneamente, que o antigo camarada Gordievsky seria dali em diante "Sir Oleg". O retrato de Gordievsky está pendurado em Fort Monckton.

Em julho de 2015, no trigésimo aniversário de sua fuga, todos os envolvidos na execução do caso e em sua extração da Rússia juntaram-se para celebrar o espião russo de 76 anos. A valise barata, feita de imitação de couro, com a qual ele fugiu para a Finlândia está agora no museu do MI6. Na comemoração de aniversário, ele foi presenteado, como uma lembrança, com uma bolsa de viagem. Ela continha o seguinte: uma barra de chocolate Mars, uma sacola plástica da Harrods, um mapa da Rússia Ocidental, pílulas "para alívio da preocupação, irritabilidade, insônia e estresse", repelente de mosquitos, duas garrafas de cerveja gelada e duas fitas cassete: *Os maiores sucessos do Dr. Hook* e *Finlândia*, de Sibelius.

Os itens finais na bolsa eram um pacote de batatas chips de queijo e cebola e uma fralda de bebê.

Posfácio

Após a publicação de *O espião e o traidor* em setembro de 2018, recebi inúmeros e-mails, telefonemas e cartas de ex-agentes dos três serviços de inteligência diretamente envolvidos na história – MI6, CIA e KGB – que leram o livro e quiseram comentá-lo. Muitas reações foram elogiosas e corroborativas, algumas não. Os elementos centrais da trama são incontestáveis, mas vários ex-agentes discordaram de minhas interpretações e conclusões, bem como de certos detalhes do ofício da espionagem.

Oleg Gordievsky continua sendo uma figura controversa, sobretudo porque expôs os contatos entre Michael Foot, líder do Partido Trabalhista, e a KGB. Mais de três décadas após os eventos descritos neste livro, as perspectivas britânica, americana e russa sobre o caso se mantêm bastante diferentes – em alguns aspectos, diametralmente opostas. Alguns russos, em especial aqueles que lamentam a dissolução da União Soviética – algo para o qual Gordievsky contribuiu –, ainda o odeiam, e suas ações, motivações, seus impactos e legado continuam a gerar discórdia entre os ex-combatentes da Guerra Fria. Essa é mais uma prova de sua relevância ímpar e duradoura.

Alguns desses ex-agentes de inteligência serão identificados neste posfácio – os que já apareceram ao longo do livro –, mas a maioria permanecerá anônima. Vou apresentar seus pontos de vista distintos abordando alguns aspectos-chave do caso.

Talvez o pomo da discórdia mais intrigante nesse furor pós-publicação tenha sido a questão de quando, se e como Aldrich Ames traiu Gordievsky. A CIA insiste que Ames provavelmente não identificou Gordievsky como um espião em maio de 1985, antes de ele ser convocado de volta a Moscou. Uma fonte da agência citou um relatório de danos – feito em conjunto pela CIA e o FBI depois que o próprio Ames foi preso – que dizia que "foi aceito o relato de Ames de que ele entregou as informações prejudiciais em junho", quando Gordievsky já estava de volta a Moscou e sob estreita vigilância da KGB. A maioria das fontes do MI6 contesta o caráter definitivo dessa versão, inclusive um ex-agente que afirmou: "O relatório concluiu que eles não podiam ter certeza de que Ames transmitiu a informação sobre Oleg Gordievsky em maio, embora ele certamente já o tivesse feito em junho." Mas nenhum dos oficiais da CIA com quem me comuniquei ofereceu uma explicação alternativa. Para a agência, é mais fácil digerir a ideia de que Ames pode não ter sido o único traidor, pois insinua que o vazamento inicial poderia ter vindo da Grã-Bretanha.

Um oficial do MI6 intimamente envolvido no caso acredita que os investigadores da KGB talvez tenham obtido evidências corroborativas por meio do julgamento de Arne Treholt, o espião norueguês. Embora o julgamento tenha ocorrido a portas fechadas, indícios de que Gordievsky revelara as ligações de Treholt com a KGB podem ter sido vazados para a embaixada soviética, sendo transmitidos a Moscou. Porém, para a maioria dos britânicos – assim como para mim –, não há mais nenhuma dúvida: foi Ames que entregou Gordievsky para a KGB.

Curiosamente, nenhum dos ex-agentes da KGB que me contataram negou que Ames tenha sido o informante ou tentou defender a ideia de que a agência já havia descoberto Gordievsky por outras fontes. Mikhail Lyubimov argumentou que Ames merece crédito por ter identificado Gordievsky como espião, mesmo que suas informações não tenham sido completas: "Não sei exatamente o que Ames relatou, mas está claro que não havia evidências suficientes para a prisão imediata de Oleg." Isso parece apoiar a minha opinião, compartilhada pela maioria dos envolvidos no caso, de que, durante sua primeira reunião com a KGB em Washington, Ames forneceu as informações necessárias para motivar a investigação de Viktor Budanov e desencadear a convocação de Gordievsky, mas não para justificar sua detenção.

Quanto aos detalhes do tráfico de informações, uma fonte da CIA questionou se a reunião de Gordievsky com Kaplan em Copenhague ocorreu como descrevi no livro: "Por que uma agência de espionagem marcaria uma reunião com o alvo (que poderia ser identificado por alguns transeuntes) perto de uma janela?" No entanto, o MI6 afirma que, se a KGB estivesse observando, um encontro secreto teria parecido suspeito, enquanto um encontro aberto perto da janela de um café indicaria que eles eram apenas dois velhos amigos se reunindo inocentemente. "Mike Stokes [o oficial sênior do MI6 que supervisionava o contato] teria achado útil ter uma visão da reunião", disse um ex-agente do MI6.

A questão dos codinomes também gerou debate. A CIA negou que o MI6 tivesse o codinome Uptight, que significa "nervosinho". "Não se encaixa no padrão de criptogramas usados para elementos do Reino Unido", disse um oficial sênior. Um oficial britânico, no entanto, lembrou que a estação da CIA em Londres uma vez se referiu acidentalmente ao MI6 como Uptight. "Eu entreguei a cópia da carta e às vezes os provocava por serem tão tensos. Mas é possível que tenha sido um termo inventado pela estação, e não necessariamente registrado ou aprovado por Langley."

As revelações sobre a extensão e a lucratividade dos contatos de Michael Foot na KGB desencadearam uma breve porém violenta tempestade na mídia britânica. Apoiadores de Foot, incluindo o líder trabalhista Jeremy Corbyn, alegaram que uma figura reverenciada da esquerda fora difamada quando não podia mais se defender. Alguns da direita insistiram que as ações de Foot eram equivalentes a traição. Não ficou claro se um dos lados se deu ao trabalho de ler o que eu havia escrito. A verdade, é claro, está em algum lugar entre os extremos: Foot não era nem traidor nem inocente; ele era um homem bastante inteligente, cuja longa e lucrativa aliança com a KGB foi excepcionalmente tola.

Eu esperava ser denunciado na Rússia como propagandista ou, no mínimo, ignorado. Na verdade, as respostas de ex-agentes da KGB foram notavelmente cordiais. "O caso Gordievsky foi um tremendo sucesso", escreveu Maksim Parshikov, ex-agente da Linha PR, "embora seja possível argumentar que os britânicos tiveram sorte de ter um voluntário. Não precisaram se esforçar para descobri-lo, convencê-lo e recrutá-lo, como aconteceu com o Cambridge Five". Apesar de ter sido traído pessoalmente por seu velho amigo, Lyubimov admitiu a coragem de Gordievsky, bem como a ousadia da Operação Pimlico. "Propor a um agente um plano desse tipo para fugir das garras da KGB era equivalente a convidá-lo para ser executado [...] Os americanos, mais diretos e 'humanos', preferem oferecer a seus espiões veneno mortal em caso de fracasso."

Todavia, tanto Parshikov quanto Lyubimov ficaram irritados com a descrição de Gordievsky da União Soviética como um deserto cultural. "Pelo que me lembro, era possível ouvir música clássica em todo o país", escreveu Parshikov. Lyubimov citou uma carta que recebeu de Gordievsky quando estava servindo à KGB em Londres, sugerindo que o amigo também não estava muito impressionado com as opções culturais da Grã-Bretanha: "Não vejo esses encantos de que você fala – teatros, museus etc. Meu único consolo é a Rádio 3, que transmite apenas música clássica. Eu a ouço constantemente." Por outro lado, a afeição de Lyubimov pela Grã-Bretanha é inabalável: "Eu adoro gatos, literatura inglesa, desde Shakespeare até Lewis Carroll e Le Carré, uísque – em especial Glenlivet –, o Ursinho Pooh, a Regata de Henley, as corridas de cavalos em Ascot, os parques de Londres, Covent Garden e a Tate Gallery. Gosto até da inteligência britânica nas figuras de Kim Philby e George Blake. Não é uma delícia ser envolvido pela fumaça de um charuto em um casaco de tweed e calças de flanela?"

Os ex-colegas de Oleg na KGB questionaram o impacto das informações que ele passou para o MI6. "Ele não entregou nenhum agente importante em Copenhague ou Londres porque naquela época não tínhamos agentes", escreveu Lyubimov. "Gordievsky não sabia o que estava acontecendo no Politburo, a autoridade máxima." Os russos, no entanto, me alertaram sobre um espião soviético supostamente exposto por Gordievsky que eu desconhecia: Alexei Kozlov, um oficial da inteligência soviética preso na África do Sul em 1981, que mais tarde foi trocado por oito ocidentais não identificados. Lyubimov escreveu que Kozlov, ex-colega de classe de Oleg no Instituto Estatal de Relações Internacionais de Moscou, foi torturado em uma prisão sul-africana; Parshikov afirmou que ele ficou "com sequelas".

Alguns russos duvidam da pureza dos motivos de Gordievsky para espionar para o Reino Unido, o que não é nenhuma surpresa. Lyubimov escreveu: "Tenho certeza de que o principal fator que empurrou Gordievsky para as mãos do MI6 foi a vaidade. Atrevo-me a sugerir que ele tinha uma sede insaciável de aparecer no mundo ocidental não apenas como um desertor comum, mas como um messias antissoviético." Parshikov também observa que, embora muitos oficiais da KGB fossem céticos em relação à liderança "esclerosada" do Kremlin, Gordievsky foi o único que escolheu trabalhar para uma potência inimiga da maneira que fez: "Embora justificasse suas ações como uma luta contra o comunismo e a União Soviética, Oleg realmente odiava sua pátria?"

"É claro que em 1983 Oleg 'salvou o mundo' ao revelar o pensamento soviético por trás da Operação Ryan", reconheceu Parshikov. "Mas eu me pergunto se ele alcançou seu objetivo de vida. Ok, a URSS não existe mais e nós na Rússia já esquecemos o comunismo. Mas o mundo ficou melhor e mais seguro?"

Em um momento de crescente tensão entre a Rússia e o Ocidente, especialmente no domínio da espionagem, o mundo está entrando em outro período de insegurança e desconfiança mútuas, que alguns chamam de uma nova Guerra Fria. É por isso que a Rússia e o Ocidente não costumam enxergar Gordievsky sob a mesma ótica – um espião brilhante aos olhos da maioria dos ocidentais e um traidor ordinário para muitos russos – e nunca enxergarão.

De todas as reações a *O espião e o traidor*, a de seu protagonista foi a mais gratificante e a mais breve. Oleg Gordievsky não leu o livro antes da publicação; depois o leu duas vezes e enviou sua avaliação em uma única linha, escrita com uma caligrafia trêmula: "Ficou perfeito." Esta obra certamente não é perfeita, mas, se ajudou a chamar a atenção do mundo para um homem notável, corajoso e complexo e para um episódio importante da história mundial recente, terá então servido ao seu propósito.

BEN MACINTYRE
JANEIRO DE 2019

Codinomes

ABLE ARCHER 83	Simulação de guerra da OTAN
BOOT	Michael Foot (KGB)
COE	Caso Bettaney (MI5)
DANICEK	Stanislaw Kaplan (MI6)
DARIO	Ilegal da KGB não identificado
DISARRANGE	Oficial de extração da inteligência tchecoslovaca (MI6)
DRIM	Jack Jones (KGB)
ELLI	Leo Long (KGB)
ELMEN	Operação conjunta do MI5 e do MI6 de contrainteligência contra Bettaney (MI5)
EMBASE	Operação de expulsão de membros da KGB e da GRU da Grã-Bretanha após o resgate de Gordievsky
FAREWELL	Vladimir Vetrov (DGST)
FAUST	Yevgeni Ushakov (KGB)
FOOT	Expulsão dos agentes da KGB/GRU (MI5/MI6)
FREED	Oficial de inteligência tchecoslovaco (MI6)
GLYPTIC	Josef Stalin (KGB)
GOLDFINCH	Oleg Lyalin (KGB)
GOLFPLATZ	Grã-Bretanha (BND)
GORMSSON	Oleg Gordievsky (PET)
GORNOV	Oleg Gordievsky (KGB)

GROMOV	Vasili Gordievsky (KGB)
GRETA	Gunvor Galtung Haavik (KGB)
GROUND	Transferência de dinheiro para Dario (KGB)
GUARDIYETSEV	Oleg Gordievsky (KGB)
HETMAN	Campanha para libertação de Leila Gordievsky e filhas (MI6)
INVISIBLE	Extração de cientistas tchecoslovacos (MI6)
KOBA	Michael Bettaney
KORIN	Mikhail Lyubimov (KGB)
KRONIN	Stanislav Androsov (KGB)
LAMPAD	Parceria de MI5 e MI6 (MI5/MI6)
NOCTON	Oleg Gordievsky (MI6)
OVATION	Oleg Gordievsky (MI6)
PENETRABLE	Estagiário da KGB
PIMLICO	Operação de extração de Gordievsky (MI6)
PUCK	Michael Bettaney (MI5)
RON	Richard Gott (KGB)
RYAN	*Raketno-Yadernoye Napadeniye*, operação da KGB para busca de evidências a respeito de um ataque nuclear partindo do Ocidente
SUNBEAM	Oleg Gordievsky (MI6)
TICKLE	Oleg Gordievsky (CIA)
UPTIGHT	MI6 (CIA)
ZEUS	Gert Petersen (KGB)
ZIGZAG	Eddie Chapman (MI5)

Agradecimentos

Este livro não poderia ter sido escrito sem o apoio e a cooperação de seu protagonista. Nos últimos três anos entrevistei Oleg Gordievsky no seu esconderijo em mais de vinte ocasiões, acumulando mais de cem horas de conversas gravadas. Sua hospitalidade foi infinita; sua paciência, ilimitada; e sua memória, prodigiosa. Sua cooperação veio sem amarras ou qualquer tentativa de moldar a escrita desta obra – a interpretação dos acontecimentos e os erros que ela possa conter são inteiramente meus. Por meio de Gordievsky pude falar com todos os oficiais do MI6 envolvidos no caso e sou muito grato a eles por sua ajuda. Eles concordaram em falar livremente, sob condição de anonimato. Ex-oficiais vivos do MI6 e alguns ex-oficiais das inteligências russa e dinamarquesa aparecem aqui sob pseudônimos, inclusive vários indivíduos que já foram identificados publicamente. Todos os outros nomes são reais. Também me beneficiei da generosa ajuda de muitos dos ex-oficiais da KGB, do MI5 e da CIA envolvidos no caso Gordievsky. Este livro não foi autorizado nem auxiliado pelo MI6 e eu não tive acesso aos arquivos do serviço de inteligência, que permanecem confidenciais.

Duas pessoas foram particularmente prestativas organizando reuniões com os diferentes participantes do caso, colaborando nas entrevistas com Gordievsky, verificando o manuscrito para precisão factual, fornecendo nutrição espiritual e gastronômica e garantindo em geral que uma atividade complexa e potencialmente tensa fosse concluída com eficiência e bom humor sem fim. Infelizmente, não posso lhes dar o crédito que merecem, por questão de anonimato.

Também gostaria de agradecer a Christopher Andrew, Keith Blackmore, John Blake, Bob Bookman, Karen Brown, Venetia Butterfield, Alex Carey, Charles Cohen, Gordon Corera, David Cornwell, Luke Corrigan,

Charles Cumming, Lucie Donahue, St. John Donald, Kevin Doughton, Lisa Dwan, Charles Elton, Natasha Fairweather, Emme Fane, Stephen Garrett, Tina Gaudoin, Burton Gerber, Blanche Girouard, Claire Haggard, Bill Hamilton, Robert Hands, Kate Hubbard, Lynda Jordan, Mary Jordan, Steve Kappas, Ian Katz, Daisy Lewis, Clare Longrigg, Kate Macintyre, Magnus Macintyre, Robert McCrum, Chloe McGregor, Ollie McGregor, Gill Morgan, Vikki Nelson, Rebeccca Nicolson, Roland Philipps, Peter Pomerantzev, Igor Pomeranyzev, Andrew Previté, Justine Roberts, Felicity Rubinstein, Melita Samoilys, Mikael Shields, Molly Stern, Angus Stewart, Jane Stewart, Kevin Sullivan, Matt Whiteman, Damian Whitworth e Caroline Wood.

Meus amigos e colegas do *The Times* foram uma fonte interminável de apoio, inspiração e merecidas zoações. O falecido Ed Victor, meu brilhante agente por 25 anos, estava lá no início e Jonny Geller assumiu as rédeas magnificamente. As equipes da Viking e da Crown foram fantásticas.

Finalmente, meus agradecimentos e meu amor a meus filhos, Barney, Finn e Molly, as pessoas mais gentis e engraçadas que conheço.

Bibliografia

Andrew, Christopher. *The Defence of the Realm: The Authorized History of MI5*. Londres, 2009.

_____. *Secret Service: The Making of the British Intelligence Community*. Londres, 1985.

Andrew, Christopher; Gordievsky, Oleg. *Instructions from the Centre: Top Secret Files on KGB Foreign Operations 1975-1985*. Londres, 1991.

_____. *KGB: The Inside Story of Foreign Operations from Lenin to Gorbachev*. Londres, 1991.

Andrew, Christopher; Mitrokhin, Vasili. *The Mitrokhin Archive: The KGB in Europe and the West*. Londres, 1999.

_____. *The World was Going Our Way: The KGB and the Battle for the Third World*. Londres, 2005.

Barrass, Gordon S. *The Great Cold War: A Journey through the Hall of Mirrors*. Stanford, Califórnia, 2009.

Bearden, Milton; Risen, James. *The Main Enemy: The Inside Story of the CIA's Final Showdown with the KGB*. Londres, 2003.

Brook-Shepherd, Gordon. *The Storm Birds: Soviet Post-War Defectors*. Londres, 1988.

Carl, Leo D. *The International Dictionary of Intelligence*. McLean, Virgínia, 1990.

Cavendish, Anthony. *Inside Intelligence: The Revelations of an MI6 Officer*. Londres, 1990.

Carter, Miranda. *Anthony Blunt: His Lives*. Londres, 2001.

Cherkashin, Viktor; Feifer, Gregory. *Spy Handler: Memoir of a KGB Officer*. Nova York, 2005.

Corera, Gordon. *MI6: Life and Death in the British Secret Service*. Londres, 2012.

Earley, Pete. *Confessions of a Spy: The Real Story of Aldrich Ames*. Londres, 1997.

Fischer, Benjamin B. "A Cold War Conundrum: The 1983 Soviet War Scare". www.cia.gov/resources/csi/books-monographs/a-cold-war-conundrum.

Gaddis, John Lewis. *The Cold War*. Londres, 2007.

Gates, Robert M. *From the Shadows: The Ultimate Insider's Story of Five Presidents and How They Won the Cold War*. Nova York, 2008.

Gordievsky, Oleg. *Next Stop Execution: The Autobiography of Oleg Gordievsky*. Londres, 1995.

Grimes, Sandra; Vertefeuille, Jeanne. *Circle of Treason: A CIA Account of Traitor Aldrich Ames and the Men He Betrayed*. Annapolis, Maryland, 2012.

Helms, Richard. *A Look over My Shoulder: A Life in the Central Intelligence Agency*. Nova York, 2003.

Hoffman, David E. *The Billion-Dollar Spy: A True Story of Cold War Espionage and Betrayal*. Nova York, 2015.

Hollander, Paul. *Political Will and Personal Belief: The Decline and Fall of Soviet Communism*. New Haven, Connecticut, 1999.

Howe, Geoffrey. *Conflict of Loyalty*. Londres, 1994.

Jeffery, Keith. *MI6: The History of the Secret Intelligence Service 1909–1949*. Londres, 2010.

Jones, Nate. *Able Archer 83: The Secret History of the NATO Exercise That Almost Triggered Nuclear War*. Nova York, 2016.

Kalugin, Oleg. *Spymaster: My Thirty-Two Years in Intelligence and Espionage against the West*. Nova York, 2009.

Kendall, Bridget. *The Cold War: A New Oral History of Life between East and West*. Londres, 2018.

Lyubimov, Mikhail. *Записки непутевого резидента или* ["*Notas de um rezident involuntário*"]. Moscou, 1995.

_____. *Шпионы, которых я люблю и ненавижу* ["*Espiões que eu amo e odeio*"]. Moscou, 1997.

Moore, Charles. *Margaret Thatcher: The Authorized Biography, vol. II: Everything She Wants*. Londres, 2015.

Morley, Jefferson. *The Ghost: The Secret Life of CIA Spymaster James Jesus Angleton*. Londres, 2017.

Oberdorfer, Don. *From the Cold War to a New Era: The United States and the Soviet Union, 1983-1981*. Baltimore, 1998.

Parker, Philip. *The Cold War Spy Pocket Manual*. Oxford, 2015.

Philby, Kim. *My Silent War*. Londres, 1968.

Pincher, Chapman. *Treachery: Betrayals, Blunders and Cover-ups. Six Decades of Espionage*. Edimburgo, 2012.

Primakov, Yevgeny. *Russian Crossroads: Toward the New Millennium*. New Haven, Connecticut, 2004.

Sebag Montefiore, Simon. *Stalin: The Court of the Red Tsar*. Londres, 2003.

Trento, Joseph J. *The Secret History of the CIA*. Nova York, 2001.

Weiner, Tim. *Legacy of Ashes: The History of the CIA*. Londres, 2007.

Weiner, Tim; Johnston, David; Lewis, Neil A. *Betrayal: The Story of Aldrich Ames, an American Spy*. Londres, 1996.

Westad, Odd Arne. *The Cold War: A History*. Londres, 2017.

West, Nigel. *At Her Majesty's Secret Service: The Chiefs of Britain's Intelligence Agency, MI6*. Londres, 2006.

Womack, Helen. *Undercover Lives: Soviet Spies in the Cities of the World*. Londres, 1998.

Wright, Peter. *Spycatcher: The Candid Autobiography of a Senior Intelligence Officer*. Londres, 1987.

Referências

Grande parte da matéria-prima para a escrita deste livro deriva de entrevistas com os participantes do caso, oficiais do MI6, da KGB e da CIA, a maioria dos quais não pode ser identificada; e entrevistas com Oleg Gordievsky, sua família e amigos, além de seu livro de memórias, *Next Stop Execution* ("Próxima Parada: execução"), publicado em 1995. Outras fontes e citações significativas são creditadas a seguir:

1. A KGB

"Não existem ex-membros da KGB": Vladimir Putin, falando ao público da FSB, dez. 2005. Disponível em: www.newsweek.com/chill-moscow-air-113415.

"É melhor que dez pessoas inocentes sofram": citado em Sebag Montefiore, *Stalin*.

"a Harvard russa": citada em *Encyclopedia of Contemporary Russian Culture* (eds. Tatiana Smorodinskaya, Karen Evans-Romaine e Helen Goscilo). Abingdon, 2007.

"O comportamento do oficial de inteligência"; "Conseguir entrar": Leonid Sherbashin, "Inside the KGB Intelligence School", 24 abr. 2014. Disponível em: https://espionagehistoryarchive.com/2015/03/24/the-kgbs-intelligence-school.

"um inglês até o último fio de cabelo": Mikhail Lyubimov, citado em Corera, *MI6*.

"Você jamais hesita": Philby, *My Silent War*.

2. TIO GORMSSON

As memórias de Mikhail Lyubimov estão contidas em *Notes of a Ne'er--Do-Well Rezident* e em *Spies I Love and Hate*; para as atividades de Vasili Gordievsky na Tchecoslováquia, ver *Mitrokhin Archive*, de Andrew e Mitrokhin.

3. SUNBEAM

O recrutamento de Gordievsky é descrito em um livro de memórias inédito de Richard Bromhead, *Wilderness of mirrors* ("Gerontion", T. S. Eliot).

4. TINTA VERDE E MICROFILME

"Procurem por pessoas magoadas": Pavel Sudoplatov, citado em Hollander, *Political Will and Personal Belief*.

"Pela minha experiência, afirmo que agentes de inteligência": Malcolm Muggeridge, *Chronicles of Wasted Time, part 2,: The Infernal Grove*. Londres, 1973.

"um homem maravilhoso": Philby, *My Silent War*.

Os casos Haavik e Treholt são descritos em Andrew e Mitrokhin, *Mitrokhin Archive*. Para as atividades da *rezidentura* de Copenhague, veja Lyubimov, *Notes of a Ne'er-Do-Well Rezident* e *Spies I Love and Hate*.

5. UMA SACOLA DE PLÁSTICO E UMA BARRA DE CHOCOLATE MARS

"Havia aqueles que eram recrutados": Cavendish, *Inside Intelligence*.

"Medo à noite": Robert Conquest, *The Great Terror: A Reassessment*. Oxford, 1990.

"tão improvável quanto infiltrar"; "pouquíssimos agentes soviéticos": citados em Hoffman, *Billion-Dollar Spy*.

"cinzenta, sombria, branca e opaca"; "Dinheiro por informações": citados no relatório da AFP, 28 jun. 1995.

"**Ashenden admirava a bondade**": W. Somerset Maugham, *Ashenden, or, The British Agent*. Leipzig, 1928. [Edição brasileira: *O agente britânico*. Globo, 1953]

6. O AGENTE BOOT

"**maior líder sindical do mundo**": Gordon Brown, *The Guardian*, 22 abr. 2009.

"**pronto para revelar ao Partido**"; "**documentos confidenciais do Partido Trabalhista**": citado em Andrew, *MI5*.

"**repassou tudo que lhe caiu nas mãos**": ibid.

"**Eu adorava a adrenalina**": Richard Gott, *The Guardian*, 9 dez. 1994.

Detalhes dos arquivos Boot estão contidos em entrevistas conduzidas com Gordievsky, guardadas no arquivo legal do *The Sunday Times*.

"**O Lyubimov e Boot**": Mikhail Lyubimov, em Womack (ed.), *Undercover Lives*.

"**Continuo tão forte**": Michael Foot. Disponível em: http://news.bbc.co.uk/onthisday/hi/dates/stories/november/10/newsid_4699000/4699939.stm.

"**Foot divulgou informações**": Charles Moore, entrevista com Gordievsky, *The Daily Telegraph*, 6 mar. 2010.

"**As ações dos russos**": Michael Foot, falando no comício no Hyde Park, jun. 1968.

7. O ESCONDERIJO

As principais fontes sobre a vida de Aldrich Ames são Earley, *Confessions of a Spy*; Weiner, Johnston e Lewis, *Betrayal*; e Grimes e Vertfeuille, *Circle of Treason*.

"**Graças ao zelo excessivo**": Gates, *From the Shadows*.

"**Não há nenhum trabalho como este**": citado em Bearden e Risen, *The Main Enemy*.

8. A OPERAÇÃO RYAN

As principais fontes da Operação Ryan são Barrass, *Great Cold War*; Fischer, *Cold War Conundrum*; Jones, *Able Archer 83*.

"**O homem que substituiu**": Ion Mihai Pacepa, em *The National Review*, 20 set. 2004.

"**esses planos não existiam**": Andrew, *MI5*.

"**A liderança soviética realmente acreditava**": Howe, *Conflict of Loyalty*.

O relato de Maxim Parshikov está contido em um livro de memórias inédito: "I am no spy", *The New York Times*, 2 abr. 1983.

9. KOBA

Para o caso Bettaney, veja Andrew, *MI5* e relatos de jornais contemporâneos; "He dressed like a bank manager", *The Times*, 29 mai. 1998.

10. SR. COLLINS E SRA. THATCHER

Para as opiniões de Margaret Thatcher sobre Gordievsky, veja Moore, *Margaret Thatcher*.

"**o marxismo e o leninismo no monte de cinzas da história**": Ronald Reagan para a Câmara dos Comuns, 8 jun.1982.

"**o júbilo da mais completa arrogância**": Henry E. Catto Jr., subsecretário de Defesa, citado no *The Los Angeles Times*, 11 nov. 1990.

Sobre Able Archer, veja Barrass, *The Great Cold War*; Fischer, *Cold War Conundrum*; e Jones, *Able Archer 83*.

"**o momento mais perigoso**": Andrew, *MI5*.

"**Gordievsky nos deixou sem nenhuma dúvida**": Howe, *Conflict of Loyalty*.

"**Não vejo como eles poderiam acreditar nisso**": citado em Oberdorfer, *From the Cold War to a New Era*.

"**Três anos me ensinaram**": citado no *The Washington Post*, 24 out. 2015.

"Minha primeira reação": Gates, *From the Shadows*.

"a informação de Gordievsky foi uma epifania": Jones, *Able Archer 83*.

"tratadas como as mais sagradas" na CIA: Corera, *MI6*.

"Pelo amor de Deus": Moore, *Margaret Thatcher*.

"O que posso dizer?": AP, 26 fev. 1985.

"Guk sempre teve o maior cuidado": Andrew, *MI5*.

"um homem de peito largo": Bearden e Risen, *Main Enemy*.

"A ideia de deixar o país": citado em Gareth Stedman Jones, *Karl Marx: Greatness and Illusion*. Londres, 2016. [Edição brasileira: *Karl Marx – Grandeza e ilusão*, Companhia das Letras, 2017]

"Eu cresci em uma família de oficiais da KGB": entrevista de rádio com Igor Pomerantzev, Radio Liberty, 7 set. 2015.

"uma oportunidade única": Moore, *Margaret Thatcher*.

"Existe consciência no Kremlin?": www.margaretthatcher.org/document/105450.

"Consegui encontrar um homem com quem": Thatcher a Reagan, nota divulgada ao UK National Archives, jan. 2014.

11. ROLETA-RUSSA

"as informações que chegavam à CIA": Jones, *Able Archer 83*.

"Burton Gerber estava determinado": Bearden e Risen, *Main Enemy*.

"um oficial de inteligência dinamarquês": Earley, *Confessions of a Spy*.

Para a KGB controlando Ames, veja Cherkashin, *Spy Handler*.

"todas as indicações": Grimes e Vertfeuille, *Circle of Treason*. Entrevista com Viktor Budanov, 13 set. 2007. Disponível em: www.pravdareport.com/history/13-09-2007/97107-intelligence-0.

Para o caso Dario, veja Andrew e Gordievsky, *Comrade Kryuchkov's Instructions*.

12. GATO E RATO

"**Nunca confesse**": Philby, *My Silent War*.

"**o descanso e a cura dos líderes**": *The New York Times*, 8 fev. 1993.

Para o estado mental de OG, veja Lyubimov, *Notes of a Ne'er-Do-Well Rezident* e *Spies I Love and Hate*.

13. *PROVERKA*

"**Eu o teria deixado escapar**": entrevista de rádio com Igor Pomerantzev, da Radio Liberty, 7 set. 2015.

"**Quando as desgraças chegam**": *Hamlet*, ato IV, cena V.

"**a arte de se curvar ao Oriente**": Kari Suomalainen. Disponível em: www.visavuori.com/fi/taiteilijat/kari-suomalainen.

"**O homem sempre achou mais fácil**": W. Somerset Maugham, *Ashenden, or, The British Agent*. Leipzig, 1928.

"**tediosa perda de tempo**": *The Daily Express*, 14 jun. 2015.

14. SEXTA-FEIRA, 19 DE JULHO

"**Aqui, na pátria**": discurso de Gorbachev no XII Festival Mundial da Juventude, 14 jul. 1985.

15. FINLÂNDIA

Para obter mais informações sobre o sabor queijo e cebola, consulte Karen Hochman, "The History of the Potato Chip". Disponível em: www.thenibble.com/REVIEWS/main/snacks/chip-history.asp.

South Ormsby Hall está aberta ao público: http://southormsbyestate.co.uk.

Sobre Yurchenko, veja "The Spy Who Returned from the Cold", *Time Magazine*, 18 abr. 2005.

"**Sou o melhor em todas as facetas**": *The New York Times*, 7 mai. 1987.

"**As informações de Gordievsky**": Jones, *Able Archer 83*.

EPÍLOGO

Para correspondência entre Thatcher e Gordievsky, veja Arquivos Nacionais: www.nationalarchives.gov.uk/about/news/newly-released-files-1985-1986/prime-ministers-office-files-prem-1985.

Para a repercussão diplomática, veja entrevista com Sir Bryan Cartledge, Churchill Archive Centre: www.chu.cam.ac.uk/media/uploads/files/Cartledge.pdf.

"**Gordievsky estava perto de confessar**": Primakov, *Russian Crossroads*.

"**Tecnicamente não é nada muito complicado**": *The Times*, 10 mar. 2018.

"**A vida seguiu em frente**": entrevista de rádio com Igor Pomerantzev, Radio Liberty, 7 set. 2015.

"**A espionagem tornou-se muito mais difícil**": *The Los Angeles Times*, 30 ago. 1991.

Sobre Vadim Bakatin desmontando a KGB, veja J. Michael Waller. "Russia: Death and Ressurrection of the KGB". *Questia*, v. 12, n. 4 (verão de 2004).

Entrevista de Ted Koppel com Ames: http://abcnews.go.com/US/video/feb11-1997-aldrich-ames-interview-21372948.

Exposição de Sergei Ivanov por Gordievsky, *The Times*, 20 out. 2015.

"**Se tivéssemos que matar alguém**": Andrei Lugovoi no *The Sunday Times*, 11 mar. 2018.

Créditos dos cadernos de fotos

1º CADERNO DE FOTOS
1 a 7: coleção particular; 8: Avalon; 9: coleção particular; 10: World History Archive/Alamy Stock Photo; 11: akg-images/Ladislav Bielik; 12 a 15: coleção particular; 16: Ritzau Scanpix/TopFoto; 17: Bettmann Archive/Getty Images; 18: Ritzau Scanpix/TopFoto; 19: Time Life Pictures/FBI/The LIFE Picture Collection/Getty Images; 20: Jeffrey Markowitz/Sygma/Getty Images; 22: Jeffrey Markowitz/Sygma/Getty Images; 25: TASS/TopFoto; 26 e 28: EAST2WEST; 27 e 30: coleção particular.

2º CADERNO DE FOTOS
31: coleção particular; 32: *The Times*; 33: coleção particular; 35: Topfoto; 36: Tom Stoddart Archive/Hulton Archive/Getty Images; 37 e 38: PA Images; 39: Popperfoto/Getty Images; 40: PA Images; 41: Stewart Ferguson/Forth Press; 42: Allan Tannenbaum/Archive Photos/Getty Images; 43: PA Images/TASS; 44: Peter Jordan/The LIFE Images Collection/Getty Images; 45: EAST2WEST; 46: *The Times*; 47: coleção particular; 48: PA Images/TASS; 49: ©News Group Newspapers Ltd; 50: Robert Opie Archive; 52 a 54: coleção particular; 55: Sputnik/TopFoto; 56: coleção particular; 57: cortesia de John Hallisey/FBI/The LIFE Picture Collection/Getty Images; 58 (direita): Jeffrey Markowitz/Sygma/Getty Images; 59: coleção particular; 60: Neville Marriner/ANL/REX/Shutterstock; 61: cortesia da Biblioteca Ronald Reagan; 62: PA Images; 63: Diana Walker/The LIFE Images Collection/Getty Images; 64: llpo Musto/REX/Shutterstock.

Todos os esforços possíveis foram feitos para localizar os detentores dos direitos autorais. A editora agradece por qualquer informação que esclareça o copyright de qualquer material exibido sem a devida atribuição e se empenhará para incluir correções nas reimpressões.

Para saber mais sobre os títulos e autores da Editora Sextante,
visite o nosso site e siga as nossas redes sociais.
Além de informações sobre os próximos lançamentos,
você terá acesso a conteúdos exclusivos
e poderá participar de promoções e sorteios.

sextante.com.br